中国政法大学国际法文库
THE SERIES OF INTERNATIONAL LAW
CHINA UNIVERSITY OF POLITICAL SCIENCE AND LAW

东亚三国与国际刑事法院
—— 关系比较研究 ——

本书的出版得到
国家领土主权与海洋权益协同创新中心的资助

东亚三国与国际刑事法院关系比较研究

A Comparative Study on the Relationships between Three East Asian States and International Criminal Court

朱利江◇著

中国政法大学出版社

2016·北京

因此，我希望中国政法大学从事国际法研究的各位同仁能对此有清醒的认识，并产生忧患意识和危机意识，自觉抵御浮华的社会风气和浮躁的学术氛围，沉下心来做学问，以科学的精神和理性的态度关注当代中国面对的重大国际法理论与实践问题，产出高质量、高水平并经得起历史检验的学术成果。"板凳须坐十年冷，文章不写半句空"。以此与各位共勉！

基于上述认识，我希望"中国政法大学国际法文库"能够成为激励中国政法大学内外国际法学界同仁潜心研究的助推器；成为集中展示具有高水平和原创力的中国国际法学术作品的窗口；成为稳定而持续地推出国内高层次国际法理论成果的平台。欲达此目的，确保"文库"作品的质量是重中之重。

"中国政法大学国际法文库"应该以"开放性"为宗旨、以"精品化"为内涵。第一，"开放性"是中国政法大学的办学理念之一，也是"文库"的首要宗旨。这里所谓的"开放性"，一是指"文库"收录的著述以"宏观国际法"为范畴，凡属对国际公法、国际私法、国际经济法，以及涉外性、跨国性法律问题进行研究的优秀成果，均可收录其中；二是"文库"收录的作品，应当囊括校内外和国内外国际法学者的精品力作，凡达到国内一流或国际领先的高水平的国际法著述，均在收录之列。在我看来，坚持"开放性"宗旨，是对"文库"范围的合理及必要的拓展，这不仅表明它海纳百川、百家争鸣的胸怀，更是它走"精品化"路线的前提与基础。

第二，"文库"以"精品化"为内涵与品质要求。所谓精品化，是指"文库"收录的作品应该是精品，只能是精品，必须是精品。为达此目的，"文库"要建立严格的申请和遴选制度，对申请文稿进行匿名评审，并以学术水平为评审的唯一标准。"文库"编委会应当适时召开会议，总结实际工作中的经验和教训，不断完善作品的遴选程序和办法，使"文库"出版的作品确实能够代表我国国际法学术研究的最新和最高水准。

我认为，只有秉持"开放性"与"精品化"的出版理念，坚持严格的遴选程序与标准，"中国政法大学国际法文库"才能获得持久的生命力。同时，我相信，经过一段时间的积淀，"中国政法大学国际法文库"必将成为法大乃至中国国际法研究的一个公认的学术品牌，并为构建具有"中国特色、中国风格、中国气派"的高水平国际法理论体系做出自己的贡献。

是谓序。

黄　进

2012 年 12 月 12 日于北京

序 言

国际刑事法院（International Criminal Court，ICC）是人类有史以来第一个以追究个人刑事责任为目的的国际常设刑事司法机构，专门审理个人实施侵略罪、灭绝种族罪、危害人类罪和战争罪这四类最严重的国际犯罪。它设在荷兰海牙，于 2002 年 7 月 1 日开始工作。它是一个独立的刑事司法机构，并不是由联合国安理会设立的，而是由主权国家根据一项条约设立起来的。这项条约就是 1998 年 7 月 17 日通过的《国际刑事法院规约》。由于该条约是在意大利罗马召开的外交大会上通过的，因此又被称为《罗马规约》。作为国际刑事法院的基本法律文件，《罗马规约》是一个具有宪法性质的条约，是该法院赖以存在和开展工作最基本的法律文件，也是派生国际刑事法院其他法律文件的基础，并为该法院开创了一套自给自足的法律体系。

国际刑事法院的设立在国际法中具有划时代的意义。可以说，它是继 1922 年常设国际法院设立以来国际社会迈向机制化和法治化的一个重要里程碑。它的设立具有重要意义：其一，有助于减少个人犯有最严重的国际犯罪后有罪不罚的局面；其二，可以震慑潜在的罪犯；其三，可以给最严重的国际犯罪的被害人提供更多的救济途径；其四，可以弥补国内法在惩治最严重国际犯罪方面的不足；其五，可以消除特设国际法庭在设立、资金和运作等方面存在的局限性；其六，可以为国际人权法和国际人道法提供一个执行机制；其七，可以为各国国内刑事审判提供一个典范。[1]

目前，国际刑事法院正在对一些国家的情势和案件展开调查：其一，有五

---

[1] Young Sok Kim, "The Cooperation of a State to Establish an Effective Permanent International Criminal Court", *Journal of International Law and Practice*, 6 (1997), 161–163.

个缔约国把它们领土上发生的情势提交给了法院,即乌干达[1]、刚果民主共和国[2]、中非共和国第一项情势[3]、马里[4]、格鲁吉亚[5]和中非共和国第二项情势[6];其二,联合国安理会通过决议,把两个非缔约国领土上发生的情势提交给了法院,即苏丹达尔富尔[7]和利比亚[8];其三,有一个非缔约国以依据《罗马规约》第12条第3款发表声明的方式接受了法院的管辖权,即科特迪瓦[9];其四,法院的预审分庭已经通过决定,批准国际刑事法院检察官依照职

---

〔1〕 2004年1月29日,乌干达将情势提交给国际刑事法院。2004年7月29日,国际刑事法院检察官启动对该国情势的调查。https：//www. icc‐cpi. int/en_ menus/icc/press% 20and% 20media/press% 20releases/2004/Pages/prosecutor% 20of% 20the% 20international% 20criminal% 20court% 20opens% 20an% 20investigation% 20into% 20nothern% 20uganda. aspx.

〔2〕 2004年4月19日,刚果民主共和国将情势提交给国际刑事法院。2004年6月23日,国际刑事法院检察官启动对该国情势的调查。https：//www. icc‐cpi. int/en_ menus/icc/press% 20and% 20media/press% 20releases/2004/Pages/the% 20office% 20of% 20the% 20prosecutor% 20of% 20the% 20international% 20criminal% 20court% 20opens% 20its% 20first% 20investigation. aspx.

〔3〕 2005年1月7日,中非共和国将情势提交给国际刑事法院。2007年5月22日,国际刑事法院检察官启动对该国情势的调查。https：//www. icc‐cpi. int/en_ menus/icc/press% 20and% 20media/press% 20releases/2007/Pages/prosecutor% 20opens% 20investigation% 20in% 20the% 20central% 20african% 20republic. aspx.

〔4〕 马里是《国际刑事法院》的缔约国。2012年7月3日,马里政府将马里北部情势移交给国际刑事法院。2013年1月16日,国际刑事法院检察官宣布对2012年以来发生在马里领土上的据称是国际刑事法院管辖的犯罪进行调查。https：//www. icc‐cpi. int/en_ menus/icc/situations% 20and% 20cases/situations/icc0112/Pages/situation% 20index. aspx.

〔5〕 2016年1月27日,国际刑事法院第一预审分庭授权检察官对2008年7月1日至10月10日之间在格鲁吉亚的南奥塞梯及其附近地区据称实施的国际刑事法院管辖的犯罪进行调查。https：//www. icc‐cpi. int/EN_ Menus/icc/situations% 20and% 20cases/situations/icc‐01_ 15/Pages/default. aspx.

〔6〕 2014年5月30日,中非共和国将该国自2012年8月1日以来的情势提交给国际刑事法院。2014年9月24日,国际刑事法院检察官启动对这一情势的调查。https：//www. icc‐cpi. int/EN_ Menus/icc/situations% 20and% 20cases/situations/icc‐01‐14/Pages/default. aspx.

〔7〕 2005年3月31日,联合国安理会第1593号决议将苏丹达尔富尔自2002年7月1日以来的情势提交给国际刑事法院检察官。S/RES/1593（2005）,第一段。

〔8〕 2011年2月26日,联合国安理会第1970号决议决定将利比亚自2011年2月15日以来的情势提交给国际刑事法院检察官。S/RES/1970（2011）,第四段。

〔9〕 2003年4月18日,作为《罗马规约》非缔约国的科特迪瓦政府依据《罗马规约》第12条第3款的规定发表声明,将科特迪瓦情势提交给国际刑事法院。2011年10月3日,国际刑事法院第三预审分庭授权国际刑事法院检察官对科特迪瓦情势展开调查。https：//www. icc‐cpi. int/en_ menus/icc/situations% 20and% 20cases/situations/icc0211/court% 20records/chambers/pretrial% 20chamber% 20iii/Pages/14. aspx.

权自行对缔约国领土上发生的犯罪进行调查,即肯尼亚[1]、格鲁吉亚[2]。此外,国际刑事法院检察官正在对阿富汗[3]、哥伦比亚[4]、尼日利亚[5]、几内

〔1〕 肯尼亚是《罗马规约》的缔约国。2010 年 3 月 31 日,国际刑事法院第二预审分庭授权检察官对肯尼亚情势展开调查。https: //www. icc - cpi. int/en_ menus/icc/situations%20and%20cases/situations/situation%20icc%200109/court%20records/chambers/pretrial%20chamber%20ii/Pages/19. aspx.

〔2〕 2016 年 1 月 27 日,国际刑事法院第一预审分庭授权检察官对 2008 年 7 月 1 日至 10 月 10 日之间在格鲁吉亚的南奥塞梯及其附近地区据称实施的国际刑事法院管辖的犯罪进行调查。https: //www. icc - cpi. int/EN_ Menus/icc/situations%20and%20cases/situations/icc - 01_ 15/Pages/default. aspx.

〔3〕 阿富汗于 2003 年 2 月 10 日提交《罗马规约》加入书,因此国际刑事法院对 2003 年 5 月 1 日之后发生在阿富汗领土上的国际刑事法院管辖的犯罪具有管辖权。2007 年,国际刑事法院检察官决定对阿富汗情势进行初步审查。https: //www. icc - cpi. int/en_ menus/icc/structure%20of%20the%20court/office%20of%20the%20prosecutor/comm%20and%20ref/pe - ongoing/afghanistan/Pages/afghanistan. aspx.

〔4〕 2002 年 8 月 5 日,哥伦比亚成为《罗马规约》缔约国,因此国际刑事法院对发生在哥伦比亚领土上自 2002 年 11 月 1 日以来的情势具有管辖权。由于哥伦比亚依据《罗马规约》第 124 条发表了声明,因此国际刑事法院只对该国 2009 年 11 月 1 日以来的战争罪具有管辖权。2012 年 11 月,国际刑事法院检察官办公室公布了初步审查的中期报告,https: //www. icc - cpi. int/en_ menus/icc/structure%20of%20the%20court/office%20of%20the%20prosecutor/comm%20and%20ref/pe - ongoing/colombia/Pages/colombia. aspx.

〔5〕 尼日利亚于 2001 年 9 月 27 日提交了《罗马规约》批准书,因此国际刑事法院对 2002 年 7 月 1 日后发生在该国领土上的犯罪具有管辖权。2011 年 4 月 21 日,国际刑事法院检察官公开了其正在对尼日利亚情势的初步审查情况,https: //www. icc - cpi. int/en_ menus/icc/structure%20of%20the%20court/office%20of%20the%20prosecutor/reports%20and%20statements/statement/Pages/otp%20statement%20on%20electoral%20violence%20in%20nigeria. aspx.

亚[1]、伊拉克[2]、乌克兰[3]和巴勒斯坦[4]7个国家的情势进行初步审查。截至2016年3月15日，全世界已有124个国家批准或加入了《罗马规约》，成为该条约的缔约国。从联合国会员国区域集团来看，有34个是非洲国家，28个是拉美加勒比国家，25个是西欧和其他国家，18个是东欧国家，19个是亚洲和太平洋国家。这19个亚洲和太平洋国家是：阿富汗、孟加拉国、柬埔寨、库克群岛、塞浦路斯、斐济、日本、约旦、马绍尔群岛、蒙古、瑙鲁、韩国、萨摩亚、塔吉克斯坦、东帝汶、菲律宾、马尔代夫、瓦努阿图以及巴勒斯坦。[5]虽然亚洲和太平洋国家的缔约国数量比东欧国家还要多一个，但是亚洲和太平洋国家的数量是世界上最多的（有55个）[6]，要远远多于东欧国家的数量（只有23个）。而且，除去库克群岛、斐济、马绍尔群岛、瑙鲁、萨摩亚、瓦努阿图这6个太平洋国家，批准或加入《罗马规约》的亚洲国家实际上只有13个。在这13个缔约国中，除了日本和韩国这两个"经济合作与发展组织"的成员国

---

〔1〕 几内亚于2003年7月14日提交了《罗马规约》批准书，因此国际刑事法院对2003年10月1日以来发生在该国的犯罪具有管辖权。2009年10月14日，国际刑事法院检察官公开了其正在对几内亚情势的初步审查情况，https：//www. icc‐cpi. int/en_ menus/icc/structure% 20of% 20the% 20court/office% 20of% 20the% 20prosecutor/comm% 20and% 20ref/pe‐ongoing/guinea/Pages/guinea. aspx.

〔2〕 英国于2001年10月4日提交了《罗马规约》批准书，因此国际刑事法院对2002年7月1日以来在英国以及英国国民在境外实施的犯罪具有管辖权。2014年1月10日，国际刑事法院检察官办公室收到了一些非政府组织的来文，指控英国军官从2003年至2008年在伊拉克对被关押人员的虐待构成战争罪，检察官办公室启动了初步审查。https：//www. icc‐cpi. int/EN_ Menus/icc/structure% 20of% 20the% 20court/office% 20of% 20the% 20prosecutor/comm% 20and% 20ref/pe‐ongoing/iraq/pages/iraq. aspx.

〔3〕 2014年4月17日，乌克兰政府依据《罗马规约》第12条第3款发表声明，接受国际刑事法院对该国领土上自2013年11月21日至2014年2月22日期间发生的犯罪具有管辖权。国际刑事法院检察官办公室启动了初步审查。2015年9月8日，乌克兰政府再次以该条为依据发表声明，接受法院对2014年2月20日之后发生在该国领土上的犯罪具有管辖权。https：//www. icc‐cpi. int/en_ menus/icc/structure% 20of% 20the% 20court/office% 20of% 20the% 20prosecutor/comm% 20and% 20ref/pe‐ongoing/ukraine/Pages/ukraine. aspx.

〔4〕 2015年1月1日，巴勒斯坦政府依据《罗马规约》第12条第3款发表声明，宣布自2014年6月13日以来发生在包括东耶路撒冷在内的被占巴勒斯坦领土上的犯罪具有管辖权。2015年1月2日，巴勒斯坦政府提交了《罗马规约》加入书。2015年1月16日，国际刑事法院检察官办公室宣布对该国情势的初步审查。https：//www. icc‐cpi. int/EN_ Menus/icc/structure% 20of% 20the% 20court/office% 20of% 20the% 20prosecutor/comm% 20and% 20ref/pe‐ongoing/palestine/Pages/palestine. aspx.

〔5〕 https：//www. icc‐cpi. int/en_ menus/asp/states% 20parties/asian% 20states/Pages/asian% 20states. aspx.

〔6〕 土耳其既参加亚洲和太平洋国家集团，也参加西欧和其他国家集团，但是在参加选举时，只作为西欧和其他国家集团，因此亚洲和太平洋国家集团实际上只有54个。http：//www. un. org/depts/DGACM/RegionalGroups. shtml.

外，其他都是经济上的小国。此外，只有塞浦路斯、韩国、巴勒斯坦三个亚洲国家成为《国际刑事法院特权与豁免协定》的缔约国，[1] 只有塞浦路斯一个亚洲国家成为 2010 年《〈罗马规约〉第 8 条修正案》的缔约国，[2] 也只有塞浦路斯一个亚洲国家成为 2010 年《〈国际刑事法院罗马规约〉关于侵略罪的修正案》的缔约国。[3]

　　本书将从比较的视角对东亚三国即韩国、日本和中国与国际刑事法院的关系进行研究。之所以挑选这三个东亚国家，是因为本书的写作曾得到韩国高等教育财团 2010 - 2011 年度访问学者项目的资助，因此选择这个题目是为了契合该财团访问学者项目的主题，即研究的主题最好与韩国或东亚有关。而且，虽然东亚三国彼此是一衣带水的邻国，但是这三个国家与国际刑事法院的关系即便从世界角度看都具有代表性。《罗马规约》通过时，如果把世界各国对《罗马规约》的立场做个概括的话，不外乎支持、中立与反对这三种。如果把这三种立场比喻成交通信号灯的话，就类似于绿灯、黄灯和红灯。而这三种立场在东亚三国刚好能够得到直观反映。韩国没有对《罗马规约》投反对票，而且在 2002 年签署了《罗马规约》，并于当年，也就是国际刑事法院成立后 4 个月就批准了该条约。因此，韩国对国际刑事法院的立场如同交通信号灯中的绿灯一样，说明韩国十分支持国际刑事法院。日本虽然没有对《罗马规约》投反对票，但是直到《罗马规约》通过后差不多十年才加入该条约。因此，日本对《罗马规约》的立场有点类似于黄灯，而且这个黄灯维持了很长的时间，最后才转为绿灯。《罗马规约》通过时，中国是 7 个投反对票的国家之一，因此中国对《罗马规约》的立场类似于交通信号灯中的红灯，而且这枚红灯直到今天一直都是亮着的，甚至都没有出现任何可能转向黄灯的迹象，更不用说绿灯了。因此，这三个东亚国家虽然都居于东亚一隅，而且同文同种，但是他们与国际

---

　　〔1〕 截至 2016 年 3 月 15 日，这一条约只有 74 个缔约国，绝大多数都是欧洲和拉美国家。塞浦路斯于 2005 年 8 月 18 日批准该条约，韩国于 2006 年 10 月 18 日批准该条约，巴勒斯坦于 2015 年 1 月 2 日加入该条约，https：//treaties. un. org/Pages/ViewDetails. aspx? src = TREATY&mtdsg_ no = XVⅢ - 13&chapter = 18&lang = en.

　　〔2〕 截至 2016 年 3 月 15 日，这一条约只有 30 个缔约国，绝大多数都是欧洲和拉美国家。塞浦路斯于 2013 年 9 月 25 日批准该条约。https：//treaties. un. org/Pages/ViewDetails. aspx? src = TREATY&mtdsg_ no = XVⅢ - 10 - a&chapter = 18&lang = en.

　　〔3〕 截至 2016 年 3 月 15 日，这一条约只有 28 个缔约国，绝大多数都是欧洲和拉美国家。塞浦路斯于 2013 年 9 月 25 日批准该条约。https：//treaties. un. org/Pages/ViewDetails. aspx? src = TREATY&mtdsg_ no = XVⅢ - 10 - b&chapter = 18&lang = en.

刑事法院的关系在世界范围内都具有代表性。那么，是什么原因导致韩国、日本和中国与国际刑事法院的关系呈现如此多样的局面，这三个国家又是如何处理与国际刑事法院的关系，就是本书的主题。作者希望本书能够比较全面地呈现这三个东亚国家与国际刑事法院的关系，并进行适当的比较，算是为我国研究国际刑事法院添砖加瓦，尽一点绵薄之力。

为此，本书第一章从历史发展的视角一般性地研究 1998 年联合国罗马全权外交会议的由来，以欧洲国际法的发展为主线介绍中世纪以来通过国际法庭追究个人刑事责任的发展历程，分别分成《凡尔赛和约》之前的欧洲、从《凡尔赛和约》到远东国际军事法庭、从远东国际军事法庭到联合国卢旺达问题国际刑事法庭以及从卢旺达问题国际刑事法庭到罗马外交会议。这一章仅是铺垫性质的介绍，作为本书主题的引子。第二章从比较的视角详细研究中日韩三国在 1998 年罗马会议上对《国际刑事法院规约草案》的各自立场，并以主题作为纵线，以国别作为横线进行立体比较，从中可以清楚看出这三个国家对《国际刑事法院规约草案》的不同立场，最后还以得到最终通过的《罗马规约》作为参照，从中还可以清楚看出这三个国家的不同立场与《罗马规约》条款的契合程度。第三章同样从比较的视角研究中日韩三国在 2010 年坎帕拉审查会议上对修正《罗马规约》的各自立场，尤其是对侵略罪定义的各自立场。从第四章到第六章分别研究韩国、日本和中国自国际刑事法院成立以来的立场和做法，对这三个国家与国际刑事法院的关系进行具体分析。其中，第四章研究了韩国与国际刑事法院的关系，特别是韩国国内实施《罗马规约》的立法、国际刑事法院涉及韩国的司法实践以及韩国对国际刑事法院的其他支持方式。第五章研究了日本与国际刑事法院，特别是日本加入《罗马规约》的过程和考虑，以及日本国内实施《罗马规约》的立法。第六章研究了中国与国际刑事法院的关系，介绍了中国对《罗马规约》的反对理由，以及中国是否应当加入《罗马规约》的辩论和展望。本书的最后是结论部分。特别需要指出的是，本书的研究重点并非国际刑事法院的制度和实践，而是对这三个东亚国家与国际刑事法院的关系进行国别研究，重点研究这三个东亚国家对待国际刑事法院的立场，尤其是韩国和日本在国内实施《罗马规约》的情况。本书涉及的资料截至 2016 年 3 月 15 日。

本书的写作得到了韩国高等教育财团的资助。作者有机会于 2010 年至 2011 年在韩国首尔国立大学法学院从事这一课题的研究。作者在此对韩国高等教育财团和首尔国立大学表示感谢。尤其是，作者在首尔国立大学法学院从事访问学者期间，得到了首尔国立大学法学院李相冕教授的大力支持和帮助，在此表示感谢。作者还要感谢韩国梨花女子大学法学院的金英石教授。金教授是韩国研究国际刑事法院的权威学者之一，发表了多篇介绍韩国与国际刑事法院的英文论文，积极参与了韩国2007年《〈国际刑事法院罗马规约〉实施法》的起草工作。作者于2010年在瑞士日内瓦参加红十字国际委员会组织的第二届全球国际人道法高校教师高级培训班上与金教授相识。在作者访学韩国期间，金教授将一些英文资料提供给了作者，对作者的研究提供了很大的帮助。作者还要感谢韩国东国大学法学院的李庸中教授。在作者访学韩国期间，李教授在生活方面提供了很大的帮助，尤其是作者有一天晚上生病的时候，李教授开车带作者买药，使我得以康复，对此十分感动。此外，我的一些硕士研究生在一些资料的收集和翻译方面提供了帮助，他们是：2012级法学硕士研究生张天舒、孟宇飞和法律硕士研究生安幼平、2013级法学硕士研究生杨承甫，在此也表示感谢。我还要感谢我的同事金哲副教授，在他的联系下，法学院2010级朝鲜族学生边惠玲对韩国的一些资料从韩文帮我直接翻译成了中文。最后，我尤其要感谢我的同事马呈元教授，正是在马教授的大力支持下，本书才得以最终出版。由于作者不通晓韩日两国文字，对韩日两国的有关情况研究主要依赖的是韩日两国学者撰写的英文资料，再加上作者才疏学浅，因此难免存在错误或不全之处，还望各位读者批评指正。

摘　要

　　国际刑事法院是国际社会第一个旨在追究个人实施核心国际犯罪（侵略罪、灭绝种族罪、危害人类罪和战争罪）刑事责任的常设国际刑事司法机构。它的设立和运作实现了国际社会自从近代国际法产生以来一百多年的梦想，填补了国际法、尤其是国际人权法和人道法实施机制的一个空白，扩大了个人刑事责任在国际法中的范围，增强了国际法的效力，提高了国际社会法治水平，因此具有十分重要的意义，是实现国际法治进程中一件划时代的大事。

　　东亚是国际刑法的摇篮之一。众所周知的远东国际军事法庭的审判就发生在东亚。中国、韩国和日本对核心国际犯罪都深恶痛绝，都积极支持国际社会设立一个公正独立的常设国际刑事法院。这可以从这三个国家在 1998 年的罗马全权外交会议上体现出来。中国、韩国、日本都派出了高级代表团，全程参与了该外交会议的所有会议，并主动提出提案，积极发表各自的立场和理解。尽管这三个国家在最后表决《罗马规约》时投票并不相同，但参加会议的过程足以体现三国的重视程度。不过，这三个国家对根据最终的《罗马规约》设立起来的国际刑事法院的立场差距悬殊，与国际刑事法院的关系远近不一。如果把这三个国家与国际刑事法院的关系比作十字路口的交通信号灯，那么中国、韩国和日本就如同红灯、绿灯和黄灯一样。这三个国家虽然都位于东亚，但它们与国际刑事法院的关系极具代表性。中国与国际刑事法院的关系一直亮着红灯，中国按照自己对国际法的理解反对《罗马规约》的一些规定。但是，中国并不完全反对国际刑事法院，仍然通过各种方式与国际刑事法院发生一定的关系，例如作为观察员国参加《罗马规约》缔约国会议和审查会议，不阻挠联合国安理会通过决议将一些非缔约国的情势提交给国际刑事法院等。韩国与国际刑事法院的关系一直亮着绿灯，韩国非但积极促进了《罗马规约》的通过，而且早在 2002 年就批准了该条约，并在国际刑事法院成立后在资金、人力、学术、政府声明等各个方面全力支持国际刑事法院。更为重要的是，为了落实《罗马规约》在国内的影响，韩国还专门在 2007 年通过了实施该条约的国内专门法律。

日本与国际刑事法院的关系从一开始可以说是一种黄灯状态，即介于中国和韩国之间。虽然日本对《罗马规约》的通过也作出了积极贡献，但日本直到2007年才加入《罗马规约》。之后，日本也在资金、人力等方面积极支持国际刑事法院。不过，为了落实《罗马规约》，日本采取了不同于韩国的做法，它并没有专门制定国内的实体法，而是制定了专门的与国际刑事法院合作法。此外，在2010年的坎帕拉审查会议上，日本对该会议通过的关于侵略罪定义的决定非常不满。中国、韩国和日本同处东亚一隅，同文同种，但是对国际刑事法院的态度如此悬殊，耐人寻味。

Abstract

The International Criminal Court (ICC) is the first permanent and international criminal judicial institution aimed to punishing individuals for committing core international crimes (crime of aggression, genocide, crimes against humanity, and war crimes). Its establishment and operation realizes the dream of mankind over a hundred years since the Westphalia treaty, fills a gap in the enforcement mechanism of international law, in particular international human rights and humanitarian law, expands the scope of individual criminal responsibility under international law, strengthens the force of international law, and promotes the rule of law in international community. Therefore, it is a very significant event in international law, and is also a great milestone in the development of modern international law.

East Asia is one of the cradles of international criminal law. The well – known International Military Tribunal for the Far East was seated in this region. China, South Korea and Japan condemn core international crimes, and have been actively supporting the establishment of an impartial and independent permanent international criminal court. This can be seen from their active participations in the 1998 Rome Diplomatic Conference. All these three countries sent high – level delegations to attend the conference, made proposals and expressed their views and understandings on the draft statute. Although the votes of the Rome Statute by these three countries were different, the process of participating in the Conference indicated that they took the Conference very seriously. However, the positions of these three countries on the ICC are very different, and their relations with the ICC are also varied. Their relations with the ICC are just like the signal lights in a traffic crossroad, with China being a red light, South Korea being a green light, and Japan being a yellow light. Therefore, although these three countries are located in East Asia, their positions on the ICC are representative.

The relationship of China with the ICC is just like a red light. China voted against the Rome Statute on basis of its own understanding of international law. However, China is not always opposed to the ICC. She maintains the engagement with the ICC. For example, China has been attending all the Assemblies of the State Parties as an observer, and has not blocked resolutions of the UN Security Council to refer some non – State party situations to the ICC. South Korea keeps a 'green light' relationship with the ICC. She not only supported the adoption of the Rome Statute, but also ratified it as early as 2002. She also subsequently supports the ICC in terms of finance, human resource, academia, and governmental statements. More importantly, in order to implement the Statute, South Korea adopted a special substantial act domestically. The relationship between Japan and the ICC is something like a yellow light, which means in the middle of the spectrum. Although Japan made contributions to the drafting of the Statute, she did not accede to it until 2007. Afterwards, Japan also supports the ICC in terms of finance and human resource. Unlike the approach of South Korea, Japan did not adopt a substantial act in order to implement the Statute. Rather, she adopted a procedural act on the cooperation with the ICC. In addition, Japan expressed dissatisfaction on the definition of the crime of aggression adopted in the 2010 Kampala Review Conference. Although these three countries are located in the same region and shares similar culture and tradition, their attitudes towards the ICC are so different, which is thought – provoking.

目 录

第一章　通往罗马全权外交代表会议之路

第一节　凡尔赛之前的世界

整个人类史就是一部战争史，通过战争手段来解决争端或实现某种目的被认为是理所当然的事情。而且，在战争过程中，总是能够看到骇人听闻的暴行。对于发动战争以及战争中的暴行来说，法律似乎是无关的。古罗马政治家和法学家西塞罗说："在诉诸武力时，法律是沉默的。"[1] 纵观《凡尔赛和约》签订之前的整个世界史［主要是欧洲史］，即使在近代国际法产生之后，通过国际审判来惩治破坏和平或实施战争罪的个人的实践也是屈指可数。而且，即使存在一两例所谓的实践，也都是由战胜者组织特别法庭进行，而非通过普通法院或国际刑事法庭进行。例如，1268 年，西西里国王查理一世在那不勒斯以反教皇和国王罪对神圣罗马帝国霍亨斯陶芬王朝（Hohenstaufen）的末代君主、只有 16 岁的康拉丁（Conradin）及其同伙进行了审判，指控其对西西里王国发动了非正义的战争，判决其死刑，并在一个市场中处决了他们。这应该是欧洲历史上最早记载的对侵略罪的一次国内审判。1474 年，神圣罗马帝国特别法庭在德国莱茵河畔的布莱萨赫（Breisach）对彼得·哈根巴赫（Peter of Hagenbach）在占领布莱萨赫城期间因其下属实施谋杀罪、强奸罪等进行了审判。该特别法庭由来自神圣罗马帝国阿尔萨斯、奥地利、德意志和瑞士城镇的 28 名法官组成，审判的罪名是"践踏上帝和人类的法律"。这可以说是欧洲历史上最早记

---

[1] M. Tvlli Ciceronis, Pro T. Annio Milone Oratio, IV, para. 11, http://www.thelatinlibrary.com/cicero/milo.shtml.

载的对战争罪的一次"国际"特设法庭审判。[1]

尽管如此，几百年才出现一次的所谓的审判早已被欧洲的后人们忘得一干二净。[2] 直到 19 世纪，随着近代国际人道法的出现，试图把国际刑事审判作为一种实施国际人道法机制的思想逐渐又在欧洲的政治和法律学家脑海中浮现，并作了一些有益的尝试。例如，针对普法战争中实施的暴行，红十字国际委员会创始人之一、长期担任该委员会主席的古斯塔夫·莫伊尼尔（Gustave Moynier）意识到，单纯的道德惩罚不足以控制放纵的狂热。他在 1872 年 1 月 3 日红十字国际联合会举行的一次会议上建议以条约的形式建立一个国际法院，以便惩罚那些实施了严重违反 1864 年《日内瓦公约》的个人。莫伊尼尔提出的条约草案一共包括 10 个精练的条款，他因此被称为近代第一个倡导建立国际刑事法院的人。不过，他的建议是否对后来建立国际刑事法院的进程有直接影响很难说，因为他的这个建议后来好像都没有被注意到。[3]

值得注意的是，19 世纪是西欧国家争夺和瓜分世界，尤其是 19 世纪末对

---

〔1〕 关于这两次审判，可参见 G. Schwarzenberger, *International Law as Applied by International Courts and Tribunals*, University of Toronto Press, Toronto, 1965, pp. 462 – 466; M. H. Keen, *The Laws of War in the Late Middle Ages*, London Routledge & K. Paul, 1965, pp. 23 – 59; M. C. Bassiouni & C. L. Blakesley, "The Need for an International Criminal Court in the New International World Order", *Vanderbilt Journal of Transnational Law*, 25 (1992), 151; Leslie C. Green, *The Contemporary Law of Armed Conflict* (2nd ed.), Manchester University Press, Manchester, 2000, pp. 20 – 24; Leslie C. Green, "International Regulation of Armed Conflicts", in M. Cherif Bassiouni (ed.), *International Criminal Law* (2nd ed.), Transnational Publishers, Inc. Ardsley, 1999, pp. 355 – 360; Leslie C. Green, "Criminal Responsibility of Individuals in Non – International Conflicts", *German Yearbook of International Law*, 45 (2002), 82 – 85.

〔2〕 香港中文大学法学院戈登教授（Gregory S. Gordon）就指出，在追溯国际刑法的历史时，通常学者们都是从 1474 年审判彼得·哈根巴赫直接跳跃到二战结束后的纽伦堡和东京审判，很少关注其中将近 500 年历史中的国际刑事审判实践。See Gregory S. Gordon, "The Trial of Peter von Hagenbach: Reconciling History, Historiography and International Criminal Law", in Kevin Jon Heller and Gerry Simpson (eds.), *The Hidden Histories of War Crimes Trials*, Oxford University Press, Oxford, 2013, p. 13.

〔3〕 1895 年 8 月 12 日，国际法研究院（Institute de Droit International）在剑桥通过的一项题为《对 1864 年 8 月 22 日〈日内瓦公约〉进行刑事惩罚》的决议中，虽然两位报告人中有一位就是莫伊尼尔，但在最后通过的该决议的四个条款中并没有提及建立国际刑事法院的事情，参见 MM. Gustave Moynier et Edouard Engelhardt, "La sanction pénale à donner à la Convention de Genève du 22 août 1864", Institute de Droit International, Session de Cambridge – 1895, http://www.idi – iil.org/idiF/resolutionsF/1895_ camb_ 03_ fr. pdf. 而且，莫伊尼尔之后的一些主要赞成常设国际刑事法院的人都没有提及他的建议，有关建议成立常设国际刑事法院的历史也没有提。事实上，尽管红十字国际委员会在联合国常设国际刑事法院筹备会议上做了几次发言，但它对莫伊尼尔的建议提都没提及。Christopher Keith Hall, "The Frst Proposal for a Permanent International Criminal Court", *International Review of the Red Cross*, 322 (1998).

非洲和亚洲的殖民地的争夺。在欧洲没有实践的"国际"刑事审判却在亚洲上演,[1] 突出的例子有 1894 年"法国和泰国混合法庭"对泰国地方官员的审判,[2] 1898 年欧洲列强组成的"国际军事委员会"对希腊克里特岛上的土耳其穆斯林人的审判[3]以及 1900 年,德、法、英、意四国占领当局在中国保定对直隶总督等人的审判。[4] 但是,虽然"法国和泰国混合法庭"是依据 1893 年法国与泰国签订的条约设立起来的混合法庭,但是该条约并没有对混合法庭的组成和审判模式作出规定。它后来适用的法律也不是战争法,而是泰国的法律。在希腊克里特岛的"国际军事委员会"审判也适用的是意大利或者英国的法律。在中国的保定审判中,德、法、英、意四国占领当局依照清朝的审判模式适用的是《大清律例》。

　　究其原因,在一战以前的国际法中,如果个人实施了严重违反战争法规或惯例的行为,最多只能根据国内法由国内法院惩治。[5] 而且,实际上,在一战以前缔结的和约中,一般都规定对违反战争法规或惯例的人予以赦免。[6] 因

---

〔1〕　Gregory S. Gordon, "International Criminal Law's 'Oriental Pre – Birth': The 1894 – 1900 Trials of the Siamese, Ottomans and Chinese", in Morten Bergsmo *et al* ed. , *Historical Origins of International Criminal Law*, TOAEP OPSAHL Academic Epublisher, 2015, p. 119.

〔2〕　19 世纪末,法国在殖民印度支那的过程中与泰国(当时称"暹罗")发生了激烈的领土和边界争端,终于在 1893 年爆发了武装冲突。在这次边界交火事件中,法国的边界检查官遭到泰国一位地方官员带领的部队的伏击身亡,法国要求泰国审判该地方官员。1893 年 10 月 2 日,法国和泰国签订条约,该地方官员首先由泰国特别设立的法庭审判,如果法国不满意泰国审判的方式或结果,法国和泰国将设立一个由法国法官和泰国法官组成的混合法庭进行审判。由于后来对泰国自己审判的不满,法国和泰国就设立了一个混合法庭,由 5 位法官组成,3 位是法国法官,2 位是泰国法官,其中的庭长也是法国法官。法泰混合法庭从 1894 年 6 月 4 日开始审判,6 月 13 日作出判决。3 位法国法官判决该泰国地方官员犯有共谋杀死法国边界检查官的责任,判处其 20 年劳役,并支付法庭审判的费用。

〔3〕　1897 年 8 月 31 日,欧洲列强设立了"国际军事委员会",适用《意大利军事法典》,审判克里特岛上穆斯林人对欧洲人的屠杀事件。1898 年 9 月 6 日,克里特岛上再次发生了穆斯林人屠杀将近 1000 名基督徒以及英国士兵的事件,有 145 名穆斯林犯罪嫌疑人被逮捕。关于杀死英国士兵的行为,英国设立了两个军事法院进行了审判,适用《英国的军事法手册》。

〔4〕　关于保定审判,还可以参见张晓宇:"庚子事变后'惩凶'问题的国际法分析",载《暨南学报》2015 年第 4 期,第 138—146 页;李贵连:"保定教案与沈家本被拘考",载《比较法研究》2000 年第 1 期,第 94—109 页;张海鹏:"试论辛丑议和有关国际法的几个问题",载《近代史研究》1990 年第 6 期,第 83—114 页。

〔5〕　Hans – Heinrich Jescheck, "International Crimes", in R. Bernhardt (ed.), *Encyclopedia of Public International Law*, Vol. Ⅱ, 1995, p. 1119.

〔6〕　Fania Domb, "Treatment of War Crimes in Peace Settlements: Prosecution or Amnesty?", in Yoram Dinstein, Mala Tabory eds. , *War Crimes in International Law*, Martinus Nijhoff Publishers, The Hague, 1996, pp. 305 –321.

此，在一战以前的国际法中，个人在国际法中的刑事责任是难以想象的事情。例如，1907 年的《海牙第四公约及其附件〈陆战法规或惯例章程〉》中并没有提到战争罪。在该公约缔结时，违反该公约在国际法中所产生的只能是国家的赔偿责任，[1] 并非个人的刑事责任。[2] 因此，在一战以前的国际法中，并没有出现国际刑事审判。

第二节 从凡尔赛到东京

在第一次世界大战中，由于采用了包括飞机、坦克、潜水艇和毒气等大量新式武器，引起了空前的人道灾难。通过建立国际刑事法庭进行审判的思想再次出现。1916 年，英国学者贝洛特（Hugh H. L. Bellot）呼吁通过设立一个国际刑事法庭来审判那些违反战争法规或惯例的人。[3] 1919 年 6 月 28 日缔结的《凡尔赛和约》第 227 条和第 228 条回应了这种诉求。该和约第 227 条规定："协约国公开指控前德国皇帝霍亨索伦家族的威廉二世破坏国际道义和条约尊严的严重罪行。将设立一个特别法庭来审判被控诉的人，该法庭保证他获得基本的辩护权。它将由五位法官组成，下列每个国家任命一位法官，即美利坚合众国、大不列颠、法国、意大利和日本。"第 228 条规定："德国政府承认协约国将那些被指控实施了违反战争法规或惯例的行为的人在军事法庭前绳之以法的权利。如果发现这些人罪行成立，他们将被判处法律规定的刑罚。即使在德国的法庭或其同盟国领土上的法庭前有任何诉讼或追诉，本条款仍然适用。德国政府应当将所有被指控实施了违反战争法规或惯例的行为的人，无论是通过姓名或军衔，以及他们在德国当局中所占有的职位或职业，都移交给协约国，或提出此种请求的协约国中的其中一国。"[4] 然而，由于威廉二世得到了荷兰政

---

〔1〕 该公约第 3 条规定："违反本章程的交战方应当，如果案件需要的话，有责任进行赔偿。它应当对属于它的武装力量的部分的人员所实施的所有行为负责。"

〔2〕 Bing Bing Jia, "The Differing Concepts of War Crimes and Crimes against Humanity in International Criminal Law", in Guy S. Goodwin‐Gill and Stefan Talmon (eds.), *The Reality of International Law*: *Essays in Honour of Ian Brownlie*, Clarendon Press, Oxford, 1999, p. 245.

〔3〕 See Benjamin B. Ferencz, "International Criminal Court", in R. Bernhardt (ed.), *Encyclopedia of Public International Law*, Vol. II, 1995, p. 1123.

〔4〕 *The Peace Treaty of Versailles*, 28 June 1919, http://www.lib.byu.edu/~rdh/wwi/versailles.html, 访问日期：2011 年 3 月 25 日。

府的庇护，这样的特别国际法庭最终并没有建立起来。协约国后来只是要求德国政府自己审判犯罪嫌疑人，不过效果不是很理想。协约国向德国开出了901名犯罪嫌疑人的名单，德国在莱比锡的审判只挑选了45人，实际起诉的只有13人，有6人被宣判无罪，而最严重的惩罚只是4年有期徒刑。[1] 被誉为"国际刑法之父"的巴西奥尼教授评论说："一战后的审判经验表明，国际司法是多么容易因为政治便利的原因而被牺牲掉!"[2] 1937年，国际联盟通过了《预防和惩治恐怖主义公约》及其议定书，试图建立一个国际刑事法庭来审判恐怖主义罪行。不过，该公约和议定书直到今天也没有生效，只有印度一个国家批准了该公约。[3]

第二次世界大战结束后，苏联、美国、英国和法国四个同盟国于1945年8月8日在伦敦通过了《起诉和惩治欧洲轴心国主要战犯的协定》，决定设立国际军事法庭，起诉和惩治轴心国的主要战犯。该协定附有《国际军事法庭宪章》。该宪章规定了破坏和平罪、战争罪和危害人类罪。[4] 该宪章得到了实施。1945年11月21日至1946年10月1日，国际军事法庭在德国纽伦堡对纳粹德国22名主要战犯和6个组织进行了审判。这是近代国际法产生以来第一次通过设立国际法庭的方式对严重违反国际法的个人进行的审判。同样，1946年，盟军最高统帅部发布了《远东国际军事法庭宪章》。该宪章也规定了破坏和平罪、战争罪和危害人类罪。[5] 据此设立的远东国际军事法庭在日本东京于1946年1月19日至1948年11月12日对28名日本甲级战犯进行了审判。国际军事法庭和远东国际军事法庭的实践具有重大的国际法意义，它不仅界定了法庭可以审判的犯罪，而且还规定了许多重要的刑法原则。这两个法庭不仅作出了纸面的规定，而且付诸了司法实践。不过，这两个法庭是特设的国际法庭，对审判的犯罪和人员方面具有针对性，审判完成后就结束了自己的使命。而且，这两个

---

〔1〕　例如，"The Llandovery Castle Case (1921)", in *Annual Digest of Public International Law* (1923 – 1924), p. 436.

〔2〕　M. Cherif Bassiouni, "International Criminal Justice in Historic Perspective", in M. Cherif Bassiouni (ed.), *International Criminal Law*, Vol. 3, *International Enforcement*, Martinus Nijhoff Publishers, Leiden, 2008, p. 33, 35.

〔3〕　http://www. jur. uib. no/ansatte/joreh/temasider/internasjonalisering/Convention%20 on%20 terrorism% 201937. pdf.

〔4〕　Charter Annexed to the Agreement for the Establishment for the Establishment of an International Military Tribunal, 5 UNTS 251.

〔5〕　Charter of the International Military Tribunal for the Far East, 19 January 1946, amended 26 April 1946, TIAS 1589.

法庭是由在二战中战胜国组织的，是战胜国一方对战败国国民的审判。最后，这两个法庭被称为"军事"法庭，而不是普通法庭。这些都引起了对这两个法庭审判的一些质疑。

第三节　从东京到阿鲁沙

1947 年 11 月 21 日，第二届联合国大会通过第 174 号决议，决定设立国际法委员会。[1] 1948 年 12 月 9 日，第三届联合国大会通过了第 260 号（甲）决议，决定通过《防止及惩治灭绝种族罪公约》，该公约第 6 条规定，凡被诉犯灭绝种族罪或有第三条所列其他行为之一者，应交由行为发生地国家的主管法院，或缔约国接受其管辖权的国际刑事法庭审理之。[2] 与该决议同时通过的第 260（乙）号决议，邀请国际法委员会"研究宜否及可否设立国际司法机构，以审判被控犯灭绝种族罪者，或被控犯各种国际公约授权该机构管辖之他种罪行之人"，还"请国际法委员会于进行此项研究时，对于在国际法院内设置一刑事分庭之是否可行，特加审议"。[3] 国际法委员会在 1949 年的第一次会议上任命了国际刑事管辖权问题的特别报告员，并在 1950 年的第二次会议上听取了特别报告员的报告后认为，通过设立国际司法机构审判犯有灭绝种族罪和其他罪行的人是有必要的，也是可行的，但同时不认同在国际法院内设立一个刑事分庭来审判，因为按照《国际法院规约》第 34 条的规定，只有国家才可以成为国际法院的当事方，设立刑事分庭就需要修改国际法院规约。[4] 在听取国际法委员会的初步报告后，联合国大会在 1950 年 12 月 12 日通过了第 489 号决议，决定设立一个由 17 个会员国代表组成的委员会，准备起草一份建立一个国际刑事法院的规约草案。[5] 1951 年，该委员会在日内瓦开会，形成了一份建立一个国际刑事法院规约的草案。按照该份草案，该法院应当具有常设的机构，但只有当有案件被提交时才可以运作。当该委员会把其报告连同规约草案发给各国政府审议时，只有个别国家作出了反馈。尽管如此，1952 年 12 月 5 日，联合国大会

---

〔1〕　A/RES/2/174.

〔2〕　A/RES/3//260（A）.

〔3〕　A/RES/3/260（B）.

〔4〕　*Yearbook of the International Law Commission*, 1950, Vol. Ⅱ, document A/1316, paras. 128 – 145.

〔5〕　A/RES/5/489.

通过第 687 号决议，决定设立一个由 17 个会员国代表组成的新的委员会，要求该委员会审议设立这样一个机构可能产生的影响、与联合国的关系以及规约草案，并于 1953 年夏天在纽约联合国总部举行会议。[1] 该委员会对规约草案作了许多修改，还提供了两份备选案文，一份是自己独立运作的，一份是作为联合国的一个机构运作。委员会的报告同时呈送给 1954 年的联合国大会。然而，1954 年 12 月 14 日，联合国大会通过第 898 号决议，决定推迟审议国际刑事管辖权问题，直到它得到关于界定侵略问题的特别委员会的报告和关于《危害人类和平及安全治罪法草案》（下称《治罪法草案》）的报告为止。到了 1957 年，该特别委员会的报告呈送给了第 12 届联合国大会。然而，联合国大会虽然注意到了该报告，决定推迟审议界定侵略的问题和《治罪法草案》。1957 年 12 月 11 日，联合国大会通过第 1187 号决议，同样决定推迟对国际刑事管辖权问题的审议。1968 年，联合国秘书长在把界定侵略定义问题特别委员会的报告置于联大议程时，联合国会员国再次注意到了国际刑事管辖权这个问题。不过，联合国大会的全体委员会认为，在大会完成对界定侵略罪问题的审议之前不适合讨论国际刑事管辖权问题。联合国大会采纳了全体委员会的建议。1973 年 11 月 30 日，第 28 届联合国大会通过的第 3068 号决议通过了《禁止并惩治种族隔离罪行国际公约》。该公约第 5 条规定，被控犯有本公约第二条所列举的行为的人，得由对被告取得管辖权的本公约任何一个缔约国的主管法庭或对那些已接受其管辖权的缔约国具有管辖权的一个国际刑事法庭审判。[2] 1974 年，当联合国秘书长把侵略的定义草案呈送给联合国大会时，国际刑事管辖权问题又引起了会员国的注意。联合国大会再把界定侵略的问题置于六委的议程时，说它自己注意到了秘书长的意见，并将考虑是否再审议《治罪法草案》和国际刑事管辖权问题。直到 1982 年 1 月 10 日，联合国大会通过决议，才邀请国际法委员会恢复审议《治罪法草案》的工作。[3] 因此，在 1982 年国际法委员会第 34 次会议上，才把《治罪法草案》列入议程，并任命了特别报告员。1983 年，国际法委员会在第 35 次会议上收到了特别报告员的第一份报告，其中关注的一个问题是《治罪法草案》的实施问题。在对该报告进行辩论后，国际法委员会请求联合国大会发出指示，即国际法委员会关于《治罪法草案》的职责是否包括起草一份具有审判个人违反《治罪法草案》的国际刑事法院的规约。1986 年，国际法

---

〔1〕　A/RES/7/687.

〔2〕　1015 U. N. T. S. 243，1976 年 7 月 18 日生效。

〔3〕　A/RES/36/106.

委员会第 38 次会议收到特别报告员的第四份报告，该报告又讨论了《治罪法草案》的实施问题。国际法委员会认为，它将仔细研究报告中提出的任何实施方案，并提醒联合国大会注意没有刑罚的《治罪法草案》可能没有效果。从 1986 年到 1989 年，联合国大会请求秘书长就国际法委员会关于《治罪法草案》实施问题的报告征求会员国的意见。1989 年，特立尼达和多巴哥向联合国大会提议，设立一个国际刑事法院审理非法贩运毒品的犯罪。这一提议得到 15 个加勒比国家的支持。12 月 4 日，第 44 届联合国大会通过第 39 号决议，请求国际法委员会在考虑《治罪法草案》时讨论建立一个国际刑事法院或其他国际刑事审判机制的问题，以便审理危害人类和平及安全的罪行，包括跨国贩运毒品的犯罪。[1] 1990 年，国际法委员会第 42 次会议收到特别报告员关于《治罪法草案》的第八份报告，其中第三部分是关于国际刑事法院的规约问题。国际法委员会广泛讨论了建立国际刑事法院的可能性问题，并决定设立一个工作组。这得到了联合国大会的支持。从 1991 年到 1993 年，国际法委员会《治罪法草案》特别报告员共向国际法委员会提交了三份关于国际刑事管辖权的报告。

　　与此同时，"根据不断的报道，在前南斯拉夫地区，特别是在波斯尼亚－黑塞哥维纳共和国境内，普遍发生公然违反国际人道主义法的行为"，安理会最终在 1993 年 5 月 25 日通过了第 827 号决议，"决定设立一个国际法庭，其唯一目的是起诉应对从 1991 年 1 月 1 日至安全理事会于和平恢复后决定的日期前南斯拉夫境内所犯的严重违反国际人道主义法行为负责的人"。[2] 联合国安理会为此专门在荷兰海牙设立了前南斯拉夫问题国际刑事法庭。一年后，"有报道指出卢旺达境内广泛发生种族灭绝和其他有计划的、公然违反国际人道主义法行为"，安理会在 1994 年 11 月 8 日第 3453 次会议上通过了第 955 号决议，决定设立一个国际法庭，"专为起诉应对 1994 年 1 月 1 日至 1994 年 12 月 31 日期间卢旺达境内种族灭绝和其他严重违反国际人道主义法行为负责者和应对这一期间邻国境内种族灭绝和其他这类违法行为负责的卢旺达公民"，并通过了《卢旺达问题国际法庭规约》。[3] 联合国安理会为此专门在坦桑尼亚的阿鲁沙设立了卢旺达问题国际刑事法庭。这是自二战结束以后国际军事法庭和远东国际军事法庭以来，国际社会第一次设立国际刑事法庭。比起国际军事法庭和远东国际军事法庭，已经取得了不少进步。首先，它们审判的犯罪中增加了灭绝种族罪，使

---

〔1〕　A/RES/44/39.

〔2〕　S/RES/827（1993），25 May 1993.

〔3〕　S/RES/955（1994），8 November 1994. 该规约全文附在该决议后面。

1948 年《防止及惩治灭绝种族罪公约》第 6 条和 1973 年《禁止和惩治种族隔离罪行国际公约》第 5 条成为现实。其次，这两个国际刑事法庭不再是所谓的"战胜者的正义"，因为它们是联合国安理会设立的，而联合国安理会无论在前南斯拉夫问题还是卢旺达问题方面都不是交战一方，代表的是国际社会。最后，这两个国际刑事法庭已不再是所谓的军事法庭。尽管如此，这两个国际刑事法庭仍然是特设的国际刑事法庭，不具有常设性，而且，它们是由联合国安理会这个政治机构设立的，因此难免受到选择性司法的质疑。

第四节　从阿鲁沙到罗马

1994 年，国际法委员会在第 46 次会议上决定重新设立一个工作组，起草国际刑事法院的规约草案。该工作组重新审查了以前的规约初步草案，并在考虑了收到的各国意见后重新准备规约草案。新的规约草案共有 8 编 60 个条款，包括法院的设立、组成、管辖权、调查和起诉、审判、上诉和复查、国际合作和司法协助以及实施。该规约草案还参考了《前南刑庭规约》。国际法委员会随后通过了《国际刑事法院规约草案》，连同工作组准备的评注一起，提交给联合国大会，并建议召开一次全权外交大会，研究该规约草案，以便最终通过一份关于建立一个国际刑事法院的公约。1994 年 12 月 9 日，第 49 届联合国大会通过第 53 号决议，欢迎国际法委员会的报告，决定建立一个向所有会员国或联合国专门机构会员国开放的特设委员会，审议该规约草案中的实体和行政问题，并根据审议结果，考虑举行一次全权外交代表参加的国际会议。该决议还决定，特设委员会应当向第 50 届联合国大会提交报告。另外，联合国大会还邀请所有会员国向联合国秘书长提交关于规约草案的书面意见，并请求秘书长向国际组织征求意见。联合国大会还决定，把题为"建立一个国际刑事法院"的问题列入第 50 届联大议程，以便研究特设委员会的报告和会员国提交的书面意见。[1] 特设委员会从 1995 年 4 月 3 日至 13 日和 8 月 14 日至 25 日举行了两次会议，审议了规约草案中的问题，并考虑举行一次国际会议。1995 年 12 月 11 日，第 50 届联合国大会通过第 46 号决议，决定设立一个开放给联合国所有会员国或各专门机构或国际原子能机构所有成员参加的筹备委员会，进一步讨论

---

〔1〕　A/RES/49/53，第 2 段。

国际法委员会拟订的规约草案所引起的主要实质性问题和行政问题，并在考虑到会议期间所表示的各种不同意见的情况下起草案文，以期拟订广泛认为可以接受的设立国际刑事法院的公约综合案文，作为朝向召开全权代表会议加以审议的下一个步骤；又决定筹备委员会的工作应以国际法委员会拟订的规约草案作为基础，并应考虑到特设委员会的报告，以及各国按照大会第 49/53 号决议第 4 段向秘书长提出的关于国际刑事法院规约草案的书面评论意见和在适当情况下由有关的组织提出的意见。[1] 1996 年 12 月 17 日，第 51 届联合国大会通过第 207 号决议，决定筹备委员会于 1997 年 2 月 11 日至 21 日、8 月 4 日至 15 日和 12 月 1 日至 12 日，以及 1998 年 3 月 16 日至 4 月 3 日举行会议，以完成提交外交会议的可以得到广泛接受的公约综合案文。[2] 1997 年 12 月 15 日，第 52 届联合国大会通过第 160 号决议，决定从 1998 年 6 月 15 日至 7 月 17 日在意大利罗马举行联合国关于建立国际刑事法院全权外交代表会议，该会议向联合国所有会员国或联合国各专门机构以及国际原子能机构的会员国开放。联合国大会还请求秘书长向一些国际组织发出邀请，作为观察员参加会议，包括作为联大观察员的国际组织、有关的地区国际组织以及包括前南刑庭和卢旺达刑庭在内的司法机构，还请求秘书长邀请有关的非政府组织参加会议。[3] 1998 年 3 月 16 日至 4 月 3 日，筹备委员会举行了两次会议，完成了最终的"规约草案"[4]，并呈送给罗马会议。

---

〔1〕　A/RES/50/46，第 2 段。
〔2〕　A/RES/51/207，第 4 段。
〔3〕　A/RES/52/160.
〔4〕　A/CONF. 183/2/Add. 1.

第二章　在罗马全权外交代表会议上

根据1997年12月15日在第52届联大通过的第160号决议，联合国设立国际刑事法院全权代表外交会议于1998年6月15日至7月17日在意大利罗马联合国粮农组织总部举行。共有160个国家参加了会议，31个组织和其他实体以及136个非政府组织以观察员的身份出席了会议。[1]

在6月15日上午举行的第1次全体会议上，选举产生了31位会议副主席，包括中国和日本的代表，[2] 还任命9人组成全权证书委员会，中国代表被任命为其中之一。[3] 在6月15日下午举行的第2次全体会议上，任命了由25人组成的起草委员会，中国和韩国的代表被任命为其中的委员。[4]

第一节　序　言

《罗马规约》序言说：

"意识到各国人民唇齿相依，休戚与共，他们的文化拼合组成人类共同财产，但是担心这种并不牢固的拼合随时可能分裂瓦解；

注意到在本世纪内，难以想象的暴行残害了无数儿童、妇女和男子的生命，使全人类的良知深受震动；

认识到这种严重犯罪危及世界的和平、安全与福祉；

申明对于整个国际社会关注的最严重犯罪，绝不能听之任之不予处罚，为

---

〔1〕　联合国秘书长：《关于设立国际刑事法院的说明》，A/53/387，1998年9月19日，第2段。

〔2〕　A/CONF. 183/SR. 1，第34段。

〔3〕　A/CONF. 183/SR. 1，第41段。

〔4〕　A/CONF. 183/SR. 2，第2段。

有效惩治罪犯，必须通过国家一级采取措施并加强国际合作；

决心使上述犯罪的罪犯不再逍遥法外，从而有助于预防这种犯罪；

忆及各国有义务对犯有国际罪行的人行使刑事管辖权；

重申《联合国宪章》的宗旨及原则，特别是各国不得以武力相威胁或使用武力，或以与联合国宗旨不符的任何其他方法，侵犯任何国家的领土完整或政治独立；

强调本规约的任何规定不得解释为允许任何缔约国插手他国内政中的武装冲突；

决心为此目的并为了今世后代设立一个独立的常设国际刑事法院，与联合国系统建立关系，对整个国际社会关注的最严重犯罪具有管辖权；

强调根据本规约设立的国际刑事法院对国内刑事管辖权起补充作用；

决心保证永远尊重国际正义的执行；

议定如下："

《规约草案》原本规定的序言很短，只有下面这么几句话：

"本规约缔约国，

希望促进国际合作以加强有效起诉和制止受到国际关注的罪行，并为此目的设立国际刑事法院；

强调此法院的目的只是对受到整个国际社会关注的最严重罪行行使管辖权；

又强调此法院的目的是在国家刑事司法系统可能没有这种审判程序，或者在审判程序可能不发生效用的情况下，对国家刑事司法系统起补充作用；

兹协议如下："

6月26日，西班牙代表团提出了一份提案，内容如下：

"本规约缔约国，

意识到本世纪几百万人受害于殃及整个国际社会的严重罪行；

承认防止并制止此类罪行需要更有效的国际合作；并因此希望促进并增强起诉和惩治引起国际关注的罪行方面的国际合作；

决心为此目的在联合国系统内设立一个常设国际刑事法院，对殃及整个国际社会的极严重罪行行使管辖权；

认为国际刑事法院将补充各国刑事司法系统；

考虑到《联合国宪章》的宗旨和原则，特别是关于维护国际和平与安全和尊重普遍人权的宗旨和原则；

铭记本规约不应解释为对宪章关于联合国各机关的职责和权力的规定之范

围产生任何影响；

申明一般国际法有关准则将继续制约本规约中没有明确规定的问题；

兹商定如下："[1]

在 6 月 30 日上午举行的全体委员会第 20 次会议上，西班牙代表对其提案作了如下解释：

"18. Yanez – barnuevo 先生（西班牙）在介绍他的代表团在 A/CONF. 183/ C. 1/L. 22）号文件中的提案时说，他认为 A/CONF. 183/2/Add. 1 号文件中的序言草案是不够的。他的代表团的草案中的第一段是新的；旨在强调设立国际刑事法院的基本动机——在整个本世纪，数百万人成为影响人类的严重罪行的被害人这一事实。它还反映了《联合国宪章》序言中表现的思想。接下来的两段以原草案前两段为基础。它们强调派代表出席会议的国家促进和改善国际合作将犯下严重国际罪行的人绳之以法的集体意愿，及设立国际刑事法院作为联合国系统内的一个永久机构，对影响整个国际社会的最严重罪行行使管辖权的决心。

19. 下一段以 A/CONF. 183/2/Add. 1 号文件脚注 2 所建议的案文为基础。第五段是新的，但反映了其他类似公约中的措词。它强调《联合国宪章》中两个特别关注的问题，即维护国际和平与安全和尊重普遍人权。

20. 最后几段是保障条款。一段以大会第 3314（XXIX）号决议所附侵略定义的序言第四段为基础，并明确不应以影响宪章关于联合国各机关的职能和权力的规定范围的任何方式解释本规约。最后一段以涉及国际法的编纂和逐渐发展的某些公约的序言段落为基础，并强调本规约不妨碍一般国际法继续支配本规约没有明文规定的问题。"[2]

在东亚三国中，西班牙的提案得到了韩国的支持。韩国代表天泳旭（音译）（Young – wook Chun）说，原来草案第二和第三段的目前措词有相当的局限性，反映不了本规约的崇高目的。西班牙提案为一个新的草案提供了一个好的基础，他对此予以支持。[3] 中国和日本代表对西班牙的提案没有发表意见。

---

〔1〕　A/CONF. 183/C. 1/L. 22.

〔2〕　A/CONF. 183/C. 1/SR. 20，第 18—20 段。

〔3〕　A/CONF. 183/C. 1/SR. 20，第 31 段。

第二节　与联合国及东道国协定的批准

《罗马规约》第 2 条规定了与联合国建立关系的程序，即"本法院应当以本规约缔约国大会批准后，由院长代表本法院缔结的协定与联合国建立关系"。[1] 在《规约草案》第 2 条中，本来是这样规定的："本法院应当以院长代表本法院缔结，本规约缔约国批准的协定与联合国建立关系"。两者区别是：前者规定应经"缔约国大会"批准，而后者规定应经"缔约国"批准。

另外，《罗马规约》第 3 条第 2 款规定了与东道国建立协定的程序，即"本法院应当在缔约国大会批准后，由院长代表本法院与东道国缔结总部协定"。[2] 在《规约草案》第 3 条第 2 款中，基本上也是这么规定的："院长经缔约国大会批准，可以与东道国缔结在该国与本法院之间建立关系的协定"。

在东亚三国中，韩国代表崔泰铉注意到了上述的细微差别。在 6 月 16 日下午全体委员会举行的第 2 次会议上，他说：第 2 条和第 3 条的第 2 款似乎是不一致的。前者说由规约缔约国批准，意思是每一个缔约国；后者说由缔约国大会批准，意思是由大多数决定。[3] 中国和日本代表没有发表意见。

第三节　法院管辖权内的犯罪

关于法院管辖的罪行是各国在会上讨论的焦点之一。1998 年 6 月 17 日上午，在全体委员会第 3 次会议上，各国代表对法院管辖的罪行问题开始陆续发表意见。关于法院管辖的罪行规定在《规约草案》第二部分（"管辖权、受理问题和适用的法律"）。《规约草案》第 5 条规定了"法院管辖权内的罪行"。

---

〔1〕　2004 年 10 月 4 日，国际刑事法院与联合国之间达成了协定，该协定的中文版，可访问 http：//www. icc‒cpi. int/NR/rdonlyres/196A16EE‒FC71‒4261‒B451‒5570DD2D63FD/0/ICCASP3Res1_Chinese. pdf.

〔2〕　2007 年 6 月 7 日，国际刑事法院与东道国（荷兰）之间达成了协定，该协定的英文版，可访问 http：//www. icc‒cpi. int/NR/rdonlyres/99A82721‒ED93‒4088‒B84D‒7B8ADA4DD062/280775/ICCBD040108ENG1. pdf.

〔3〕　A/CONF. 183/C. 1/SR. 2，第 98 段。

一、灭绝种族罪

《规约草案》对灭绝种族罪的定义与 1948 年的《灭种罪公约》第 2 条的定义一致，是如下规定的：

"灭绝种族罪

为了本规约的目的，灭绝种族罪是指蓄意全部或部分消灭某一民族、族裔、种族或宗教团体而实施的下列任何一种行为：

（a）杀害该团体的成员；

（b）使该团体的成员在身体上或精神上遭受严重伤害；

（c）故意使该团体处于某种生活状态下，以全部或局部地实际消灭该团体；

（d）强制施行办法意图防止该团体内的生育；

（e）强行移送该团体的儿童至另一团体。

［下列行为应予处罚：

（a）灭绝种族；

（b）共谋灭绝种族；

（c）直接公然煽动灭绝种族；

（d）灭绝种族未遂；

（e）共同灭绝种族。］"

在《罗马规约》的谈判过程中，几乎都认为法院可以审理灭绝种族罪，稍微有的一点争议是，法院审理的灭绝种族罪的定义是否应当与 1948 年《防止及惩治灭绝种族罪公约》中的定义保持一致。有少数国家要求扩大法院审理的灭绝种族罪的定义的范围。[1]

就东亚三国来说，在 6 月 17 日上午全体委员会第 3 次会议上，中国代表李燕端女士发言。她认为，关于种族灭绝罪的案文现在应当送交起草委员会了。[2] 可见，中国代表对《规约草案》第 5 条规定灭绝种族罪及其定义不持异议。韩国代表崔泰铉也认为，灭绝种族罪的定义现在可以送交起草委员会了。[3] 可见，韩国对《规约草案》第 5 条规定灭绝种族罪及其定义也不持异

---

〔1〕　例如，古巴代表要求社会和政治集团也列入灭绝种族罪的范畴，A/CONF. 183/C. 1/SR. 3，第 100 段。

〔2〕　A/CONF. 183/C. 1/SR. 3，第 72 段。

〔3〕　A/CONF. 183/C. 1/SR. 3，第 76 段。

议。中国和韩国都是 1948 年《防止及惩治灭绝种族罪》[1] 公约的缔约国。中华民国政府早在 1949 年 7 月 20 日就签署了该公约，1951 年 7 月 19 日，台湾地方当局以中国名义"批准"了该公约。中华人民共和国政府在 1983 年 4 月 18 日批准该公约，同时声明台湾地方当局在 1951 年以中国名义批准该公约是无效的，并对该公约第 9 条作出了保留。1997 年和 1999 年，中华人民共和国政府分别致信联合国秘书长，声明该公约适用于香港和澳门两个特别行政区。韩国早在 1950 年 10 月 14 日就加入了该公约。日本代表在全体会议上没有对法院是否应当审理灭绝种族罪及其定义发表意见。这可能与日本尚未加入 1948 年《防止及惩治灭绝种族罪》（《灭种罪公约》）有关。[2]

由于许多国家代表建议将《规约草案》中灭绝种族罪定义方括号里面的内容挪到个人刑事责任部分中，因此在 7 月 6 日主席团《讨论文件》[3] 和 7 月 10 日主席团提案[4] 中，灭绝种族罪的定义就是《灭种罪公约》中的定义，一直到《罗马规约》通过之后。

表格 1　中韩日三国对灭绝种族罪定义的态度比较

	中　国	韩　国	日　本	《罗马规约》
是否是 1948 年《灭种罪公约》缔约国	是	是	否	
是否赞成法院审理灭种罪	是	是	不清楚	是
是否赞成《规约草案》中的灭种罪定义	是	是	不清楚	是

二、危害人类罪

关于危害人类罪，《规约草案》提供了多个选项供参会国家代表选择讨论："危害人类罪

---

〔1〕　78 UNTS 277.

〔2〕　参见后面第四章"日本与国际刑事法院"。

〔3〕　A/CONF. 183/C. 1/L. 53.

〔4〕　A/CONF. 183/C. 1/L. 59.

1. 为了本规约的目的，危害人类罪是指下列任何一种行为，如果这些行为是［广泛［和］［或］有系统地针对任何人口实施这些行为的部分行为］，［基于政治、思想、种族、族裔或宗教理由或任何其他任意确定的理由］［在武装冲突中］［针对任何［平民］人口实施广泛［和］［或］有系统的［大规模］攻击的部分行为］：

注：如果保留第二备选案文，应考虑其与第 1 款（h）项的关系。

（a）谋杀；

（b）灭绝；

（c）奴役；

（d）驱逐出境或强行移送人口；

（e）［公然违反国际法］［违反基本法律规范］［拘押或］［监禁］［剥夺自由］；

（f）酷刑；

（g）强奸或其他［严重性相当的］性虐待或强迫卖淫；

（h）基于政治、种族、民族、族裔、文化或宗教［或性别］［或其他类似］理由，对任何可确定为同一的团体或集体进行迫害［并涉及本法院管辖权内的其他罪行］；

（i）强迫失踪；

（j）［故意］造成［重大痛苦］，或对人体、身心健康造成严重伤害的其他［性质类似的］不人道行为。

［2. 为了第 1 款的目的：

（a）灭绝包括［蓄意、故意］施加某种生活状况，以消灭一部分人口；

（b）‘驱逐出境或强行移送人口’是指［为了违反国际法的目的］［在无合法与必要的理由的情况下］［在无合法理由的情况下］将［人］［人口］迁离有关［人］［人口］［根据国内法或国际法］［合法居留当地］［居留当地的］［为其居民的］地区；

（c）［‘酷刑’是指故意致使［在被告人拘押或实际控制下的］［被剥夺自由的］人的身体或精神遭受重大痛苦；但酷刑不包括纯因［符合国际法的］合法制裁而引起或这种制裁所固有或附带造成的痛苦］；

［1984 年 12 月 10 日的《禁止酷刑和其他残忍、不人道或有辱人格的待遇或处罚公约》］对‘酷刑’所犯下的定义］；

（d）迫害是指违反国际法、蓄意和严重地剥夺基本权利［目的是根据声明的理由进行迫害〕；

（e）〔'强迫失踪'是指国家或政治组织直接或核准、支持或默许违反个人意愿，逮捕、拘押或劫持某人，然后拒绝承认这种剥夺自由的行为或透露有关人的命运或下落，从而将其置于法律保护之外〕。"

在《罗马规约》的谈判过程中，对于是否应当把危害人类罪规定为法院审理的罪行，争议也不大，几乎都认为法院可以审理危害人类罪。但是，对于危害人类罪的定义，则在一些国家代表之间产生了争议。争议主要集中在以下几个问题：首先，危害人类罪的实施必须是"广泛和有系统地"实施，还是"广泛或有系统地"实施即可？[1] 其次，危害人类罪是否只能在武装冲突的情况下实施？平时是否也可以实施？[2] 最后，强迫失踪、种族隔离、恐怖主义行为等是否应当包括在危害人类罪范围之内？[3]

就东亚三国来说，在6月17日全体委员会第3次会议的发言中，中国代表李燕端女士同意把危害人类罪包括在内，但是希望指出，还没有关于危害人类罪的国际公约。中国认为，第1款开头语中应写进"武装冲突"字样，同时考虑到《纽伦堡法庭宪章》、《前南斯拉夫问题国际法庭规约》和《卢旺达问题法庭规约》，中国同意把第1款（a）至（j）中所列罪行包括进去，但对（c）有

---

〔1〕 例如，印度、泰国、埃及、伊朗、印尼、俄罗斯、瑞士代表认为，"广泛和有系统地"比"广泛或有系统地"要好，A/CONF.183/C.1/SR.3，第44段、第108段、第120段、第136段、第144段；A/CONF.183/C.1/SR.4，第5段、第7段。但是，德国、巴西、丹麦、莱索托、希腊、马拉维、波兰、澳大利亚、英国、加拿大、瑞典、越南代表认为，这种犯罪可能是作为广泛或有系统地实施的，A/CONF.183/C.1/SR.3，第20段、第49段、第54段、第57段、第59段、第64段、第80段、第87段、第89段；A/CONF.183/C.1/SR.4，第2段、第8段、第13段。

〔2〕 例如，德国、比利时、捷克、丹麦、莱索托、澳大利亚、英国、伊朗、美国、委内瑞拉、加拿大、瑞士、瑞典、也门、越南代表认为，危害人类罪不仅在战时，而且在平时也可以实施，A/CONF.183/C.1/SR.3，第20段、第30段、第35段、第54段、第57段、第87段、第89段、第136段、第138段、第158段；A/CONF.183/C.1/SR.4，第2段、第7段、第8段、第12段、第13段。但是，叙利亚、阿联酋、巴林、黎巴嫩、沙特、突尼斯、摩洛哥、阿尔及利亚、苏丹、伊拉克代表都认为，危害人类罪只能在国际性武装冲突的情况下实施，A/CONF.183/C.1/SR.3，第22段、第24段、第26段、第29段、第31段、第33段、第38段、第41段、第67段、第85段。约旦、马耳他、哥斯达黎加代表认为，危害人类罪在国际和非国际性武装冲突下都可以实施，A/CONF.183/C.1/SR.3，第28段、第40段、第52段。

〔3〕 例如，印度代表不赞成把强迫失踪作为一种危害人类罪，A/CONF.183/C.1/SR.3，第44段。但是，哥斯达黎加、法国、智利代表则认为应当作为一种危害人类罪，A/CONF.183/C.1/SR.3，第52段、第98段；A/CONF.183/C.1/SR.4，第27段。墨西哥、孟加拉国代表希望把种族隔离列入危害人类罪，A/CONF.183/C.1/SR.3，第125段；A/CONF.183/C.1/SR.4，第18段。英国、美国代表认为，不应把恐怖主义行为列入危害人类罪，A/CONF.183/C.1/SR.3，第89段、第140段。

所保留。中国还倾向于同意（e）中的"监禁"两字，但是没有定见，愿意听取其他看法。[1]从《规约草案》中我们可以看出，（c）是指"奴役"这种行为。

韩国代表崔泰铉认为，危害人类罪的概念需要一个起点界限，就像第1款开头语中头一组方括号内的措词那样。把审理危害人类罪限于在武装冲突中所犯的或者大规模犯下的罪行是不合适的，因为那样就把本法院的管辖范围限制得太狭窄了。此外，提及"平民"人口使人弄不清。他的代表团认为，用"或"比用"和"好。在第1款（e）中，他的代表团认为，用"公然违反国际法拘押或监禁"这种措施比较妥当，并赞成删去第2款。他不同意只承认在国际冲突中所犯的危害人类罪，在国内冲突中犯这种罪行也应遭到同样的谴责。[2]

在6月17日下午举行的全体委员会第4次会议上，日本代表长岭安政对危害人类罪发表了看法。他说，日本支持将危害人类罪列入法院的规约。在第1款的开头语中，他赞成"广泛和有系统地"措施，认为平时和战时的行为都应被包括在内。关于行为清单，无法律即不构成犯罪的原则要求明确说明犯罪要件。他不知道把灭绝同谋杀或种族灭绝分开是否合适。"驱逐出境"需要某种限定语，以表明它不是指例如在大规模自然灾害等情况下转移人口。同样，"监禁"前面需要一个限定语，如"非法的"，关于人员的被强迫失踪，也需要更确切的措词。在澄清列举的行为方面，第2款将是有帮助的。[3]

经过讨论之后，到了7月6日主席团的《讨论文件》中，危害人类罪的定义变成了：

"危害人类罪

1. 为了本规约的目的，危害人类罪是指在广泛或有系统地攻击任何平民人口时并在知道这一攻击的情况下实施的下列任何一种行为：

（a）谋杀；

（b）灭绝；

（c）奴役；

（d）驱逐出境或强行移送人口；

（e）违反国际法基本规则，监禁或以其他方式严重剥夺人身自由；

---

〔1〕　A/CONF.183/C.1/SR.3，第72—75段。

〔2〕　A/CONF.183/C.1/SR.3，第76—79段。

〔3〕　A/CONF.183/C.1/SR.4，第17段。

（f）酷刑；

（g）需作进一步讨论；

（h）基于政治、种族、民族、族裔、文化、宗教、性别或根据国际法公认不允许的其他理由，对任何可确定为同一的团体或集体进行迫害，涉及本款提及的任何行为或本法院管辖权内的任何罪行；

（i）强迫人失踪；

（i之二）种族隔离罪；

（j）故意造成重大痛苦或对人体或身心健康造成严重伤害的性质类似的其他不人道行为。

可能需要进一步讨论关于种族主义和经济禁运问题的其他提案。

2. 为了第 1 款的目的：

（a）'针对任何平民人口的攻击'是指根据或为了推行此种攻击的国家或组织的政策，针对任何平民人口进行第 1 款所述涉及多次行动的一种行为过程；

（a之二）'灭绝'是指故意施加某种生活状况，如断绝粮食和药品来源，目的是消灭人口的一部分；

（a之三）'奴役'是指行使对一个人的拥有权附带的任何或所有权力，包括在贩运人口特别是为了性剥削目的的贩运妇女和儿童的过程中剥夺人身自由；

（b）'驱逐出境或强行移送人口'是指在无国际法允许的理由的情况下，以驱逐或其他强制行为将所涉人员强迫迁离他们合法居留的地区；

（c）'酷刑'是指故意致使处于被告人拘押或控制下的人遭受身体或精神的重大痛苦；但酷刑不应包括纯因合法制裁引起或这种制裁所固有或附带造成的痛苦；

（d）'迫害'是指因群体或集体的特性，违反国际法而蓄意和严重地剥夺他人基本权利；

（d之二）'种族隔离罪'是指在一个种族对任何其他一个或多个种族的有系统的体制化压迫和统治制度下实施的，与以上第 1 款所述行为类似的不人道行为，实施这些行为的目的是维持该种制度；

（e）'强迫人失踪'是指国家或政治组织直接或核准、支持或默许逮捕、拘押或劫持某些人，继而拒绝承认这种剥夺自由的行为或透露有关人的命运或下落，蓄意将其长期置于法律保护之外。"[1]

---

〔1〕 A/CONF. 183/C. 1/L. 53.

就东亚三国来说，7 月 8 日，在全体委员会第 25 次会议上，日本代表小和田恒说，关于危害人类罪，他的代表团一直同意在第 1 款的起首部分中使用"广泛和有系统地攻击"这一措词，但是由于许多代表团宁愿用"广泛或有系统地攻击"，正如 1995 年的《危害人类和平及安全治罪法》规定的那样，还由于第 2 款提出了澄清，他的代表团将在这个问题上采取灵活态度。日本支持把有关强奸或其他性暴力罪行的（g）项列入，并希望该事项得到满意的解决。他的代表团不赞成把恐怖主义和经济禁运包括在危害人类罪内。[1] 中国和韩国代表没有发言。

在 7 月 10 日的主席团提案中，危害人类罪的定义是：

"第 5 条之三

危害人类罪

1. 为了本规约的目的，危害人类罪是指在广泛或有系统地攻击任何平民人口时并在知道这一攻击的情况下实施的下列任何一种行为：

（a）谋杀；

（b）灭绝；

（c）奴役；

（d）驱逐出境或强行移送人口；

（e）违反国际法基本规则，监禁或以其他方式严重剥夺人身自由；

（f）酷刑；

（g）（性暴力罪）草案需进一步讨论；

（h）基于政治、种族、民族、族裔、文化、宗教、性别或根据国际法公认不允许的其他理由，对任何可确定为同一的团体或集体进行迫害，涉及本款提及的任何行为或本法院管辖权内的任何罪行；

（i）强迫人失踪；

（i 之二）种族隔离罪；

（j）故意造成重大痛苦或对人体或身心健康造成严重伤害的性质类似的其他不人道行为。

关于恐怖主义和经济禁运问题已经提出了其他提案，可能需要进一步讨论。

2. 为了第 1 款的目的：

（a）'针对任何平民人口的攻击'是指根据或为了推行此种攻击的国家或

---

〔1〕　A/CONF. 183/C. 1/SR. 25，第 27 段。

组织的政策，针对任何平民人口进行第 1 款所述涉及多次行动的一种行为过程；

（a 之二）'灭绝'是指故意施加某种生活状况，如断绝粮食和药品来源，目的是消灭人口的一部分；

（a 之三）'奴役'是指行使对一个人的拥有权附带的任何或所有权力，包括在贩运人口特别是为了性剥削目的贩运妇女和儿童的过程中剥夺人身自由；

（b）'驱逐出境或强行移送人口'是指在无国际法允许的理由的情况下，以驱逐或其他强制行为将所涉人员强迫迁离他们合法居留的地区；

（c）'酷刑'是指故意致使处于被告人拘押或控制下的人遭受身体或精神的重大痛苦；但酷刑不应包括纯因合法制裁引起或这种制裁所固有或附带造成的痛苦；

（d）'迫害'是指因群体或集体的特性，违反国际法而蓄意和严重地剥夺他人基本权利；

（d 之二）'种族隔离罪'是指在一个种族对任何其他一个或多个种族的有系统的体制化压迫和统治制度下实施的，与以上第 1 款所述行为类似的不人道行为，实施这些行为的目的是维持该种制度；

（e）'强迫人失踪'是指国家或政治组织直接或核准、支持或默许逮捕、拘押或劫持某些人，继而拒绝承认这种剥夺自由的行为或透露有关人的命运或下落，蓄意将其长期置于法律保护之外。"[1]

表格 2　中韩日三国对危害人类罪定义的态度比较

《规约草案》	中　国	韩　国	日　本	《罗马规约》
广泛 [和] [或] 有系统地	没表态	或	和	或
在武装冲突中	是	否	否	否
平民人口	是	有疑问	是	平民人口
（b）灭绝	灭绝	灭绝	有疑问	灭绝
（c）奴役	不包括	奴役	奴役	奴役

---

〔1〕　A/CONF. 183/C. 1/L. 59.

续表

《规约草案》	中　国	韩　国	日　本	《罗马规约》
（d）驱逐出境或强行移送人口	无疑问	无疑问	须作限定	驱逐出境或强行移送人口
（e）［公然违反国际法］［违反基本法律规范］［拘押或］［监禁］［剥夺自由］	无疑问	公然违反国际法的拘押或监禁行为	非法的监禁行为	违反国际法基本规则，监禁或以其他方式严重剥夺人身自由
（i）强迫失踪	无疑问	无疑问	须重新表述	强迫失踪

三、战争罪

《规约草案》对于战争罪是这样规定的：

"战争罪

为了本规约的目的，'战争罪'是指：

A. 严重破坏 1949 年 8 月 12 日《日内瓦公约》的行为，即对有关《日内瓦公约》的规定所保护的人或财产实施下列任何一种行为：

（a）故意杀害；

（b）酷刑或不人道待遇，包括生物学实验；

（c）故意使身体或健康遭受重大痛苦或严重伤害；

（d）无军事上之必要，而以非法和蛮横的方式，对财产进行大规模的破坏与侵占；

（e）强迫战俘或其他被保护的人在敌对国军队中服务；

（f）故意剥夺战俘或其他被保护人应享有的公平和正规审判的权利；

（g）非法驱逐出境或移送或非法紧闭；

（h）劫持人质。

B. 严重违反国际法范围内已经确立的适用于国际武装冲突的法律和习惯的其他行为，即下列任何一种行为：

（a）备选案文 1

故意指令攻击平民人口和未直接参与敌对行动的个别平民；

备选案文 2

无（a）款。

（a 之二）备选案文 1

故意指令攻击非军事目标的民用物体；

备选案文 2

无（a 之二）款。

（b）备选案文 1

故意发动无军事上之必要的攻击，明知这种攻击将附带造成平民伤亡或破坏民用物体或致使自然环境遭受广泛、长期和严重的破坏；

备选案文 2

故意发动攻击，明知这种攻击将附带造成平民伤亡或破坏民用物体或致使自然环境遭受广泛、长期和严重的破坏，其程度与预期得到的具体和直接的整体军事利益相比是过分的；

备选案文 3

故意发动攻击，明知这种攻击将附带造成平民伤亡或破坏民用物体或致使自然环境遭受广泛、长期和严重的破坏；

备选案文 4

无（b）款。

（b 之二）备选案文 1

故意对具有危险威力的工程或装置发动攻击，明知这种攻击将造成过分的平民伤亡或破坏民用物体，其程度与预期得到的具体和直接军事利益相比是过分的；

备选案文 2

无（b 之二）款。

（c）备选案文 1

以任何手段攻击或轰击不设防的市镇、乡村、住所和建筑物；

备选案文 2

以不设防地点和非军事区为攻击目标；

（d）杀害或伤害已放下武器或毫无抵抗能力并已无条件投降的战斗员；

（e）不当地使用停战旗、敌方或联合国的旗帜或军事标志和制服，以及各项《日内瓦公约》的识别标记，致使人员死亡或重伤；

（f）备选案文 1

占领国将其部分平民人口移送到其占领的领土；

备选案文 2

占领国将其部分平民人口移送到其占领的领土，或将被占领领土的全部或部分人口驱逐或移送到被占领领土内外的地方。

备选案文 3

（一）在被占领领土内安置定居者和改变被占领领土的人口组成；

（二）占领国将其部分平民人口移送到占领的领土，或将被占领领土的全部或部分人口驱逐或移送到被占领领土内外的地方；

备选案文 4

无（f）款。

（g）备选案文 1

故意指令攻击宗教、艺术、科学或慈善事业专用的建筑物、历史古迹、医院和收容伤病人员的地方，除非这些地方当时用于军事目的；

备选案文 2

故意指令攻击宗教、教育、艺术、科学或慈善事业专用的建筑物、历史古迹、医院和收容伤病人员的地方，除非这些地方当时用于军事目的；

（h）使受敌对方控制的人员遭受割除器官或任何种类的医学或科学实验，而这些实验既不具有治疗相关人员的医学、牙医学或临床理由，也不是为了该人员的利益而进行的，并且还造成死亡或严重伤害了这些人员的健康；

（i）以奸诈手段杀害或伤害属于敌国或敌军的人；

（j）宣布杀无赦；

（k）摧毁或占有敌方的财产，除非这是基于战争的必要；

（l）在法院宣布取消、暂停或不受理敌方国民的权利和诉讼；

（m）强迫敌方国民参加反对他们本国的战争行为，即使这些人在战争开始前是在交战国军中服役；

（n）洗劫城镇或地方，即使是被攻占的；

（o）备选案文 1

使用下列有意造成过分伤害或不必要痛苦的武器、弹射、装备和作战方法：

（一）毒药或有毒武器；

（二）窒息性、毒性或其他气体，以及所有类似的液体、物质或器件；

（三）容易在人体内胀大或变成扁平的子弹，诸如具有坚硬的、不完全包裹弹芯或经切穿的弹壳的子弹；

（四）出于敌意或在武装冲突中使用细菌（生物）战剂或毒素；

（五）1993 年《关于禁止发展、生产、储存和使用化学武器及销毁此种武器的公约》所界定并禁止的化学武器；

备选案文 2

使用下列具有造成过分伤害或不必要痛苦的性质的武器、弹射、装备和作战方法：

（一）毒药或有毒武器；

（二）窒息性、毒性或其他气体，以及所有类似的液体、物质或器件；

（三）容易在人体内胀大或变成扁平的子弹，诸如具有坚硬的、不完全包裹弹芯或经切穿的弹壳的子弹；

（四）出于敌意或在武装冲突中使用细菌（生物）战剂或毒素；

（五）1993 年《关于禁止发展、生产、储存和使用化学武器及销毁此种武器的公约》所界定并禁止的化学武器；

（六）习惯国际法或协定国际法以后予以全面禁止的其他武器或武器系统；

备选案文 3

使用具有造成过分伤害或不必要痛苦的性质或根本上为滥杀滥伤的武器、弹射、装备和作战方法；

备选案文 4

使用下列具有造成过分伤害或不必要痛苦的性质或根本上为滥杀滥伤的武器、弹射、装备和作战方法，包括但不限于：

（一）毒药或有毒武器；

（二）窒息性、毒性或其他气体，以及所有类似的液体、物质或器件；

（三）容易在人体内胀大或变成扁平的子弹，诸如具有坚硬的、不完全包裹弹芯或经切穿的弹壳的子弹；

（四）出于敌意或在武装冲突中使用细菌（生物）战剂或毒素；

（五）1993 年《关于禁止发展、生产、储存和使用化学武器及销毁此种武器的公约》所界定并禁止的化学武器；

（六）核武器；

（七）杀伤地雷；

（八）致盲激光武器；

（九）习惯国际法或协定国际法以后予以全面禁止的其他武器或武器系统；

（p）备选案文 1

侵犯个人尊严，特别是侮辱性和有辱人格的待遇。

备选案文 2

侵犯个人尊严，特别是侮辱性和有辱人格的待遇，以及种族隔离行径及其他基于种族歧视侵犯个人尊严的不人道和有辱人格的行径；

（p 之二）强奸、性奴役、强迫卖淫、强迫怀孕、强迫绝育及同时构成严重破坏《日内瓦公约》的任何其他形式性暴力；

（q）利用平民或其他被保护人在场使某些地点、地区或军事部队免受军事行动的影响；

（r）故意指令攻击按照国际法使用《日内瓦公约》所订特殊标志的建筑物、装备、医疗单位和运输工具及人员；

（s）故意以断绝平民粮食作为战争方法，使平民无法取得其生存所必需的物品，包括故意阻碍按照《日内瓦公约》提供救济物品；

（t）备选案文 1

强迫未满十五周岁的儿童直接参加敌对行动。

备选案文 2

招募未满十五周岁的儿童加入武装部队，或利用他们积极参与敌对行动。

备选案文 3

（一）招募未满十五周岁的儿童加入武装部队或武装集团；或

（二）允许上述儿童参加敌对行动；

备选案文 4

无（t）款。

*　　*　　*　　*

备选案文一

本条 C 节和 D 节适用于非国际性武装冲突，因此不适用于内部动乱和紧张局势，如暴动、孤立和零星的暴力行为或其他类似性质的行为。

C. 在非国际性的武装冲突中，严重违反 1949 年 8 月 12 日四项《日内瓦公约》共同第 3 条的行为，即对并未积极参加敌对行动的人，包括已放下武器的和因病、伤、拘留或任何其他原因而丧失战斗力的武装部队人员，实施下列任何一种行为：

（a）对生命和人身施加暴力，特别是一切形式的谋杀、伤残肢体、虐待和酷刑；

（b）侵犯个人尊严，特别是侮辱性和有辱人格的待遇；

（c）劫持人质；

（d）未经具有公认为必需的司法保障的正规组成的法庭宣判，径行判罪和处决。

D. 严重违反国际法既定范围内的、适用于非国际性武装冲突的法律和习惯的其他行为，即下列任何一种行为：

（a）备选案文 1

故意指令攻击平民人口和未直接参加敌对行动的个别平民；

备选案文 2

无（a）款

（b）故意指令攻击按照国际法使用《日内瓦公约》所订特殊标志的建筑物、装备、医疗单位和运输工具及人员；

（c）备选案文 1

故意指令攻击宗教、艺术、科学或慈善事业专用的建筑物、历史古迹、医院和收容伤病人员的地方，除非这些地方当时用于军事目的；

备选案文 2

故意指令攻击宗教、教育、艺术、科学或慈善事业专用的建筑物、历史古迹、医院和收容伤病人员的地方，除非这些地方当时用于军事目的；

（d）洗劫城镇或地方，即使是被攻占的；

（e）侵犯个人尊严，特别是侮辱性和有辱人格的待遇；

（e之二）强奸、性奴役、强迫卖淫、强迫怀孕、强迫绝育及同时构成严重破坏四项《日内瓦公约》的共同第三条的任何其他形式性暴力；

（f）备选案文 1

强迫未满十五周岁的儿童直接参加敌对行动；

备选案文 2

招募未满十五周岁的儿童加入武装部队或武装集团，或利用他们积极参与敌对行动；

备选案文 3

（一）招募未满十五周岁的儿童加入武装部队或武装集团；或

（二）允许上述儿童参加敌对行动；

备选案文 4

无（f）款。

（g）根据与冲突有关的理由指令平民人口离去，但因所涉平民的安全理由或因必要的军事理由而有此需要的除外；

（h）以奸诈的手段杀害或伤害敌方战斗员；

（i）宣布杀无赦；

（j）使受冲突另一方控制的人员遭受割除器官或任何种类的医疗或科学实验，而这些实验既不具有治疗相关人员的医学、牙医学或临床理由，也不是为了该人员的利益而进行的，并且还造成死亡或严重伤害了这些人员的健康；

（k）摧毁或占有敌方的财产，除非这是基于冲突的必要；

（l）备选案文 1

不规定违禁武器。

备选案文 2

根据对 B 节（o）款的讨论提及武器。

备选案文二

在 D 节加插下列规定：

·故意以断绝平民粮食作为战争方法，使平民无法取得其生存所必需的物品，包括故意阻碍按照《日内瓦公约》提供救济物品；

·故意发动攻击，明知这种攻击将附带造成平民伤亡或破坏民用物体或致使自然环境遭受广泛、长期和严重的破坏；

·故意对具有危险威力的工程或装置发动攻击，明知这种攻击将造成过分的平民伤亡或破坏民用物体，其程度与预期得到的具体和直接军事利益相比是过分的；

·一切形式的奴役和奴隶买卖；

备选案文三

删除 C 和 D 节开头部分。

备选案文四

删除 D 节

备选案文五

删除 C 节和 D 节。

＊　　＊　　＊　　＊

在本规约其他章节内：

备选案文 1

本法院的管辖权应扩及整个国际社会关注的最严重罪行。第 X 条（战争罪）所列罪行，如果是一项计划或政策的部分行为或大规模犯下这些罪行的部分行为，本法院才对罪行具有管辖权。

备选案文 2

本法院的管辖权应限于整个国际社会关注的最严重罪行。第 X 条（战争罪）所列罪行如果是，一项计划或政策的部分行为或大规模犯下这些罪行的部分行为，本法院对这些罪行尤其具有管辖权。

备选案文 3

不规定触发程度。

$$* \quad * \quad * \quad *$$

第 Y 条

（关于规约中涉及罪行定义的部分）

在不妨害本规约各项规定的适用的情况下，不应将规约本部分人和规定解释为具有人和限制或妨害现有或发展中的国际法规则的意思。

注：

·第 Y 条可构成一单独条款，亦可并入第 5 条（法院管辖权内的罪行）。

·第 21 条第 3 款（法无明文不为罪）和第 20 条（适用的法律）处理相关问题。"

战争罪是罗马全权外交代表会议上争论最大的问题之一。在参会各国代表之间，争论的焦点主要集中在战争罪的定义上，而不是是否应当将战争罪列入法院管辖的罪行。对于后者，各国代表之间几乎没有争论。关于应当列入法院管辖的战争罪定义的争论，主要集中在以下几个问题：其一，是否应当把严重违反适用于非国际性武装冲突中的行为列入其中?[1] 其二，在国际性或非国际性武装冲突中，某些行为是否属于习惯法中的战争罪。例如核武器、激光致盲

---

〔1〕 一些国家代表反对把非国际性武装冲突列入法院审理的战争罪范畴，例如叙利亚、苏丹、沙特、土耳其、印度，A/CONF. 183/C. 1/SR. 4，第 44 段、第 76 段；A/CONF. 183/C. 1/SR. 5，第 20 段、第 101 段、第 107 段、第 115 段。不过，大多数国家赞成规定非国际性武装冲突中的战争罪，例如德国、西班牙、丹麦、瑞典、意大利、澳大利亚、哥斯达黎加、加拿大、比利时、新西兰、捷克、爱尔兰、巴西、英国、挪威，A/CONF. 183/C. 1/SR. 4，第 57 段、第 68 段、第 72 段、第 74 段；A/CONF. 183/C. 1/SR. 5，第 64 段、第 104 段、第 106 段、第 108 段、第 109 段、第 110 段、第 111 段、第 112 段、第 114 段、第 117 段、第 119 段。

武器、杀伤人员地雷、招募和使用 15 周岁以下的儿童等等。〔1〕在这个问题上，与会各国都对《规约草案》中的规定以及备选案文发表了自己的看法。

就东亚三国来说，在 6 月 15 日下午举行的第 2 次全体会议上，日本代表小和田恒说，战争罪应规定为违反现有的国际文书及那些被认为是习惯国际法一部分的法律文书所包括的战争法的罪行，但应排除尚未成为习惯国际法一部分的罪行，同时不排除在这一领域制定新的法律。〔2〕

在 6 月 17 日下午举行的全体委员会第 4 次会议上，中国代表曲文胜说，A 节是可以接受的。在 B 节下，他的代表团赞同（a）项下的备选案文 1，但建议增加"和造成死亡或严重伤害身体或健康"。在（a 之二）项下，他的代表团也赞同备选案文 1，但要增加同样的短语。在（b）项下，它倾向于备选案文 2 和（b 之二）项下的备选案文 1。在（c）项下，它倾向于备选案文 2，在开头处增加"有意地"一词，结尾处增加关于死亡或严重伤害的同一短语。在（f）项下，它倾向于备选案文 2，但要在"到其占领的领土"之后增加"而这不能以人口的安全和紧迫的军事理由证明是正当的"词语。在（g）项下，它倾向于备选案文 1。它倾向于（o）项下的备选案文 1、（p）项下的备选案文 2 和（t）项下的备选案文 4。他还同意美国的建议，即规约应包括罪行的某些要件，以便法院将来有明确的指导，并使所有国家和其军人都能知道什么行为和什么情况将构成战争罪。作为对 C 节和 D 节的初步评论，他表示对把非国际性冲突列入规约持保留意见。〔3〕中国代表团还专门就 B 节向全体委员会提出了一份提案，内容如下：

---

〔1〕　例如，美国代表反对把使用核武器、杀伤人员地雷和激光致盲武器规定为战争罪，A/CONF. 183/C. 1/SR. 4，第 52 段。巴西代表认为使用上述武器都是战争罪，A/CONF. 183/C. 1/SR. 5，第 46 段。黎巴嫩反对列入杀伤人员地雷，A/CONF. 183/C. 1/SR. 5，第 14 段。不少国家赞成把使用这些武器规定为战争罪，例如瑞典、苏丹，A/CONF. 183/C. 1/SR. 4，第 74 段、第 76 段。泰国、印尼、印度、南非认为，使用核武器是战争罪，A/CONF. 183/C. 1/SR. 5，第 26 段、第 52 段、第 88 段、第 96 段。俄罗斯反对把使用核武器列入战争罪，A/CONF. 183/C. 1/SR. 5，第 36 段。美国、黎巴嫩还反对把招募和使用 15 周岁以下的儿童规定为战争罪，A/CONF. 183/C. 1/SR. 4，第 54 段；A/CONF. 183/C. 1/SR. 5，第 17 段。突尼斯、塞内加尔代表认为年龄应提高到 18 周岁，A/CONF. 183/C. 1/SR. 4，第 23 段；A/CONF. 183/C. 1/SR. 5，第 83 段 。

〔2〕　A/CONF. 183/SR. 2，第 44 段。

〔3〕　A/CONF. 183/C. 1/SR. 4，第 65 段。

"第 5 条

战争罪

B 节

1.（a）备选案文 1 结尾处增加以下措词：'并且造成死亡或者人身或健康的严重伤害'。

2.（a 之二）备选案文 1 结尾处增加以下措词：'并且造成死亡或者人身或健康的严重伤害'。

3.（c）备选案文 2 开始处增加'故意'一词，结尾处增加以下措词：'并且造成死亡或者人身或健康的严重伤害'。

4.（e）以'欺诈地使用'代替'不当地使用'。

5.（f）备选案文 2，在'将其部分平民人口移送到其占领的领土'之前增加'并非出于所涉人口的安全或绝对必要的军事原因而'。"[1]

在 6 月 18 日上午的全体委员会第 5 次会议上，主席要求对 C 节和 D 节发表评论。中国代表曲文胜发言，支持删去 C 节和 D 节，并赞同"在本规约其他章节内"一节中的备选案文 1。[2]从后来《罗马规约》的规定来看，除了关于 A 节的意见外，中国代表团的其他意见都没有被采纳。

在 6 月 18 日上午全体委员会第 5 次会议上，韩国代表崔胜赫（音译）说，他对接收 A 节没有什么问题。关于 B 节，他的优先选择如下：（a）款，备选案文 1；（a 之二）款，备选案文 1；（b）款，备选案文 1；（b 之二）款，备选案文 2；（c）款，备选案文 2；（d）和（e）款，照现有的措词；（f）款，备选案文 3；（g）款，备选案文 2；（h）至（n）款，照现有措词；（o）款，备选案文 2；（p）款，备选案文 2；（p 之二）至（s）款，照现有的措词；（t）款，备选案文 3。[3]在对 C 节和 D 节的评论中，韩国代表崔胜赫支持把 C 节和 D 节包括在内。在标题为"本规约其他章节内"部分中，他赞同备选案文 2。Y 条应以某种形式包括在内。[4]

日本代表长岭安政说，这些条款应从明晰、精确和反映现行国际法规则的角度加以研究。关于 C 节和 D 节，他的代表团主张规约不仅应包括国际冲突而且应包括国内冲突。A 节没有什么问题。他对 B 节款项的优先选择是：（a）

---

〔1〕　A/CONF. 183/C. 1/L. 5.

〔2〕　A/CONF. 183/C. 1/SR. 5，第 120 段。

〔3〕　A/CONF. 183/C. 1/SR. 5，第 18—19 段。

〔4〕　A/CONF. 183/C. 1/SR. 5，第 113 段。

款，备选案文1，从这一角度出发，他同意中国代表团的看法，即"造成死亡或严重伤害身体或健康"短语应包括在备选案文1的结尾处。同样的评论也适用于（a之二）款的备选案文1；他对（b）款持批评态度，但赞同备选案文2，因为它是明晰的；关于（b之二），他赞同备选案文1，但应采用已对（a）款所作的评论；关于（c）款，他勉强赞同备选案文1；（d）款应保持现有措词。关于（e）款，他认为中立国旗的不恰当使用也应加以规定。（f）款应包括在内，因为它提到了对《第一附加议定书》的严重违反；他对几种备选案文持灵活态度，但初步赞同备选案文1。对（g）款的备选案文1和2，他的代表团的立场也是灵活的，而对（h）至（n）款认为没有问题。关于（o）款涉及的主题，他提请注意明晰、精备和反映现行国际法规则的重要性；他的代表团将热心地和虚心地参加对这个非常困难的事项的讨论。关于（p）款，他赞同备选案文2，因为备选案文1不够明确。（q）至（t）款应被包括在内。[1] 在对C节和D节的评论中，日本代表松田支持"在本规约其他章节内"一节中的备选案文1，但准备与赞同其他备选案文的代表团进行磋商。[2]

　　经过讨论之后，在7月6日主席团的《讨论文件》中，战争罪的定义变成了：

　　"战争罪

　　备选案文1

　　如果是一项计划或政策的部分行为或大规模犯下这些罪行的部分行为，本法院才对战争罪具有管辖权。

　　备选案文2

　　如果是一项计划或政策的部分行为或大规模犯下这些罪行的部分行为，本法院对这些罪行尤其具有管辖权。

　　备选案文3

　　无此种规定。

　　为了本规约的目的，'战争罪'是指：

　　A. 严重破坏1949年《日内瓦公约》的行为，即对有关《日内瓦公约》的规定所保护的人或财产实施下列任何一种行为：

---

〔1〕　A/CONF. 183/C. 1/SR. 5，第53—56段。
〔2〕　A/CONF. 183/C. 1/SR. 5，第116段。

（a）故意杀害；

（b）酷刑或不人道待遇，包括生物学实验；

（c）故意使身体或健康遭受重大痛苦或严重伤害；

（d）无军事上之必要，而以非法和蛮横的方式，对财产进行大规模的破坏与侵占；

（e）强迫战俘或其他被保护人在敌对国军队中服务；

（f）故意剥夺战俘或其他被保护人应享的公平和正规审判的权利；

（g）非法驱逐出境或移送或非法禁闭；

（h）劫持人质。

B. 严重违反国际法范围内已经确立的适用于国际武装冲突的法律和习惯的其他行为，即下列任何一种行为：

（a）故意指令攻击平民人口和未直接参与敌对行动的个别平民；

（a之二）故意指令攻击民用物体，即非军事目标的物体。

（b）故意发动攻击，明知这种攻击将附带造成平民伤亡或破坏民用物体或致使自然环境遭受广泛、长期和严重的破坏，其程度与预期得到的具体和直接的整体军事利益相比是过分的；

（c）以任何手段攻击或轰击不设防和非军事目标的市镇、乡村、住所和建筑物；

（d）杀害或伤害已放下武器或毫无抵抗能力并已无条件投降的战斗员；

（e）背信弃义地使用停战旗、敌方或联合国的旗帜或军事标志和制服，以及各项《日内瓦公约》的识别标记，致使人员死亡或重伤；

（f）占领国将其部分平民人口间接或直接移送到其占领的领土，或将被占领领土的全部或部分人口驱逐或移送到被占领领土内外的地方；

（g）故意指令攻击宗教、教育、艺术、科学或慈善事业专用的建筑物、历史古迹、医院和收容伤病人员的地方，除非这些地方是军事目标；

（h）使受敌对方控制的人员遭受割除器官或任何种类的医学或科学实验，而这些实验既不具有治疗相关人员的医学、牙医学或临床理由，也不是为了该人员的利益而进行的，并且还造成死亡或严重伤害了这些人员的健康；

（i）以奸诈手段杀害或伤害属于敌国或敌军的人；

（j）宣布杀无赦；

（k）摧毁或占有敌方的财产，除非这是基于战争的必要；

（l）在法院宣布取消、暂停或不受理敌方国民的权利和诉讼；

（m）强迫敌方国民参加反对他们本国的战争行动，即使这些人在战争开始前是在交战国军中服役；

（n）洗劫城镇或地方，即使是被攻占的；

（o）备选案文1

使用下列具有造成过分伤害或不必要痛苦的性质的武器、射弹、装备和作战方法：

（一）毒药或有毒武器；

（二）窒息性、毒性或其他气体，以及所有类似的液体、物质或器件；

（三）容易在人体内胀大或变成扁平的子弹，诸如具有坚硬的、不完全包裹弹芯或经切穿的弹壳的子弹；

（四）出于敌意或在武装冲突中使用细菌（生物）战剂或毒素；

（五）1993年《关于禁止发展、生产、储存和使用化学武器及销毁此种武器的公约》所界定并禁止的化学武器；

（六）予以全面禁止的其他武器或武器系统，但要按缔约国大会根据本规约第111条规定的程序就此作出的决定为准；

备选案文2

使用下列具有造成过分伤害或不必要痛苦的性质或根本上为滥杀滥伤的武器、射弹、装备和作战方法；

（一）毒药或有毒武器；

（二）窒息性、毒性或其他气体，以及所有类似的液体、物质或器件；

（三）容易在人体内胀大或变成扁平的子弹，诸如具有坚硬的、不完全包裹弹芯或经切穿的弹壳的子弹；

（四）出于敌意或在武装冲突中使用细菌（生物）战剂或毒素；

（五）1993年《关于禁止发展、生产、储存和使用化学武器及销毁此种武器的公约》所界定并禁止的化学武器；

（六）核武器；

（七）杀伤地雷；

（八）致盲激光武器；

（九）予以全面禁止的其他武器或武器系统，但要按缔约国大会根据本规约第111条规定的程序就此作出的决定为准；

备选案文3

使用具有造成过分伤害或不必要痛苦的性质或根本上为违反国际人道主义

法的滥杀滥伤的武器、射弹、装备和作战方法；

（p）侵犯个人尊严，特别是侮辱性和有辱人格的待遇；

（p之二）（草案待进一步讨论）

（q）利用平民或其他被保护人在场使某些地点、地区或军事部队免受军事行动的影响；

（r）故意指令攻击按照国际法使用《日内瓦公约》所订特殊标志的建筑物、装备、医疗单位和运输工具及人员；

（r之二）（关于联合国人员）（草案待进一步讨论）

（s）故意以断绝平民粮食作为战争方法，使平民无法取得其生存所必需的物品，包括故意阻碍按照《日内瓦公约》提供救济物品；

（t）（定义仍在讨论中）

本条C节和D节适用于非国际性武装冲突，因此不适用于内部动乱和紧张局势，如暴动、孤立和零星的暴力行为或其他类似性质的行为。

备选案文之1

C. 在非国际性的武装冲突中，严重违反1949年8月12日四项《日内瓦公约》共同第三条的行为，即对并未积极参加敌对行动的人，包括已放下武器的和因病、伤、拘留或任何其他原因而丧失战斗力的武装部队人员，实施下列任何一种行为：

（a）对生命和人身施加暴力，特别是一切形式的谋杀、伤残肢体、虐待和酷刑；

（b）侵犯个人尊严，特别是侮辱性和有辱人格的待遇；

（c）劫持人质；

（d）未经具有公认为必需的司法保障的正规组成的法庭宣判，径行判罪和处决。

备选案文2

无C节。

备选案文1

D. 严重违反国际法既定范围内的，适用于非国际性武装冲突的法律和习惯的其他行为，即下列任何一种行为：

（a）故意指令攻击平民人口和未直接参加敌对行动的个别平民；

（b）故意指令攻击按照国际法使用《日内瓦公约》所订特殊标志的建筑物、装备、医疗单位和运输工具及人员；

（b 之二）（关于联合国人员）（草案待进一步讨论）

（c）故意指令攻击宗教、教育、艺术、科学或慈善事业专用的建筑物、历史古迹、医院和收容伤病人员的地方，除非这些地方是军事目标；

（d）洗劫城镇或地方，即使是被攻占的；

（e）侵犯个人尊严，特别是侮辱性和有辱人格的待遇；

（e 之二）（定义仍在讨论中）

（f）（定义仍在讨论中）

（g）根据与冲突有关的理由指令平民人口离去，但因所涉平民的安全理由或因必要的军事理由而有此需要的除外；

（h）以奸诈手段杀害或伤害敌方战斗员；

（i）宣布杀无赦；

（j）使受冲突另一方控制的人员遭受割除器官或任何种类的医疗或科学实验，而这些实验既不具有治疗相关人员的医学、牙医学或临床理由，也不是为了该人员的利益而进行的，并且还造成死亡或严重伤害了这些人员的健康；

（k）摧毁或占有敌方的财产，除非这是基于冲突的必要；

（l）（待进一步讨论）

备选案文 2

无 D 节。

Y 条

草案待进一步讨论。

筹备委员会在罗马会议后可能会阐述罪行的内容，它还将阐述程序和证据规则草案。规约可能需要一条关于这些内容的规定。"[1]

在 7 月 6 日的全体委员会第 26 次会议上，韩国代表申珏秀说，关于战争罪的开头语部分，他原来偏向备选案文 3，但本着妥协精神，他可接受备选案文 2。[2]他说，他坚决支持 C 节和 D 节的备选案文 1。如果建立一个对在非国际性的武装冲突期间所犯下的战争罪没有管辖权的法院，就会严重削弱这种法院存在的理由。[3]他还说，在 B 第（o）款中，根据无法律即不构成犯罪的原则及禁运武器清单必须以习惯国际法为基础的信念，他赞成备选案文 1。[4]

---

〔1〕 A/CONF. 183/C. 1/L. 53.

〔2〕 A/CONF. 183/C. 1/SR. 26，第 53 段。

〔3〕 A/CONF. 183/C. 1/SR. 26，第 54 段。

〔4〕 A/CONF. 183/C. 1/SR. 26，第 55 段。

　　在 7 月 8 日的全体委员会第 25 次会议上，日本代表小和田恒说，关于战争罪，他的代表团认为起点界限是很重要的，因为在法院管辖权下的罪行必须有别于更加普遍的犯罪类别。所以他的代表团赞成备选案文 1，但是如果大多数想要备选案文 2，他也准备考虑。[1] 他还说，关于武器 [（o）款]，他说，根据法无明文者不为罪的原则，一一列举被认为犯有战争罪的行为和它们构成的要素是很重要的。所以备选案文 1 和备选案文 2 中的做法比备选案文 3 的更加一般的做法更可取。[2] 由于有关这个主题的国际法仍在发展之中，日本主张把审查条款包括在内，正如备选案文 1 的（六）项和备选案文 2 的（九）项规定的那样。不过，任何这样的审查都必须根据规约修订程序来进行。[3] 他的代表团主张将 p 之二、r 之二和 t 款包括在内并敦促大会为这些条款寻找适当的措词。日本还主张把 C 和 D 节包括在内，这样本规约就将适用于非国际性质的武装冲突。[4]

　　中国代表刘大群说，关于战争罪，对起首部分他的代表团赞成备选案文 1。它还赞成 B 节下的（o）款的备选案文 1。他还需要一些时间来研究（六）项。关于保护联合国人员的款项（r 之二），他的代表团认为，这一事项不能与战争罪等同。此外，由于维和人员可被看成战斗员，而其他人员可被看成是平民，本规约已经把联合国人员包括在内，因此该款可以删除。[5] 他还说，他的代表团主张删去与内部武装冲突有关的 C 和 D 节，因为它不符合国际习惯法。不过，它在这个问题上准备听取其他建议。还应在本规约内对犯罪要素做出具体的规定，就这个问题进行的讨论可在会后继续。[6]

　　在 7 月 10 日主席团的提案中，战争罪的定义变成了如下：

"第 5 条之四

战争罪

备选案文 1

　　如果是一项计划或政策的部分行为或大规模犯下这些罪行的部分行为，本法院才对战争罪具有管辖权。

---

〔1〕　A/CONF. 183/C. 1/SR. 25，第 28 段。
〔2〕　A/CONF. 183/C. 1/SR. 25，第 29 段。
〔3〕　A/CONF. 183/C. 1/SR. 25，第 30 段。
〔4〕　A/CONF. 183/C. 1/SR. 25，第 31 段。
〔5〕　A/CONF. 183/C. 1/SR. 25，第 35 段。
〔6〕　A/CONF. 183/C. 1/SR. 25，第 36 段。

备选案文 2

如果是一项计划或政策的部分行为或大规模犯下这些罪行的部分行为，本法院对这些罪行尤其具有管辖权。

为了本规约的目的，'战争罪'是指：

A. 严重破坏 1949 年 8 月 12 日《日内瓦公约》的行为，即对有关《日内瓦公约》的规定所保护的人或财产实施下列任何一种行为：

（a）故意杀害；

（b）酷刑或不人道待遇，包括生物学实验；

（c）故意使身体或健康遭受重大痛苦或严重伤害；

（d）无军事上之必要，而以非法和蛮横的方式，对财产进行大规模的破坏与侵占；

（e）强迫战俘或其他被保护人在敌对国军队中服务；

（f）故意剥夺战俘或其他被保护人应享的公平和正规审判的权利；

（g）非法驱逐出境或移送或非法禁闭；

（h）劫持人质。

B. 严重违反国际法范围内已经确立的适用于国际武装冲突的法律和习惯的其他行为，即下列任何一种行为：

（a）故意指令攻击平民人口和未直接参与敌对行动的个别平民；

（a之二）故意指令攻击民用物体，即非军事目标的物体。

（a之三）故意指令攻击按照《联合国宪章》参与人道主义援助或维持和平行动因而有资格享受武装冲突法赋予平民或民用物体的保护的人员、设施、物资、部门或车辆；（原 r 之二）

（b）故意发动攻击，明知这种攻击将附带造成平民伤亡或破坏民用物体或致使自然环境遭受广泛、长期和严重的破坏，其程度与预期得到的具体和直接的整体军事利益相比是过分的；

（c）以任何手段攻击或轰击不设防和非军事目标的市镇、乡村、住所和建筑物；

（d）杀害或伤害已放下武器或毫无抵抗能力并已无条件投降的战斗员；

（e）背信弃义地使用停战旗、敌方或联合国的旗帜或军事标志和制服，以及各项《日内瓦公约》的识别标记，致使人员死亡或重伤；

（f）占领国将其部分平民人口间接或直接移送到其占领的领土，或将被占领领土的全部或部分人口驱逐或移送到被占领领土内外的地方。

（g）故意指令攻击宗教、教育、艺术、科学或慈善事业专用的建筑物、历史古迹、医院和收容伤病人员的地方，除非这些地方是军事目标；

（h）使受敌对方控制的人员遭受割除器官或任何种类的医学或科学实验，而这些实验既不具有治疗相关人员的医学、牙医学或临床理由，也不是为了该人员的利益而进行的，并且还造成死亡或严重伤害了这些人员的健康；

（i）以奸诈手段杀害或伤害属于敌国或敌军的人；

（j）宣布杀无赦；

（k）摧毁或占有敌方的财产，除非这是基于战争的必要；

（l）在法院宣布取消、暂停或不受理敌方国民的权利和诉讼；

（m）强迫敌方国民参加反对他们本国的战争行动，即使这些人在战争开始前是在交战国军中服役；

（n）洗劫城镇或地方，即使是被攻占的；

（o）使用下列具有造成过分伤害或不必要痛苦的性质的武器、射弹、装备和作战方法：

（一）毒药或有毒武器；

（二）窒息性、毒性或其他气体，以及所有类似的液体、物质或器件；

（三）容易在人体内胀大或变成扁平的子弹，诸如具有坚硬的、不完全包裹弹芯或经切穿的弹壳的子弹；

（四）出于敌意或在武装冲突中使用细菌（生物）战剂或毒素；

（五）1993年《关于禁止发展、生产、储存和使用化学武器及销毁此种武器的公约》所界定并禁止的化学武器；

（六）予以全面禁止的其他武器或武器系统，但要按缔约国大会根据本规约第111条，规定的程序就此作出的决定为准；（措词尚有待进一步讨论）

（p）侵犯个人尊严，特别是侮辱性和有辱人格的待遇；

（p之二）（性暴力罪）草案需进一步讨论；

（q）利用平民或其他被保护人在场使某些地点、地区或军事部队免受军事行动的影响；

（r）故意指令攻击按照国际法使用《日内瓦公约》所订特殊标志的建筑物、装备、医疗单位和运输工具及人员；

（s）故意以断绝平民粮食作为战争方法，使平民无法取得其生存所必需的物品，包括故意阻碍按照《日内瓦公约》提供救济物品；

（t）招募或征募不满15岁的儿童加入国家武装部队或利用他们积极参与敌

对行动；

本条 C 节适用于非国际性武装冲突，因此不适用于内部动乱和紧张局势，如暴动、孤立和零星的暴力行为或其他类似性质的行为。

C．在非国际性的武装冲突中，严重违反 1949 年 8 月 12 日四项《日内瓦公约》共同第三条的行为，即对并未积极参加敌对行动的人，包括已放下武器的和因病、伤、拘留或任何其他原因而丧失战斗力的武装部队人员，实施下列任何一种行为：

（a）对生命和人身施加暴力，特别是一切形式的谋杀、伤残肢体、虐待和酷刑；

（b）侵犯个人尊严，特别是侮辱性和有辱人格的待遇；

（c）劫持人质；

（d）未经具有公认为必需的司法保障的正规组成的法庭宣判，径行判罪和处决。

本条 D 节适用于非国际性武装冲突，因此不适用于国内动乱情况和紧张局势，例如骚乱、孤立或零星的暴力行为或类似性质的其他行为。它适用于在一缔约国领土上其武装部队和反对派武装部队或其他有组织的武装集团之间发生的武装冲突，这些反对派武装部队或其他有组织的武装集团在主管指挥下对其一部分领土行使控制，从而能够展开持续和协调的军事行动。

D．严重违反国际法既定范围内的，适用于非国际性武装冲突的法律和习惯的其他行为，即下列任何一种行为：

（a）故意指令攻击平民人口和未直接参加敌对行动的个别平民；

（b）故意指令攻击按照国际法使用《日内瓦公约》所订特殊标志的建筑物、装备、医疗单位和运输工具及人员；

（b之二）故意指令攻击按照《联合国宪章》参与人道主义援助或维持和平行动因而有资格享受武装冲突法赋予平民或民用物体的保护的人员、设施、物资、部门或车辆；

（c）故意指令攻击宗教、教育、艺术、科学或慈善事业专用的建筑物、历史古迹、医院和收容伤病人员的地方，除非这些地方是军事目标；

（d）洗劫城镇或地方，即使是被攻占的；

（e）删去（已列入 C 节）

（e之二）（性暴力罪）草案需要进一步讨论；

（f）招募或征募不满 15 岁的儿童加入武装部队或利用他们积极参加敌对

行动;

（g）根据与冲突有关的理由指令平民人口离去，但因所涉平民的安全理由或因必要的军事理由而有此需要的除外;

（h）以奸诈手段杀害或伤害敌方战斗员;

（i）宣布杀无赦;

（j）使受冲突另一方控制的人员遭受割除器官或任何种类的医疗或科学实验，而这些实验既不具有治疗相关人员的医学、牙医学或临床理由，也不是为了该人员的利益而进行的，并且还造成死亡或严重伤害了这些人员的健康;

（k）摧毁或占有敌方的财产，除非这是基于冲突的必要;

C 节和 D 节中的任何规定均不影响一国政府维护或重建该国法律和秩序或以一切符合国际法的手段维护国家统一和领土完整的责任。"[1]

针对主席团的提案，在 7 月 13 日举行的全体委员会第 33 次会议上，中国代表刘大群说，他的代表团赞成第 5 条之四开头语的备选案文 1，B 节（o）款目前的措词没有解决它所关心的问题。D 节补充了保障是可喜的，但是他的代表团难以接受（d）（f）（h）（j）和（k）款;C 和 D 节中所含的保障，应按照日内瓦四公约《第二议定书》第 3 条的措词。[2]

表格3　中韩日三国对战争罪定义的态度比较

《规约草案》		中　国	韩　国	日　本	《罗马规约》
A 节（国际性武装冲突中严重破坏日内瓦四公约的行为）		是	是	是	是
B 节（国际性武装冲突中其他严重违反国际人道法的行为）	（a）故意指令攻击平民	备选案文 1，并增加限制	备选案文 1	备选案文 1，并增加限制	备选案文 1
	（a之二）故意指令攻击民用物体	备选案文 1，并增加限制	备选案文 1	备选案文 1，并增加限制	备选案文 1
	（b）违反比例原则的攻击	备选案文 2	备选案文 1	备选案文 2	备选案文 2

---

〔1〕　A/CONF. 183/C. 1/L. 59.

〔2〕　A/CONF. 183/C. 1/SR. 33，第 40—42 段。

续表

《规约草案》		中 国	韩 国	日 本	《罗马规约》
B节（国际性武装冲突中其他严重违反国际人道法的行为）	（b之二）攻击危险工程或装置	备选案文1	备选案文2	备选案文1，并增加限制	无
	（c）攻击不设防的地点	备选案文2，并增加限制	备选案文2	备选案文1	备选案文1
	（e）不当使用旗帜	是	是	应增加中立国旗帜	是
	（f）转移人口	备选案文2，并增加限制	备选案文3	备选案文1	备选案文2，但增加了限制
	（g）攻击受保护的建筑	备选案文1	备选案文2	备选案文1	备选案文2
	（o）使用特定武器	备选案文1	备选案文2	都可以	备选案文3，但增加了限制
	（p）侵犯个人尊严	备选案文2	备选案文2	备选案文2	备选案文1
	（t）招募儿童兵	备选案文4	备选案文3	备选案文1、2、3均可	备选案文2
C节和D节（非国际性武装冲突中的战争罪）		否	是	是	是
规约其他章节（是否作为计划或政策一部分）		备选案文1	备选案文2	备选案文1	备选案文2
Y条		不清楚	是	不清楚	是，第10条

四、侵略罪

在国际法中，对侵略行为最早追究个人刑事责任是在 1945 年《国际军事法庭宪章》（《纽伦堡宪章》）第 6 条第 1 款。那个时候叫做"破坏和平罪"。该条款规定：策划、准备、发动或发动侵略战争，或违反国际条约、协定或保证的战争，或参与完成上述任何行为的共同计划或共谋的行为。[1] 1946 年的《远东国际军事法庭宪章》（《东京宪章》）第 5 条第 1 款也继承了《纽伦堡宪章》第 6 条第 1 款的规定。[2] 同年，第一届联合国大会第 95 号决议一致核准《纽伦堡宪章》及其判决中的原则。[3] 1950 年，联合国国际法委员会通过了《纽伦堡法庭宪章和判决承认的国际法原则》，其中第 6 项原则中规定了破坏和平罪是根据国际法应惩治的犯罪。[4] 1954 年，联合国国际法委员会通过的《危害人类和平与安全罪法典草案》第 2 条把侵略行为列为危害人类和平与安全的犯罪，并作了一些行为描述。[5] 1974 年，第 29 届联合国大会通过了第 3314 号决议，对侵略的定义作出了规定。[6] 1991 年和 1996 年，国际法委员会一读和二读通过的《危害人类和平与安全罪法典草案》第 15 条和第 16 条分别规定了侵略罪。[7] 这些都是在 1997 年之前已经存在的涉及侵略的国际法文件。

在建立国际刑事法院筹备委员会会议上，对于将来的国际刑事法院是否应当审理侵略罪、如何定义侵略罪以及如何在这个方面确定联合国安理会的作用存在争议。在 1997 年 2 月召开的筹备委员会会议上，德国政府提交了一份提案，受到了不少国家的支持。在 1998 年 3 月至 4 月举行的筹备委员会会议上，德国政府又提交了一份提案。这两份提案就是《规约草案》中关于侵略罪的两个备选案文。它们是这样规定的：

"侵略罪

---

〔1〕 Agreement for the Prosecution and Punishment of the Major War Criminals of the European Axis（London Agreement），August 8, 1945, 58 Stat. 1544, E. A. S. No. 472, 82 UNTS 280.

〔2〕 Special Proclamation：Establishment of an International Military Tribunal for the Far East, 19 January 1946, TIAS No. 1589.

〔3〕 A/RES/95（Ⅰ）.

〔4〕 *Yearbook of the International Law Commission*, 1950, Vol. Ⅱ.

〔5〕 *Yearbook of the International Law Commission*, 1954, Vol. Ⅱ.

〔6〕 A/RES/3314（XXIX）.

〔7〕 *Yearbook of the International Law Commission*, 1991, Vol. Ⅱ；*Yearbook of the International Law Commission*, 1996, Vol. Ⅱ.

注：本草案并不妨害讨论第 10 条处理的、在侵略问题上、安全理事会与国际刑事法院之间的关系的问题。

备选案文 1

1. ［为了本规约的目的，［侵略］［危害和平］罪是指［一国内掌有控制权或有能力指挥政治/军事行动的］个人所实施的下列任何一种行为］：

（a）策划；

（b）预备；

（c）命令；

（d）发动；或

（e）实行。

一国侵犯另一国的［主权、］领土完整［或政治独立］的［武装攻击］［使用武装力量］［侵略战争，］［侵略战争，或违反国际条约、协定或保证的战争，或参加旨在实施上述任何一种行动的共同计划或阴谋］，而［这种］［武装攻击］［使用武力］［是违反《联合国宪章》的］［经安全理事会断定是违反《联合国宪章》的］。

备选案文 2

1. ［为了本规约的目的，在本国内掌有控制权或有能力指挥政治/军事行动的人，违反《联合国宪章》，针对另一国使用武装力量，威胁或侵犯该另一国的主权、领土完整或政治独立，即犯下侵略罪。］

2. ［构成［侵略］［武装攻击］的行为包括：］

［下列行为构成侵略，但有关的行为或其后果须有一定的严重性：］

（a）一国武装部队侵入或攻击另一国领土，或因这种侵入或攻击而造成的任何军事占领，不论时间如何短暂，或使用武力兼并另一国领土或部分领土；

（b）一国武装部队轰击另一国领土［，或一国对另一国的领土使用任何武器］；

（c）一国武装部队封锁另一国港口或海岸；

（d）一国武装部队攻击另一国陆、海、空军或船队和机群；

（e）一国违反其与另一国订立的协定所规定的条件，使用根据协定留驻在接受国境内的武装部队，或在协定终止后，延长该武装部队留驻在该另一国境内的期间；

（f）一国以其领土供另一国使用，允许该另一国用来对第三国进行侵略行为；

（g）一国派遣或为他国派遣武装小队、团体、非正规军或雇佣军，对另一国采取武力行为，其严重性相当于上面所列的行为，或该国重大地参与这些行为。

备选案文 3

1. 为了本规约的目的，［并须经第 10 条第 2 款所述的安全理事会对国家行为所作出的决定］，侵略罪是指掌有控制权或有能力指挥一国的政治或军事行动的个人所实施的下列任何一种行为：

（a）发动，或

（b）实行。

一国侵犯另一国的领土完整或政治独立的武装攻击，而且这种武装攻击［明显］违反《联合国宪章》，［并以攻击国武装部队［军事］占领或兼并另一国领土或部分领土为目的或结果。］

2. 在实施第 1 款所述的攻击时，掌有控制权或有能力指挥一国政治或军事行动的个人如果

（a）策划；

（b）预备；或

（c）命令。

进行这种行为也应当构成侵略罪。"

在罗马外交全权代表会议上，关于侵略罪的争论仍然集中在以下三个方面，即①是否应当规定侵略罪?[1] ②侵略罪应当如何定义?[2] ③安理会在法院对侵

---

〔1〕 例如，巴基斯坦、以色列、摩洛哥、墨西哥代表认为，鉴于存在政治和技术困难，明智的做法是把侵略罪排除在法院管辖罪行之外，A/CONF. 183/C. 1/SR. 5，第 41 段、第 45 段、第 53 段、第 84 段。不过，大多数国家代表支持把侵略罪列为法院管辖的罪行，例如，德国、比利时、突尼斯、希腊、约旦、利比亚、哥斯达黎加、瑞典、丹麦、乌克兰、美国、泰国、俄罗斯、阿尔及利亚、拉脱维亚、法国、英国、阿联酋、印度、新西兰、苏丹，A/CONF. 183/C. 1/SR. 5，第 19 段、第 63 段、第 67 段、第 68 段、第 71 段、第 78 段、第 81 段、第 87 段、第 92 段、第 95 段、第 97 段、第 102 段、第 106 段、第 112 段、第 113 段、第 114 段、第 117 段、第 119 段、第 112 段、第 123 段、第 125 段。

〔2〕 一些国家的代表赞同联大 1974 年第 3314 号决议中的定义，即备选案文 2，例如，叙利亚、突尼斯、利比亚、阿尔及利亚、阿联酋、苏丹，A/CONF. 183/C. 1/SR. 5，第 26 段、第 67 段、第 78 段、第 112 段、第 119 段、第 125 段。一些国家赞同备选案文 3，例如，希腊、丹麦、俄罗斯、拉脱维亚、法国、英国，A/CONF. 183/C. 1/SR. 5，第 68 段、第 92 段、第 107 段、第 113 段、第 114 段、第 117 段。

略罪的管辖上应当发挥何种作用？[1]

日本、韩国和中国代表也发表了意见。在 6 月 15 日下午举行的第 2 次全体会议上，日本代表小和田恒说，侵略罪应列入，但应考虑到确定国家的侵略行为属于安全理事会的专属职权。尽管确定一国所进行的侵略有别于个人的刑事责任问题，但他认为安全理事会确定侵略行为是法院对个人行使管辖权的先决条件。[2] 在 6 月 18 日下午全体委员会第 6 次会议上，日本代表松田又说，他支持将侵略列入规约。他认为，备选案文 3 可构成最后案文的基础，因为该案文是经筹备委员会讨论产生的一般办法。同时，必须尽可能简明清楚地界定侵略的构成要件。备选案文 3 第 1 款可得到改进，方法是，阐明不能判定低级士兵犯下侵略罪。可在"掌有控制权或能力指挥一国的政治或军事行动的个人"之前加上"作为领导人或组织者"字样。如果本法院要对侵略行使管辖权，必须要求安全理事会断定存在侵略行为。因此，他建议取消第 1 款第一和第二行中的方括号。[3]

韩国代表崔泰铉坚决支持将侵略列入规约并支持通过构成一般办法与列举办法的妥协的定义，即德国代表团提议的备选案文 3。然而，在备选案文 3 第 1 款中，韩国代表团倾向于将方括号内涉及安全理事会的作用的短语删除。[4]

在 6 月 19 日上午全体委员会第 7 次会议上，中国代表李燕端女士说，她基于两个条件可以同意列入侵略罪。首先，应该拟订清楚精确的侵略罪定义。其次，应该与安全理事会有联系。[5]

由于与会各国代表之间存在的分歧，全体委员会主席团在 7 月 6 日提交的《讨论文件》中对侵略罪有如下两个备选案文：

"侵　略

备选案文 1

1. 为了本规约的目的，并须经第 10 条第 2 款所述的安全理事会对国家行为所作出的决定，侵略罪是指掌有控制权或有能力指挥一国的政治或军事行动的

---

[1]　一些国家代表认为，安理会在侵略罪方面应当发挥作用，例如，斯洛伐克、瑞典、美国、泰国、俄罗斯、拉脱维亚、法国、英国、新西兰，A/CONF.183/C.1/SR.5，第 40 段、第 87 段、第 98 段、第 102 段、第 107 段、第 113 段、第 114 段、第 117 段、第 123 段。一些国家反对，例如，突尼斯、利比亚、印度，A/CONF.183/C.1/SR.5，第 67 段、第 78 段、第 112 段。

[2]　A/CONF.183/SR.2，第 45 段。

[3]　A/CONF.183/C.1/SR.6，第 56—58 段。

[4]　A/CONF.183/C.1/SR.6，第 76 段。

[5]　A/CONF.183/C.1/SR.7，第 9 段。

个人所实施的下列任何一种行为：

（a）发动，或

（b）实行。

一国侵犯另一国的领土完整或政治独立的武装攻击，而且这种武装攻击明显违反《联合国宪章》，并以攻击国武装部队军事占领或兼并另一国领土或部分领土为目的或结果。

2. 在实施第 1 款所述的攻击时，掌有控制权或有能力指挥一国政治或军事行动的个人如果：

（a）策划；

（b）预备；或

（c）命令。

进行这种行为也应当构成侵略罪。

备选案文 2

无此种规定。

仍在就是否列入侵略罪的问题以及关于定义的问题进行讨论。特别是，大会第 3314 号决议的内容可以被插进定义中。[1]

上述备选案文 1 合并了《纽伦堡宪章》对侵略罪的定义和联大第 3314 号决议中的一个条件，即‘以攻击国武装部队军事占领或兼并另一国领土或部分领土为目的或结果’。"

在 7 月 8 日上午举行的全体委员会第 25 次会议上，日本代表小和田恒说，它主张把侵略罪包括在内，但有两个条件：其一，明确确定罪行的定义；其二，不会侵犯安全理事会根据宪章第 39 条拥有的特权。[2] 中国代表刘大群说，如果能在这方面就定义和安全理事会作用达成一致意见，侵略罪就应列入本法院的管辖权内。[3] 结果，有 92 个国家的代表赞成备选案文 1，只有 11 个国家赞成备选案文 2。这 11 个国家中，之所以赞成备选案文 2，是认为考虑的时间不够了。

在 7 月 10 日全体委员会主席团提交的提案中，删除了侵略罪。该提案第 5 条指出："如果在 7 月 13 日星期一结束之前有关代表团拟出了普遍接受的条款，可以在规约草案中插入侵略罪……如果没有提出普遍接受的定义，主席团将提

---

〔1〕　A/CONF. 183/C. 1/L. 53.

〔2〕　A/CONF. 183/C. 1/SR. 25，第 31 段。

〔3〕　A/CONF. 183/C. 1/SR. 25，第 34 段。

议以某种其他方式反映对规定这些罪行的兴趣，例如议定书或审查会议。"[1]
结果，在 7 月 13 日之前，与会各国代表无法就侵略罪的定义达成普遍接受的条款。最后，在《罗马规约》中就看不到侵略罪的定义。《罗马规约》第 5 条第 1款把侵略罪列为法院管辖的犯罪，但第 2 款规定，"在依照第 121 条和第 123 条制定条款，界定侵略罪的定义，及规定本法院对这一犯罪行使管辖权的条件后，本法院即对侵略罪行使管辖权。这一条款应符合《联合国宪章》有关规定"。这一任务直到 2010 年 5 月 31 日至 6 月 11 日在乌干达首都坎帕拉举行的审议会议上才完成。

表格 4　中韩日三国对侵略罪定义的态度比较

	中　国	韩　国	日　本	《罗马规约》
是否应当规定	是	是	是	是
与安理会的关系	有	无	有	留待以后解决
定　义	不具体表态	备选案文 3	备选案文 3	

五、条约犯罪

条约犯罪是指除了核心犯罪（灭绝种族罪、危害人类罪、战争罪和侵略罪）之外，法院是否还应当审理其他犯罪，以及如果是，应当审理哪些其他犯罪，并如何做出规定。在罗马全权外交代表会议上，与会各国代表对围绕这些

---

[1]　A/CONF. 183/C. 1/L. 59.

问题了进行讨论。[1]《规约草案》规定的条约犯罪有恐怖主义罪、攻击联合国人员和有关人员罪以及非法贩运麻醉药品和精神药物罪这三个条约犯罪，具体如下：

"［恐怖主义罪

为了本规约的目的，恐怖主义罪是指：

（1）从事、组织、赞助、指使、便利、资助、鼓励或纵容针对另一国的个人或财产的暴力行为，其性质是在知名人士、群体、公众或人口的精神上制造恐怖、恐惧和不安全感，无论提出作为辩解的政治、思想、意识形态、种族、族裔、宗教或其他性质的考虑和目的为何。

（2）下列公约规定的罪行：

（a）《关于制止危害民用航空安全的非法行为的公约》；

（b）《关于制止非法劫持航空器的公约》；

（c）《关于防止和惩处侵害应受国际保护人员包括外交代表的罪行的公约》；

（d）《反对劫持人质国际公约》；

（e）《制止危害航海安全的非法行为公约》；

（f）《制止危及大陆架固定平台安全非法行为议定书》。］

（3）利用火器、武器、爆炸物和危险物品作为滥施暴力的手段，使个人、群体或人口死亡或受到严重伤害或使财物受到严重损害的罪行。］

［攻击联合国人员和有关人员罪

1. 为了本规约的目的，'攻击联合国人员和有关人员罪'是指［故意而又系统或大规模地攻击参与联合国行动的联合国人员和有关人员，旨在阻止或阻

---

〔1〕　例如，特立尼达和多巴哥、哥斯达黎加、泰国代表认为，应当规定非法贩运麻醉药品和精神药物罪，A/CONF.183/C.1/SR.6，第74段、第82段、第110段。瑞典、阿联酋、印度、沙特代表支持规定恐怖主义罪，但反对规定攻击联合国人员和有关人员罪以及非法贩运麻醉药品和精神药物罪，A/CONF.183/C.1/SR.6，第89段、第118段、第120段、第140段。科特迪瓦、乌克兰代表支持规定攻击联合国人员和有关人员罪，A/CONF.183/C.1/SR.6，第60段、第95段。阿尔及利亚、法国代表认为，应当规定恐怖主义罪和非法贩运麻醉药品和精神药物罪，A/CONF.183/C.1/SR.6，第110—111段、第116段。新西兰代表认为，应当规定恐怖主义罪和非法贩运麻醉药品和精神药物罪，攻击联合国人员和有关人员罪应列入战争罪，A/CONF.183/C.1/SR.6，第124段。不过，大多数国家不赞成规定条约犯罪，认为只应规定核心犯罪，例如，叙利亚、斯洛伐克、摩洛哥、伊拉克、比利时、希腊、塞内加尔、丹麦、美国、俄罗斯、英国、巴西、埃塞俄比亚：A/CONF.183/C.1/SR.6，第25段、第37段、第52段、第55段、第65段、第70段、第90段、第94段、第99段、第109段、第117段、第142段、第148段、第150段。

碍该行动完成其任务而实施的〕下列任何一种行为：

（a）谋杀、绑架这些人员或对其人身和自由的其他攻击；

（b）对任何这些人员的办公房地、私人住所或交通工具进行的，可能威胁其人身或自由的暴力攻击。

2. 本条不适用于安全理事会根据《联合国宪章》第七章作为强制执行行动授权进行的联合国行动。在这种行动中，任何人员都是与有组织武装部队交战的战斗员，应适用国际武装冲突法。〕

〔非法贩运麻醉药品和精神药物罪

为了本规约的目的，非法贩运麻醉药品和精神药物罪是指大规模越境实施下列任何一种行为：

（a）（一）违反《1961 年公约》、经修正的《1961 年公约》或《1971 年公约》的各项规定，生产、制造、提炼、配制、兜售、分销、出售、以任何条件交付、中介买卖、发送、转运、运输、进口或出口任何麻醉药品或精神药物；

（二）违反《1961 年公约》和经修正的《1961 年公约》的各项规定，为生产麻醉药品而种植罂粟、古柯灌木或大麻植物；

（三）为了进行本款第（一）项所列的任何活动，拥有或购买任何麻醉药品或精神药物；

（四）明知其用途或目的是非法种植、生产或制造麻醉药品或精神药物而制造、运输或分销设备、材料或 1988 年《联合国禁止非法贩运麻醉药品和精神药物公约》附件表一和表二所列物质；

（五）组织、管理或资助本款第（一）（二）（三）和（四）项所列的任何罪行；

（b）（一）明知财产得自本款（a）项所定的任何罪行或参与这种罪行的行为，为了隐瞒或掩饰该项财产的非法来源，或为了协助任何涉及这种罪行的人逃避其行为的法律后果而变换或转让该项财产；

（二）明知财产得自本款（a）项所定的罪行或参与这种罪行的行为，隐瞒或掩饰该财产的真实性质、来源、所在地、处置、转移、有关权利或所有权。

注：本法院对这些罪行的管辖权将仅适用于接受法院对这些罪行的管辖权的规约缔约国。参看第 9 条备选案文 1 第 2 款或备选案文 2 第 1 款。〕"

就东亚三国来说，在 6 月 18 日下午全体委员会第 6 次会议上，日本代表松田发言，他说尽管他同意给予条约的罪行引起国际关注，但他认为没有必要将这些罪行列入规约。已为起诉和惩罚这些罪行建立了合作的框架。[1]韩国代表崔泰铉说，韩国代表团不反对将恐怖主义罪列入规约，但倾向于稍后再考虑列入另两种条约罪行。[2]在6月19日上午全体委员会第7次会议上，中国代表李燕端女士说，应将有关条约罪行的讨论推迟到将来的审议会议上，因为就该罪行未达成协商一致。[3]

由于与会各国代表之间存在的分歧，全体委员会主席团在7月6日提交的《讨论文件》中对条约犯罪有如下两个备选案文：

"第5条

法院管辖权内的罪行

本法院的管辖权应限于整个国际社会关注的最严重罪行。本法院根据本规约，对下列罪行具有管辖权：

（a）灭绝种族罪；

（b）危害人类罪；

（c）战争罪；

（d）备选案文1

侵略罪；

备选案文2

无备选案文2；

（e）备选案文1

条约所列罪行（恐怖主义、贩毒、侵害联合国工作人员和相关工作人员）。

备选案文2

无备选案文2。

条约犯罪

提案包括恐怖主义罪、毒品罪和攻击联合国人员罪（关于后一项罪行，亦见战争罪B节r款之二的定义）。"[4]

在7月8日上午举行的全体委员会第25次会议上，日本代表小和田恒说，关于条约罪行，他的代表团认为，虽然与贩毒和恐怖主义有关的罪行是极为严重的，但是重要的是加强在对付这些问题的条约框架内进行的合作。如果条约

---

〔1〕 A/CONF. 183/C. 1/SR. 6, 第59段。

〔2〕 A/CONF. 183/C. 1/SR. 6, 第77段。

〔3〕 A/CONF. 183/C. 1/SR. 7, 第9段。

〔4〕 A/CONF. 183/C. 1/L. 53.

罪行被包括在法院的管辖权内，就应平等地对待它们。此外，如果条约罪行被分配给法院的管辖权，那么就存在法院可能不胜重负的危险。最后，日本认为把关于犯罪要素的有约束力规定作为本规约不可分割的一部分包括在内是十分必要的，不过在这个问题上的工作可在会后继续进行。[1] 中国代表刘大群说，他的代表团不能同意对条约罪行持有选择的态度，它们要么应全部列入，要么应全部删去。[2]

在 7 月 10 日全体委员会主席团提交的提案中，删除了条约犯罪。该提案第 5 条指出："如果在 7 月 13 日星期一结束之前有关代表团拟出了普遍接受的条款，可以在规约草案中插入……一项或若干项条约所列罪行（恐怖主义、贩毒和攻击联合国工作人员罪）。如果没有提出普遍接受的定义，主席团将提议以某种其他方式反映对规定这些罪行的兴趣，例如议定书或审查会议。"[3] 在罗马会议期间，西班牙代表提出了一份提案，建议把攻击联合国人员罪列入战争罪。[4] 不过，中国不同意。在 7 月 8 日全体委员会第 25 次会议上，中国代表刘大群说，关于保护联合国人员的款项（r 之二），他的代表团认为，这一事项不能与战争罪等同。此外，由于维和人员可被看成战斗员，而其他人员可被看成是平民，本规约已经把联合国人员包括在内，因此该款可以删除。[5] 不过，大多数国家都支持西班牙的提案。由于大多数国家代表认为，已经没有时间对条约犯罪的定义达成普遍接受的条款，而且现有的一些条约和国内法更容易处理条约犯罪，结果在《罗马规约》中删除了条约犯罪，而攻击联合国工作人员罪被挪到了战争罪中。

表格 5　中韩日三国对条约犯罪的态度比较

	中　国	韩　国	日　本	《罗马规约》
恐怖主义犯罪	将来考虑	是	没有必要	没有规定
攻击联合国人员和有关人员罪	将来考虑	将来考虑	没有必要	作为战争罪规定
非法贩运麻醉药品和精神药物罪	将来考虑	将来考虑	没有必要	没有规定

---

〔1〕　A/CONF. 183/C. 1/SR. 25，第 31 段。

〔2〕　A/CONF. 183/C. 1/SR. 25，第 34 段。

〔3〕　A/CONF. 183/C. 1/L. 59.

〔4〕　A/CONF. 183/C. 1/L. 1.

〔5〕　A/CONF. 183/C. 1/SR. 25，第 35 段。

第四节　行使管辖权的先决条件

　　法院行使管辖权的条件是《罗马规约》起草过程中争论最大的问题，也是导致最后一些国家对《罗马规约》投反对票的最主要理由。它要解决的问题是，在什么情况下，法院可以对案件行使管辖权？在《罗马规约》的起草过程中，涉及法院行使管辖权的条件共有三个争论问题：其一，在什么情况下，法院可以对一国境内发生的核心犯罪行使管辖权？其二，安理会具有何种作用？其三，法院的检察官具有何种作用？关于这三个问题，在罗马会议上，与会各国代表进行了激烈争论。

一、国家的提交

　　《规约草案》对于法院的管辖权是如下规定的：

　　"第6条

　　［行使管辖权］［行使管辖权的先决条件］

　　1. 在下列情况下，对于第5条［（a）至（e）款或其任何组合］所述罪行，本法院［依照本规约的规定，］［可以］［应当］［对某人］［行使］［具有］管辖权：

　　［（a）［事情］［情况］是安全理事会［依照第10条］［根据《宪章》第七章采取行动］提交本法院的；］

　　（b）缔约国［两个缔约国］［或者非缔约国］依照第11条提出控告；

　　［（c）事情是检察官依照第12条提出的。］

　　［2. ［对于第1款（b）项［和（c）项］的情况，］［只有在对有关案件具有管辖权的国家依照第9条接受本法院的管辖权，并且］［如果国家管辖权不存在或不发生效用，［依照第15条规定]]，或在［一个有关国家］［有关各国］［这些国家］将事情让给本法院审理时，本法院［才］［可以行使］［应具有］管辖权。］

　　第7条

　　行使管辖权的先决条件

　　第1款开头部分

备选案文1

［对于第6条第1款（b）项［和（c）项］的情况，］如果下列国家已依照第9条接受本法院对于第5条（a）至（e）款或其任何组合］所述罪行［行使］管辖权，则本法院［可以］［应当］［对某人］［行使］［具有］管辖权；

备选案文2

［对于第6条第1款（b）项［和（c）项］的情况，］如果下列国家接受本法院对经由某一国提出控告的有关案件行使管辖权，则本法院［可以］［应当］［对某人］［行使］［具有］管辖权：

［（a）［根据国际法］［拘留犯罪嫌疑人的国家（"拘留国"）］［提出控告时该人在其境内居住的国家］；］

［（b）有关行为［或不作为］在其境内发生的国家［或如果罪行是在船只或飞行器上实施，则该船只或飞行器的登记国；］

［（c）在适用的情况下，根据一项国际协定请拘留国为起诉目的交出嫌疑人的国家，［除非这项请求被拒绝］；］

［（d）被害人的国籍国；］

［（e）罪行的［被告人］［嫌疑人］的国籍国；］

［2. 如果本法院行使管辖权须得其接受的国家拒绝接受管辖权，该国应将此情况通知本法院［并说明理由］。］

［3. 尽管有第1款的规定，如果需要其接受的国家在（……）天内尚未表示是否接受管辖权，本法院［即可以］［将不得］行使管辖权。］

［4. 如果控告所述行为关系到一个非本规约缔约国，该国可向本法院书记官长交存一份明确声明，同意本法院对声明具体指出的行为行使管辖权。］］

……

第9条

接受法院的管辖权

备选案文1

1. 一国成为本规约缔约国，即接受本法院对第5条［（a）至（d）款或其任何组合］所述罪行的［固有］管辖权。

2. 对于除第1款所述以外的第5条所述罪行，本规约缔约国可以：

（a）在表示同意接受本规约拘束时作出声明；或

（b）在以后作出声明，接受本法院对声明中指明的罪行的管辖权。

3. 如果根据第7条规定，须得到一个非本规约缔约国的接受，该国可以向书记官长提交声明，同意本法院对该罪行行使管辖权。[该接受国应依照本规约第九部分，毫不延迟地全力同本法院合作。]

备选案文 2

1. 本规约的缔约国可以：

（a）在表示同意接受本规约拘束时向保存人提交声明；或

（b）在以后向书记官长提交声明；

接受本法院对声明中指明的［第 5 条（a）至（e）款或其任何组合］所述［那些］罪行的管辖权。

2. 声明可以普遍适用，也可以限于［特定行为，或限于］在特定时期内实施的［行为］［一种或多种第 5 条（a）至（e）款所述罪行］。

3. 声明可以指定期限，但期满前不得撤销，如果不指定期限，则须提前 6 个月向书记官长提出撤销通知才可以撤销。撤销声明不影响根据本规约已开始进行的诉讼。

4. 如果根据第 7 条的规定，须得到一个非本规约缔约国的接受，该国可以向书记官长提交声明，同意本法院对该罪行行使管辖权。[该接受国应依照本规约第九部分，毫不迟延地全力同本法院合作。]

[5. 第 1 款至第 3 款所述的声明不得含有第 1 款至第 3 款所述限制以外的其他限制。]

另一备选案文

接受本法院的管辖权：

1. 一国成为本规约缔约国，即接受本法院对第 5 条［（a）至（d）款］所述罪行的管辖权。

[2. 非本规约缔约国可以通过向书记官长提交声明的方式，接受在起诉第 5 条所述罪行方面同本法院合作的义务。此后，接受过即应依照本规约第九部分，毫不迟延地全力同本法院合作。]

……

第 11 条

国家的控告

1. 备选案文 1

[［同时是 1948 年 12 月 9 日《防止及惩治灭绝种族罪公约》缔约方的缔约国］［根据第 9 条就一种罪行接受本法院管辖权的］缔约国］可以向检察官提出控告，［提请处理涉嫌实施了本法院管辖权内的一项或多项罪行的［事情］

[情况]，]［指控有人涉嫌实施了［灭绝种族罪］［这些罪行］［第5条［（a）至（d）款或其任何组合］所述罪行］［并请检察官调查该情况，以确定是否应控告某个人或某些人实施了这些罪行。]]

备选案文2

［下列（a）至（d）所列的［根据第9条就一种罪行接受本法院管辖权的］［有直接利益关系的］缔约国，可以向检察官提出控告，指控有人涉嫌实施了［这种罪行］［第5条［（a）至（d）款或其任何组合］所述罪行]：

（a）有关的行为［或不作为］在其境内发生的国家；

（b）拘留国；

（c）涉嫌人国籍国；

（d）被害人国籍国。]

［2. 已根据第9条就第5条（e）款所述罪行接受本法院管辖权，并且是有关条约缔约方的缔约国，可以向检察官提出控告，指控有人涉嫌实施了这种罪行。]

［3. 提出控告时，应尽可能具体说明相关情节，并附上控告国可以得到的任何佐证文件。]

［4. 检察官应向安全理事会通报依照第11条提交的所有控告。]

……

第6、7、10和第11条的另一备选案文

［第6条

行使管辖权

在下列情况下，本法院可以依照本规约各项规定，就第5条所述罪行行使管辖权：

（a）缔约国依照第11条向检察官提交涉嫌实施一项或多项罪行的情况；

［（b）检察官依照第12条对这样一项罪行展开调查]；或

（b）安全理事会［根据《联合国宪章》第七章采取行动，]向检察官提交涉嫌实施了一项或多项罪行的情况]。

［第7条

接受管辖权

1. 一国成为本规约缔约方，即接受本法院对第5条所述罪行的管辖权。

2. 如果当缔约国向本法院提交一项情况［或如果检察官已展开一项调查]，本法院可以对第5条所述罪行行使其管辖权，但下列国家［之一］必须是本规约缔约方或已依照本法院对有关罪行的管辖权：

[（a）拘留犯罪嫌疑人的国家（"拘留国"）][嫌疑人国籍国]；

（b）有关行为或不作为在其境内发生的国家，或如果罪行是在船只或飞行器上实施的，则该船只或飞行器的登记国。

3. 如果根据本条第2款需要非本规约缔约国接受管辖权，有关国家可以向书记官长提交声明，同意本法院对有关罪行行使管辖权。接受国应依照本规约第九部分毫不迟延地全力同本法院合作。……

第11条

一国提交一项情况

1. 缔约国可以向检察官提交涉嫌实施了本法院管辖权内的一项或多项罪行的情况，请检察官调查该情况，以便确定是否应控告某个人或某些人实施了这些罪行。

2. 提交情况时，应尽可能具体说明相关情节，并附上控告国可以得到的任何佐证文件。

3. 检察官应向安全理事会通报依照本条提交的所有情况。"

上述《规约》草案第7条中的备选案文1和第9条中的备选案文1以及备选案文2体现的是双重同意的制度，也是最严格限制法院管辖范围的案文，被称为"选入"制度（opt – in system），这有点类似于国际法院（ICJ）的管辖权或国际劳工组织成员国对该组织通过的公约的态度。按照这种方案，法院要获得对罪行（over the crimes）的管辖权，必须征得国家的双重同意：国家得首先批准建立该法院的规约，同时还得发表同意接受法院管辖的特别声明。第9条中的备选案文1和备选案文2的区别是灭绝种族罪是否需要接受特别声明。不管怎样，虽然"选入"制度有利于扩大法院实现普遍性的进程，但将极大限制法院的管辖权，等于赋予将来的缔约国有选择罪行的自由。第7条中的备选案文2也是一种严格限制法院管辖权的提案，被称为"逐个同意"制度（a – la – carte system）。按照这一备选案文，法院要取得对"有关案件"（with respect to a crime）的管辖权，必须征得其所列的五类国家的同意。这将使得法院很难获得对有关案件的管辖权，因为只要有一类国家反对，法院都将无法获得管辖权。而且，"逐个同意"在某些方面甚至比"选入"制度更厉害，因为它仅仅针对的是"有关案件"，而不是"罪行"。不过，无论是"选入"制度还是"逐个制度"，都是所有提案中对法院管辖权限制得最严厉的提案。在罗马会议上，无论是"选入"制度还是"逐个同意"制度只得到少数国家的支持。

另一方面，第 9 条中的"另一备选案文"规定了法院固有的管辖权制度，主张法院对核心犯罪如同国家那样行使普遍管辖权。这一备选案文是德国代表团提出来的，被称为"德国的提案"。德国代表的解释如下：

"48. 考尔（kaul）先生（德国）说，第 9 条'另一备选案文'中的德国提案基于下列考虑因素。依据现行国际法，所有国家对灭绝种族行为、危害人类罪和战争罪可以行使普遍刑事管辖权，而不论罪犯国籍、被害人国籍及犯罪发生地点。这不仅由大量的国家实践证实，而且也由纽伦堡法庭证实，还特别载入普遍接受的国际文书中，如 1949 年日内瓦四公约或《禁止酷刑公约》。这意味着即使罪犯和被害人不是起诉国的国民，各国仍可以将例如在第三国实施灭绝种族行为的个人绳之以法。本法院将以整个国际社会的名义采取行动。因为规约的缔约国可对核心罪行个别地行使普遍管辖权，缔约国也可以通过批准本规约，赋予本法院类似的职权，以其名义行使普遍刑事管辖权，尽管这只是对核心罪行而言。

49. 这种办法基于普遍管辖权的合法行使，也将消除否则会为犯下灭绝种族、危害人类罪或战争罪这些十恶不赦罪行的个人留下的漏洞。例如，如果发生大规模灭绝种族行为，如在纳粹德国或最近在柬埔寨，而安全理事会出于任何原因不能将情况提交本法院，便产生这个问题：下令灭绝种族的个人是否可受到本法院的审判。

50. 依据规约中提议的其他管辖权模式，至少在其领土上实施该罪行的国家，甚至其他国家，有必要成为规约缔约国，或者该国必须表示同意行使特别管辖权。但是如果犯下的灭绝种族罪是国家政策的一部分，该国则不大可能成为规约缔约国，或者同意本法院行使其管辖权。

51. 如果规约的缔约国在实施的具体核心罪行中具有直接利害关系，并因此可以且将合法行使普遍管辖权，本法院也应有同样的地位。然而，第三国将不承担与本法院合作的任何义务。如果它们决定合作，它们可以同意与本法院临时合作，这是其提案第 2 款的含义。因此本法院适用普遍管辖权原则不会侵犯非规约缔约国的第三国的主权。"[1]

可见，德国的提案是赋予法院管辖权范围最广的一个提案。与前面的"选入"制度或"逐个同意"制度相比，德国的提案是另一个极端，也受到了不少国家的质疑，认为毕竟法院不是国家，它的管辖权不是固有的，而是通过条约

---

〔1〕　A/CONF. 183/C. 1/SR. 7，第 48—51 段。

设立起来的，因此不能与国家的管辖权相提并论。

为了在两个极端之间达成妥协和平衡，一些国家也提出了提案。其中，规定在《规约草案》"第 6、7、10 和第 11 条的另一备选案文"中的第 7 条是英国代表提出来的，被称为"英国的提案"。英国代表也对自己的提案作了解释，如下：

"42. 威尔姆斯赫斯特（Wilmshurst）女士（联合王国）提请注意 A/CONF. 183/2/Add. 1 号文件中标题为'第 6、7、10 和第 11 条的另一备选案文'的草案部分。这是联合王国最初提议的备选案文，其目的首先是阐明案文，其次是提出一些非常具体的提案，特别是有关接受管辖权。

　　……

44. 第 7 条将代替原条款第 7 和第 9 条中的规定。依据第 1 款，成为规约缔约国的国家即接受本法院的管辖权。这涉及核心罪行；该提案不包括条约罪行。如果将条约罪行列入规约，需要补充规定。对于核心罪行，该规定的含义是，就任何具体案件而言，缔约国无权反对检察官行使职权，或反对本法院对该具体案件行使管辖权。

45. 非缔约国的国家的难题由第 2 款处理，该款阐明在某些案件中本法院必须征求非缔约国同意然后才能行使管辖权。联合王国的立场是，只要求在其领土上发生犯罪的国家同意。在这种情况下，可以删除（a）项。

46. 另外，在第 2 款中，第二行中的'可以行使管辖权'应由'应具有管辖权'代替。"[1]

英国的提案否定了"选入"制度或"逐个同意"制度这样的双重同意制度，但对德国的提案作了一定的限制，即必须要求拘留犯罪嫌疑人的国家和（或）罪行发生地国家都是缔约国。

针对上述三个提案，即"选入"制度或"逐个同意"制度、德国提案和英国提案，韩国代表团在 6 月 18 日的全体会议上提出了自己的提案，即韩国的提案。韩国的提案如下：

"第 6［9］条

接受法院的管辖权

1. 一国成为本规约缔约国，即接受本法院对第 5 条所述罪行的管辖权。

［2. 依照本规约的规定及程序和证据规则的条件，如果法院依照第 8 条行

---

〔1〕　A/CONF. 183/C. 1/SR. 7，第 42—46 段。

使管辖权需由一非本规约缔约国接受管辖权，则该非本规约缔约国可通过向书记官长提交声明接受法院对某一特定案件的管辖权。〕

第7［6］条

行使管辖权

在下列情况下，本法院可根据规约规定对第5条所述某一罪行行使管辖权：

（a）一缔约国根据第11条向检察官提出似发生此一罪行的案件；

（b）检察官根据第12条对此一罪行进行调查；或

（c）安全理事会根据第10条，依《联合国宪章》第七章行事，向检察官提交似发生一起或多起此种罪行的案件。

第8［7］条

行使管辖权的先决条件

对于第7条第（a）或（b）款的情况，如果一个或多个下列国家是本规约缔约国［或根据第6条第2款接受了管辖权］，本法院可对第5条所述之某一罪行行使管辖权：

（a）有关行为在其境内发生的国家或如果罪行是在船舶或飞行器上实施，则该船舶或飞行器的登记国；

（b）拘留犯罪嫌疑人的国家；

（c）罪行被告人的国籍国；或

（d）被害人的国籍国。"[1]

在韩国的提案中，韩国代表团还对其提案作出了解释，如下：

"1. 法院管辖权的接受和行使是设立国际刑事法院的重大问题之一。在筹备委员会的辩论过程中，出现了有关这一问题的两种对立思路：一种主张赋予法院固有的管辖权；另一种坚持在每一阶段都应实行国家同意制度。

2. 我国代表团认为，两派都各有缺点。赞成固有管辖权的人忽略的是，拟设立的法院是一个通过国家同意设立的条约机构。使《规约》缔约国与法院之间存在管辖权关联的正是国家的同意。对行使管辖权放弃任何先决条件就会冒使法院管辖权变得毫无意义的风险。在这种情况下，法院就有可能对犯有《规约》之下罪行的人行使管辖权，而不论有关的国家是否接受了这一管辖权。另外，互补规则的定理要求必须有基于国家同意的管辖权关联。

3. 另一方面，坚持国家同意制度的人也没有认识到，在两个不同的阶段

---

〔1〕　A/CONF. 183/C. 1/L. 6.

—— 接受和行使—— 要求国家同意，将会使法院由于这种管辖权上的混乱而束手无策。要使法院尽可能发挥效力，就应只有一次国家同意，即一国加入《规约》。否则，就会给国家事实上的否决权，由其决定法院是否能行使管辖权，从而剥夺法院作用的可预测性。所以，应把管辖权的接受和行使归纳为一个单一的行为。

4. 大韩民国认为，应当争取有关法院管辖权的一种适当妥协办法，把这一层面两端的优点结合起来。可行的一种妥协具有以下核心内容：

构成法院管辖权基础的国家同意不应分为法院管辖权的接受和行使这样的两个不同阶段。一国加入《规约》，即被视为永久性地接受和同意行使法院管辖权。就此而论，应把法院管辖权看作是自动的，而不是固有的。

为管辖权关系起见，应当规定，一个或多个有关国家同意法院行使管辖权，根据上文（a），也就自动成为《规约》的缔约国。有关国家应包括领土国、拘留国、被告国籍国及受害人国籍国。除非这四类有关国家之一是《规约》缔约国，法院不能对有管辖权关联的案件行使管辖权，因此，这里的要求不是叠加性的，而是选择性的。

5. 基于以上两个核心内容，大韩民国现提出一项关于法院管辖权的妥协提案（见附件）。这一提案的用意是解决急于确保法院有效运转的人和对法院有可能冲破国家同意制度感到担心的人双方表示的关注。

6. 大韩民国提案采取的方法与 A/AC. 249/1998/WG. 3/DP. 1 号文件所载联合王国提案相似。不过，两者之间有两处根本不同：

首先，联合王国提案要求领土国和拘留国的叠加同意，而大韩民国的提案是选择性的。这为法院提供了行使管辖权的更大可能性；

第二个差别是概念上的不同。联合王国提案的假设是，法院对各种核心罪行有普遍管辖权，而大韩民国的提案设想，管辖权是基于国家同意，依照《规约》规定赋予法院的。关于非缔约国参与法院运作的处理办法反映了这一差别。

7. 大韩民国代表团希望，本提案能被用作在这次外交会议上解决有关法院管辖权的分歧的基础。我国代表团也欢迎对此提出任何评论或建议。"[1]

在 6 月 19 日上午的全体委员会会议上，韩国代表崔泰铉继续说，本法院具有固有管辖权这一概念不符合补充性原则；国家同意不可缺少。此外，允许缔约国在具体案件中拒绝同意本法院行使管辖权将使本法院失去效力。一国成为

---

[1]　A/CONF. 183/C. 1/L. 6.

规约缔约国，应被视为已一劳永逸地接受本法院的管辖权。行使管辖权则将是自动的。为了管辖权联系，应当要求有一个或数个有关国家表示同意本法院行使管辖权。有关国家应包括领土所属国、拘留国、被告人国籍国和被害人国籍国。其中一个国家成为缔约国便足够，这一要求不应是累积的而是可选择的。非正式散发的韩国代表团的提案与联合王国的提案（"第6、7、10和第11条的另一备选案文"）相似。然而，韩国代表团的提案只要求一个有关国家同意。还存在着概念差异：联合王国的提案以本法院对核心罪行具有普遍管辖权为前提；韩国的提案假设根据规约的规定，在国家同意的基础上赋予管辖权。[1] 韩国的提案是由韩国常驻联合国代表团参赞申珏秀（Kak - Soo Shin）起草的，受到了大多数代表团的支持，包括瑞典、西班牙、挪威、荷兰、斯洛文尼亚和瑞士等。在6月24日"志同道合的国家"举行的会议上，韩国代表团成员金英石向这些国家作进一步说明。他说，"如果我们把韩国提案放到法院管辖权范围谱中，就会看到，范围最窄的是国家同意制度（"选入"制度），接下来是英国的提案，接下来是韩国的提案，而范围最广的是德国的提案"。[2]

不过，中国要求法院行使管辖权征得有关国家同意。早在6月16日上午举行的第3次全体会议上，中国代表王光亚就说，补充性是规约最重要的指导原则，应充分反映在其所有实质性规定和法院的工作中，只有征得有关国家同意，法院才能行使管辖权。当案件已经由具体国家调查、起诉或审判时，其管辖权则不应适用。[3] 在6月19日下午举行的全体委员会第8次会议上，中国代表李燕端女士说，《规约草案》中两种接受管辖权的方式在性质上并无不同，但关于缔约国应接受固有管辖权的要求将把本来愿意成为本规约缔约方的许多国家排除在外。这样本法院将花很长时间才能实现普遍性。选入制度将使许多国家能够成为本规约缔约方，并使本法院在非常短的时间期限内实现普遍性。在此之后，有关国家可以逐渐接受本法院的管辖权。本法院享有普遍支持的事实将是对核心罪行的强有力的威慑。因此，她赞成选入制度。关于第6条（原文本）第1（b）款，可以将非缔约方的国家包括在内，但应规定它们必须做出接受本法院管辖权的声明。本条第2款可予删除。在第7条，她赞成第1款开

---

〔1〕　A/CONF. 183/C. 1/SR. 7，第52—54 段。

〔2〕　Young Sok Kim，"The Preconditions to the Exercise of the Jurisdiction of the International Criminal Court: With Focus on Article 12 of the Rome Statute"，*Michigan State University - DCL Journal of International Law*，8（1999），65.

〔3〕　A/CONF. 183/SR. 3，第37 段。

头语的备选案文 2。关于国家同意，她支持该款（a）（b）和（e）项，对（c）和（d）以及对第 2 款持灵活态度，但建议删除"并说明理由"几个字。转到第 9 条，她将选择备选案文 2。在第 11 条中，她赞成备选案文 1，但要去除第一组括号内的文字。第 2 款应暂时删除，因为它与条约罪行有关。她可以接受联合王国关于第 6（a）条的提案，但不接受第 7 条的第 1 款。联合王国第 7 条第 2 和第 3 款是可以接受的，她对第 11 条持灵活态度。[1]可见，中国要求采取选入制度，部分同意英国的提案，但同意韩国的提案和德国的提案。

日本代表松田说，国家和国际刑事法院在接受或行使管辖权方面的关系仍是本规约的关键问题之一。国家同意机制问题与本法院和缔约国之间的平衡问题以及补充性原则问题交织在一起。日本同意当国家成为本规约的缔约方时应接受对核心罪行的管辖权。关于一缔约国向检察官提交事情或情况的问题，现在他准备支持第 11 条（原文本）第 1 款备选案文 1，允许任何缔约国向检察官提出控告。日本仍反对给予非缔约方国家触发的权力。他的代表团重新审查了它对行使本法院管辖权的国家同意的立场，现在可以支持无须要求缔约国同意的想法。因此，它支持"第 6、7、10 和第 11 条的另一备选案文"中第 7 条的表述。[2]可见，日本赞同的是英国的提案。

在全体委员会会议上，英国修改了自己的提案，删除了拘留国的条件，认为当领土国接受法院的管辖权或成为规约缔约国时，法院具有管辖权。

经过全体委员会会议和其他一些非正式会议的讨论结果，关于法院的管辖权，在主席团的《讨论文件》中变成了如下样子：

"第 7 条

接受管辖权

第 1 款是行使管辖权的先决条件（必须各国接受）。

注意：如果规约要对某些罪行规定自动拥有管辖权，而对其他罪行另有一套'决定参加'或'国家同意'的制度，则需要对第 1 款作相应的修正，以下规定的摆放位置也需重新考虑。

1. 备选案文 1

对于第 6 条第（a）或（b）款的情况，如果一个或多个下列国家是本规约缔约国或根据第 7 条之三接受了管辖权，本法院可对第 5 条所述之某一罪行行

---

〔1〕　A/CONF. 183/C. 1/SR. 8，第 37—40 段。

〔2〕　A/CONF. 183/C. 1/SR. 8，第 57—58 段。

使管辖权：

（a）有关行为在其境内发生的国家或如果罪行是在船舶或飞行器上实施，则该船舶或飞行器的登记国；

（b）拘留犯罪嫌疑人的国家；

（c）罪行被告人的国籍国；或

（d）被害人的国籍国。

备选案文 2

在缔约国向本法院提出一个情况，或在检察官已展开调查的情况下，法庭将对第 5 条中讲到的罪行拥有管辖权，条件是有关的行为或不行为在其领土上发生的国家，或如果罪行发生在船舶和飞行器上，该船舶或飞行器的注册国是本规约的缔约国，或根据第 7 条之三，已接受本法院对有关罪行的管辖权。

备选案文 3

在缔约国向本法院提出一个情况，或在检察官已展开调查的情况下，法院将对第 5 条中讲到的罪行拥有管辖权，条件是下列国家是本规约缔约国，或根据第 7 条之三，已接受本法院对有关罪行的管辖权：

（a）有关的行为或不行为在其领土上发生，或如果罪行发生在船舶或飞行器上，该船舶或飞行器的注册国；和

（b）拘留犯罪嫌疑人的国家。

备选案文 4

在缔约国向本法院提出一个情况，或在检察官已展开调查的情况下，法院将对第 5 条中讲到的罪行拥有管辖权，条件是被告/犯罪嫌疑人的国籍是本规约的一个缔约国，或根据第 7 条之三，已接受本法院对有关罪行的管辖权。

接受的方式（自动管辖权、决定参加、国家同意）

接受管辖权可有几种选择，包括对所有主要罪行自动拥有管辖权，对所有主要罪行选择参加的机制，或两种办法的结合（对有些犯罪自动拥有管辖权，而对其他犯罪选择参加）。另一个选择办法，是对有些罪行通过一套‘国家同意’的机制。

自动管辖权

2. 一国成为本规约缔约方，即接受本法院对第 5 条所述……罪行的管辖权。

第 7 条之二

对条约规定的罪行和可能对一项或多项主要罪行选择参加；

1. 本规约缔约国可以：

（a）在表示同意接受本规约约束时向保存人提交声明；或

（b）在以后向书记官长提交声明。

接受本法院对声明中指明的第 5 条讲到的……罪行拥有管辖权。

2. 声明可以普遍适用，也可以限于第 5 条中讲到的一项或多项罪行。

3. 声明可以指定期限，但期满前不得撤销，如果不指定期限，则需提前 6 个月向书记官长提出撤销通知才可以撤销。撤销声明不影响根据本规约已开始进行的诉讼。

4. 声明不得包含第 1 至第 3 款所述限制以外的其他限制。

第 7 条之三

非缔约国的接受：

如若根据第 7 条第 1 款的规定，需得到一个非本规约缔约国的接受，该国可以向书记官长提交声明，同意本法院对该罪行行使管辖权。该接受国应依照本规约第 9 部分，毫不迟延和没有任何保留地与本法院合作。"

上述第 7 条的备选案文 1 是韩国的提案，备选案文 2 是经过修正后的英国的提案，备选案文 3 是英国原先的提案，备选案文 4 是美国坚持的意见。第 7 条之二是选入制度。第 7 条之三是关于非缔约国的接受问题。对于《讨论文件》中的上述方案，关于接受法院的管辖权应当是自动的还是选入的，包括韩国在内的 74 个国家赞成第 7 条第 2 款，即自动管辖权。包括中国、美国、法国、俄罗斯、印度、利比亚在内的 27 个国家赞成第 7 条之二规定的选入制度。中国、俄罗斯、巴西和乌拉圭只赞成对灭绝种族罪适用自动管辖权。中国代表李燕端说，她的代表团一直对自动管辖权规定持保留意见，因为它不利于各国加入规约。[1] 她说，根据习惯国际法，此三项核心罪行的地位并不都一样。整个国际社会都已承认种族灭绝为一种罪行，而危害人类罪和战争罪则属于不同的范畴。[2] 她说，关于管辖权，法院的效能将完全取决于各国的合作，因此有关各方的同意是关键。她的代表团认为，关于第 7 条，假如领土所属国、拘留国和犯该罪行的被告的国籍国为规约的缔约国，本法院可行使其管辖权。[3] 关于第 7 条的备选案文 3，她的代表团希望，国际法委员会草案中的规定可保持

---

〔1〕 A/CONF. 183/C. 1/SR. 29，第 74 段。

〔2〕 A/CONF. 183/C. 1/SR. 29，第 75 段。

〔3〕 A/CONF. 183/C. 1/SR. 29，第 76 段。

不动。[1]

关于要使法院行使管辖权必须要求哪些国家成为法院的缔约国，有64个国家赞成韩国的提案，27个国家赞成德国的提案，但由于德国的提案已被删除，这27个国家支持韩国的提案。英国选择备选案文2。日本、哥伦比亚、苏丹和科特迪瓦选择备选案文3。日本代表小和田恒说，日本认为法院的管辖权应限于核心罪行，但应是自动的。规约不应包括条约罪行，因此他的代表团不赞成第7条之二中所提出的办法。尽管如此，他的代表团会努力就这一事项促成普遍协议，因为要使规约获得尽可能广泛的参加很重要。[2] 他说，他的代表团不反对提出接受管辖权的指导原则的第7条之三。[3] 他还说，关于第二个问题，日本认为重要的是要有拘留国的合作及在其领土上发生作为和不作为的国家的合作。因此他赞成备选案文3，但愿进一步听取其他代表团的意见。[4] 加蓬选择备选案文4，即美国的提案。[5]

经过辩论后，主席团的提案重新对《讨论文件》作出了调整，变成了如下：

"第7条

行使管辖权的先决条件

对灭绝种族罪行使管辖权的先决条件

1. 对于第6条第（a）或（c）款的情况，如果一个或多个下列国家是本规约缔约国或根据第7条之三接受了管辖权，本法院可对灭绝种族罪行使管辖权：

（a）有关行为或不行为在其领土上发生，或如果罪行发生在船舶或飞行器上，该船舶或飞行器的注册国；

（b）拘留被告/犯罪嫌疑人的国家；

（c）罪行被告/犯罪嫌疑人的国籍国；或

（d）被害人的国籍国。

对危害人类罪和侵略罪行使管辖权的先决条件

2. 备选案文1

对于第6条第（a）或（c）款的情况，如果一个或多个下列国家根据第7

---

〔1〕 A/CONF. 183/C. 1/SR. 29，第77段。

〔2〕 A/CONF. 183/C. 1/SR. 29，第32段。

〔3〕 A/CONF. 183/C. 1/SR. 29，第33段。

〔4〕 A/CONF. 183/C. 1/SR. 29，第34段。

〔5〕 Young Sok Kim, "The Preconditions to the Exercise of the Jurisdiction of the International Criminal Court：With Focus on Article 12 of the Rome Statute", *Michigan State University – DCL Journal of International Law*, 8（1999），67 – 68.

条之二或第 7 条之三接受了管辖权，本法院可对第 5 条之三和第 5 条之四所述之某一罪行行使管辖权：

（a）有关行为或不行为在其领土上发生，或如果罪行发生在船舶或飞行器上，该船舶或飞行器的注册国；

（b）拘留被告/犯罪嫌疑人的国家；

（c）罪行被告/犯罪嫌疑人的国籍国；或

（d）被害人的国籍国。

备选案文 2

在缔约国向本法院提出一个情况，或在检察官已展开调查的情况下，如果下述国家根据第 7 条之二或第 7 条之三，已接受本法院对有关罪行的管辖权，法院将对第 5 条之三和第 5 条之四中所述之某一罪行拥有管辖权：

（a）有关的行为或不行为在其领土上发生，或如果罪行发生在船舶或飞行器上，该船舶或飞行器的注册国；和

（b）拘留被告/犯罪嫌疑人的国家。

备选案文 3

在缔约国向本法院提出一个情况，或在检察官已展开调查的情况下，法院将对第 5 条之三和第 5 条之四中所述之某一罪行拥有管辖权，条件是被告/犯罪嫌疑人的国籍国根据第 7 条之二或第 7 条之三，已接受本法院对有关罪行的管辖权。

第 7 条之二

接受管辖权

备选案文 1

对所有三项主要罪行的自动管辖权

1. 一国成为本规约缔约方，即接受本法院对第 5 条之二，第 5 条之三和第 5 条之四所述罪行的管辖权。

备选案文 2

对灭绝种族罪的自动管辖权和对危害人类罪和战争罪选择接受管辖权

1. 一国成为本规约缔约方，即接受本法院对灭绝种族罪的管辖权。

2. 关于第 5 条之三和第 5 条之四所述罪行，本规约缔约国可以：

（a）在表示同意接受本规约约束时向保存人提交声明；或

（b）在以后向书记官长提交声明；

（c）接受本法院对声明中指明的罪行拥有管辖权。

3. 声明可以普遍适用，也可以限于第 5 条之三和第 5 条之四中所述的一项或多项罪行。

4. 声明可以指定期限，但期满前不得撤销，如果不指定期限，则需提前 6 个月向书记官长提出撤销通知才可以撤销。撤销声明不影响根据本规约已开始进行的诉讼。

5. 声明不得包含第 2 至第 4 款所述限制以外的其他限制。

第 7 条之三

非缔约国的接受：

如若根据第 7 条的规定，需得到一个非本规约缔约国的接受，该国可以向书记官长提交声明，同意本法院对该罪行行使管辖权。该接受国应依照本规约第九部分，毫不迟延和没有任何保留地与本法院合作。"

在主席团的提案中，第 7 条分成了两部分：行使管辖权的先决条件和接受管辖权。前者又把灭绝种族罪和危害人类罪与战争罪作了区分。对于灭绝种族罪，适用韩国的提案；对于后两种罪，又有三个备选案文，分别是韩国的提案、英国的提案和美国的提案。后者又分成对所有三种罪的自动管辖权和对灭绝种族罪的自动管辖权与对其他两种罪的国家同意制度结合。

在 7 月 13 日举行的全体委员会第 33 次会议上，中国代表刘大群说，关于第 7 条中对种族灭绝行使管辖权的先决条件，中国可以接受自动管辖权的可能性。但是，对于非缔约国，应要求得到国籍国和领土所属国的同意。至于危害人类罪和战争罪的先决条件，应该实行选入管辖权，经国籍国和领土所属国同意，因此，在备选案文 2 和备选案文 3 之间，需要一种折中的备选案文。关于第 7 条之二，他的代表团赞成备选案文 2。关于第 7 条之三，它赞成删去第二句，原因是规约第九部分已论述了合作问题。[1]

结果，对于第 7 条，60 个国家支持韩国的提案，11 个国家支持第 7 条的备选案文 2，5 个国家支持备选案文 2 和 3 的结合。美国支持备选案文 3。对于第 7 条之二，64 个国家支持备选案文 1，包括中国、美国、印度、印尼和巴基斯坦在内的 21 个国家支持备选案文 2。[2]

7 月 15 日，韩国代表团专门就"第 7 条之三"又向全体委员会提出了一份

---

〔1〕　A/CONF. 183/C. 1/SR. 33，第 40—42 段。

〔2〕　Young Sok Kim, "The Preconditions to the Exercise of the Jurisdiction of the International Criminal Court: With Focus on Article 12 of the Rome Statute", *Michigan State University - DCL Journal of International Law*, 8 (1999), 69.

提案，内容如下：

"第 7 条之三

对于该国已接受管辖权的有关案件，接受国应遵守本《规约》规定的义务，特别是按照第九部分的规定毫不拖延或例外地与本法院合作的义务。"[1]

到了罗马会议的最后阶段，主席团决定以妥协的方式把各个部分进行一揽子规定，提出了最后的提案。在这份主席团的最后提案中，第 7 条变成了第 12 条，即后来看到的《罗马规约》第 12 条的规定：

"第 12 条

行使管辖权的先决条件

（一）一国成为本规约缔约国，即接受本法院对第 5 条所述犯罪的管辖权。

（二）对于第 13 条第 1 项或第 3 项的情况，如果下列一个或多个国家是本规约缔约国或依照第三款接受了本法院管辖权，本法院即可以行使管辖权：

1. 有关行为在其境内发生的国家；如果犯罪发生在船舶或飞行器上，该船舶或飞行器的注册国。

2. 犯罪被告人的国籍国。

（三）如果根据第 2 款的规定，需要得到一个非本规约缔约国的国家接受本法院的管辖权，该国可以向书记官长提交声明，接受本法院对有关犯罪行使管辖权。该接受国应依照本规约第九编规定，不拖延并无例外地与本法院合作。"

该条的规定是一种妥协的结果。它否定了选入制度，采取了自动管辖权制度；否定了韩国提案中的一些内容，吸收了美国提案的内容。全体委员会主席菲利普·基尔希（Philippe Kirsch）解释了其中的理由。他说：

"为了在这些反对的立场之间找到中间的方案，以及确保法院获得大多数支持，为了使法院获得管辖权，《规约》现在要求嫌疑人的国籍国或犯罪行为地国成为缔约国。之所以挑选这两个管辖权基础，是因为它们是在国际法中得到最坚决支持的。尤其是，属地基础是所有国家法律接受和许多公约确认的基本的管辖联系因素，包括涉及灭绝种族、酷刑、劫持人质和恐怖主义的公约。"[2]

在罗马会议上，美国坚持认为，要使法院行使管辖权，必须得到犯罪嫌疑人国籍国的同意。在会议的最后几天，美国连续提出两份提案，要求修改主席团的最后提案。第一份提案要求必须同时征得犯罪嫌疑人国籍国和犯罪行为地

---

〔1〕 A/CONF. 183/C. 1/L. 77.

〔2〕 Philippe Kirsch, *The Rome Conference on the International Criminal Court: A Comment*, ASIL Newsletter, Washington D. C. , Nov. /Dec. 1998, www. asil. org/newsletter/novdec98/home. htm.

国的双重同意。[1] 第二份提案涉及非缔约国接受管辖权，要求对非缔约国的国民行使管辖权必须征得该国同意，并考虑通过制定议定书的形式解决这个问题。[2] 针对美国的两份提案，挪威代表志同道合的国家集团要求对美国的提案不采取行动。挪威代表法伊夫（Fife）说，主席团提出的一揽子提案在纸面上是可信的，在实际上也是负责的。鉴于保持一揽子提案的完整性和通过整个案文的迫切需要，他提议不对美国代表的提案作出决定。[3] 中国代表刘大群说，关于管辖权问题的第12条是整个规约中最重要的一条，按目前的措词它意味着侵犯缔约国的主权，不仅违反《维也纳条约法公约》，对非缔约国强加义务，而且事实上对非缔约国规定了比缔约国更多的义务，因此中国反对挪威的提案。[4]结果，挪威的动议得到了113个国家支持，包括中国在内的17个国家反对，25个国家弃权。[5]这样，美国的两份提案都遭到了否决。

表格6　中韩日三国对法院行使管辖权的先决条件的态度比较

	中　国	韩　国	日　本	《罗马规约》
行使管辖权的先决条件	选入制度	韩国提案	英国提案	韩国提案和美国提案的结合

二、安理会的提交及推迟调查和起诉

关于安理会的作用，《规约草案》第10条中规定了如下备选案文，供与会各国代表发表意见：

"第10条

［安全理事会［采取的行动］［的作用］］

［安全理事会与国际刑事法院的关系］

1. ［虽有第6条、［第7条］［和第9条］的规定，如果安全理事会［根据《联合国宪章》第七章采取行动］［按照有关提交的规定］［作出提交的［正

---

［1］　A/CONF. 183/C. 1/L. 70.

［2］　A/CONF. 183/C. 1/L. 90.

［3］　A/CONF. 183/C. 1/SR. 42，第24段。

［4］　A/CONF. 183/C. 1/SR. 42，第28段。

［5］　A/CONF. 183/C. 1/SR. 42，第31段。

式］决定］将涉嫌实施一种或多种罪行的［事情］［情况］［提交］本法院
［检察官］，则本法院根据本规约，仍然对第 5 条［所述的］［指明的］罪行具
有管辖权］。

2. 将安全理事会的决定通知本法院检察官时，［有关通知］［安全理事会主
席就此发出的信］应附上安理会所能得到的全部佐证材料。］

3. 安全理事会可根据依照《联合国宪章》第六章作出的正式决定，向检察
官提交控告，指出有人涉嫌实施了第 5 条所述的罪行。］

4. 备选案文 1

［关于［第 5 条所述的］侵略［行为］［罪行］或同这种侵略［行为］［罪
行］直接有关的控告，除非安全理事会已［根据《联合国宪章》第七章］［首
先］［断定］［正式决定］作为控告事由的某国的行为［是］［不是］侵略行
为，否则可以［不得］［根据本规约］提出这种控告。］

备选案文 2

［安全理事会［根据《联合国宪章》第 39 条］作出的关于一国实施了侵略
行为的断定，对本法院审理的有关侵略行为的控告具有拘束力。］

5. 安全理事会［向本法院提交一件事情或］［根据本条第 4 款］作出［断
定］［正式决定］，绝不得解释为影响本法院在裁定有关个人的刑事责任方面的
独立性。

6. ［根据本规约提出的关于侵略行为或与侵略行为直接有关的控告，及本
法院对这些案件作出的判决，不妨害安全理事会根据《宪章》第七章享有的
权力。］

7. 备选案文 1

对于［［事关国际和平与安全或侵略行为的］安全理事会正在［根据《宪
章》第七章］［作为对和平的威胁或破坏或作为侵略行为］［积极］［加以处理
的］［经安全理事会确定存在对和平的威胁或破坏并正在为此行使《联合国宪
章》第七章规定的职能的］［争端或］情况，［除非安全理事会另有决定］［未
经安全理事会事先同意］，不得根据本规约展开起诉。

备选案文 2

1. ［除本条第 4 款所述的情况外］，如果安全理事会［已断定存在对和平
的威胁或破坏或侵略行为，并］根据《联合国宪章》第七章采取行动，就此
［作出指示］［作出［正式的明确］决定］，［则在十二个月内］不得根据本规
约展开［或进行］起诉。

2. 关于安全理事会继续采取行动的［通知］［安全理事会正式决定］可以每隔十二个月［根据其随后作出的决定］延续一次。

3.［如果安全理事会未在合理的时限内根据《联合国宪章》第七章采取行动，本法院可对本条第 1 款所述的情况刑事管辖权。］

……

第 6、7、10 和第 11 条的另一备选案文

［第 6 条

行使管辖权

在下列情况下，本法院可以依照本规约各项规定，就第 5 条所述罪行行使管辖权：

（a）缔约国依照第 11 条向检察官提交涉嫌实施一项或多项罪行的情况；

［（b）检察官依照第 12 条对这样一项罪行展开调查］；或

（b）安全理事会［根据《联合国宪章》第七章采取行动，］向检察官提交涉嫌实施了一项或多项罪行的情况］。

……

第 10 条

安全理事会的作用

［1. 本法院不得对侵略罪行行使管辖权，除非安全理事会首先根据《联合国宪章》第七章断定有关国家实施了侵略行为。安全理事会作出的断定绝不得解释为影响本法院在裁定任何有关个人的刑事责任方面的独立性。］

2. 在安全理事会［根据《联合国宪章》第七章采取行动，］要求本法院不展开或进行调查或起诉之后，本法院［在十二个月内］不得根据本规约展开或进行调查或起诉；安全理事会可以根据同样条件重提该项要求。"

这一话题的协调员、芬兰代表库鲁拉（Kourula）请与会各国代表特别注意第 10 条第 7 款的两个备选案文。他说，根据备选案文 1，对于安全理事会正在处理的情况不得展开起诉，除非后者另有决定。备选案文 2 反映了新加坡/加拿大的提案，根据该备选案文，本法院在一段时间之后可以进行起诉，除非安全理事会表决要求不这样做。围绕安理会的作用，与会各国代表们争论的问题主要有两个：一是安理会是否可以将情势提交给法院？二是安理会在侵略罪的断定上应该发挥多大作用？大多数代表支持安理会的作用，只有印度等少数国家

反对安理会的作用。[1]

　　就东亚三国而言，在 6 月 16 日上午举行的第 3 次全体会议上，中国代表王光亚说，中国政府认为，法院应独立、公正，不应受到政治或其他影响，不应成为政治斗争的工具或干涉别国内政的工具。然而，法院不应损害联合国，特别是安全理事会，捍卫世界和平与安全的主要作用。其规约规定不应违背《联合国宪章》的规定，本会议应谨慎处理法院与联合国之间的关系及安全理事会的作用。[2] 在 6 月 22 日下午举行的第 10 次全体委员会会议上，中国代表李婷说，授权安全理事会将案件提交本法院至关重要，因为否则的话可能必须设立一系列特设法庭，以便履行它依照宪章的职责。安全理事会还应有权断定是否实施了侵略行为。本法院的业务不妨碍安理会履行其维护和平与安全的重要职责。[3] 可见，中国代表的意见是，安理会有权把情势提交给法院，而且在侵略罪问题上，安理会有权进行断定。

　　日本代表松田说，安全理事会和本法院之间的关系是一个关键问题。由于属于本法院管辖权范围内的罪行是国际关注的最严重罪行，而且由于安理会是负责维护国际和平与安全的主要机关，后者根据本规约应发挥作用是正确的。安理会应有权将情况提交本法院，他认为不应要求征得有关方的同意。仅仅由于一个案件已由安全理事会着手处理而完全禁止本法院履行它对于该案件的职能将是不适当的。在这方面，日本基本上赞成"另一备选案文"中第 10 条的案文。[4] 可见，日本代表是支持安理会有权把情势提交给法院。

　　韩国代表崔泰铉说，他的代表团可以接受第 10 条第一文本的第 1、2、3、5 和第 6 款。他赞成第 4 款的备选案文 2 和在没有第 2 段的情况下的第 7 款备选案文 2。在该备选案文的第 3 段，应具体说明有关的时限。[5] 可见，韩国代表也是支持安理会有权把情势提交给法院。

　　由于大多数国家支持安理会有权把情势提交给法院，在主席团的《讨论文件》中，关于安理会的作用变成了：

　　"第 6 条

---

　　〔1〕　例如，支持加拿大/新加坡提案（备选案文 2）的有匈牙利、A/CONF. 183/C. 1/SR. 10，第 51 段；反对安理会发挥作用的有印度、A/CONF. 183/C. 1/SR. 10，第 53 段、支持"第 6、7、10 和第 11 条的另一备选案文"中第 6 条第二个（b）项的有斯洛文尼亚等。

　　〔2〕　A/CONF. 183/SR. 3，第 35 段。

　　〔3〕　A/CONF. 183/C. 1/SR. 10，第 85 段。

　　〔4〕　A/CONF. 183/C. 1/SR. 10，第 97—98 段。

　　〔5〕　A/CONF. 183/C. 1/SR. 10，第 102 段。

行使管辖权

在下列情况下，本法院可以依照本规约各项规定，就第 5 条所述罪行行使管辖权：

（a）缔约国依照第 11 条向检察官提交涉嫌实施一项或多项罪行的情况；

（b）安全理事会根据《联合国宪章》第七章采取行动，向检察官提交涉嫌实施了一项或多项罪行的情况；或

备选案文 1

（c）检察官依照第 12 条对这样一项罪行展开调查。

备选案文 2

无（c）款。

……

第 10 条

安全理事会的作用

侵　略

1. 备选案文 1

本法院不得对侵略罪行行使管辖权，除非安全理事会首先根据《联合国宪章》第七章断定有关国家实施了侵略行为。安全理事会作出的断定决不得解释为影响本法院在裁定任何有关个人的刑事责任方面的独立性。

备选案文 2

不作此项规定。

延　迟

2. 备选案文 1

在安全理事会根据《联合国宪章》第七章采取行动，要求本法院或进行调查或起诉之后，本法院在 12 个月内不得根据本规约展开或进行调查或起诉；安全理事会可以根据同样条件重提该项要求。

备选案文 2

（备选案文 1 的修改稿）

备选案文 3

不作此项规定。”

在 7 月 9 日全体委员会第 29 次会议上，中国代表李燕端说，她认为安全理事会应有权向法院提交案件。关于安全理事会的推迟权，她代表团赞成备选案

文 2。[1]

到了主席团提案中，变成了：

"第 6 条

行使管辖权

在下列情况下，本法院可以依照本规约各项规定，就第 5 条所述罪行行使管辖权：

（a）缔约国依照第 11 条向检察官提交涉嫌实施一项或多项罪行的情况；

（b）安全理事会根据《联合国宪章》第七章采取行动，向检察官提交涉嫌实施了一项或多项罪行的情况；或

（c）检察官依照第 12 条对这样一项罪行展开调查。（若通过第 12 条备选案文 2，本条款的措施可能会有所改动。）

备选案文 2

无（c）款。

……

第 10 条

安全理事会的作用

备选案文 1

在安全理事会根据《联合国宪章》第七章通过一项决议，要求本法院或进行调查或起诉之后，本法院在 12 个月内不得根据本规约展开或进行调查或起诉；安全理事会可以根据同样条件重提该项要求。

注意：保存证据的必要性问题需要进一步讨论。

备选案文 2

在安全理事会根据《联合国宪章》第七章通过决议，要求本法院在指定期间内暂停对一个情况的调查或起诉，本法院应在指定期间内暂停这类活动；安全理事会可以根据同样条件重提该项要求。

备选案文 3

不作此项规定。"

在 7 月 13 日举行的全体委员会第 33 次会议上，中国代表刘大群说，他的代表团仍然在就第 10 条进行磋商，如果其文字得到改进，备选案文 2 也许是可

---

[1] A/CONF. 183/C. 1/SR. 29，第 80 段。

以接受的。[1]

表格 7　中韩日三国对安理会的提交和推迟调查和起诉的态度比较

	中　国	韩　国	日　本	《罗马规约》
安理会是否有权提交情势	是	是	是	是
安理会对侵略的断定	是	是，第 7 条备选案文 2	是，另一备选案文第 10 条	

三、检察官的调查

关于检察官的作用，规定在《规约草案》第 6 条第 1（c）款以及第 12 和第 13 条中：

"第 6 条

[行使管辖权] [行使管辖权的先决条件]

1. 在下列情况下，对于第 5 条 [（a）至（e）款或其任何组合] 所述罪行，本法院 [依照本规约的规定，] [可以] [应当] [对某人] [行使] [具有] 管辖权：

[（a）[事情] [情况] 是安全理事会 [依照第 10 条] [根据《宪章》第七章采取行动] 提交本法院的；]

（b）缔约国 [两个缔约国] [或者非缔约国] 依照第 11 条提出控告；

[（c）事情是检察官依照第 12 条提出的。]

……

第 12 条

检察官

检察官 [可以] [应当] [依据职权] [自行] [或] 根据从 [他可能要求] 任何来源特别是各国政府、联合国机关、[政府间组织和非政府组织] [获得] [提供] 的资料展开调查。检察官应评估所受到或获得的资料，确定是否有充分的根据采取行动。[为展开调查的目的，检察官可以接受各国政府、政府间组

---

[1]　A/CONF. 183/C. 1/SR. 33，第 40—42 段。

织和非政府组织、被害人或代表被害人的组织，或其他可靠来源提供的、关于涉嫌实施第 5 条 (a) 至 (d) 款所述罪行的资料。]

注：(如果保留这一条) 应统一本条采用的'充分根据'和第 54 条第 1 款采用的'合理根据'两种措词。

[第 13 条

提交检察官的资料

1. 检察官收到被害人、代表被害人的组织、区域或国际组织或任何其他可靠来源提交的，关于有人实施第 5 条所述罪行的资料时，应分析资料的严重性。为此目的，检察官可以要求各国、联合国机构、非政府组织、被害人或其代表，或检察官认为适当的其他来源提供其他资料，并可以在本法院所在地接受书面或口头证言。检察官如认为有合理根据进行调查，应将搜集的任何佐证材料送交预审分庭，请求授权进行调查。被害人可以依照《法院规则》向预审分庭作出陈述。

2. 预审分庭在审查这一请求及所附材料后，如果认为有合理根据展开调查，并认为案件似属本法院管辖权内的，在考虑第 15 条后，应授权展开调查。这并不妨害本法院其后依照第 17 条就管辖权和案件的受理问题作出裁定。

预审分庭拒绝授权调查并不排除检察官以后根据新的事实或证据就同一情况提出的请求。

3. 如果检察官经过本条第 1 款所述的初步审查，认为所提供的资料不构成进行调查的合理根据，即应通知提供资料的人。这并不排除检察官根据新的事实或证据审查依照本条第 1 款就同一情况提交的进一步资料。]"

就东亚三国来说，在 6 月 15 日下午举行的第 2 次全体会议上，日本代表小和田恒说，法院不应剥夺国家法院的管辖权，而向法院提交案例的权利应限于规约的缔约国和安全理事会。法院的权力很大，以致关于触发其活动的机制，应在其权力和缔约国的合法利益间保持适当的平衡。因此，他认为给予检察官自行展开调查的权利是不适当的。[1]

在 6 月 16 日上午举行的第 3 次全体会议上，中国代表王光亚说，中国政府认为，解决触发机制和调查手段问题时应采取谨慎办法，以避免不负责任的起诉可能损害国家的合法权益。[2] 在 6 月 22 日下午全体委员会第 10 次会议上，

---

〔1〕 A/CONF. 183/SR. 2，第 46 段。

〔2〕 A/CONF. 183/SR. 3，第 38 段。

中国代表李燕端说，她的代表团不同意授予检察官依据职权展开调查的权力。因此，她建议第 6 条第 1 （c）款以及第 12 和第 13 条应予删除。[1] 韩国代表崔泰铉说，他的代表团同意以前发言人的观点，即检察官应在不限制资料来源的情况下拥有依职权展开调查的权力。他赞同第 13 条的内容，但认为它应特别规定检察官滥用其权力的可能性。[2] 日本代表松田说，允许检察官依职权展开调查将使本法院成为权力凌驾于国家之上的一种"超级结构"，从而破坏缔约国之间的均衡。他认为缔约国的控告和安全理事会的提交应充分覆盖国际关注的各种严重罪行。如果外来影响迫使检察官着手处理一个案件，检察官和本法院的可信性可能会受到损害。[3]

6 月 30 日，韩国代表团就第 13 条向全体委员会提交了一份提案，内容如下：

"第 13 条和第 13 条之二

提交检察官的资料

1. 检察官收到受害人、代表受害人的组织、区域或国际组织或任何其他可靠来源提交的关于指控第 5 条所述罪行的资料时，应分析资料内容的严重性。

2. 为分析的目的，检察官可以要求各国、联合国机构、区域或国际政府组织或其本人认为适当的其他来源提供其他资料，并可在本法院所在地接受书面或口头证言。

3. 在根据第 1 款和第 2 款分析之后：

（a）如检察官认为有合理根据进行调查，可决定根据第 13 条之二进行调查；或

（b）如检察官认为所提供的资料明显缺乏根据，可决定不予调查并据此通知提供了资料的各方。此项决定不排除此后基于新的情况或证据向检察官提供资料。

第 13 条之二

对检察官依权调查的质疑

1. 如检察官决定根据第 12 条或第 13 条第 3 款（a）项进行调查，则应将此项决定通知所有缔约国。第 8 条所述任何有关缔约国可在通知的［三十］日之内向预审分庭提出对检察官调查决定的质疑，逾期不得提出质疑。预审分庭

---

〔1〕　A/CONF. 183/C. 1/SR. 10，第 9 段。还见：A/CONF. 183/C. 1/SR. 10，第 84 段。

〔2〕　A/CONF. 183/C. 1/SR. 10，第 32 段。

〔3〕　A/CONF. 183/C. 1/SR. 10，第 38 段。

在听讯之后应裁定质疑的可接受性。

2. 在通知之后的〔三十〕日之内或预审分庭根据第 1 款作出裁定之前，检察官不应开始调查。

3. 如预审分庭决定，有合理依据进行调查，且案情显然构成本法院管辖权内的案件，检察官可参照第 15 条开始调查。驳回质疑不影响本法院以后依第 17 条对其管辖权或案件的可受理性做出判断。

4. 如预审分庭决定，某项质疑明显有理，检察官不应对所涉案件进行调查。

5. 预审分庭依第 4 款接受质疑不排除检察官以后基于新的情况或证据进行调查。"[1]

在主席团的《讨论文件》中，关于检察官的作用，有两个备选案文，一个是继续保留《规约草案》第 6 条第 1（c）款，还有一个是取消检察官的这项权力。并且，第 12 条和第 13 条变成：

"第 12 条

检察官

备选案文 1

1. 检察官可以自行根据从各国、联合国机关、国际政府间组织和非政府组织、受害者、代表他们的协会或任何其他可靠的来源获得的本法院管辖内的指称罪行的资料展开调查。

2. 检察官收到，关于有人实施本法院管辖内罪行的资料时，应分析资料的严重性。为此目的，检察官可以要求各国、联合国机构、国际政府间或非政府组织、被害人或其代表，或检察官认为适当的其他可靠来源提供其他资料，并可以在本法院所在地接受书面或口头证言。

3. 检察官如认为有合理根据进行调查，应将搜集的任何佐证材料送交预审分庭，请求授权进行调查。被害人可以依照《法院规则》向预审分庭作出陈述。

4. 预审分庭在审查这一请求及所附材料后，如果认为有合理根据展开调查，并认为案件似属本法院管辖权内的，在考虑第 15 条后，应授权展开调查。这并不妨害本法院其后依照第 17 条就管辖权和案件的受理问题作出裁定。

5. 预审分庭拒绝授权调查并不排除检察官以后根据新的事实或证据就同一情况提出的请求。

---

〔1〕 A/CONF. 183/C. 1/L. 34.

6. 如果检察官经过本条第 1 至第 3 款所述的初步审查，认为所提供的资料不构成进行调查的合理根据，即应通知提供资料的人。这并不排除检察官根据新的事实或证据审查依照本条第 1 款就同一情况提交的进一步资料。

备选案文 2

无这一条。

第 13 条

提交检察官的资料

予以删去"

在 7 月 9 日全体委员会第 29 次会议上，中国代表李燕端说，就检察官的权力而言，她的代表团不能接受第 12 条目前的规定。[1]

到了主席团的提案中，这项权力得到了保留，并且第 12 条变成：

"第 12 条

检察官

备选案文 1

1. 检察官可以自行根据从各国、联合国机关、国际政府间组织和非政府组织、受害者、代表他们的协会或任何其他可靠的来源获得的本法院管辖内的指称罪行的资料展开调查。

2. 检察官收到，关于有人实施本法院管辖内罪行的资料时，应分析资料的严重性。为此目的，检察官可以要求各国、联合国机构、国际政府间或非政府组织、被害人或其代表，或检察官认为适当的其他可靠来源提供其他资料，并可以在本法院所在地接受书面或口头证言。

3. 检察官如认为有合理根据进行调查，应将搜集的任何佐证材料送交预审分庭，请求授权进行调查。被害人可以依照《法院规则》向预审分庭作出陈述。

4. 预审分庭在审查这一请求及所附材料后，如果认为有合理根据展开调查，并认为案件似属本法院管辖权内的，在考虑第 15 条后，应授权展开调查。这并不妨害本法院其后依照第 17 条就管辖权和案件的受理问题作出裁定。

5. 预审分庭拒绝授权调查并不排除检察官以后根据新的事实或证据就同一情况提出的请求。

6. 如果检察官经过本条第 1 款至第 3 款所述的初步审查，认为所提供的资

---

〔1〕　A/CONF. 183/C. 1/SR. 29，第 78 段。

料不构成进行调查的合理根据，即应通知提供资料的人。这并不排除检察官根据新的事实或证据审查依照本条第 1 款就同一情况提交的进一步资料。

备选案文 2

一项关于在检察官发动触发机制之前增添更多保障措施的规定。

第 13 条

提交检察官的资料

删　除"

在 7 月 13 日举行的全体委员会第 33 次会议上，中国代表刘大群说，他的代表团认为应该删去第 12 条。[1]

表格 8　中韩日三国对检察官的调查权的态度比较

	中　国	韩　国	日　本	《罗马规约》
检察官是否有权依职权启动调查	否	是	否	是
检察官是否有权受理各种资料	否	是	否	是

第五节　可受理性问题

案件的可受理性及其程序规定在《罗马规约》第 17 条至第 20 条中，具体如下：

"第 17 条

可受理性问题

（一）考虑到序言第十段及第 1 条，在下列情况下，本法院应断定案件不可受理：

1. 对案件具有管辖权的国家正在对该案件进行调查或起诉，除非该国不愿意或不能够切实进行调查或起诉。

---

〔1〕　A/CONF. 183/C. 1/SR. 33，第 40—42 段。

2. 对案件具有管辖权的国家已经对该案进行调查，而且该国已决定不对有关的人进行起诉，除非作出这项决定是由于该国不愿意或不能够切实进行起诉。

3. 有关的人已经由于作为控告理由的行为受到审判，根据第 20 条第 3 款，本法院不得进行审判。

4. 案件缺乏足够的严重程度，本法院无采取进一步行动的充分理由。

（二）为了确定某一案件中是否有不愿意的问题，本法院应根据国际法承认的正当程序原则，酌情考虑是否存在下列一种或多种情况：

1. 已经或正在进行的诉讼程序，或一国所作出的决定，是为了包庇有关的人，使其免负第五条所述的本法院管辖权内的犯罪的刑事责任。

2. 诉讼程序发生不当延误，而根据实际情况，这种延误不符合将有关的人绳之以法的目的。

3. 已经或正在进行的诉讼程序，没有以独立或公正的方式进行，而根据实际情况，采用的方式不符合将有关的人绳之以法的目的。

（三）为了确定某一案件中是否有不能够的问题，本法院应考虑，一国是否由于本国司法系统完全瓦解，或实际上瓦解或者并不存在，因而无法拘捕被告人或取得必要的证据和证言，或在其他方面不能进行本国的诉讼程序。

第 18 条

关于可受理性的初步裁定

（一）在一项情势已依照第 13 条第 1 项提交本法院，而且检察官认为有合理根据开始调查时，或在检察官根据第 13 条第 3 项和第 15 条开始调查时，检察官应通报所有缔约国，及通报根据所得到的资料考虑，通常对有关犯罪行使管辖权的国家。检察官可以在保密的基础上通报上述国家。如果检察官认为有必要保护个人、防止毁灭证据或防止潜逃，可以限制向国家提供的资料的范围。

（二）在收到上述通报一个月内，有关国家可以通知本法院，对于可能构成第 5 条所述犯罪，而且与国家通报所提供的资料有关的犯罪行为，该国正在或已经对本国国民或在其管辖权内的其他人进行调查。根据该国的要求，检察官应等候该国对有关的人的调查，除非预审分庭根据检察官的申请，决定授权进行调查。

（三）检察官等候一国调查的决定，在决定等候之日起六个月后，或在由于该国不愿意或不能够切实进行调查，情况发生重大变化的任何时候，可以由检察官复议。

（四）对预审分庭作出的裁定，有关国家或检察官可以根据第 82 条第 2 款向上诉分庭提出上诉。上诉得予从速审理。

（五）如果检察官根据第 2 款等候调查，检察官可以要求有关国家定期向检察官通报其调查的进展和其后的任何起诉。缔约国应无不当拖延地对这方面的要求作出答复。

（六）在预审分庭作出裁定以前，或在检察官根据本条等候调查后的任何时间，如果出现取得重要证据的独特机会，或者面对证据日后极可能无法获得的情况，检察官可以请预审分庭作为例外，授权采取必要调查步骤，保全这种证据。

（七）质疑预审分庭根据本条作出的裁定的国家，可以根据第 19 条，以掌握进一步的重要事实或情况发生重大变化的理由，对案件的可受理性提出质疑。

第 19 条

质疑法院的管辖权或案件的可受理性

（一）本法院应确定对收到的任何案件具有管辖权。本法院可以依照第 17 条，自行断定案件的可受理性。

（二）下列各方可以根据第 17 条所述理由，对案件的可受理性提出质疑，也可以对本法院的管辖权提出质疑：

1. 被告人或根据第 58 条已对其发出逮捕证或出庭传票的人。

2. 对案件具有管辖权的国家，以正在或已经调查或起诉该案件为理由提出质疑；或

3. 根据第 12 条需要其接受本法院管辖权的国家。

（三）检察官可以请本法院就管辖权或可受理性问题作出裁定。在关于管辖权或可受理性问题的程序中，根据第 13 条提交情势的各方及被害人均可以向本法院提出意见。

（四）第 2 款所述任何人或国家，只可以对某一案件的可受理性或本法院的管辖权提出一次质疑。这项质疑应在审判开始前或开始时提出。在特殊情况下，本法院可以允许多次提出质疑，或在审判开始后提出质疑。在审判开始时，或经本法院同意，在其后对某一案件的可受理性提出的质疑，只可以根据第 17 条第 1 款第 3 项提出。

（五）第 2 款第 2 项和第 3 项所述国家应尽早提出质疑。

（六）在确认指控以前，对某一案件的可受理性的质疑或对本法院管辖权的质疑，应提交预审分庭。在确认指控以后，应提交审判分庭。对于就管辖权或可受理性问题作出的裁判，可以依照第 82 条向上诉分庭提出上诉。

（七）如果质疑系由第2款第2项或第3项所述国家提出，在本法院依照第17条作出断定以前，检察官应暂停调查。

（八）在本法院作出裁定以前，检察官可以请求本法院授权：

1. 采取第18条第6款所述一类的必要调查步骤。

2. 录取证人的陈述或证言，或完成在质疑提出前已开始的证据收集和审查工作；和

3. 与有关各国合作，防止已被检察官根据第58条请求对其发出逮捕证的人潜逃。

（九）提出质疑不影响检察官在此以前采取的任何行动，或本法院在此以前发出的任何命令或逮捕证的有效性。

（十）如果本法院根据第17条决定某一案件不可受理，检察官在确信发现的新事实否定原来根据第17条认定案件不可受理的依据时，可以请求复议上述决定。

（十一）如果检察官考虑到第17条所述的事项，等候一项调查，检察官可以请有关国家向其提供关于调查程序的资料。根据有关国家的请求，这些资料应予保密。检察官其后决定进行调查时，应将曾等候一国进行调查的程序通知该国。

第20条

一罪不二审

（一）除本规约规定的情况外，本法院不得就本法院已经据以判定某人有罪或无罪的行为审判该人。

（二）对于第5条所述犯罪，已经被本法院判定有罪或无罪的人，不得因该犯罪再由另一法院审判。

（三）对于第6、7或第8条所列的行为，已经由另一法院审判的人，不得因同一行为受本法院审判，除非该另一法院的诉讼程序有下列情形之一：

1. 是为了包庇有关的人，使其免负本法院管辖权内的犯罪的刑事责任；或

2. 没有依照国际法承认的正当程序原则，以独立或公正的方式进行，而且根据实际情况，采用的方式不符合将有关的人绳之以法的目的。"

在《规约草案》中，案件的可受理性问题规定在第14条至第19条中，具体如下：

"第14条

法院在管辖权方面的责任

对于提交本法院审理的任何案件，本法院应确定对案件具有管辖权。

注：此条与第17条（质疑法院的管辖权或案件的可受理性）第1款的内容

相似，因此似无必要，可予删除。

第 15 条

受理问题

下列案文草案是就第 15 条进行的非正式协商的结果，目的是促进法院规约的拟订工作。案文内容是处理补充原则问题的一个可行办法，不妨害任何代表团的意见。本案文并非就本条最后内容或采取的办法达成的协议。

1. 根据序言第三段，本法院在下列情况下应裁定案件不予受理：

（a）对案件具有管辖权的国家正在对该案进行调查或起诉，除非该国不愿意或不能够切实进行调查或起诉；

（b）对案件具有管辖权的国家已经对该案进行调查，而且该国已决定不对有关的人进行起诉，除非作出此项决定是由于该国不愿或不能够切实进行起诉；

（c）有关的人已经由于作为控告理由的行为受到审判，根据第 18 条第 2 款，本法院不得进行审判；

（d）案件缺乏严重性，不应由本法院采取进一步行动。

2. 为了确定某一案件中是否有不愿意的问题，本法院应酌情考虑是否存在下列一种或多种的情况：

（a）已经或正在提起的程序，或该国所作出的决定，是为了包庇有关的人，使其免负第 5 条规定的本法院管辖权内的罪行的刑事责任；

（b）在程序中发生不当延误，而根据情况，这种延误不符合将有关的人绳之以法的目的；

（c）已经或正在进行的程序有欠独立或公正，而根据情况，进行程序的方式不符合将有关的人绳之以法的目的。

3. 为确定某一案件中是否有不能够的问题，本法院应考虑该国是否由于本国司法系统完全或部分瓦解或者并不存在，因而不能拿获被告人或取得必要的证据和证言，或在其他方面不能执行其程序。

尚需讨论的另一备选办法是，如一国已在某一案件中作出决定，则本法院应无权干预。反映这一办法的案文如下：

'如果对有关案件具有管辖权的国家正在对该案进行调查或起诉，或已进行起诉，本法院即不具有管辖权。'

第 16 条

关于受理的初步裁定

1. 如果事情已依照第 6 条提交本法院而且检察官已确定有充分根据对该事

情展开调查，则检察官应该以公开宣布和通知所有缔约国的方式公布这项提交。

2. 在这项提交公布后［　］天内，一国可以通知本法院，说明该国正在针对被控实施的，同提交给本法院的事情有关而且可能构成第 5 条所述罪行的犯罪行为，调查该国国民或其管辖范围内的其他人。经该国请求后，检察官应让出调查，等待该国调查这些人，除非检察官确定该国司法系统已完全或部分瓦解或者并不存在或该国不愿意或不能够切实进行调查和起诉。在检察官开始调查这些人员之前，检察官必须获得预审分庭确认检察官的确定的初步裁定。检察官向该国让出调查一事在让出开始之日起［六个月］［一年］后可以由检察官复查。

3. 有关国家可以就预审分庭为确认检察官的确定而作出的初步裁定向上诉分庭提出上诉。如果该国就初步裁定提出上诉，裁定必须得到上诉分庭［三分之二］［全体］法官的确认，检察官才可以展开调查和进行起诉。

4. 如果检察官依照第 2 款让出调查，则检察官可以要求有关国家定期报告其调查进展情况和任何后来的起诉。缔约国应依照这些要求行事，不得不当延误。

5. 一国依照本条质疑初步裁定并不妨害其依第 17 条质疑某一案件的可受理性的权利［或其根据第 7 条拒绝同意行使管辖权的权利］。

第 17 条

质疑法院的管辖权或案件的可受理性

1. 在诉讼的各个阶段，本法院（a）应确定其对某一案件的管辖权，并且（b）可以依照第 15 条自行确定该案件的可受理性。

2. 下列各方可以依照第 15 条对案件的可受理性提出质疑，或对本法院的管辖权提出质疑：

（a）被告人［或嫌疑人］；

（b）对罪行具有管辖权的［国家］［［有关］缔约国］基于正在调查或起诉该案件或已经调查或起诉的理由；

［第 2 款（a）项所述的人持有其国籍的国家［缔约国］［基于正在调查或起诉该案件或已经调查或起诉的理由］］

［和收到合作请求的国家［缔约国］］；

检察官可以请本法院就管辖权或受理问题作出裁定。

在关于管辖权或受理问题的诉讼中，已依照第 6 条提交案件的各方［对罪行具有管辖权的非缔约国］及被害人均可以向本法院提交意见。

3. 第 2 款所述任何人或国家只可以对某一案件的可受理性或本法院的管辖权提出一次质疑。

这项质疑必须在审判开始之前或开始之时提出。

在特殊情况下，本法院可以允许多次提出质疑或在审判开始之后提出质疑。

在审判开始之时或如前项所规定，经本法院允许在其后对某一案件的可受理性提出质疑，仅得根据第 15 条第 1 款（c）项的规定提出。

4. 本条第 2 款（b）项所述国家应尽早提出质疑。

5. 在确认起诉书之前，对某一案件的可受理性的质疑或对本法院管辖权的质疑，应提交预审分庭。在确认起诉书之后，提交审判分庭。

对于就管辖权或受理问题作出的裁定，可以向上诉分庭提出上诉。

［6. 如果本法院依照第 15 条裁定不应受理某一案件，检察官可以基于第 15 条所规定的导致该案件不获受理的情况不复存在的理由，或基于出现新事实的理由，随时提出要求复议该项裁定的请求。］

第 18 条

一罪不二审

1. 除本规约的情况外，本法院不得根据本法院已判定某人有罪或无罪的行为审判该人。

2. 对于第 5 条所述罪行，已经被本法院判定有罪或无罪的人，不得因该罪行再由其他法院审判。

3. 对于第 5 条禁止的其他行为，已经由另一法院审判的人，不受本法院审判，除非该另一法院的审理：

……

（a）是为了包庇有关的人，使其免负本法院管辖权内之罪行的刑事责任；或

（b）在其他方面没有独立或公正地进行，而且根据情况，采用的方式不符合将有关的人绳之以法的目的。

……

另一个需进一步讨论的替代办法是，如果一国已就某一案件作出决定，则本法院无权干预。这个办法可反映如下：

'如果对一个案件具有管辖权的国家正在对该案件进行调查或起诉或已经起诉，则本法院对该案件不具有管辖权。'

［第 19 条

在不妨害第 18 条的情况下，凡因第 5 条也予以禁止的行为而受到另一法院审判的人，如果由于一项明显缺乏根据的关于暂停执行或关于赦免、假释或减

刑的裁定而未能适用任何适当形式的刑罚，则该人可受本法院审判。]"

就东亚三国来说，在 6 月 23 日全体委员会第 12 次会议上，日本代表长岭安政支持为第 15 条提议的表述，并认为应保留第 16 条，因为即使在调查的初期阶段也应适用补充性原则。第 17 条非常重要，他完全支持第 2 款规定的质疑权不应限制于缔约国的观点。他不赞同列入第 6 款。日本代表团基本支持第 18 条的措词，但为了清楚起见，提议在第 3 款"应由本法院审判"之后加上"同一行为"字样。他完全理解第 19 条提议后面包含的想法，但认为由于涉及了国家政策的敏感问题，应十分审慎地对待该条。[1] 6 月 24 日，日本代表团正式向全体委员会提出了有关第 18 条"一罪不二审"的提案，内容如下：

"第 18 条

一罪不二审

第 3 款

正文引言

在'受本法院'之前加上'应由于同一行为而'字样，因此这一款的正文引言读为：

'对于第 5 条禁止的其他行为，已经由另一法院审判的人，不应由于同一行为而受本法院审判，除非该另一法院的审判：'[2]"

日本的这一提案受到了大多数国家的支持，最后在《罗马规约》中也得到了确认和体现。

中国代表李燕端说，中国代表团可以同意删除第 14 条。在第 15 条中，确定国家不愿意进行第 2 款所列的调查的标准主观性太强，为国际刑事法院赋予了过宽的权力。实际上，大多数国家的司法制度都能正确运行。卢旺达和前南斯拉夫实属这一规则的例外情况。为了使措词更客观，她提议，在第 2（a）款中，应在"该国所做出的决定"字样后加上"违反该国的法律"字样。在第 2（b）款中，应列入对"国家程序规则"的提议，在第 2（c）款中，应列入对"普遍适用的国家程序规则标准"的提及。她支持墨西哥提议的修正案。在第 17 条中，应保留第 2（a）款中的"或嫌疑人"字样，第 2（b）款应使用"国家"字样。她可接受第 18 条，但认为应删除第 19 条。[3] 中国代表团为此专门向全体委员会提出了一份提案，内容如下：

〔1〕 A/CONF. 183/C. 1/SR. 12，第 2 段。

〔2〕 A/CONF. 183/C. 1/L. 18.

〔3〕 A/CONF. 183/C. 1/SR. 12，第 9 段。

"第15条第2款

（a）项

在这一句之前加上'违反其国内法律'字样。

（b）项

在'不符合'之后加上'其国内诉讼规则和'字样。

（c）项

在'不符合'之后加上'其国内诉讼规则的一般运用标准和'字样。"[1]

不过，从后来的《罗马规约》的规定来看，该提案并没有被采纳。

韩国代表天泳旭（音译）说，韩国代表团同意删除第14条，但支持保留第15条。在第17条第2款中，他倾向于删除（a）项中的"或嫌疑人"，选择（b）项中的"缔约国"。他赞同保留第18和第19条。[2]

表格9　中韩日三国对可受理性的态度比较

《规约草案》	中　国	韩　国	日　本	《罗马规约》
是否应当删除第14条	是	是	没表态	是
是否应当保留第15条	是，但在第2（a）款中，应在"该国所做出的决定"字样后加上"违反该国的法律"字样。在第2（b）款中，应列入对"国家程序规则"的提议，在第2（c）款中，应列入对"普遍适用的国家程序规则标准"的提及	是	是	是

---

[1]　A/CONF. 183/C. 1/L. 15.

[2]　A/CONF. 183/C. 1/SR. 12，第12段。

续表

《规约草案》	中　国	韩　国	日　本	《罗马规约》
是否应当保留第16条	没表态	没表态	是	是
是否应当保留第17条	是，但第2（a）款中应使用"或嫌疑人"字样，第2（b）款应使用"国家"字样	是，但第2（a）款中应使用"被告人"字样，第2（b）款应使用"缔约国"字样	是，但第2（b）款应使用"国家"字样，要求取消第6款	是，第2（a）款用的是"被告人"字样，第2（b）款用的是"国家"字样，第6款得到保留
是否应当保留第18条	是	是	是，但在第3款"应由本法院审判"之后应加上"同一行为"字样	是，增加了"同一行为"字样
是否应当保留第19条	否	是	应审慎对待	否

第六节　适用的法律

在《罗马规约》中，关于法院可适用的法律规定在第21条中，即

"第21条

适用的法律

（一）本法院应适用的法律依次为：

1. 首先，适用本规约、《犯罪要件》和本法院的《程序和证据规则》。

2. 其次，视情况适用可予适用的条约及国际法原则和规则，包括武装冲突国际法规确定的原则。

3. 无法适用上述法律时，适用本法院从世界各法系的国内法，包括适当时从通常对该犯罪行使管辖权的国家的国内法中得出的一般法律原则，但这些原

则不得违反本规约、国际法和国际承认的规范和标准。

（二）本法院可以适用其以前的裁判所阐释的法律原则和规则。

（三）依照本条适用和解释法律，必须符合国际承认的人权，而且不得根据第7条第3款所界定的性别、年龄、种族、肤色、语言、宗教或信仰、政见或其它见解、民族本源、族裔、社会出身、财富、出生或其他身份等作出任何不利区别。"

在《规约草案》中，关于法院可适用的法律规定在第20条中，即

"第20条

适用的法律

1. 本法院应适用下列法律：

（a）首先是本规约及其程序规则和证据规则；

（b）如有必要，适用的条约和一般国际法原则和规则［，包括武装冲突法的既定原则］；

（c）备选案文1

否则，应适用本法院从世界各大法系的国内法得出的一般法律原则［，但这些国内法须与本规约、国际法和国际公认的规范和标准一致］。

备选案文2

否则，并只在符合本规约的目标和宗旨的情况下：

（一）犯罪地国的国内法，如果犯罪地国超过一个，则犯罪实质部分所在地国的国内法；

（二）如果第（一）项所述的一国或多国的法律不存在，则被告人国籍国的国内法，如果被告人没有任何国籍，则被告人永久居留国的国内法；或

（三）如果第（一）和（二）项所述的国家的法律不存在，则拘留被告人的国家的国内法。

2. 本法院可以按照其以前的判决所作的解释适用各项法律原则和规则。

3. 依照本条适用和解释法律必须符合国际公认的人权，其中包括禁止根据性别、年龄、种族、肤色、语言、宗教或信仰、政见或其他见解、民族本源、族裔、社会出身、财富、出生或其他地位，或任何其他类似标准作出任何不利的区分。"

就东亚三国来说，在6月23日上午全体委员会举行的第12次会议上，中

国代表李燕端说，对于第1（c）款，中国代表团倾向于备选案文2。[1]韩国代表天泳旭支持列入第1（b）款中方括号内的措词，对于第1（c）款，他赞同备选案文1，但同时删除方括号内的措词。[2]

表格10　中韩日三国对法院可适用的法律的态度比较

《规约草案》	中　国	韩　国	日　本	《罗马规约》
第1（b）款是否应包括方括号中的内容	没表态	是	没表态	是
第1（c）款应选哪个备选案文	备选案文2	备选案文1，同时删除方括号内的措词	没表态	备选案文1，但保留方括号内的措词

第七节　刑法的一般原则

一、法人的刑事责任问题

《罗马规约》并没有规定法人的刑事责任，只是规定了自然人的刑事责任。第25条第1款规定，"本法院根据本规约对自然人具有管辖权"。

不过，在《规约草案》中，曾有过对法人的刑事责任问题的规定。《规约草案》第23条是这样规定的：

"第23条

个人刑事责任

1. 本法院根据本规约对自然人具有管辖权。

2. 实施本规约规定罪行的人负个人责任，应受到处罚。

［3. 刑事责任为个人责任，以本人及其财产为限。］

4. 本规约所规定的个人刑事责任并不影响国际法下的国家责任。

［5. 除了国家以外，本法院对法人具有管辖权，如果实施的罪行是为这些

---

〔1〕　A/CONF. 183/C. 1/SR. 12，第62段。

〔2〕　A/CONF. 183/C. 1/SR. 12，第71段。

法人实施的，或者是法人的代理或代表实施的。

6. 法人的刑事责任不排除同一犯罪行为的实施者或共犯等自然人的刑事责任。]

注：关于第 5 款和第 6 款，另见第 76 条（对法人适用的刑罚）和第 99 条（执行罚金和没收措施）。……"

《规约草案》第 76 条规定：

"第 76 条

适用于法人的刑罚

法人应受到下列的一项或多项刑罚：

（一）罚金；

（二）解散；

［（三）禁止在本法院规定的一段期间内从事某种活动；］

［（四）在本法院决定的一段期间内查封犯罪时使用的房地；］

［（五）没收［犯罪工具和］利用犯罪行为取得的收益、财产和资产；］［和］

［（六）适当形式的赔偿。］"

《规约草案》第 99 条规定：

"第 99 条

罚金和没收措施的执行

1. 缔约国应［根据本国法律］执行罚金和没收措施［及与补偿或［归还］［赔偿］有关的措施］，视这些措施为本国当局实施的罚金和没收措施［及与补偿或［归还］［赔偿］有关的措施]。

［为了执行罚金的目的，［本法院］［院长会议］可以下令强制出售被判刑人在一缔约国境内的任何财产。为了同一目的，［本法院］［院长会议］可以下令没收属于被判刑人的犯罪收益、财产和资产及犯罪工具。]

［院长会议的决定由缔约国依照其国内法律执行。

［本条各项规定适用于法人。]]

2. 缔约国因执行本法院判决而获得的财产，包括出售财产所得收益，应转交［本法院］［院长会议］，［由它依照第 79 条［第 54 条第 5 款］的规定处置该项财产]。"

对于《规约草案》第 23 条第 5 款和第 6 款，《规约草案》中有一个脚注，内容如下：

"对于规约中是否应包括法人刑事责任的问题看法有重大的分歧。许多代表团持强烈反对意见，而有些则极力赞成这样做。其他一些则无先入之见。有些代表团认为，只规定法人的民事或行政责任可以是一种折中办法。但没有对这一途径进行深入的讨论。有些赞成包括法人的代表团认为，该用语范围应予扩大，以包括缺乏法律地位的组织。"[1]

在 6 月 16 日举行的全体委员会第 1 次会议上，法国代表提出了一个提案，内容如下：

"第 23 条

个人刑事责任

第 5 款和第 6 款（犯罪组织）

5. 如果罪行由自然人代表任何种类的团体或组织或在其同意下实施，本法院可宣布该团体或组织为犯罪组织。

6. 如果一个团体或组织被本法院宣布为犯罪团体或犯罪组织，则可对该团体或组织判处第 76 条所列的刑罚，并适用第 73 条和第 79 条的有关规定。

在任何此种情况下，有关团体或组织的犯罪性质即被视为已得到证明，不得提出任何质疑，缔约国的主管当局应采取必要措施，确保本法院的判决具有拘束力，并加以执行。

第 76 条

适用于犯罪组织的刑罚

犯罪组织应受下列一种或多种刑罚：

（一）罚金；

（二）删除；

（三）删除；

（四）删除；

（五）没收［犯罪工具和］［利用犯罪行为取得的收益、财产和资产；］［和］

［（六）适当形式的赔偿］。"[2]

法国代表海伦（Le Fraper du Hellen）在谈到提出法人刑事责任概念的第 23 条第 5 款和第 6 款时说，把这样一个概念列入规约遭到了许多代表团的反对，

---

〔1〕　A/CONF. 183/2/Add. 1，中文版，第 51 页，脚注 3。

〔2〕　A/CONF. 183/C. 1/L. 3

理由是他们国家的法律体系没有规定这样一个概念，或者此概念难以适用于国际刑事法院。虽然法国对那种论点表示理解，但是她认为，规约至少要做到《纽伦堡宪章》一样的程度。《纽伦堡宪章》对"犯罪组织"的刑事责任作了规定，因此，她的代表团提议用向委员会提交的案文代替现行的第 5 款和第 6 款〔1〕她还说，法国的提案已经提交筹备委员会，此项提案基于 5 项原则。第一项原则，一个团体或组织的责任必定是一个自然人以前犯了属于本法院管辖范围的罪行造成的。因此，自然人的刑事责任不会完全脱离组织的刑事责任，而犯罪组织的刑事责任显然不排除自然人的刑事责任。在这项提案中，没有任何东西允许用组织的责任来掩盖个人的责任。第二项原则在提议的新的第 5 款中说明，它与《纽伦堡宪章》中的一项规定是一致的。第三项原则即法院对一个组织的犯罪性质作出的裁决对缔约国具有约束力，不得提出任何质疑，该原则自然需要进行进一步的讨论。第四项原则，由缔约国采取必要步骤实施宣布一个团体或组织是犯罪团体或组织的法院裁决的原则也与《纽伦堡宪章》的一项规定相似。她的代表团在讨论刑罚问题时要回过头来讨论的第五项原则是，被法院宣布为犯罪组织的组织可能要受处罚。法国提议应当只课以罚金或将犯罪收入没收。她的代表团提出此提案的目的在于，在同意组织或团体承担刑事责任的国家和不同意它们承担刑事责任的国家之间架设一座桥梁。〔2〕

就东亚三国来说，在 6 月 16 日的全体委员会第 1 次会议上，中国代表胡斌指出，法人的刑事责任反映在许多国家的法律里，但是他敦促在把这种刑事责任列入一个国际法院的规约时要谨慎，在扩大法人刑事责任范围时尤其要谨慎，因为这涉及敏感的政治问题。在谈到《纽伦堡宪章》和法庭时，应当考虑到法庭本身、具体历史背景和那些审判的特点。把法庭据以宣布一个组织有罪的规定列入该宪章以及该法庭根据这种规定行动的事实，并不是为了把它们作为对这种法人或组织提出起诉的手段。毋宁说它是一个特别程序，有关国家根据这一程序，依据法庭的宣告采取行动，对属于被宣布有罪的组织的个人提出起诉和进行审判。在纽伦堡的审判中，那些组织本身并未受到刑事处罚，指控是根据个人的责任提出的。还应当记住，那些审判是战胜国对战败国的审判。正在讨论的国际刑事法院将在复杂的国际政治形势的背景下成立，这种形势与 1945 年的形势截然不同。因此他赞成删掉第 5 款和第 6 款。〔3〕

---

〔1〕　A/CONF. 183/C. 1/SR. 1，第 32 段。
〔2〕　A/CONF. 183/C. 1/SR. 1，第 33 段。
〔3〕　A/CONF. 183/C. 1/SR. 1，第 36 段。

日本代表山口说，他的代表团采取灵活的立场。然而，从处理犯罪团体的角度来看，采用法国提议的犯罪组织概念是很受欢迎的。这个问题应在工作组里进行进一步的讨论。[1]

韩国代表崔泰铉表示支持法国的提案，条件是关于法人刑事责任的规定严格限于两种刑罚：罚款和没收。由于法国的提案范围广泛，关于处罚法人或犯罪组织的更具体的规定应详细说明，犯罪与法人进行的业务的关系以及法人参与上述犯罪的程度也应详细说明。[2]

表格 11   中韩日三国对法人的刑事责任的态度比较

《规约草案》	中 国	韩 国	日 本	《罗马规约》
是否应当规定法人的刑事责任	否	是	是	否

二、刑事责任年龄

自然人的刑事责任年龄规定在《罗马规约》第 26 条，即"对于实施被控告犯罪时不满十八周岁的人，本法院不具有管辖权"。在《规约草案》中，刑事责任年龄提供了两个提案：

"第 26 条

责任年龄

注：关于这一条，另见第 75 条（a）款（适用的刑罚）。

提案 1

1. 实施罪行时不满［12、13、14、16、18］周岁的人［应推定为不知道其行为的不法性，］不承担本规约规定的刑事责任［，除非检察官证明该人当时知道其行为的不法性］。

［2. 对于实施［涉嫌］犯罪行为时年龄在［16］至［21］之间的人，应［由本法院］鉴定其成熟程度以确定该人是否应当承担本规约规定的责任。］"

提案 2

［案发时年龄在 13 至 18 岁之间的人，应负刑事责任，但对这些人的起诉、

---

〔1〕 A/CONF. 183/C. 1/SR. 1，第 40 段。

〔2〕 A/CONF. 183/C. 1/SR. 1，第 62 段。

审判和判刑以及这些人的服刑办法可以适用在本规约中规定的特别方式。〕

在 6 月 16 日下午举行的全体委员会第 2 次会议上，韩国代表崔泰铉说，刑事责任年龄应为 18 岁。然而，如果罪犯是不满 18 岁的未成年人，那就需要某种与应用于成年罪犯的程序不同的程序。以色列代表团已经正确地提请注意此问题。法院不大可能审理所有儿童罪犯，但解决办法可能在于让检察官酌处。[1] 中国和日本代表没有发言。

三、追诉时效

《罗马规约》第 29 条规定，"本法院管辖权内的犯罪不适用任何时效"。在《规约草案》中，时效问题规定在第 27 条，共提供了五个提案。

"第 27 条

时　效

提案 1

〔1. 对于……罪，经过 xx 年以后，对于……罪，经过 yy 年以后，时效期即告结束。

2. 时效期应自犯罪行为停止时开始计算。

3. 时效期应在就有关案件向本法院或对该案件有管辖权的任何国家的国内法院提出起诉时停止计算。如果本法院对有关案件具有管辖权，时效期在国内法院的裁定成为最后裁定时开始计算。〕

提案 2

〔本法院〔固有〕管辖权内的罪行不受时效限制。〕

提案 3

〔本法院〔固有〕管辖权内的罪行不受时效限制；但〔对于本法院固有管辖权外的罪行，〕任何人如因事发已久而无法获得公平审判，本法院可以放弃行使管辖权。〕

提案 4

〔不受时效限制的罪行

第 5 条（a）（b）和（d）款所述的罪行不受时效限制。

受时效限制的罪行

1. 对于第 5 条（c）项所述的罪行，向本法院提起诉讼的时效期限应为整

---

〔1〕　A/CONF. 183/C. 1/SR. 2，第 30 段。

10 年，从罪行实施之日起计算，但须在此期间内没有提出起诉。

2. 如果在此期间提出了起诉，无论是向本法院提出还是在一个根据其国内法具有管辖权提出起诉的国家内提出，向本法院提起诉讼的时效，应为从最近一次起诉之日起计算的整 10 年。]

提案 5

[1. 在本条所定时效期过后，不得进行刑事起诉和处罚。

2. 时效期［　　］年，按下述方式起计算：

（a）对于即时性罪行，从实施之时起计算；

（b）对于未遂罪，从最后一次实施作为或者对不实施应有行为之时起计算；

（c）对于长期性罪行，从犯罪行为停止之时起计算。

3. 时效可以因对罪行及其实施者进行调查的行动而暂停。这种行动停止后，时效将从进行了最后一项调查行动之日起继续计算。

4. 特定刑罚的时效将从被判罪者逃脱之时起计算，于其被拘留时暂停。]

注：这条下的各项提案未经综合。"

就东亚三国来说，在 6 月 16 日下午举行的全体委员会第 2 次会议上，韩国代表崔泰铉说，鉴于核心罪行的严重性，他的代表团认为，不应当有时效法规，因此他支持第 2 项提案。但是时效法规对像第 70 条中规定的那样的罪行是有必要的。[1] 日本代表山口说，他的代表团不坚持时效法规，但是认为，应当有像第 3 项提案中规定的保障措施来保护被告要求进行公平审判的权利。[2] 中国代表胡斌说，他支持第 4 项提案，理由是，对危害人类罪、种族灭绝和侵略罪不应有时效法规，而战争罪则是另一回事；对违反战争法的行为应该有时效法规。[3]

[1]　A/CONF. 183/C. 1/SR. 2，第 48 段。

[2]　A/CONF. 183/C. 1/SR. 2，第 50 段。

[3]　A/CONF. 183/C. 1/SR. 2，第 71 段。

表格 12　中韩日三国对刑事责任年龄的态度比较

《规约草案》	中　国	韩　国	日　本	《罗马规约》
是否应当规定时效	第 4 项提案	第 2 项提案	第 3 项提案	第 2 项提案

四、指挥官和其他上级的责任

指挥官和其他上级的责任规定在《罗马规约》第 28 条中，具体如下：

"第 28 条

指挥官和其他上级的责任

除根据本规约规定须对本法院管辖权内的犯罪负刑事责任的其他理由以外：

（一）军事指挥官或以军事指挥官身份有效行事的人，如果未对在其有效指挥和控制下的部队，或在其有效管辖和控制下的部队适当行使控制，在下列情况下，应对这些部队实施的本法院管辖权内的犯罪负刑事责任：

1. 该军事指挥官或该人知道，或者由于当时的情况理应知道，部队正在实施或即将实施这些犯罪；和

2. 该军事指挥官或该人未采取在其权力范围内的一切必要而合理的措施，防止或制止这些犯罪的实施，或报请主管当局就此事进行调查和起诉。

（二）对于第 1 款未述及的上下级关系，上级人员如果未对在其有效管辖或控制下的下级人员适当行使控制，在下列情况下，应对这些下级人员实施的本法院管辖权内的犯罪负刑事责任：

1. 该上级人员知道下级人员正在实施或即将实施这些犯罪，或故意不理会明确反映这一情况的情报。

2. 犯罪涉及该上级人员有效负责和控制的活动；和

3. 该上级人员未采取在其权力范围内的一切必要而合理的措施，防止或制止这些犯罪的实施，或报请主管当局就此事进行调查和起诉。"

在《规约草案》中，第 25 条规定了指挥官或上级对其所指挥的部队或下属的行为的责任，即

"第 25 条

［指挥官］［上级］对［其所指挥部队］

［下属］的行为的责任

在下述情况下，如果［指挥官］［上级］未能适当行使有效控制，致使有

关［指挥官］［上级］指挥下［或管辖下］和有效控制下的［部队］［下属］得以实施本规约范围内的罪行，［除了对本规约范围内罪行所负的其他形式的责任之外，［指挥官］［上级］还要对这些罪行负刑事责任］［指挥官］［上级］不能免除对这些罪行的责任］：

（a）该［指挥官］［上级］知道，或者［由于罪行的普遍实施而理应知道］［由于当时的情况］应已知道，其［部队］［下属］正在实施或意图实施这些罪行；而且

（b）该［指挥官］［上级］没有采取一切在其权力内的必要和合理措施，防止或制止罪行的实施［或者处罚实施者］。"

在《规约草案》中，在第 25 条条款名中的［上级］后面有一个脚注，说"大多数代表团赞成对所有上级适用指挥责任原则"[1] 美国代表对此提出了一个提案，内容如下：

"除了对本规约范围内罪行所负的其他形式的责任外，

（一）在下述情况下，由于指挥官未能适当行使控制、其指挥下和有效控制下的部队实施了本规约范围内的罪行，该指挥官还要对这些罪行负刑事责任：

1. 该指挥官或者知道或者由于当时的情况应已知道其部队在实施或意图实施这些罪行。

2. 该指挥官没有在其权力范围内采取一切必要和合理措施，防止或制止罪行的实施［或者处罚罪行实施者］。

（二）在下述情况下，文职上级对其管辖下的下属实施的本规约范围内的罪行负刑事责任；

1. 该上级知道其下属正在实施或意图实施本规约范围内的一项或多项罪行。

2. 罪行涉及该上级公务责任内的活动。

3. 该上级有能力防止或制止该罪行或这些罪行。

4. 该上级没有在其权力范围内采取一切必要和合理措施，防止或制止这些罪行的实施。"[2]

美国代表博瑞克（Borek）在介绍美国的提案时说，她的代表团曾对把指挥官责任的概念扩大到文职主管持严重怀疑态度，因为非军事组织和军事组织中

---

〔1〕　A/CONF. 183/2/Add. 1，中文版，第 53 页，脚注 10。

〔2〕　A/CONF. 183/C. 1/L. 2

关于刑事处罚的规则大不相同。然而，由于认识到人们非常关心文职主管承担某种刑事责任的问题，她提出一项提案，为的是有利于取得一致意见。文职主管和军事指挥官之间的主要差别在于他们的权力的性质和范围。后者的权利依据军事纪律制度，它有处罚的方面，而大多数国家都无类似的文职人员处罚制度。另一个差别在于军事指挥官负责一支致死的力量，而文职主管负责的是可能称作行政系统的机构。军事指挥责任的一个重要特点，在刑法方面一个独特的特点，即过失作为刑事责任的一个标准的存在。因此，如果一位军事指挥官知道或本应知道由他控制的部队将要犯罪，就可预料他要承担责任。这看来是合理的，因为他负责一支固有的致死的力量。[1] 她还说，草案（2）款中提议的文职人员责任也和军事人员的责任一样，是根据类似的基本结构阐述的，两者有些不同。一个不同是，主管必须知道下级将会犯罪。对于文职人员，过失标准是不适当的，基本上违反通常的刑法责任原则。另外，文职主管只对在工作中的下级及其在工作中的行为负责，对他们在工作场所以外以个人身份所致的行为不负责任；而军事指挥官在任何时候都对他们指挥的部队负责。最后一点，关于主管预防或制止犯罪的能力的规定，考虑到文职人员与军队相比责任机制具有非常不同的性质，以及文职权力机构的纪律和行政结构软弱的情况。在行政系统得到良好发展的有些政府里，甚至不可能辞退下级，即使将他们暂时停职，执行起来可能也是困难的。[2]

就东亚三国来说，中国代表胡斌在对美国的提案表示赞赏的同时，敦促对第 25 条持谨慎态度，牢记要指挥官根据刑事司法原则承担刑事责任的非常具体的条件，指挥官的刑事责任是由第二次世界大战导致的法庭中所产生的，当时要评估显然具有有效控制权的军事指挥官的责任比较简单。他的代表团不赞成把军事指挥官的刑事责任扩大到文职上级。例如很难对美国提案（2）款（b）、（c）项中规定的标准作出任何判断。虽然提到上级的责任是有先例的，例如在两个特设法庭的规约中，但是这些先例必须在有限的时间和空间背景下去看，而且涉及发生武装冲突的情况；因此可以毫不含糊地把那种情况下的"上级"一词理解为是军事指挥官。[3] 韩国和日本的代表没有发言。

---

　〔1〕　A/CONF. 183/C. 1/SR. 1，第 67 段。
　〔2〕　A/CONF. 183/C. 1/SR. 1，第 68 段。
　〔3〕　A/CONF. 183/C. 1/SR. 1，第 77 段。

表格13　中韩日三国对指挥官以及其他上级的责任的态度比较

《规约草案》	中 国	韩 国	日 本	《罗马规约》
是否应当规定文职上级的责任	否	没表态	没表态	是

第八节　法院的组成和行政管理

在《规约草案》中，法院的组成和行政管理规定在第35—53条。下面把中日韩三国在罗马会议上发表意见的条款摘录如下：

"第35条

法院的机关

本法院由下列机关组成：

（a）院长会议；

（b）一个上诉分庭、若干审判分庭和［一个预审分庭］［若干预审分庭］；

（c）检察官办公室；

（d）书记官处。

第36条

法官全时任职

组成院长会议的法官应在当选后立即全时任职。［组成［一个］预审分庭的法官应［在本法院审理某一事项时即］［在院长认为有需要时］全时任职］。［根据院长会议的建议，缔约国］［院长会议］可［以三分之二多数］决定法院的工作量需要［组成其他任一分庭的］法官全时［或非全时］任职。

第37条

法官的资格和选举

1. 除了第2款的情况外，本法院应有［……］名法官。

［根据联合国大会的规定，来自每一地域集团的法官不应少于［……］名。］

2. （a）院长以本法院的名义［及任何缔约国］可提议增加［或减少］法官人数，并说明认为这样做是必要和适当的理由。任何这种提案应提交书记官长，书记官长应迅速将提案发送所有缔约国；

（b）任何这种提案随后应在依照第［……］条举行的缔约国会议上审议。任何这种提案的通过和生效应经［出席会议并参加表决的］缔约国［三分之二］多数赞成；

（c）增选法官工作应随后在缔约国大会下届会议进行。［但是法官人数的任何减少只有在有关数目的现任法官任期结束时才实行。］

3. 本法院法官：

（a）应为品格高尚、公正不阿的人，［具有在本国被任命为最高司法官员所需的一切资格］；［和］

（b）应具有

（一）［担任法官、检察官或辩护律师］［至少十年的］［丰富的］［刑法］［刑事审判］经验；［或］［和，并在可能情况下］

（二）在国际法［特别是在国际刑法、国际人道主义法和人权法］方面公认的胜任能力［；和

（c）应至少精通并能够流畅地使用第51条所述的一种工作语文］。

4. 备选案文1

每一［缔约国］［国家［缔约国］为此目的重任的国家团体］可以提名不超过三名［必须为不同［国家］［缔约国］的国民、］［具有第3款所述的资格］［并且愿意于需要时到本法院服务的］人参加选举。

［［缔约国］［国家团体］应说明候选人具有的与第3款（b）项有关的资格。］

备选案文2

（a）需要选举时，提名委员会应拟定候选人名单，人数与待补出缺的数目相同；

（b）提名委员会应由缔约国大会组成；

（c）提名委员会成立后，书记官长应根据请求，向委员会提供任何必要的设施和行政及人员支助。

5. 本法院的法官应由［出席［缔约国大会］并参加表决的缔约国］［联合国大会］［和安全理事会］以无记名投票方式从依照第4款提名的名单中以［绝对］［三分之二］多数选出。

［在为此目的举行的缔约国大会会议上，缔约国的［三分之二］［半数］应构成法定人数。］

［如果未能选出足够的法官，提名委员会应再提出一份候选人名单，并应再

进行一次选举]

6. 不得有两名法官为同一国家的国民。

7. ［在组成预审分庭和审判分庭的法官中，应有足够的法官是］［［三分之二］［过半数的法官应］从具有［刑事审判］［刑法］经验的候选人中选出。］

8. ［缔约国］［联合国大会］在选举法官时应［铭记］［考虑到必须］确保：

（a）世界各主要法系的代表性；

［（b）各大文明的代表性；］

（c）公平地域分配；

［（d）性别均衡；］

［（e）法院成员之间必须具有与性暴力和性别暴力、对儿童的暴力和其他类似事项等问题有关的专门知识］。

［9. 法官在选举时年龄不得超过 65 岁。］

10. 法官任期［五］［九］年，并［可以连选［再任五年］］［，除第 38 条第 2 款的情况外不得连选连任］。第一次选举时，抽签决定的三分之一的法官的任期［三］年［并可以连选连任］；抽签决定的三分之一的法官的任期［六］年；其余法官的任期［九］年。

11. 虽然有第 10 款规定，任何案件开始审理后，有关法官应一直留任至结案时为止。

……

第 40 条

分　庭

1. 上诉分庭［应在选举本法院的法官后尽快设立上诉分庭］应以［三］［五］［七］名法官组成，由本法院的法官以绝对多数选出。［其中至少三分之一的法官必须具有第 37 条第 3 款（b）项［（一）］［（二）］目所述资格。］

2. 上诉分庭法官的任期［三年［并可以连选连任］［直至其作为法院法官的任期届满为止］。但任何案件开始审理后，分庭的法官可以一直留任至结案时为止。

3. 院长会议应按照［《程序和证据规则》］［《法院条例》］指派非上诉分庭成员的法官担任审判分庭和［各预审分庭］［预审分庭］的法官。

［4. 预审分庭或审判分庭的法官，在其所属分庭的任期为三年。但任何案件开始审理后，分庭的法官可以一直留任至结案时为止。］

5. 审判分庭应以［三］［五］名法官组成。［［至少一名］［过半数］［全体］法官必须具有第 37 条第 3 款（b）项（一）目所述资格。］

6. 预审分庭应以［一］［三］名法官组成，履行本规约规定的预审职能。［法官人数可以根据《程序和证据规则》［增至三名］［减为一名］］。［［法官］［至少二名法官］必须具有第 37 条第 3 款（b）项㈠目所述资格。］

［7. 分庭组成时，院长会议［可以］［应当］指派候补法官列席分庭的审判，候补法官如自始至终列席审判，则遇有分庭法官在审判期间亡故、回避或缺席时，可以担任该分庭的法官。］

······

第 42 条

法官职责的免除和回避

1. 院长会议可以依照［《程序和证据规则》］［《法院条例》］，根据法官的请求，免除请求的法官行使本规约下的一项职能。

2. 法官不得参加审理由于任何理由可能使其公正性受到合理怀疑的案件。依照本款规定，法官不得参加本法官审理的案件，如果除其他外，有关法官过去曾以任何身份参与该案件，或在国家一级参与涉及被告人的相关刑事案件，或者法官是控告国国民，［涉嫌犯罪地国国民］或是被告人国籍国国民。

3. 检察官［或］被告人［或有关国家］可以根据第 2 款请求法官回避。

4. 关于法官回避的任何问题，应由本法院法官以绝对多数决定。受到质疑的法官有权就该事项作出评论，但不得参加作出决定。

第 43 条

检察官办公室

1. 检察官办公室应作为本法院的一个独立机关行事，负责接受和审查［控告］［或］［案件的移交］［或任何已证实的与涉嫌实施本法院管辖权内的罪行有关的资料］，进行调查并在本法院进行起诉。检察官办公室的成员不得寻求外部指示或按外部指示行事。

2. 检察官办公室由检察官领导。［在不妨害第 47 条的情况下，］检察官全权管理检察官办公室并处理其行政事务，包括其工作人员、设施和其他有关资源。检察官应由一名或多名副检察官协助，副检察官有权执行检察官根据本规约应采取的任何行动。检察官和副检察官应持有不同国籍［并代表不同法系］。他们应［可以］全时任职。

3. 检察官和副检察官应为品格高尚、具有高度能力并在刑事案件的起诉

［或审判方面具有［至少十年］［长期］的实际经验的人。此外，他们应至少精通并能够流畅地使用本法院的一种工作语文。

4. 检察官［和副检察官］应由缔约国经无记名投票方式，以绝对多数选出。［副检察官应由检察官任命。］除非在其当选［或任命］时另行决定较短的任期，否则他们的任期应为［五］［七］［九］年，［不］得连选连任。在其当选［或任命］时，检察官和副检察官的年龄不得超过65岁。

5. 检察官和副检察官不得从事可能干预其检察职能或者影响对其独立性的信心的任何活动。［全时任职的］检察官和副检察官不得从事任何其他专业性质的职业。

6. 院长会议可以根据检察官或副检察官的请求，准其不参与处理某一案件。

7. ［检察官或副检察官不得参加处理由于任何理由可能使其公正性受到合理怀疑的事务。］依照本款规定，检察官和副检察官不得参加处理案件，如果除其他外，他们过去曾以任何身份参与本法院审理中的案件，或在国家一级参与涉及被告人的相关刑事案件［，或者他们是控告国［涉嫌犯罪地国国民］或是被告人国籍国国民］。

8. 关于检察官或副检察官回避的任何问题，应由［院长会议］［上诉分庭］［本法院的法官］决定。被告人可在任何时候基于本款所述的理由，请求检察官或副检察官回避。检察官或副检察官，视情况而定，有权就该事项作出评论。

［9. 检察官应任命若干对性暴力和性别暴力及对儿童的暴力等及其他具体问题具有法律专门知识的顾问。］

［10. 检察官办公室应负责向控告方传唤的证人提供保护措施。检察官办公室应当有在精神创伤，包括因性暴力犯罪导致的精神创伤方面具有专门知识的工作人员。］

第44条

书记官处

1. 在符合第43条的情况下，书记官处应负责本法院非司法方面的行政管理和为本法院提供服务。

2. ［法官］［缔约国］应以无记名方式，以绝对多数选出书记官长一名，担任本法院的主要行政官员［，在本法院院长的权力下行事。他们可以视需要［以同样方式选出］［任命］一名副书记官长。

3. 书记官长的任期［五］［九］年，［不］可连选连任［一次］，并应能全时任职。副书记官长的任期五年，或法官们以绝对多数可能另行决定的较短任期，并可在副书记官长愿意于需要时到任服务的基础上［选出］［任命］。［他们的任期无论如何应在其年龄达 65 岁时结束。］书记官长和副书记官长应至少精通并能够流畅地使用本法院的一种工作语文。

［4. 书记官长应在书记官处内成立被害人和证人股。该股应向被害人、［辩护方］证人、其家属以及由于这些证人作证而面临危险的其他人提供辅导和其他协助，并应就适当保护措施和影响这些人的权利和福利的其他事项向本法院各机关提供咨询意见。该股应有具备精神创伤方面专门知识的工作人员，包括与性暴力罪行有关的精神创伤。］

第 45 条

工作人员

1. 书记官长和检察官应视需要，任命其各自办事处的合格工作人员，包括由检察官任命调查员。

2. 书记官长和检察官在雇用工作人员时，应确保效率、才干和忠诚达到最高标准，并应顾及第 37 条第 8 款所定的准则。

3. 书记官长应在院长会议和检察官同意下提出工作人员条例，适用于本法院所有机关的工作人员，这些条例应在生效前分送各缔约国征求意见。书记官长应考虑缔约国所提的意见。

［4. 任何缔约国、政府间组织［或非政府组织］可主动提议委派人员协助本法院任何机关的工作并要求获准参与工作。检察官可代检察官办公室接受这些提议。在任何其他情况下，院长会议经与书记官长协商，可接受这些提议。］

……

第 49 条

特权和豁免

1. 法官、检察官、［副检察官、］［书记官长］［和副书记官长］［，在从事本法院职务时，］应享有外交特权和豁免。

2. ［副检察官、］［书记官长、］［副书记官长］［和］检察官办公室和书记官处工作人员应享有［依照《程序和证据规则》］履行其职能所需的特权、豁免和便利。

3. 律师、鉴定人、证人或被要求到本法院所在地的任何其他人士应获得使本法院正常运作所需的待遇。［在不妨害第 70 条的情况下，这特别指与他们履行职能有关的言论、行动和书信文字应免于任何形式的诉讼程序。即使有关人士不再履行其职能，这一免于诉讼程序的豁免应继续适用。]

4. 特权和豁免的放弃方式如下：

（a）［法官］［院长会议成员］和检察官的特权和豁免可由法官的绝对多数放弃；

［（b）其他法官的特权和豁免可由院长会议放弃；］

（c）书记官长的特权和豁免可由院长会议放弃；

（d）副检察官和检察官办公室工作人员的特权和豁免可由检察官放弃；和

（e）副书记官长和书记官处工作人员的特权和豁免可由书记官长放弃。

……

第 52 条

程序和证据规则

1. ［备选案文 1

附于＿＿＿＿的《程序和证据规则》，包括所拟订的须经证明的犯罪构成要件，应作为本规约的组成部分。］

［备选案文 2：

《程序和证据规则》应［于缔约国大会［以绝对多数］［出席并参加表决的三分之二多数］通过时［连同本规约一并］生效］。规则应与本规约保持一致。］

2. 对《程序和证据规则》的修正可由下列方面提出：

（a）任何缔约国；

（b）以绝对多数行事的法官；

［（c）检察官］。

修正应于缔约国大会［以［……］多数］通过时生效。任何修改均应与本规约保持一致。

［3. 在紧急情况下，法官可［协商一致］［以三分之二多数］草拟一项暂行规则，直到缔约国大会通过、修正或撤销该项规则为止。]"

就东亚三国来说，在 6 月 24 日上午全体委员会第 14 次会议上，日本代表松田提及第 35（b）条时说，他认为在逐案基础上设立预审分庭比设立常设分庭更可取。在第 36 条中，应删除第二句。在最后一句中，他同意协调员的意见：院长会议应决定法官是否需要全时任职。关于第 37 条第 3 款，日本代表团赞同预审分庭和审判分庭法庭应具有刑事审判经验的意见。但是，为使在国际法方面的胜任能力极强的人选成为法院法官，要求有刑事审判经验或国际法知识是合适的。为确保拥有足够的具有刑事审判经验的法官，应保留第 7 款并要求三分之二的法官具有这种经验。在第 37 条第 4 款中，他倾向于备选案文 1。依据第 5 款，法官应在缔约国大会上以三分之二多数选出。与其他类似机构一样，不应有年龄限制，应删除第 9 款。有关第 40 条，对于在逐案基础上设立的分庭来说，任期不合适。因此应删除第 4 款。[1]

中国代表李婷说，第 35 条中的预审分庭数目将根据需要确定，因此该条款应保持灵活。第 36 条中法官全时或非全时问题不应完全根据经费因素来确定。然而，因为该问题具有经费影响，所以应由缔约国来决定。中国赞同日本和法国对于依第 37 条刑事审判经验和国际法方面的胜任能力的观点。两个领域的胜任能力应为两者择一的条件。各审判分庭也需具有刑事审判经验的法官。第 37 条第 8 款也很重要：法院的公正取决于代表世界各主要法系的法官和公平的地域分配。应能代表各大文明；法院考虑到世界不同发展阶段和不同区域的局势也很重要。然而，中国对于第 8 款（d）和（e）项持灵活态度。[2]

在 6 月 24 日下午全体委员会第 15 次会议上，韩国代表天泳旭说，他赞同第 35 条中只设立一个预审分庭的意见。有关第 36 条，全时与非全时法官问题实属经费问题，应由缔约国根据工作量决定。有关依据第 37 条的法官资格，所有法官都应具有刑法方面的经验，理解不同文化和法系并且能够考虑到各罪犯的具体情况。因此，公平地域分配应得到认真考虑。如果采取通过提名委员会或甄选过程选举的办法，将出现由谁评估提名人资格和适用的标准这一问题。因此他支持第 37 条备选案文 1。尽管他对这一问题持灵活态度，但他倾向于预审分庭有一名或三名法官，审判分庭有三名法官，而上诉分庭有五名法官。[3]他还说，在第 42 条第 2 款中，他倾向于不列入方括号内关于法官国籍的案文。在第 42 条第 3 款中，他支持将要求法官回避的权利限于检察官和被告人。在第 43 条第 1 款中，应删除所有的方括号。他认为第 43 条第 9 款中方括号内的案文没有问题。在第 44 条第 2 款中，副书记官长应由书记官长任命。他支持第 44 条第 4 款中的规定。最后，在第 52 条第 1 款中，他倾向于备选案文 2。[4]

日本代表松田认为，出于协调员前面提出的原因，第 42 条第 1 款提及的应是《法院条例》而不是《程序和证据规则》。有关法官回避的理由的第 2 款对

---

〔1〕　A/CONF. 183/C. 1/SR. 14，第 49—52 段。

〔2〕　A/CONF. 183/C. 1/SR. 14，第 71—72 段。

〔3〕　A/CONF. 183/C. 1/SR. 15，第 4 段。

〔4〕　A/CONF. 183/C. 1/SR. 15，第 132 段。

于法院的独立和公正非常重要。回避的理由必须列入规约本身而不是《程序和证据规则》。应保留该款方括号内的语文。在第3款中，只有检察官或被告人才有权要求法官回避。在第49条第1款中，他支持法官、检察官和副检察官的外交特权和豁免，但书记官长和副书记官长应列入第2款。在第2款中，享有的特权和豁免应与联合国职员相同。因此可修正第2款，以便有关官员可享有"依据1946年2月13日《联合国特权及豁免公约》第5条给予联合国职员的特权和豁免"。原则上可接受第3款第一句，但应澄清对律师和专家的提及。第二句多余，没有必要向律师和证人提供此类豁免。依据第一句其正确待遇已得到充分保证。[1]关于第49条第2款，日本代表团向全体委员会的提案内容如下：

"第49条

特权和豁免

第2款

这一款修正如下：

'书记官长、副书记官长和检察官办公室和书记官处工作人员应享有1946年2月13日《联合国特权和豁免公约》第5条赋予联合国官员的特权和豁免。'"[2]

不过，日本的这一提案最终并没有得到《罗马规约》的采纳。

中国代表李婷说，在第43条第4款中，与检察官相同，副检察官应由缔约国选出。应删除第45条第4款。在第49条第3款中，她建议删除方括号内的案文。在第52条第1款中，她可接受备选案文2，但规则的法律地位应仍按备选案文1的规定。她对第52条第3款持灵活态度，但作出任何决定都应通过三分之二多数。[3]

表格14　中韩日三国对法院的组成和行政管理的态度比较

《规约草案》	中　国	韩　国	日　本	《罗马规约》
第35（b）条（预审分庭的数目：一个还是若干?）	保持灵活，均可	一个	特设，而非常设	没有数量要求

〔1〕　A/CONF. 183/C. 1/SR. 15，第74—75段。

〔2〕　A/CONF. 183/C. 1/L. 19.

〔3〕　A/CONF. 183/C. 1/SR. 15，第123段。

续表

《规约草案》	中　国	韩　国	日　本	《罗马规约》
第36条（法官是否需要全时任职?）	由缔约国决定	由缔约国决定	由院长会议决定	由院长会议根据工作量决定其他法官全职与否
第37条第3款（法官是否需要刑法和国际法双重经验还是其一即可?）	其一即可	必须具有刑法方面的审判经验	其一即可	指派各庭的法官时，应以各庭所需履行的职能的性质，以及本法院当选法官的资格和经验为根据，使各庭在刑法和刑事诉讼以及在国际法方面的专长的搭配得当。审判庭和预审庭应主要由具有刑事审判经验的法官组成
第37条第4款（法官的提名程序）	没表态	备选案文1	备选案文1	基本上是备选案文1
第37条第5款（法官的表决方式）	没表态	没表态	由缔约国大会三分之二多数选出	由缔约国大会三分之二多数选出
第37条第8款（法官选举的考虑因素）	应能代表各大文明；应考虑到世界不同发展阶段和不同区域的局势	应能理解不同文化和法系、并能够考虑到各罪犯的具体情况。公平地域分配应得到认真考虑	没表态	应具有世界各主要法系的代表性、公平的地域分配、性别分配考虑以及某些犯罪专业知识的考虑

续表

《规约草案》	中　国	韩　国	日　本	《罗马规约》
第 37 条第 9 款（法官的年龄限制）	没表态	没表态	不应有年龄限制	不应有年龄限制
第 40 条第 4 款（预审分庭法官的任期）	没表态	没表态	应删除	没有删除
第 42 条第 1 款（法官免职应依据什么？）	没表态	没表态	《法院条例》	《程序和证据规则》
第 42 条第 2 款（法官回避的理由应规定在哪里？）	没表态	没表态	《规约》	《规约》和《程序和证据规则》
第 42 条第 2 款（法官回避的国籍问题）	没表态	不支持方括号中的内容	支持方括号中的内容	没有方括号中的内容
第 42 条第 3 款（提出回避请求的主体）	没表态	应限于检察官或被告人	应限于检察官或被告人	检察官或被调查起诉的人
第 43 条第 1 款	没表态	应删除方括号中的内容	没表态	没有删除方括号中的内容
第 43 条第 4 款（如何选举副检察官？）	缔约国大会	没表态	没表态	缔约国大会
第 43 条第 9 款（检察官任命专门法律顾问）	没表态	支持方括号中的内容	没表态	保留方括号中的内容
第 44 条第 2 款（副书记官长的任命）	没表态	应由书记官长任命	没表态	书记官长建议，法官任命
第 44 条第 4 款（书记官处的被害人股和证人股）	没表态	应保留	没表态	保留
第 45 条第 4 款（协助法院工作的人员）	应删除	没表态	没表态	没有删除
第 49 条第 1 款（外交特权与豁免的主体）	没表态	没表态	支持法官、检察官和副检察官	法官、检察官、副检察官、书记官长

《规约草案》	中 国	韩 国	日 本	《罗马规约》
第49条第2款（副书记官长、检察官办公室工作人员和书记官处工作人员的特权和豁免）	没表态	没表态	应与联合国职员同	享有履行其职责所需的特权、豁免和便利
第49条第3款（律师、鉴定人、证人或被要求到本法院所在地的任何其他人士的特权与豁免）	应删除方括号中的内容	没表态	应删除方括号中的内容，应提及专家	删除了方括号中的内容，没有提及专家
第52条第1款（程序和证据规则）	备选案文2，但规则的法律地位应仍按备选案文1的规定	备选案文2	没表态	备选案文2
第52条第3款（程序和证据规则暂行规则）	作出任何决定都应通过三分之二多数	没表态	没表态	三分之二多数

第九节　对被害人的赔偿

《罗马规约》第75条规定了对被害人的赔偿，即

"第75条

对被害人的赔偿

（一）本法院应当制定赔偿被害人或赔偿被害人方面的原则。赔偿包括归还、补偿和恢复原状。在这个基础上，本法院可以应请求，或在特殊情况下自行决定，在裁判中确定被害人或被害人方面所受的损害、损失和伤害的范围和程度，并说明其所依据的原则。

（二）本法院可以直接向被定罪人发布命令，具体列明应向被害人或向被害人方面作出的适当赔偿，包括归还、补偿和恢复原状。本法院可以酌情命令向第79条所规定的信托基金交付判定的赔偿金。

（三）本法院根据本条发出命令前，可以征求并应当考虑被定罪人、被害人、其他利害关系人或利害关系国或上述各方的代表的意见。

（四）本法院行使本条规定的权力时，可以在判定某人实施本法院管辖权内的犯罪后，确定为了执行其可能根据本条发出的任何命令，是否有必要请求采取第93条第1款规定的措施。

（五）缔约国应执行依照本条作出的裁判，视第109条的规定适用于本条。

（六）对本条的解释，不得损害被害人根据国内法或国际法享有的权利。"

在《规约草案》中，对被害人的赔偿规定在第73条中，即

"［第73条

对被害人的赔偿

1. 法院［应当］［可以］制订关于向被害人或就被害人给予赔偿的原则，包括归还、补偿和［为了］复原［目的作出补偿］。本法院可以应请求，［或为了司法利益自行］在判决中确定被害人所受损害、损失和伤害的范围和程度。

2. 按照本法院所订原则：

（a）本法院可以直接指令被定罪人以适当形式向被害人或就被害人提供赔偿，包括归还、补偿和复原。［裁定的赔偿可以包括：

（一）惩罚部分；

（二）补偿部分；

（三）惩罚和补偿部分］

［本法院可以酌情命令向第79条所规定的信托基金交付裁定的赔偿］；

（b）［本法院也可以［命令］［建议］一个国家以适当形式向被害人或就被害人提供赔偿，包括归还、补偿和复原］：

［（一）如果被定罪人缺乏赔偿能力；［和

（二）如果被定罪人在犯罪时以官方身份，根据其职权在其职权范围内］代表该国行事］］；

（c）［除（b）项所述的情况以外，本法院也可建议国家向被害人或就被害人给予适当形式的赔偿，包括归还、补偿和复原］。

3. 本法院行使本条规定的权力时，可以确定为了执行其可能发出的任何命令，是否有必要要求采取第90条第1款规定的保护措施。

4. 本法院根据本条作出裁定前，应考虑到并可以征求被定罪人、被害人 ［、其他有关的人］或有关的国家或其代表提出书面或口头意见。

5. 被害人或其继承人或代理人可以请求主管国家当局执行根据本条发出的命令［或判决］。在这方面，他们可以要求本法院设法执行根据本规约［第九部分和］第十部分发出的命令［或判决］。［为此目的，缔约国应采取必要措施给予协助］。

6. 本条绝不应被解释为妨害被害人根据国内法或国际法享有的［不在本法院判决范围内的］权利。

7. ［被害人或任何代表被害人采取行为的人、被定罪人［或任何有关国家］［或任何有关的人］可以依照［本规约第八部分和］《规则》对根据本条作出的判决提出上诉］。

8. ［为实施本条的规定所必需的规则应依照第 52 条制定］］

注：下列规定已经过筹备委员会审议并认为可以作为《规则》的条文：'本法院根据本条作出的判决将由书记官长传送给被定罪人因其国籍、住址或常居住所或由于被定罪人资产或财产所在地点而显然与之存在直接关系的或被害人与之存在这种关系的国家主管当局'"。

就东亚三国来说，在 6 月 27 日全体委员会程序问题工作组会议上，日本代表团提出了一份关于被害人赔偿的提案，内容如下：

"第 73 条

对被害人的赔偿

1. 法院可以制订关于向被害人或就被害人给予赔偿的原则，包括归还、补偿和为了复原目的作出补偿。本法院可以应请求，在判决中确定被害人所受损害、损失和伤害的范围和程度。

2. 按照本法院所订原则，本法院可以直接指令被定罪人以适当形式向被害人或就被害人提供赔偿，包括归还、补偿和复原。

3. 本法院根据本条作出裁定前，应考虑到并可以征求被定罪人、被害人、其他有关的人或有关的国家或其代表提出书面或口头意见。

4. 被害人或其继承人或代理人可以请求主管国家当局执行根据本条发出的判决。缔约国国家当局依照其国内法执行此种判决。

5. 本条绝不应被解释为妨害被害人根据国内法或国际法享有的权利。

6. 被害人或任何代表被害人采取行为的人、被定罪人可对根据本条作出的判决提出上诉。

7. 为实施本条的规定所必需的规则应依照第 52 条制定。"[1]

与《规约草案》第73条相比，日本的提案选择了"可以"这一措词，即认为法院制订向被害人或就被害人给予赔偿的原则是选择性的，但是在《罗马规约》第75条中，规定法院"应当"制订此类原则。与《规约草案》第73条相比，日本的提案删除了法院自行确定赔偿的权力，只能是"应请求"才可以在判决中确定赔偿的数额，但是在《罗马规约》第75条中，保留了法院在特殊情况下自行决定赔偿的权力。与《规约草案》相比，日本的提案删除了法院酌情命令向信托基金交付赔偿裁定的权力，但是在《罗马规约》第75条中，法院的这一权力得到了保留。从这些方面来看，日本的提案对于被害人的赔偿实际上是不利的。不过，日本的提案中提到了"缔约国国家当局依照其国内法执行此种判决"，而这是《规约草案》所没有规定的，《规约草案》第73条第5款只是提供了一个选项，即"缔约国应采取必要措施给予协助"，在《罗马规约》第75条第5款中，这一规定得到了保留，可以说是日本代表团的一个贡献。

第十节　引渡或移交的竞合请求

《罗马规约》第九编规定了国际合作和司法协助。其中，第90条规定了"竞合请求"，即

"第90条

竞合请求

（一）缔约国在接到本法院根据第89条提出的关于移交某人的请求时，如果另外接到任何其他国家的请求，针对构成本法院要求移交该人所依据的犯罪之基础的同一行为要求引渡同一人，该缔约国应将此情况通知本法院和请求国。

（二）如果请求国是缔约国，在下列情况下，被请求国应优先考虑本法院的请求：

1. 本法院依照第18条和第19条断定，移交请求所涉及的案件可予受理，而且这一断定考虑到请求国已就其引渡请求进行的调查或起诉；或

2. 本法院接到被请求国依照第1款发出的通知后作出第1项所述的断定。

（三）如果未有第2款第1项所述的断定，在等候本法院根据第2款第2项

---

[1]　A/CONF. 183/C. 1/WGPM/L. 30.

作出断定以前，被请求国可以酌情着手处理请求国提出的引渡请求，但在本法院断定案件不可受理以前，不得引渡该人。本法院应从速作出断定。

（四）如果请求国是非本规约缔约国的国家，被请求国又没有向请求国引渡该人的国际义务，则在本法院断定案件可予受理的情况下，被请求国应优先考虑本法院提出的移交请求。

（五）如果本法院断定第 4 款所述的案件不可受理，被请求国可以酌情着手处理请求国提出的引渡请求。

（六）在适用第 4 款的情况下，如果被请求国有向非本规约缔约国的请求国引渡该人的现行国际义务，被请求国应决定向本法院移交该人，还是向请求国引渡该人。作出决定时，被请求国应考虑所有相关因素，除其他外，包括：

1. 各项请求的日期。

2. 请求国的权益，根据情况包括犯罪是否在其境内实施、被害人的国籍和被要求引渡的人的国籍；和

3. 本法院与请求国此后相互移交该人的可能性。

（七）缔约国接到本法院的移交请求时，如果另外接到任何其他国家的请求，针对构成本法院要求移交该人所依据的犯罪之基础的行为以外的其他行为要求引渡同一人：

1. 在被请求国没有向请求国引渡该人的现行国际义务时，被请求国应优先考虑本法院的请求。

2. 在被请求国有向请求国引渡该人的现行国际义务时，被请求国应决定向本法院移交该人，还是向请求国引渡该人。作出决定时，被请求国应考虑所有相关因素，除其他外，包括第 6 款列明的各项因素，但应特别考虑所涉行为的相对性质和严重程度。

（八）如果本法院接到本条所指的通知后断定某案件不可受理，向请求国引渡的请求随后又被拒绝，被请求国应将此决定通知本法院。"

在《规约草案》中，与这一条款对应的是第 87 条第 6—9 款。它是如下规定的：

"第 87 条

将人［交出］［移送］［引渡］给法院

……

6. 法院和国家平行提出的请求

备选案文 1

（a）［接受本法院管辖权的］缔约国［如果就有关罪行而言是［第 5 条（e）款］所述条约的缔约国，］应［尽可能］将本法院根据第 1 款提出的请求列为优先于由其他［缔约］国家提出的引渡请求。

（b）如果被请求国同时从与其签有引渡协定的非缔约国收到引渡同一人的请求，其理由犯下或是本法院请求［交出］［移送］［引渡］该人的同一罪行，或是另一罪行，被请求国应决定是否向本法院［交出］［移送］［引渡］该人或者将该人引渡给该国。被请求国在作出决定时，应考虑到一切有关因素，包括但不限于：

（一）各项请求的日期；

（二）如果罪行不同，罪行的性质和严重程度；

（三）请求引渡国的利益，包括在适当时，罪行是否在其境内实施和罪行被害人的国籍；和

（四）本法院与请求引渡国之间以后进行［交出］［移送］［引渡］或引渡的可能性。

备选案文 2

（a）如果被请求国同时从［与其签订引渡协定的］［国家］［缔约国］收到引渡同一人的请求，其理由是本法院请求［交出］［移送］［引渡］该人的同一罪行或另一罪行，被请求国的有关当局应决定是否向本法院［交出］［移送］［引渡］该人或者将该人引渡给该国。被请求国在作出其决定时，应考虑到一切有关因素，包括但不限于：

（一）引渡请求是否根据一项条约提出；

（二）各项请求的日期；

（三）如果罪行不同，罪行的性质和严重程度；

（四）请求引渡国的利益，包括在适当时，罪行是否在其境内实施和罪行被害人的国籍；和

（五）本法院与请求引渡国之间以后进行［交出］［移送］或引渡的可能性。

（b）但被请求国不得拒绝根据本条提出的［交出］［移送］［引渡］请求而执行另一国就同一罪行引渡同一人的请求，如果该请求引渡国是缔约国，而且本法院已裁定提交的案件可予受理，并且其决定已考虑到在该国所进行的导致其引渡请求的诉讼程序。

备选案文 3

(a) 缔约国［应当］［可以］将一国根据任何现行的双边或多边协定的规定提出的请求列为优先于本法院提出的将人引渡、移送或交出的请求，但须受 (b) 项的限制。

(b) 但如果本法院已根据第 15 条［肯定地］断定请求引渡国不愿或不能对要求引渡、移送或交出的案件进行切实的调查或起诉，则缔约国应将本法院提出的请求列为优先于请求引渡国提出的请求。

［7. 在被请求国的程序

如果被请求国的法律有此规定，被要求［交出］［移送］［引渡］的人应有权［只可基于］下述理由，在被请求国的法院对要求逮捕和［交出］［移送］［引渡］的请求提出质疑：

［(a) 本法院缺乏管辖权；］

［(b) 一罪不二审；或］

［(c) 提出支持该项请求的证据根据第 88 条第 1 款 (b) 项（五）目和 (c) 项（二）目的规定未能满足被请求国的证据要求。］］

......

［9. 引渡或起诉的义务

(a) 对于适用第 5 条 (e) 款的罪行，被请求国［如果是有关条约的缔约国，但没有接受本法院对该罪行的管辖权，］在决定不将被告人［交出］［移送］［引渡］给本法院时，应立即采取一切必要步骤，将被告人引渡到已请求引渡的国家，或者［根据本法院的请求］［通过国内法规定的程序］将案件提交其主管当局进行起诉。

［(b) 在任何其他情况下，被请求国应［考虑是否能够］依照本国法律程序，采取步骤逮捕被告人并将其［交出］［移送］［引渡］本法院，或［是否应该采取步骤，将被告人引渡给一个已请求引渡的国家，或［根据本法院的请求］将案件提交其主管当局进行起诉。］

［(c) 在接受本法院对有关罪行管辖权的缔约国之间，将被告人［交出］［移送］［引渡］本法院，就是遵守了任何条约中要求引渡嫌疑人或者将案件提交被请求国主管当局进行起诉的规定。］］

......"

就东亚三国来说，在 6 月 25 日，中国代表团向全体委员会国际合作和司法协助工作组提交了一份关于处理法院和国家平行提出的请求的提案，内容如下：

"第 6 款

法院和国家平行提出的请求

（a）如果被请求国同时从另一国收到引渡同一人的请求，其理由是犯下本法院请求［交出］［移送］［引渡］该人的同一罪行，国家的请求优先于法院的请求，除非安全理事会将该事项提交本法院，或者本法院依照第 15 条断定，请求国不愿意或无法真正对要求引渡的案件进行调查或起诉。

（b）如果被请求国同时从另一国收到引渡同一人的请求，理由是犯下本法院请求［交出］［移送］［引渡］该人的罪行以外的另一罪行，关于性质严重罪行的请求优先。如果罪行的严重程度相同，被请求国应在考虑所有有关因素之后就请求的优先次序作出决定。

第 7 款

增加以下新的一项：

'（d）索要的人不是被起诉人。'

第 9 款

以下列新的一款取替这一款：

9. 被请求国应依照其法律程序，采取步骤，按本规约的规定逮捕被告并向本法院［交出］［移送］［引渡］此人，或将他引渡给请求引渡的另一国，或将此案提交其主管当局提出起诉。"[1]

　　与《规约草案》的三个备选案文相比，中国的提案不区分引渡的请求国是规约的缔约国还是非缔约国，而且如果引渡的是同一人的同一罪行，中国的提案还增加规定了安理会决议优先的规定。这两点在最后的《罗马规约》第 90 条中都没有得到体现，因为该条款对引渡的请求国是《罗马规约》的缔约国还是非缔约国作出了不同的规定，而且没有提到安理会的决议。但是，与《规约草案》的三个备选案文相比，中国的提案区分了引渡的对象是同一人的同一罪行还是另一罪行，而这点在《罗马规约》第 90 条中得到了体现，因为第 90 条对被引渡请求人的同一行为和其他行为作了不同的规定。

---

〔1〕　A/CONF. 183/C. 1/WGIC/L. 2.

第十一节 缔约国大会

《罗马规约》第十一编只有一条，即第 112 条，规定了缔约国大会。

"第 112 条

缔约国大会

（一）兹设立本规约缔约国大会。每一缔约国在大会中应有一名代表，并可以有若干名副代表和顾问。本规约或《最后文件》的其他签署国可以作为大会观察员。

（二）大会应：

1. 审议和酌情通过预备委员会的建议。

2. 向院长会议、检察官和书记官长提供关于本法院行政工作的管理监督。

3. 审议第 3 款所设的主席团的报告和活动，并就此采取适当行动。

4. 审议和决定本法院的预算。

5. 决定应否依照第 36 条调整法官人数。

6. 依照第 87 条第 5 款和第 7 款审议任何不合作问题。

7. 履行符合本规约和《程序和证据规则》的任何其他职能。

……

（七）每一缔约国应有一票表决权。大会及主席团应尽力以协商一致作出决定。无法达成协商一致时，除非本规约另有规定，应以下列方式作出决定：

1. 有关实质性事项的决定，必须由出席并参加表决的缔约国三分之二多数通过，但进行表决的法定人数，必须是缔约国的绝对多数。

2. 有关程序事项的决定，应由出席并参加表决的缔约国简单多数作出。"

在《规约草案》中，缔约国大会是在第 102 条，其中第 1 款规定如下：

"第 102 条

缔约国大会

1. 兹设立本规约缔约国大会。每一缔约国在大会应有一名代表，并可有副代表和顾问。［本规约］［最后文件］签署国可作为大会［观察员］［成员］；

2. 大会应：

［（a）审议和通过筹备委员会的建议；］

（b）向院长会议、检察官和书记官长提供本法院行政管理方面的管理监督；

　　（c）审议主席团的报告和活动，并就此采取适当行动；

　　（d）［协同书记官长］审议和通过本法院预算［并对财务问题作出决定］；

　　（e）确定应否酌情调整全职或非全职工作的法官［或检察官办公室或书记官处人员］人数，所涉期限应由大会确定；

　　［（f）根据［本法院］［主席团］的建议，审议关于缔约国［和非缔约国］不予合作的问题，并采取［必要］［适当］措施，包括根据第86条规定将问题提交［安全理事会］［联合国大会］。］

　　（g）依照本规约或《程序和证据规则》的规定履行其他职能或采取其他行动［包括审议关于审查这些文书的请求］［包括审议向其提交的赦免申请。］

　　……

　　5. 每一缔约国应有一票表决权。大会及主席团应尽力以协商一致意见对实质性事项作出决定。如果无法达成协商一致意见，除非本规约另有规定，有关实质性事项的决定必须由［出席并参加表决的三分之二多数，代表绝对多数的缔约国］［出席并参加表决的三分之二多数］［绝对多数的缔约国］通过。

　　其中，在第2（f）后有一个脚注，认为：有必要确保本规定与第86条的内容保持一致。"[1]

　　就东亚三国来说，在6月29日全体委员会第18次会议上，日本代表川村说，关于第102条第1款，他的代表团认为缔约国应在缔约国大会中派代表，本规约和最后文件签署国应是观察员，因为它们是潜在的缔约国。可以沿用国际海底管理局的先例。关于第2（d）款，大会应审议和通过本法院预算，但要与本法院院长磋商。应保留第2（f）款，他同意需要确保本规定和第86条之间的前后一致。[2]中国代表曲文胜说，关于第102条第1款，他的代表团认为最后文件签署国应是缔约国大会的观察员。最后文件签署国应能够参加诸如审议程序和证据规则等活动是重要的。[3]韩国代表天泳旭说，关于第102条第2款，他的代表团认为最后文件签署国应是缔约国大会的观察员。关于第（a）款，本法院院长、检察官和书记官长应能够作为观察员参加主席团会议。关于第5款，他赞成出席并参加表决的三分之二多数的办法。[4]

――――――――――

　　〔1〕　A/CONF. 183/2/Add. 1，中文版，第159页，脚注2。

　　〔2〕　A/CONF. 183/C. 1/SR. 18，第50—56段。

　　〔3〕　A/CONF. 183/C. 1/SR. 18，第62—64段。

　　〔4〕　A/CONF. 183/C. 1/SR. 18，第112—113段。

表格 15　中韩日三国对缔约国大会的态度比较

《规约草案》	中　国	韩　国	日　本	《罗马规约》
第 102 条第 1 款（观察员或成员）	观察员	观察员	观察员	观察员
第 102 条第 2（a）款（方括号中的内容）	没表态	本法院院长、检察官和书记官长应能够作为观察员参加主席团会议。	没表态	保留方括号中的内容
第 102 条第 2（d）款（方括号中的内容）	没表态	没表态	应与本法院院长磋商	没有方括号中的内容
第 102 条第 2（f）款（方括号中的内容）	没表态	没表态	应保留	没有保留
第 102 条第 5 款（方括号中的内容）	没表态	出席并参加表决的三分之二多数	没表态	出席并参加表决的三分之二多数

第十二节　财务事项

《罗马规约》第十二编规定了法院的财务事项。与中日韩三国在罗马会议上发表意见有关的三个条款分别是第 115、116 和 117 条：

"第 115 条

法院和缔约国大会的经费

缔约国大会确定的预算编列本法院和缔约国大会，包括其主席团和附属机构所需经费，由下列来源提供：

（一）缔约国的摊款。

（二）联合国经大会核准提供的经费，尤其是安全理事会提交情势所涉的费用。

第 116 条

自愿捐助

在不妨碍第 115 条的情况下，本法院可以依照缔约国大会通过的有关标准，作为额外经费，接受和利用各国政府、国际组织、个人、企业和其他实体的自愿捐助。

第 117 条

摊　款

应依照议定的分摊比额表摊派缔约国的缴款。该比额表应以联合国为其经常预算制定的比额表为基础，并依照该比额表所采用的原则予以调整。"

在《规约草案》中，这三条分别规定在第 104、105 和 106 条：

"第 104 条

法院的经费

备选案文 1

本法院的经费由缔约国摊款筹措。

备选案文 2

本法院的费用经联合国大会核可，由联合国承担。

备选案文 3

1. 本法院的经费应包括：

（a）缔约国的摊款；

（b）联合国提供的经费。

2. 但是，在创办初期，本法院的费用经联合国大会核可，由联合国承担。

第 105 条

自愿捐助

在不妨害第 104 条的情况下，本法院可以依照缔约国制定的有关准则，利用各国政府、国际组织、个人、企业和其他实体的自愿捐助。

第 106 条

摊　款

各国［缔约国］的缴款应根据［参照［联合国经常预算使用的比额表］［国际电信联盟或万国邮政联盟使用的多单位分级制］］议定的分摊比额表摊派。"

就东亚三国来说，在 6 月 15 日下午举行的第 2 次全体会议上，日本代表小和田恒说，国际刑事法院应独立于联合国，避免修正《联合国宪章》是可取的。由于独立于联合国，法院应由规约的缔约国提供资金。[1] 在 6 月 29 日全体委员会第 18 次会议上，日本代表川村说，谈到第 104 条时，他也同意美国代表关于本法院经费的讲话，并赞成备选案文 1。作为一个独立的国际组织，应确保本法院的行政和财政独立性。国际海洋法法庭是一个适当的先例。关于第 106 条，类似国际电联或万国邮政联盟使用的多单位分级制将是适当的。不过，"根据议定的分摊比额表"这一措词就足够了。他建议在某一阶段可以考虑缔约国缴款的最高限额。[2] 中国代表曲文胜说，关于本法院的经费筹措，他的代表团赞成第 104 条备选案文 1。将来的法院将是一个独立的机构，而不像国际法院那样。如果要保持独立，就应由缔约国筹措经费。关于第 105 条，他的代表团认为应就自愿捐助制定非常严格的标准，以避免其影响本法院的公正性。任何自愿捐助都必须是主要经费来源的补充的追加。[3] 韩国代表天泳旭说，在第 104 条，他支持备选案文 3 作为折中方案。[4]

表格 16　中韩日三国对财务事项的态度比较

《规约草案》	中　国	韩　国	日　本	《罗马规约》
第 104 条第 1 款（法院的经费）	备选案文 1	备选案文 3	备选案文 1	备选案文 3
第 105 条（自愿捐助）	应就自愿捐助制定非常严格的标准，以避免其影响本法院的公正性	没表态	没表态	保留第 105 条的内容
第 106 条（摊款）	没表态	没表态	国际电信联盟或万国邮政联盟使用的多单位分级制	联合国经常预算使用的比额表

---

〔1〕　A/CONF. 183/SR. 2，第 48 段。

〔2〕　A/CONF. 183/C. 1/SR. 18，第 50—56 段。

〔3〕　A/CONF. 183/C. 1/SR. 18，第 62—64 段。

〔4〕　A/CONF. 183/C. 1/SR. 18，第 112—113 段。

第十三节 最后条款

《罗马规约》的最后条款规定在第 119—128 条。

"第 119 条

争端的解决

（一）关于本法院司法职能的任何争端，由本法院的决定解决。

（二）两个或两个以上缔约国之间有关本规约的解释或适用的任何其他争端，未能通过谈判在谈判开始后三个月内解决的，应提交缔约国大会。大会可以自行设法解决争端，或建议其他办法解决争端，包括依照《国际法院规约》将争端提交国际法院。

……

第 121 条

修 正

（一）本规约生效七年后，任何缔约国均可以对本规约提出修正案。任何提议修正案的案文应提交联合国秘书长，由秘书长从速将其分送所有缔约国。

（二）在通知之日起三个月后任何时间举行的下一届缔约国大会，应由出席并参加表决的缔约国过半数决定是否处理这一提案。大会可以直接处理该提案，或者根据所涉问题视需要召开审查会议。

（三）修正案不能在缔约国大会会议，或者在审查会议上取得协商一致的，必须由缔约国三分之二多数通过。

（四）除第 5 款规定外，修正案在缔约国八分之七向联合国秘书长交存批准书或接受书一年后，对所有缔约国生效。

（五）本规约第五条的任何修正案，在接受该修正案的缔约国交存批准书或接受书一年后对其生效。对于未接受修正案的缔约国，本法院对该缔约国国民实施的或在其境内实施的修正案所述犯罪，不得行使管辖权。

（六）如果修正案根据第 4 款获得缔约国八分之七接受，未接受修正案的任何缔约国可以在该修正案生效后一年内发出通知，退出本规约，立即生效，不受第 127 条第 1 款限制，但须依照第 127 条第 2 款规定行事。

（七）联合国秘书长应将缔约国大会会议或审查会议通过的修正案分送所有缔约国。

……

第 123 条

规约的审查

（一）本规约生效七年后，联合国秘书长应召开一次审查会议，审查对本规约的任何修正案。审查范围除其他外，可以包括第 5 条所列的犯罪清单。会议应任由参加缔约国大会的国家按同一条件参加。

（二）其后任何时间，应一缔约国要求，为了第 1 款所述的目的，经缔约国过半数赞成，联合国秘书长应召开审查会议。

（三）审查会议审议的任何本规约修正案，其通过和生效办法，应适用第 121 条第 3 款至第 7 款的规定。"

在《规约草案》中，上述条款分别对应的是第 108、110、111 以及第 113 条，分别如下：

"第 108 条

争端的解决

备选案文 1

［除本规约另有规定外，］关于本规约的解释或适用的任何争端应由本法院裁定解决。

备选案文 2

在不妨害本法院根据本规约规定，对涉及其司法活动的争端所具有的权限的情况下，两个或两个以上缔约国之间有关本规约的解释或适用的任何争端，如果未能［在一合理时间内］［在……个月内］通过谈判解决，应提请缔约国大会就解决争端的进一步办法提出建议。

备选案文 3

关于本法院司法职能的任何争端应由本法院裁定解决。

备选案文 4

没有关于解决争端的条款。

……

第 110 条

修　正

1. 在本规约生效后［……］年，任何缔约国均可以对规约提出修正。任何修正提案案文应提交［联合国秘书长，］秘书长应从速将其分送所有缔约国。

2. 对本规约提出的修正案应在下一次［缔约国大会会议］［审查会议］上

审议，但任何审议均应在依照第 1 款规定分送该提案三个月之后才进行。

3. 备选案文 1

缔约国大会会议应以协商一致意见通过修正案。

备选案文 2

缔约国大会会议应以［所有缔约国］［出席并参加表决的缔约国］［2/3］
［3/4］多数通过修正案。

4.［联合国秘书长］应将缔约国大会会议通过的任何修正案分送所有缔
约国。

5. 缔约国大会会议通过的修正案应在［所有缔约国］［2/3］［3/4］将批
准书或接受书交存联合国秘书长一年后对所有缔约国生效。

6. 虽有第 115 条第 1 款的规定，没有批准或接受修正案的任何缔约国，可
以在这种修正案生效后一年内提交通知，立即退出本规约。

……

第 111 条

规约的审查

备选案文 1

1. 在本规约生效［……］年后，缔约国大会会议得以［出席并参加表决
的］［缔约国］三分之二多数决定召开缔约国大会特别会议审查本规约。［为此
目的举行的特别会议，前后两次间隔不得短于［……］年］。

2. 在这种缔约国大会会议上对本规约提出的任何修正案均应符合第 110 条
第 3 款至第 6 款的规定。

备选案文 2

1. 在本规约生效［五］年后，保存人应召开缔约国大会会议，审查第 5 条
所载，属于本法院管辖权内的罪行的清单，以考虑在清单中增列罪行。任何这
类的修正案均应符合第 100 条第 3 款和第 4 款的规定，并应于交存第［十］件
接受书后第［十三］天对已经交存其接受书的缔约国生效。对于在修正案生效
后才交存其接受书的每一国家，修正案应在该国交存其接受书后第［三十］天
生效。如果修正案对一国尚未生效，本法院不应对在该国境内或由该国国民实
施的修正案所包括的罪行行使管辖权。此后，经一个缔约国的请求，保存人在
征得过半数缔约国同意后，应召开缔约国大会会议，以审议在清单中增列属于
本法院管辖权内的罪行。

2. 在不妨害第 1 款的情况下，在本规约生效后任何时候，缔约国大会会议

得以［出席并参加表决的］［缔约国］三分之二多数决定召开缔约国大会特别会议审查本规约。这种缔约国大会会议提出的任何规约修正案均应符合第 110 条第 3 款至第 6 款的规定。

……

［第 113 条

早日施行规约的原则和规则

在本规约生效以前，已签署本规约的国家应依照适用的国际法原则，不采取有悖于本规约目标和宗旨的行动。为此目的，为了确保在国际上起诉和制止国际关注的罪行，各国应适当注意本规约所载的有关原则和规定，包括在联合国主管机关履行其责任方面，以加速实现成立本法院的共同目标。］”

在 6 月 29 日下午的全体委员会第 19 次会议上，日本代表川村认为，尽管应由国际刑事法院裁定解决有关其自身的司法职能的争端，但就其他争端而言，比如有关财政或预算问题的争端，缔约国大会更有能力解决问题。因此，就第 108 条而言，他赞成备选案文 2。关于第 110 条第 3 款，他倾向于备选案文 2，因为就修正案达成协商一致意见可能有困难，但是，将两个备选案文合并不失为一个合理的折中解决方法。他注意到，第 111 条备选案文 2 规定了对第 5 条所载，属于本法院管辖权内的罪行清单的修正案生效的简化程序。他的代表团认为，罪行清单是本规约的核心部分。本规约修正案生效，须按照第 110 条中规定的程序。他建议在备选案文 2 第 1 款第一句中，删除“以考虑在清单中增列罪行”几个字。最后，他可以支持第 113 条第一句，但认为第二句最好置于本规约序言部分。[1]

在 6 月 30 日上午的全体委员会第 20 次会议上，中国代表曲文胜说，他更赞成第 108 条“争端的解决备选案文 4，但可以同意备选案文 2。最好只在规约开始生效之后 5 或 10 年进行修正。应尽可能以协商一致意见通过修正案，但如无法这样，则以表决方式通过。他更赞成关于审查会议的备选案文 1，同意日本代表在上次会议上的发言。第 113 条应予删除，因为它可能引起混淆，特别是第二句。[2]

在 7 月 13 日下午举行的全体委员会第 34 次会议上，日本代表小和田恒说，极为重要的是，应该就设立一个有效能的国际刑事法院全面达成一致意见，这

---

〔1〕　A/CONF. 183/C. 1/SR. 19，第 52 段。

〔2〕　A/CONF. 183/C. 1/SR. 20，第 1 段。

将得到整个国际社会的支持。为此，在他视为必要的基本原则的限度内，他愿意尽量地灵活。他明确地赞成法院对核心犯罪的自动管辖权。必须避免的一种管辖制度是，由于它存在需要犯罪人为其国民的国家特别同意这一漏洞，而使核心罪行的罪犯逃避起诉。为了获得令人满意的制度，有必要建立一种国际刑事司法机构可据以惩罚一切真正的罪犯的客观制度，与此同时，承认现存的国际法制度应依然适用于非规约缔约国的国家。眼前的问题是，如何协调这两个要求。最后，他建议说，作为处理本次外交会议未决问题的一种方式，探讨是否能够更充分地利用第 111 条设想的审查程序，可能是有益的。[1]

表格 17　中韩日三国对最后条款的态度比较

《规约草案》	中　国	韩　国	日　本	《罗马规约》
第 108 条（争端的解决）	更倾向于备选案文 4，也可同意备选案文 2	没表态	备选案文 2	备选案文 2 和 3 的结合
第 110 条第 3 款（规约的修正）	5—10 年，倾向于协商一致通过，也可同意投票方式通过	没表态	备选案文 2	备选案文 1 和 2 的结合
第 111 条（规约的审查）	备选案文 1	没表态	在备选案文 2 第 1 款第一句中，删除"以考虑在清单中增列罪行"几个字	审查范围除其他外，可以包括第 5 条所列的犯罪清单
第 113 条（规约的早日施行）	应删除	没表态	支持第一句，第二句最好置于规约序言	无

---

〔1〕　A/CONF. 183/C. 1/SR. 34，第 26—28 段。

第三章　在坎帕拉审查会议上

第一节　会议概况

《罗马规约》第 123 条第 1 款规定，本规约生效 7 年后，联合国秘书长应召开一次审查会议，审查对本规约的任何修正案。审查范围除其他外，可以包括第 5 条所列的犯罪清单。会议应任由参加缔约国大会的国家按同一条件参加。2009 年 8 月 7 日，联合国秘书长按照上述条款的规定召集了《罗马规约》审查会议（以下称"会议"）。秘书长邀请《罗马规约》所有缔约国参加本届会议。已经签署《规约》或《最后文件》的其他国家亦受邀作为观察员参加会议。根据《罗马规约》缔约国大会第八届会议的决定，审查会议于 2010 年 5 月 31 日至 6 月 11 日在乌干达坎帕拉举行，为期 10 个工作日。[1] 这是《罗马规约》生效以来第一次审查会议，以便对《罗马规约》进行修正，是继罗马全权外交代表会议以来国际刑事法院发展中一个非常重要的里程碑。《罗马规约》111 个缔约国、观察员国、国际组织、非政府组织以及其他参与者参加了该次审查会议。该次审查会议最终通过了 6 项决议，分别涉及补充管辖、对受害人和受害社区的影响、加强徒刑的执行、第 124 条（过渡条款）、第 8 条修正案（战争罪）以及侵略罪；还通过了两个宣言，即《坎帕拉宣言》和《关于合作的宣言》。在《坎帕拉宣言》中，《罗马规约》的缔约国们"决心继续和加强努力，促进受害人根据《规约》享有的权利，包括他们参与司法诉讼和要求赔偿的权利，

---

〔1〕　国际刑事法院罗马规约缔约国大会正式记录，第八届会议，2009 年 11 月 18 日至 26 日，海牙（国际刑事法院出版物，ICC – ASP/8/20），第一卷，第二部分，第 ICC – ASP/8/Res. 6 号决议，第 2 段。

并保护受害人和受害社区"，"决心继续和加强《规约》在国内的有效实施，根据补充管辖原则，提高各国根据国际公认的公平审判标准对国际社会关注的最严重犯罪的犯罪人行使司法管辖和提出起诉的能力"，"表明我们坚定地承诺在审查会议期间积极努力，争取就第 ICC - ASP/8/Res. 6 号决议所列的修正案提案达成令人满意的成果，同时铭记国际刑事法院决意在国际社会上完成的使命"，"还决心继续和加强努力，确保根据《规约》与法院全力合作，特别是在制定履约立法、执行法院裁决、执行逮捕令、缔结协定和证人保护等领域，并表明我们对法院的政治和外交支持"。[1]

《罗马规约》缔约国大会第七届会议选举的任期 3 年的大会主席团担任坎帕拉审查会议的主席团，其中包括日本。[2] 在 2010 年 5 月 31 日举行的第二次会议上，根据《议事规则》第 14 条，韩国被任命为全权证书委员会 9 个成员之一。[3] 在第九次会议上，审查会议在主席团的建议下，任命赫曼德兹女士（西班牙）为起草委员会主席，同时任命下列国家为起草委员会成员：法国、加蓬、约旦、俄罗斯联邦、斯洛文尼亚、西班牙和大不列颠及北爱尔兰联合王国。在会议主席邀请之后，中国成为委员会成员。[4] 在 2010 年 5 月 31 日的第一次全会上，国际刑事法院罗马规约缔约国大会根据审查会议《议事规则》（2010 年 5 月 31 日通过的第 RC/3 号文件）第 14 条，任命了一个全权证书委员会，其中包括韩国。

第二节　中日两国代表的发言

中国、日本和韩国代表分别在 2010 年 5 月 31 日和 6 月 1 日举行的一般性辩论上发言。日本代表小松铃木在 5 月 31 日的一般性辩论中首先陈述了日本对于促进国际刑事法院在亚洲的传播做出的贡献，接着表明日本将继续从资金和人力资源等方面支持国际刑事法院的政策。他还说，本次会议应当认真讨论各种问题，包括技术和行政问题。不过，他特别关注涉及《罗马规约》第 124 条

---

〔1〕《坎帕拉宣言》，第 4—7 段。

〔2〕《国际刑事法院罗马规约审查会议正式记录》，2010 年 5 月 31 日至 6 月 11 日，坎帕拉，RC/11，第 3 段。

〔3〕第 9 段。

〔4〕第 17 段。

以及侵略罪的提案。最后，他说，任何决议的通过最好都是经过协商一致，而不是投票方式进行。[1] 韩国代表团在6月1日上午的一般性辩论中也作了发言。[2] 中国代表团在6月1日的一般性辩论中说：

"作为罗马规约生效以来的首次审查会议，本次会议为国际社会总结法院前期工作、谋划未来发展方向提供了重要契机，将是法院发展历程中一个关键节点。与大多数国家一样，中国代表团对此次会议充满期待。我们认为，当前法院最主要的任务是进一步树立威信，获得各国更广泛地信任和真诚合作。从这个意义上讲，审查会议应着眼于指导、协助法院稳妥地处理好已经开展的工作，增强法院的代表性和权威性，而不是急于扩张法院管辖权，将那些尚未形成普遍共识的修正案加进规约。我们希望各国利用这一契机，从战略层面对如何在现有框架下改进法院工作进行务实探讨，增强国际社会对法院的信心，为法院的可持续发展奠定坚实基础。

……

从长远来看，法院的健康发展除了要有一个良好开端外，还需要正确的司法政策指引。首先，作为世界和平与安全体系的一分子，法院运作离不开国家的支持和相关国际组织的配合，法院行动必须在以《联合国宪章》为基石的现代国际法体系内进行。我们希望，法院能够充分认识这一点，以合作、平衡的态度处理好自身与外部世界的关系，为建设和谐世界作出贡献。其次，法院追求司法正义的目标不应局限于对个别人的惩罚，应以化解争端，满足冲突地区人民的核心关切和福祉作为长远依托，以捍卫和平与安全的核心价值、维护国际秩序的和谐与稳定为根本要求。第三，国家作为国际关系和国际活动中最基本、最重要的主体，承担着发展社会经济、保障人民生活需求的重任。消除有罪不罚、创造和谐友爱的社会环境归根到底要靠各国的努力。法院应充分尊重国家的权利和权威，与国家行动相互衔接、相辅相成。只有这样，法院才能妥善应对挑战，在国际事务中发挥应有的作用。"[3]

2010年6月11日，在第13次全体会议上，《罗马规约》全体缔约国以协

---

〔1〕 http：//www. icc - cpi. int/iccdocs/asp＿ docs/RC2010/Statements/ICC - RC - gendeba - Japan - ENG. pdf.

〔2〕 国际刑事法院的网站上没有上载韩国代表团的发言，http：//www. icc - cpi. int/Menus/ASP/ReviewConference/GENERAL + DEBATE +＿ + Review + Conference. htm.

〔3〕 http：//www. icc - cpi. int/iccdocs/asp＿ docs/RC2010/Statements/ICC - RC - gendeba - China - CHN. pdf.

商一致的方式通过了第 6 号决议。该项决议是关于侵略罪的。该决议：

"1. 决定根据《国际刑事法院罗马规约》（以下称《规约》）第 5 条第 2 款，通过本决议附件一所载《规约》修正案，这些修正案需经批准或接受，并将根据《规约》第 121 条第 5 款生效；注意到任何缔约国均可在批准或接受之前做出第 15 条之二中提及的声明。

2. 还决定通过本决议附件二所载的《犯罪要件》修正案。

3. 还决定通过本决议附件三所载有关上述修正案的解释的理解。

4. 进一步决定在法院开始行使管辖权七年之后审议侵略罪修正案。

5. 呼吁所有缔约国批准或接受附件一所载的修正案。

附件一

国际刑事法院罗马规约侵略罪修正案

1. 删除《规约》第 5 条第（二）款。

2. 在《规约》第 8 条后增加以下条文：

第 8 条之二

侵略罪

（一）为了本规约的目的，'侵略罪'是指能够有效控制或指挥一个国家的政治或军事行动的人策划、准备、发动或实施一项侵略行为的行为，此种侵略行为依其特点、严重程度和规模，须构成对《联合国宪章》的明显违反。

（二）为了第（一）款的目的，'侵略行为'是指一国使用武力或以违反《联合国宪章》的任何其他方式侵犯另一国的主权、领土完整或政治独立的行为。根据 1974 年 12 月 14 日联合国大会第 3314（XXIX）号决议，下列任何行为，无论是否宣战，均应视为侵略行为：

1. 一国的武装部队对另一国的领土实施侵略或攻击，或此种侵略或攻击导致的任何军事占领，无论其如何短暂，或使用武力对另一国的领土或部分领土实施兼并。

2. 一国的武装部队对另一国的领土实施轰炸，或一国使用任何武器对另一国的领土实施侵犯。

3. 一国的武装部队对另一国的港口或海岸实施封锁。

4. 一国的武装部队对另一国的陆、海、空部队或海军舰队和空军机群实施攻击。

5. 动用一国根据与另一国的协议在接受国领土上驻扎的武装部队，但违反该协议中规定的条件，或在该协议终止后继续在该领土上驻扎。

6. 一国采取行动，允许另一国使用其置于该另一国处置之下的领土对第三国实施侵略行为。

7. 由一国或以一国的名义派出武装团伙、武装集团、非正规军或雇佣军对另一国实施武力行为，其严重程度相当于以上所列的行为，或一国大规模介入这些行为。

3. 在《规约》第15条后增加以下条文：

第15条之二

对侵略罪行使管辖权

（缔约国提交，检察官自行开始调查）

（一）在不违反本条规定的情况下，法院可根据第13条第1项和第3项对侵略罪行使管辖权。

（二）法院仅可对修正案获得三十个缔约国批准或接受1年后发生的侵略罪行使管辖权。

（三）法院根据本条对侵略罪行使管辖权，但需由缔约国在2017年1月1日后以通过本规约修正案所需的同样多数做出一项决定。

（四）法院可以根据第12条，对因一个缔约国实施的侵略行为导致的侵略罪行使管辖权，除非该缔约国此前曾向书记官长做出声明，表示不接受此类管辖。此类声明可随时撤销，且缔约国须在3年内考虑撤销此类声明。

（五）对于本规约非缔约国，法院不得对该国国民或在其领土上实施的侵略罪行使管辖权。

（六）如果检察官认为有合理根据对侵略罪进行调查，他（她）应首先确定安全理事会是否已认定有关国家实施了侵略行为。检察官应将法院处理的情势，包括任何有关的资料和文件，通知联合国秘书长。

（七）如果安全理事会已做出此项认定，检察官可对侵略罪进行调查。

（八）如果在通知日后6个月内没有做出此项认定，检察官可对侵略罪进行调查，前提是预审庭已根据第15条规定的程序授权开始对侵略罪进行调查，并且安全理事会没有根据第16条做出与此相反的决定。

（九）法院以外的机构认定侵略行为不妨碍法院根据本规约自行得出的结论。

（十）本条不妨碍关于对第5条所指其他犯罪行使管辖权的规定。

4. 在《规约》第15条之二后增加以下条文：

第15条之三

对侵略罪行使管辖权

（安全理事会提交情势）

（一）在不违反本条规定的情况下，法院可根据第 13 条第 2 项对侵略罪行使管辖权。

（二）法院仅可对修正案获得三十个缔约国批准或接受 1 年后发生的侵略罪行使管辖权。

（三）法院根据本条对侵略罪行使管辖权，但需由缔约国在 2017 年 1 月 1 日后以通过本规约修正案所需的同样多数做出一项决定。

（四）法院以外的机构认定侵略行为不妨碍法院根据本规约自行得出的结论。

（五）本条不妨碍关于对第 5 条所指其他犯罪行使管辖权的规定。

5. 在《规约》第 25 条第（三）款后增加以下条文：

（三）之二 就侵略罪而言，本条的规定只适用于能够有效控制或指挥一国的政治或军事行动的人。

6. 将《规约》第 9 条第（一）款的第一句替换成以下条文：

（一）本法院在解释和适用第 6、7、8 和第 8 条之二时，应由《犯罪要件》辅助。

7. 将《规约》第 20 条第（三）款的帽子段落替换成以下段落；该款的其余部分不变：

（三）对于第 6、7、8 或第 8 条之二所列的行为，已经由另一法院审判的人，不得因同一行为受本法院审判，除非该另一法院的诉讼程序有下列情形之一。

附件二

《犯罪要件》修正案

第 8 条之二

侵略罪

导　言

1. 达成的理解是，第 8 条之二第（二）款中提及的任何行为均属于侵略行为。

2. 不需要证明行为人曾对国家使用武力是否违反了《联合国宪章》进行过法律评估。

3. '明显'一词是一项客观限定条件。

4. 不需要证明行为人曾对犯罪的'明显'性质进行过法律评估。

要　件

1. 行为人策划、准备、发动或实施了侵略行为。

2. 行为人是能够有效控制或指挥实施侵略行为的国家之政治或军事行动的人。

3. 实施了侵略行为，即一国使用武力或以违反《联合国宪章》的任何其他方式侵犯另一国的主权、领土完整或政治独立的行为。

4. 行为人知道可证明国家使用武力的行为违反《联合国宪章》的事实情况。

5. 侵略行为依其特点、严重程度和规模，构成了对《联合国宪章》的明显违反。

6. 行为人知道可证明此种对《联合国宪章》的明显违反的事实情况。

附件三

关于国际刑事法院罗马规约侵略罪修正案的理解

安全理事会提交情势

1. 达成的理解是：在安全理事会根据《规约》第13条第2项提交情势的情况下，法院仅可对第15条之三第（三）款所指决定做出后或修正案获得三十个缔约国批准或接受1年后（以较晚者为准）发生的侵略罪行使管辖权。

2. 达成的理解是：在安全理事会根据《规约》第13条第2项提交情势的情况下，无论有关国家是否接受了法院在此方面的管辖权，法院都将对侵略罪行使管辖权。

属时管辖权

3. 达成的理解是：在第13条第1项或第3项所指的情况下，法院仅可对第15条之二第（三）款所指决定做出后或修正案获得三十个缔约国批准或接受1年后（以较晚者为准）发生的侵略罪行使管辖权。

对侵略罪的国内管辖权

4. 达成的理解是：修正案只为本《规约》的目的规定了侵略行为和侵略罪的定义。根据《罗马规约》第10条，除为本规约的目的以外，修正案不得解释为限制或损害现有或发展中的国际法规则。

5. 达成的理解是：修正案不得解释为创立了对另一个国家实施的侵略行为行使国内司法管辖权的权利或义务。

其他理解

6. 达成的理解是：侵略是非法使用武力最严重和最危险的形式；要确定是否实施了侵略行为，需依据《联合国宪章》考虑每一特定案件中的所有情况，例如所涉行为的严重性及其后果。

7. 达成的理解是：在确定某侵略行为是否构成对《联合国宪章》的明显违反时，特征、严重程度和规模这三大要素必须足以证明'明显'之定性。任何一个要素都不足以单独证明明显这一标准。"[1]

在这项决议通过前，日本代表团发言，对该决议表示不满。日本代表团说：

"我们对于这项决议草案的政策指向感到严重担忧。正如我们在不同的非正式场合所指出的，我们认为新的第 15 条之二第 1 款之四存在严重的问题。例如，一个周边都是非缔约国的缔约国政府很难说服本国议会接受一项毫无理由地使非缔约国国民可以一概地、自动地获得有罪不罚待遇的修正案：这样的规定显然背离了《规约》第 12 条的基本原则。"[2]

在该项决议通过后，一些国家作了发言。日本代表团说：

"正如我们多次引起所有与会者注意的那样，我们对刚刚通过的修正案中所包含的修正程序的合法性存在严重疑问。问题有很多，但是除了我已经提到的问题以外，此刻我只限于指出我们看到的三个主要问题。

（a）修正的依据是什么？

第 5 条第 2 款被援引作为'修正'的依据，而第 121 条第 5 款则被援引作为'生效'的依据。这是一种典型的'挑樱桃'的做法，也就是说，从与修正有关的诸多条款中选出对自己最有利的条款；日本认为，很难为这种做法找到依据。如果我们坚持按照在罗马商定的方式对《罗马规约》做出正确的解释的话，那么我们对于第 5 条第 2 款作为修正《规约》依据的有效性存在严重的疑问。结果是修正案加剧了缔约国之间法律关系的复杂性，也加剧了缔约国与非缔约国之间关系的复杂性，这种关系极为不清楚，也非常难以理解。

（b）怎样处理第 5 条第 2 款？

我们怎么能够根据《规约》第 5 条第 2 款删除第 5 条第 2 款呢？这样做简直就是'法律自杀'，或者说是'法律完整性的自杀'。

（c）在修正案通过之后希望加入《罗马规约》的非缔约国会遇到怎样的情况？

---

〔1〕 RC/Res. 6.

〔2〕 RC/11，第 128 页。还可以访问 http：//www. mofa. go. jp/policy/i_ crime/icc/pdfs/before_ adoption_ 1006. pdf.

在没有条款对修正案本身的生效做出规定的情况下，我们怎么能够肯定这样一个新加入的国家将会受到修正后的《罗马规约》约束呢？如果我们真的想加强国际刑事法院的普遍性，就必须正视这个问题。"[1]

中国作为观察员也作了发言。就侵略罪修正案第15条之二和第15条之三，中国代表团认为，上述两个条款都没有体现出就侵略行为而言，需要首先由联合国安理会进行认定，然后再由国际刑事法院就侵略罪行使管辖的含义。而由安理会对侵略行为进行认定，恰恰是《联合国宪章》的规定，也是《罗马规约》第5条第2款对制订侵略罪条款的要求。中国代表团对这一结果表示关切，并要求将中国代表团的上述发言记录在案。[2]

---

[1] RC/11，第129—130页。还可以访问 http：//www. mofa. go. jp/policy/i_ crime/icc/pdfs/after_ adoption_ 1006. pdf.

[2] RC/11，第132页。

第四章　韩国与国际刑事法院

第一节　韩国批准《罗马规约》

韩国是亚洲国家中最积极参与起草、并批准该条约的国家之一，对该条约的通过作出了积极的贡献。它早在 2000 年 3 月 8 日就签署了该条约，并在 2002 年 11 月 13 日由韩国常驻联合国代表向联合国秘书长交存了批准书，成为该条约第 83 个缔约国。从全世界的范围来看，韩国批准《罗马规约》的时间节点并不特别引人瞩目，但是如果把这一事件放在亚洲的视野下，那么韩国批准《罗马规约》还是值得关注的，因为在所有亚洲国家中，韩国是继塔吉克斯坦[1]、塞浦路斯[2]、柬埔寨、约旦、蒙古[3]、东帝汶[4]之后第七个批准或加入《罗马规约》的亚洲国家。而且，在日本 2007 年加入该条约之前，韩国也是批准该条约的所有亚洲国家中最大的经济体。

---

〔1〕　塔吉克斯坦于 1998 年 11 月 30 日签署《罗马规约》，并于 2000 年 5 月 15 日批准《罗马规约》，成为第一个批准该条约的亚洲国家。

〔2〕　塞浦路斯于 1998 年 10 月 15 日签署《罗马规约》，并于 2002 年 3 月 7 日批准《罗马规约》。

〔3〕　柬埔寨于 1998 年 12 月 10 日签署《罗马规约》，约旦于 1998 年 10 月 7 日签署《罗马规约》，蒙古于 2000 年 12 月 29 日签署《罗马规约》。这三个亚洲国家与波黑、保加利亚、刚果（金）、爱尔兰、尼日尔、罗马尼亚和斯洛伐克等欧洲和非洲国家一起于 2002 年 4 月 11 日同时批准《罗马规约》，使得《罗马规约》的缔约国数量一下子从原来的 56 个上升为 66 个，超出了《罗马规约》第 126 条第 1 款规定的该条约得以生效必须具备的缔约国数量。《罗马规约》第 126 条第 1 款规定，本规约应在第六十份批准书、接受书、核准书或加入书交存联合国秘书长之日起六十天后的第一个月份第一天开始生效。因此，《罗马规约》在 2002 年 7 月 1 日正式生效，比许多人想象得要早，这一部分要归功于这三个亚洲国家的批准。

〔4〕　东帝汶于 2002 年 9 月 6 日加入《罗马规约》。

一、韩国政府的立场

根据《韩国宪法》第 60 条第 1 款的规定，凡是"重要的国际组织条约或者关于国民权利和义务的立法事项的条约"的批准，需要由国会审查批准。《罗马规约》是创设国际刑事法院这一国际司法机构的基本法律文件，属于"重要的国际组织条约"，而且里面的不少条款均涉及缔约国国民的权利和义务，属于"关于国民权利和义务的立法事项的条约"，因此，需要由韩国国会审查批准。在这一点上，韩国各界并不存在争议。在韩国国会中，负责审查批准条约的是国会统一外交通商委员会。在该委员会关于审查批准《罗马规约》的讨论过程中，韩国国会议员关注的问题主要有以下三个方面：其一，批准《罗马规约》的必要性和有效性问题；其二，《罗马规约》与《韩国宪法》的冲突问题；其三，一旦批准《罗马规约》，为了实施该条约，韩国是否需要进行立法、修法或废法的问题。

关于第一个问题，即韩国是否有必要批准《罗马规约》，以及批准这一条约的效果问题，韩国国会统一外交通商委员会在举行的专门会议上，有几位委员对于韩国是否应当批准《罗马规约》持怀疑态度。他们提出，在当时美国、中国、日本和俄罗斯等大国没有批准或者加入该条约的情况下韩国率先批准《罗马规约》有什么理由。对于这一质疑，外交通商部长官回答说，韩国批准《罗马规约》具有以下两个必要性：

第一，韩国有必要为了惩治违反国际人道法的犯罪而参与国际社会的共同努力。韩国作为尊重人权的国家，有义务通过国际刑事法院来惩治包括灭绝种族罪等最严重违反国际人道法的犯罪，并且积极参与促进世界和平和国际人权保障的国际社会的共同努力。而且，包括所有欧盟国家、加拿大、澳大利亚等几乎所有的人权先进国家在内的 81 个国家已经批准了该条约，因此，作为尊重人权的国家，韩国需要尽快加入他们的队伍。国际社会将会对韩国在建立国际刑事法院过程中作出的突出贡献给予高度评价，这将有助于进一步提升韩国在国际社会中的良好国家形象。

第二，国际刑事法院具有抑制战争的作用，因此缔结《罗马规约》有助于丰富韩国国家安全的保障手段。由于国际刑事法院管辖的犯罪大多数都是与武装冲突有关，而且国际刑事法院还会追究指挥官的责任，因此从某种意义上说，《罗马规约》对武装冲突具有抑制效果。由于韩国与朝鲜关系的特殊性，以及韩国周边被几个大国包围这一特殊的地缘政治，因此，有必要批准《罗马规约》，抑制可能对韩国发动的战争，增加韩国的国家安全保障。

在国会的讨论中，有几位议员还质疑说，韩国周边的大国以及美国都没有批准《罗马规约》，而且依据《罗马规约》的规定，国际刑事法院通常只管辖在缔约国领土上发生的犯罪或者由缔约国国民实施的犯罪，因此批准《罗马规约》对于韩国希望取得的效果不太可能有多少实际作用。关于这一质疑，外交通商部长官回答说，如果韩国批准了《罗马规约》，当《罗马规约》的非缔约国国民在韩国领土上实施国际刑事法院管辖的犯罪时，韩国或国际刑事法院就可以行使管辖权，因此批准《罗马规约》最起码有能抑制和防止在韩国领土上实施受国际刑事法院管辖的犯罪的效果。不过，当《罗马规约》的非缔约国国民在韩国领土上实施了国际刑事法院管辖的犯罪后逃到自己国家时，国际刑事法院就可能无能为力。但是，即便在这种情况下，当该犯罪嫌疑人到《罗马规约》的其他缔约国旅行时，国际刑事法院就可以请求该缔约国对其进行逮捕和引渡；当该犯罪嫌疑人到《罗马规约》的非缔约国旅行时，如果该非缔约国临时同意国际刑事法院的请求，也可以对其进行逮捕和引渡。因此，批准《罗马规约》具有一定的威慑力。

二、非政府组织的游说和专家学者的研究推动

在韩国批准《罗马规约》的过程中，一些非政府组织积极活动，一些专家学者也积极研究、发表见解，敦促韩国尽快批准《罗马规约》。因此，韩国在亚洲国家中较早批准《罗马规约》，也与非政府组织和专家学者的努力密不可分。

2002年7月1日，《罗马规约》生效，国际刑事法院正式成立。为了纪念这一历史性事件，并促使韩国政府批准这一条约，7月，韩国国际人权法学会和一些非政府组织共同举办了"庆祝国际刑事法院成立学术研讨会"。这次学术会议共分为四个议题："国际刑事司法制度的发展""国际刑事法院管辖的犯罪""国际刑事法院管辖权的行使""国际刑事法院与国内法的修改"。在这次学术会议上，与会专家学者重点研讨了《罗马规约》对缔约国国内法的影响问题，包括批准《罗马规约》后缔约国需要制定或修改的法律，尤其是与国际刑事法院管辖的犯罪有关的法律、对国际刑事法院调查、起诉和审判过程中进行引渡和提供司法协助方面的法律以及宪法的修改。与会专家学者还研讨了依据《罗马规约》和国际人权法完善缔约国国内刑事调查、起诉和审判方面的法律问题，并决定在政府、学界和民间社会共同努力下分阶段推进这一工作。

2002 年 9 月，在纽约举行的国际刑事法院缔约国第一届会议中，韩国政府作为非缔约国代表出席了第一届会议，并出席了该届会议边会的"亚洲 NGO 论坛"。韩国政府代表表示，在此期间，韩国收到了美国提出的以《罗马规约》第 98 条为依据签订起诉免责协定的协商提案，并表示韩国政府会为《罗马规约》的批准尽最大努力。在 NGO 战略会议中，与会人员就各国的批准情况和活动计划等交换了意见，特别是关于韩国的情况。非政府组织和专家学者强调指出，大多数国家是在本国法作出调整之前批准《罗马规约》的，而且，有关国家元首的管辖豁免和特权问题并不一定需要通过修改宪法得到解决，而是可以通过宪法解释得到解决。

2002 年 9 月，在泰国曼谷还举行了第二届关于国际刑事法院的亚洲非政府组织会议，这次会议由"国际刑事法院亚洲网络"（ANICC, Asian Network for the ICC）主办，会议集中讨论了亚洲地区批准《罗马规约》的情况以及该条约在国内履行的问题。会议指出，与世界其他地区相比，亚洲国家批准《罗马规约》十分消极，主要是因为亚洲国家有许多社会不稳定因素，时常发生严重侵犯人权的事件。会议认为，提高亚洲国家在《罗马规约》中的代表性具有重要意义，而且，亚洲国家对于韩国政府迅速批准该条约有很高的期待。因此，会议认为，暂时把"国际刑事法院亚洲网络"的活动集中在韩国身上。

第二节　韩国宪法与《罗马规约》

《韩国宪法》第 6 条第 1 款规定："依本宪法缔结、公布的条约及通常确认的国际法规，具有与国内法律同等的效力。"而且，《韩国宪法》附则第 5 条规定："此宪法实施时条约和法令不违反此宪法就继续有效"。据此，韩国宪法学和国际法学界通说和司法判例一般认为，在韩国，条约和一般国际法的效力低于《韩国宪法》，但是与国内法律具有同等的效力。因此，韩国缔结的条约或条约中的条款有可能因为违反《韩国宪法》而在韩国没有法律效力。这就会引发韩国国会批准的《罗马规约》或其中的条款是否会违反《韩国宪法》而在韩国变得无效的问题。其中最明显的一个条款是《罗马规约》第 27 条的规定。该条款规定：

"（一）本规约对任何人一律平等适用，不得因官方身份而差别适用。特别是作为国家元首或政府首脑、政府成员或议会议员、选任代表或政府官员的官方身份，在任何情况下都不得免除个人根据本规约所负的刑事责任，其本身也不得构成减轻刑罚的理由。

（二）根据国内法或国际法可能赋予某人官方身份的豁免或特别程序规则，不妨碍本法院对该人行使管辖权。"

但是，《韩国宪法》中有多处规定了特定人员的免受刑事诉讼的特权。例如，第84条规定了总统在任期内有免于刑事指控的特权。它规定："总统除犯内乱或私通外国罪时，在职期间不受刑事追诉。"第44条还规定了国会议员免受逮捕的特权。它规定："除现行犯，国会议员不在会期中未经国会同意而被逮捕或拘禁。国会议员在会期前被逮捕或拘禁的，除了是现行犯以外，如有国会的要求，在会期中得到释放。"第45条规定了国会议员的发言和表决不受追究的特权，即"国会议员不因在国会中所作的职务发言和表决而在国会外负责"。

在韩国批准《罗马规约》以及制定《〈罗马规约〉实施法》的过程中，有政府机关和国会议员提到，《罗马规约》第27条和《韩国宪法》第84、44条和第45条是否冲突的问题，并发生激烈争论。

以韩国外交通商部部长为首的政府认为，两者之间并不存在冲突。外交通商部部长的理由是：

第一，《韩国宪法》第84条规定的总统不受刑事起诉的特权和第44条规定的国会议员不受逮捕的特权并不意味着这些人可以免除个人的刑事责任，而是意味着，仍然承认这些人的个人刑事责任，只是在在职期间限制对其适用刑法的身份特权。因此，《罗马规约》第27条规定的在任何情况下都不会因公共地位而被免除个人刑事责任与《韩国宪法》第84条和第44条并不存在冲突。

第二，在实践中，如果真的需要把韩国的国家元首引渡到国际刑事法院，就需要经过法律上的弹劾程序。一旦启动并通过弹劾程序，实际上就等于消除了《韩国宪法》第84条所规定的特权，那么之后展开的国际刑事法院程序和《韩国宪法》上的刑事特权规定就不存在冲突。

第三，1950年韩国批准的《防止及惩治灭绝种族罪公约》[1]第4条也规定，"凡犯灭绝种族罪或有第3条所列其他行为之一者，无论其为依宪法负责的统治者，公务员或私人，均应惩治之。"但是，韩国在成为该条约的缔约国后并没有采取特殊的立法措施，这说明该条约上的这一义务可以用宪法解释的方法来解决与《韩国宪法》第84条和第44、45条规定的刑事起诉特权之间的关系。

---

〔1〕　78 UNTS 277. 韩国于1950年10月14日加入这一公约。

　　第四，从与韩国有着类似宪法规定的大多数国家的立场来看，它们都在不修改宪法条款的情况下批准了《罗马规约》，例如，挪威、芬兰、德国、荷兰、西班牙、瑞士、阿塞拜疆、巴西、加拿大、柬埔寨、芬兰、葡萄牙、西班牙、乌克兰、英国。这些国家中有不少是与韩国一样实行总统制的大陆法系国家。这些国家一开始都承认了它们的宪法和《罗马规约》存在冲突，但是最后通过解释的方法，认为它们的宪法与《罗马规约》并不发生冲突。

　　最后，作为韩国政府的国内法联络部门，韩国司法部在批准《罗马规约》的准备工作中，详细咨询了韩国的国际法学者和宪法学者，他们一起通过对《韩国宪法》的解释得出了一致的意见，认为用国际和平主义和否定侵略战争等多种宪法解释方法，可以认为韩国总统的免责特权并不影响国际刑事法院管辖的犯罪。

　　但是，韩国国会首席专门委员在《罗马规约》批准同意案检讨报告书中对外交通商部部长的上述答复进行了批判，认为《罗马规约》第 27 条与《韩国宪法》存在冲突，理由如下：

　　第一，《韩国宪法》之所以保障总统不受起诉特权或者国会议员免责特权以及不受逮捕特权，不是因为对其个人赋予身份特权，而是为了帮助采取重要国家政策的机构能不受干扰地正常执行职务。由于国会议员的免责特权对免受任何外部压力，并根据良心来进行议政活动是必要的，因此不仅国内法上的司法程序，而且国际法司法程序也有必要承认这样的特权。

　　第二，《罗马规约》所规定的犯罪发生的可能性大都是由政治决定引发的，在此情况下，其他缔约国如出于政治考虑需要逮捕或引渡韩国总统和国会议员，就不可能履行《韩国宪法》赋予韩国总统的国家独立和宪法守护义务、赋予国会议员的国家利益优先义务，因此有可能出现与《韩国宪法》规定不一致的情形。

　　第三，如果为了根据国际刑事法院的请求引渡韩国总统或国会议员，就必须根据《罗马规约》和韩国自己的国内法程序进行逮捕和引渡，那么在这种情况下，就必须制定否定总统不受起诉特权和国会议员不受逮捕特权的法律。

　　第四，如果韩国已经签署了与宪法发生冲突的国际条约，那么就不可避免地需要采取某种方法来消除冲突。但是，在没有最终消除这种冲突之前就批准这样的条约，显然是有问题的。

　　第五，在实践中，韩国不会容许国际刑事法院逮捕和引渡在职的总统，因此为了防止出现不履行《罗马规约》的情形，韩国只能对该条约第 27 条提出保留。但是，由于《罗马规约》不允许对任何条款作出保留，[1] 因此可能会出现该条约批准后无法得到全部履行的情形。

的确，从世界的角度来看，有些国家在批准《罗马规约》时，就该条约第27条与这些国家的宪法中规定的国家元首在职期间免受刑事起诉的特权和国会议员言论不受起诉和人身不受逮捕的特权之间的关系，认为无法通过宪法解释的方式进行调和，而是采取了修改宪法的方式，例如法国。[2] 法国于1998年7月18日签署《罗马规约》，在签署后的两年内，于2000年6月9日批准该条约。现行的法兰西第五共和国的宪法已经经历了23次修改，其中1999年7月8日的那次修改就是专门与国际刑事法院有关的。《法国宪法》第26条和第68条分别规定了国民议会的议员、总统和行政官员的责任。1999年1月22日，作为《法国宪法》监督机关的法国宪法委员会在决定中认为，《法国宪法》第26条和第68条的规定与《罗马规约》第27条存在冲突，因此只能在修改《法国宪法》之后批准《罗马规约》，不然就会面临《罗马规约》第27条违反《法国宪法》的尴尬局面。因此，为了解决这一问题，法国在其宪法中增加规定了第53条第2款。[3] 2000年6月9日，法国国民议会批准了《罗马规约》。

即便存在对立的争论，但是《罗马规约》批准同意案最终还是在国会按原案表决通过。这些对立的争论是如何被最终消除的，在韩国国会的速记录上并没有体现。但是，这至少说明，认为《罗马规约》与韩国宪法并不存在冲突的政府的意见得到了采纳。现行的《韩国宪法》自1948年7月17日在中国上海产生以来，先后经过九次修改，最近的一次是1987年10月29日。《韩国宪法》对其修改规定了极其严苛的要求，[4] 而且修改宪法的提议在韩国是一个政治性十分敏感的话题，一般不会轻易提及。另外，根据韩国梨花女子大学法学院教

---

[1] 《罗马规约》第120条规定，不得对本规约作出保留。

[2] Oliver Barrat, "Ratification and Adaptation: The French Perspective", in Roy S. Lee ed. , *States' Responses to Issues Arising From the ICC Statute: Constitutional, Sovereignty, Judicial Cooperation and Criminal Law*, Transnational Publishers, 2005, pp. 58 – 61.

[3] 该条款规定，"法兰西共和国可承认1998年7月18日加入的条约规定的国际刑事法院的管辖权。"

[4] 《韩国宪法》第十章（第128—130条）规定了修改宪法的程序。第128条第1款规定，宪法的修订由国会在籍议员过半数或总统提议的方式提案。第129条规定，对于被提案的宪法修订案，总统将此公告的期间应为20日以上。第130条规定，国会应在宪法修订案被公告之日起60日内进行表决，国会通过应取得在籍议员的2/3以上赞成。宪法修订案在通过国会表决后30日内应对其进行国民投票，并取得国会议员选举权人过半数投票和投票者过半数赞成。宪法修订案取得第2项规定的赞成后，宪法修订被确定，总统应立即将其公布。

授金英石的解释，在批准《罗马规约》过程中，韩国外交部咨询了其他的政府部门，包括司法部等。经过咨询之后，韩国外交部认为，韩国的国内法，包括宪法，都必须以符合国际法义务的方式进行解释。也就是说，应当根据《罗马规约》第 27 条的规定来解释《韩国宪法》第 84 条的规定。这样一来，如果国际刑事法院的检察官决定对韩国总统展开刑事调查，那么韩国总统是没有豁免权的，因为《韩国宪法》第 84 条所规定的刑事豁免权只适用于韩国的司法机关。换言之，由于国际刑事法院不是韩国的司法机关，因此《韩国宪法》第 84 条不能成为国际刑事法院检察官进行调查的法律障碍。而且，《韩国宪法》第 84 条规定的韩国总统免于刑事起诉的特权仅限于"在职期间"，而"在职期间"韩国总统采取的行为是"正式行为"（official activity），灭绝种族罪等国际刑事法院管辖的犯罪不可能是"正式行为"，因此不属于韩国总统"在职期间"的行为，因此不受《韩国宪法》第 84 条的保护，也就是说，《罗马规约》第 27 条与《韩国宪法》第 84 条并不冲突。

第三节　韩国对《罗马规约》的实施

为了履行《罗马规约》中承担的国际法义务，韩国在批准《罗马规约》5 年后的 2007 年 12 月 21 日公布了实施《罗马规约》的国内法，即《国际刑事法院管辖的犯罪刑罚等相关法律》（Act on the Punishment, ect. of Crimes within the Jurisdiction of the International Criminal Court）（下称《〈罗马规约〉实施法》），成为该条约所有缔约国中第一个通过国内立法的亚洲国家。[1] 下面将介绍韩国实施《罗马规约》的情况，尤其是它所通过的国内法。[2]

一、立法的必要性

韩国在批准《罗马规约》之后，遇到的第一个问题是是否有必要为在国内实施该条约而专门制定国内法。《韩国宪法》第 6 条第 1 款规定，"依本宪法缔

---

〔1〕　http：//www.iccnow.org/? mod = region&idureg = 7.
〔2〕　本节对韩国该立法的介绍主要参考了韩国梨花女子大学国际法教授金英石的文章，参见 Young Sok Kim，"The Korean Implementing Legislation on the ICC Statute"，*Chinese Journal of International Law*，10 (2011)，161 – 170.

结、公布的条约及通常确认的国际法规，具有与国内法律同等的效力。"[1]　因此，在国际法与国内法的关系上，韩国奉行的是一元论的做法，即包括韩国缔结的条约在内的国际法是韩国国内法的组成部分，不是一定需要国会予以转化。因此，有韩国人就认为，韩国没有必要专门就《罗马规约》制定国内法，因为根据《韩国宪法》的上述规定，《罗马规约》自动成为韩国国内法的组成部分，具有与韩国国内法同等的效力。

　　不过，韩国政府最终还是决定专门就《罗马规约》制定国内法。这主要是出于以下几个理由。其一，《罗马规约》中的有些条款明确要求缔约国进行立法，以便履行根据《罗马规约》承担的国际义务。例如，《罗马规约》第70条第4款第1项规定，"对于本条所述的妨害司法罪，如果犯罪在一缔约国境内发生或为其国民所实施，该缔约国应将本国处罚破坏国内调查或司法程序完整性的不法行为的刑事法规扩展适用于这些犯罪"。由于绝大多数的缔约国在批准《罗马规约》之前都不可能把国内刑法中的妨碍司法罪扩展到妨碍国际刑事法院的司法，因此缔约国等于就需要修改国内刑法或制定专门的法律。在这一点上，韩国也不例外。韩国刑法中的妨碍司法罪只适用于韩国司法机关。因此，韩国就需要立法，把韩国刑法中的妨碍司法罪扩展适用于对国际刑事法院的妨害行为。其二，《罗马规约》中的有些条款暗示缔约国必须进行立法，以便履行根据《罗马规约》承担的国际义务。如果不进行立法，就会出现国际刑事法院惩治的核心犯罪无法在韩国国内得到惩治的情况。由于韩国刑法规定了罪刑法定原则，而《罗马规约》虽然规定了核心犯罪的定义，但并没有规定缔约国国内法院的量刑，因此韩国的检察官将无法对这种犯罪进行起诉，法官也将无法量刑。其三，《罗马规约》中的有些条款与国内法之间存在冲突。例如，《罗马规约》中并没有规定本国国民不引渡原则，但韩国引渡法禁止引渡韩国国民。这些冲突如果不消除，将无法履行根据该条约承担的义务。综上考虑，韩国政府决定对《罗马规约》进行专门立法。

二、立法的起草过程

　　韩国政府实际上早在批准《罗马规约》之前就开始着手立法。换句话说，韩国制定实施《罗马规约》的国内法的过程实际上与韩国批准《罗马规约》是

---

　　〔1〕　关于《韩国宪法》的中文版，可访问 http：//www. ccwhu. com/html/xueshuziyuan/gongfawen-ben/20090408/277. html.

同步进行的。

2002 年 9 月，就完成了实施《罗马规约》的立法初稿，并在当年 11 月完成了第一轮调查，听取政府各个部门的意见。2003 年 10 月，完成了第二轮调查，再次听取政府各个部门的意见。2004 年 5 月，向公众公布了立法初稿全文。同年 6 月，司法部监察四科举行了第一次公开听证会，听证会的主题是："对受国际刑事法院管辖的犯罪进行处罚等问题的法律案"。韩国在这一领域有影响的专家学者进行了发言。郑瑞荣（音）教授在主题发表中介绍了国际刑事法院的产生历史以及《罗马规约》中的一些重要内容，在结论中，他指出韩国以后仍需积极参与国际刑事法院的制度发展，并强调此次的立法准备意义重大。梨花女子大学法学院教授金英石细致检查了司法部的法律草案，并提出了一些完善的建议。韩国外交通商部条约科就韩国和国际刑事法院的联络途径问题指出，通常来说，需要与国际刑事法院联络的案件往往也需要引起外交层面的高度关注，所以确保外交通商部可监视的渠道是很重要的，并提出应在《罗马规约》第 36 条第 3 项以及第 4 项添加法官候选人选定程序和资格方面的相关规定。2004 年 6 月，进行了履行法律草案公听会。

2006 年 2 月，司法部对立法初稿进行了修改，体现了在公开听证过程中听取的意见。同年 4 月，韩国司法部国际刑事诉讼科组成了该实施立法的专责小组（Task Force），继续审查具有争议的问题。该专责小组由若干名政府官员、两位国际法教授和一位刑法教授组成。6 月，专责小组对许多已经制定了实施立法的国家的立法进行了细致收集和考察，包括德国、英国、澳大利亚、芬兰和加拿大的实施立法。9 月公布了最终的立法草案。12 月，经过韩国司法部的审查之后，该立法草案相继在政府部长会议和内阁会议上得到通过。12 月 29 日，该立法草案被提交给国会，由国会议员进行辩论。2007 年 3 月，韩国国会立法和司法委员会特别委员办公室对该草案进行了初步审查。6 月 29 日，该立法草案被提交给国会立法和司法委员会特别委员会办公室全体会议进行一读审查，11 月 20 日和 21 日进行二读和三读审查。11 月 23 日，通过了国会全会审查。12 月 21 日，韩国总统第 8719 号令公布了国会通过的实施立法。

韩国从 2002 年 9 月完成这一法律的初稿，11 月批准《罗马规约》，到最终在 2007 年 12 月公布这一法律，历时五年多，遭到韩国国会的一些议员批评，认为韩国的法律制定较为滞后，影响了韩国在国际社会及时宣扬其尊重人权的国际形象。当时的司法部部长解释制定这一法律滞后的理由时说，主要是因为在制定这一法律的过程中参考其他国家的立法例所致。

三、立法的主要内容

韩国最终通过的《国际刑事法院管辖的犯罪刑罚等相关法律》[1] 共分为三个部分和一个附则，其中三个部分共 20 条，附则有 2 条。第一部分是总则，从第 1 条至第 7 条，涉及立法的目的、一些术语的定义、本法的适用范围、奉上级命令行事的责任、军事指挥官和其他上级的责任、追诉时效以及一罪不二审。第二部分是受国际刑事法院管辖的犯罪，从第 8 条至第 18 条，包括灭绝种族罪、危害人类罪、战争罪、军事指挥官和其他上级的渎职罪、妨碍国际刑事法院司法公务罪等。第三部分是与国际刑事法院的合作事项，包括第 19 条和第 20 条，分别涉及韩国的引渡法与国际刑事司法合作法及国际刑事法院的衔接问题。由于第二部分中的第 15 条也是关于军事指挥官和其他上级责任的，因此将与第一部分中的第 5 条（军事指挥官和其他上级的责任）一起分析。

（一）总则

1. 立法目的

第 1 条规定，"本法规定了韩国法律中对国际刑事法院管辖的犯罪的刑罚，以及韩国与国际刑事法院间合作的程序，以此实现尊重人类尊严和价值并履行国际正义的目的"。虽然本条的标题说的是"本法的目的"，但实际上，本条既规定了本法的主要内容，又规定了本法的立法目的，即本法的主要内容有两大块：第一块是实体内容，即要对受国际刑事法院管辖的犯罪进行惩罚；第二块是程序内容，即要确保韩国与国际刑事法院之间的合作。规定这两块内容的目的也有两个：一个是体现对人类尊严和价值的尊重，还有一个是伸张国际正义。

2. 界定术语

第 2 条界定了本法中一些重要术语的含义，共对七个术语的含义进行了界定。

第一个术语是"种族灭绝罪等"，是指本法规定的第 8 条至第 14 条所指的罪行，即种族灭绝罪（第 8 条）、危害人类罪（第 9 条）和战争罪（第 10—14 条）。因此，尽管受国际刑事法院管辖的犯罪还包括有侵略罪（《罗马规约》第 5 条），但由于韩国在立法时《罗马规约》中还没有规定侵略罪的定义以及对侵略罪行使管辖的条件，因此本法并不包括侵略罪。换言之，到目前为止，韩国

---

〔1〕　关于该实施立法的韩语全文，可访问 http：//likms. assembly. go. kr/law/jsp/Law. jsp？WORK_ TYPE = LAW_ BON&LAW_ ID = A2103&PROM_ NO =08719&PROM_ DT = 20071221.

无法依据本法审理侵略罪。不过，这并不排除在《罗马规约》对侵略罪的定义以及行使条件作出规定之后，韩国对本法进行修正以便把侵略罪包括在内的可能性。而且，实际上，就在 2010 年 6 月 11 日的《罗马规约》缔约国大会上，侵略罪的定义和行使条件已经被规定进了《〈罗马规约〉坎帕拉修正案》中了，因此韩国接下来将可能对本法进行修正。

　　第二个术语是"国际刑事法院"，是指于 1998 年 7 月 17 日在意大利罗马外交全权代表会议中通过，并于 2002 年 7 月 1 日生效的《国际刑事法院罗马规约》所建立的国际刑事法院。

　　第三个术语是《日内瓦公约》，是指 1949 年的四个《日内瓦公约》，具体说来，就是 1949 年 8 月 12 日《改善战地武装部队伤者病者境遇之日内瓦公约》（《日内瓦第一公约》）、1949 年 8 月 12 日《改善海上武装部队伤者病者及遇船难者境遇之日内瓦公约》（《日内瓦第二公约》）、1949 年 8 月 12 日《关于战俘待遇之日内瓦公约》（《日内瓦第三公约》），以及 1949 年 8 月 12 日《关于战时保护平民之日内瓦公约》（《日内瓦第四公约》）。韩国于 1966 年 8 月 16 日加入四个《日内瓦公约》，并在加入四个公约时对第三公约和第四公约分别作有声明。关于《第三公约》第 118 条，韩国认为，"第 118 条第 1 款对旨在违反战俘公开和自由表达的意愿而予以强迫拘留的国家不具有拘束力"。关于《第四公约》第 68 条，"韩国保留根据第 68 条第 2 款实施死刑的权利，不论其中提到的罪行根据占领开始时的被占领土的法律是否可以被判处死刑。而且，韩国政府还声明，根据 1948 年 12 月 12 日联大第 195（Ⅲ）号决议，它是朝鲜半岛的唯一合法政府，因此，不能将其加入公约视为对韩国不承认的缔约国的承认"[1]。

　　第四个术语是"外国人"，是指不具有韩国国籍者。也就是说，只要某人不具有韩国的国籍，其就是本法意义上的外国人。值得注意的是，韩国在 2011 年 1 月 1 日开始有条件地承认双重国籍。2010 年 4 月 21 日，韩国国会通过了《国籍法修正案》，该法于 2011 年 1 月 1 日生效。修改后的国籍法规定，优秀的外国人、在韩国出生但在成年前被外国人收养的韩国人、在国外生活于 65 岁后返回韩国的海外同胞，将被承认具有韩国与外国的双重国籍，条件是他们必须以书面形式在韩国境内放弃行使外国人的权利。这就产生了具有韩国和外国的双重国籍人是否构成本法中的外国人的问题。

　　第五个术语是"奴役"，是指对一人行使附属于所有权的任何或一切权力，

---

〔1〕　http：//www.icrc.org/ihl.nsf/NORM/1C6F6F6349C065D3C1256402003F95D4? Open Document.

包括在贩卖人口，特别是贩卖妇女和儿童的过程中行使这种权力。这一规定与《罗马规约》第 7 条第 2 款第 3 项无异。

第六个术语是"强迫怀孕"，是指以影响任何人口的族裔构成的目的，或以进行其他严重违反国际法的行为的目的，非法禁闭被强迫怀孕的妇女。这一规定与《罗马规约》第 7 条第 2 款第 6 项基本一致。在《罗马规约》第 7 条第 2 款第 6 项中，还进一步规定，本定义不得以任何方式解释为影响国内关于怀孕的法律。因此，妇女是否已经怀孕，以韩国国内法规定判断之。

第七个术语是"国际人道法保护的人员"，是指符合下列任一条件的人员：其一，在国际性武装冲突中，受《日内瓦公约》和 1949 年 8 月 12 日《关于战时保护平民之日内瓦公约第一附加议定书》（《第一议定书》）所保护的伤者、病者、遇船难者、战俘和平民。其二，在非国际性武装冲突中，处于敌方权力之下的伤者、病者、遇船难者和不实际参加敌对行动的人员。其三，在国际性武装冲突和非国际性武装冲突中，已经投降或丧失战斗能力的敌方武装部队人员和战斗员。

3. 适用范围

第 3 条规定了本法的适用范围，共有五款。

第 1 款规定，本法适用于在韩国境内违反本法而犯罪的韩国人及外国人。因此，这是属地管辖的体现。而且，这也与《罗马规约》中规定的国际刑事法院的管辖权保持一致。《罗马规约》第 12 条第 2 款第 1 项规定，只要受国际刑事法院管辖的犯罪发生在《罗马规约》缔约国的领土上，国际刑事法院就具有管辖权。《韩国刑法典》[1] 第 2 条就是这样规定的。

第 2 款规定，本法适用于在韩国境外违反本法而犯罪的韩国人。因此，这是积极属人管辖（犯罪嫌疑人国籍国管辖）的体现。《韩国刑法典》第 3 条就是这样规定的。而且，这也与《罗马规约》中规定的国际刑事法院的管辖权保持一致。《罗马规约》第 12 条第 2 款第 1 项规定，只要受国际刑事法院管辖的犯罪发生在《罗马规约》缔约国的领土上，国际刑事法院就具有管辖权。2010 年 2 月 25 日，韩国国会通过决议，决定向阿富汗派遣军队，从 2010 年 7 月 1 日至 2012 年年底，向阿富汗派遣警卫兵力，保护派往阿富汗帕尔旺省的民间地方重建小组，派兵人数在 350 名以内。[2]

〔1〕《韩国刑法典》于 1953 年 9 月 18 日第 293 号法令通过。

〔2〕 http://chn.chosunilbo.com/site/data/html_dir/2010/02/26/20100226000005.html.

第 3 款规定，本法适用于在韩国境外的韩国船舶或航空器内违反本法而犯罪的外国人。这是将在韩国登记的船舶或航空器拟制为浮动领土的体现，属于属地管辖原则的体现。这一规定也与《韩国刑法典》第 4 条一致。

第 4 款规定，本法适用于在韩国境外对韩国或韩国国民违反本法而犯罪的外国人。这是保护性管辖和消极属人管辖（被害人国籍国管辖）的双重体现。这一规定也与《韩国刑法典》第 6 条一致。值得注意的是，灭绝种族罪、危害人类罪和战争罪的被害人一般都是自然人，国际刑事法院也只审理自然人，不可能出现国家成为被害人的情况，因此本法将韩国国家作为被害人主体而主张保护性管辖权确实有点难以理解。在本法的立法过程中，专责小组对一些此前已经立法的国家进行了考察，但是无论是德国 2002 年的《违反国际法之罪行法典》、荷兰 2003 年的《关于惩治严重违反国际人道法行为的法律》、加拿大 2000 年的《危害人类罪和战争罪法》、英国 2001 年的《国际刑事法院法》、澳大利亚 2002 年的《国际刑事法院法》等均没有规定保护性管辖权。另外，就消极属人管辖（被害人国籍国管辖）而言，《罗马规约》并没有规定国际刑事法院可以对缔约国的公民是被害人的案件行使管辖权。因此，第 3 款的规定已经突破了《罗马规约》，说明韩国的这项法律并不是在严格履行《罗马规约》的最低法律要求（minimum approach），而是在扩大立法。这种结论也可以从第 5 款的规定中得到证实。

第 5 款规定，本法适用于在韩国境外犯灭绝种族罪等罪的在韩国境内的外国人。这是普遍管辖原则的体现，即韩国将对涉嫌犯有受国际刑事法院管辖的犯罪的外国人行使管辖权，不论其是否在韩国境内实施，针对的是否是韩国或韩国人，只要其出现在韩国境内就行。韩国国会在制定这一规定的过程中注意到，无限制地认可普遍管辖权极有可能使这一管辖权行使带有政治化色彩，并会引发围绕普遍管辖权问题的国际争端。因此，在讨论过程中，有意见指出，一方面需要充分考虑这些因素后规定普遍管辖权的行使原则，另一方面也要制定例外规定的方案，这样才比较完善。因此，韩国的法律最终要求犯罪嫌疑人已经在韩国境内出现才可行使普遍管辖权。这是一种传统的普遍管辖权，而不是绝对的或无条件的普遍管辖权（即使犯罪嫌疑人不在韩国境内，也主张行使管辖权）。这样规定有助于减少产生国际争端的可能性，减轻国内司法机关对发生在外国的受国际刑事法院管辖的犯罪进行调查的压力和负担。虽然《韩国刑法典》中并没有规定有普遍管辖权，但《韩国宪法》第 6 条第 1 款规定，依本宪法缔结、公布的条约及通常确认的国际法规，具有与国内法律同等的效力。

因此，只要韩国批准的条约或通常确认的国际法允许或要求韩国对某种犯罪进行普遍管辖，韩国在法律上就有能力那样做。在 1983 年的"卓长仁劫机案"中，中国公民卓长仁等人劫持了中国民航班机，降落在韩国机场。韩国最高法院认为，根据 1970 年的《海牙公约》，韩国有权对本案行使管辖权。[1] 从比较的角度来看，第 5 款的规定与已经颁布了法律的加拿大、荷兰和澳大利亚等国保持一致，它们的立法也规定了传统的普遍管辖权，不过与德国和新西兰的立法不同，因为德国和新西兰的立法规定的是绝对的普遍管辖权。不过，无论如何，这种规定也都超越了《罗马规约》的规定，因为《罗马规约》并没有规定国际刑事法院具有对包括种族灭绝罪在内的犯罪的普遍管辖权。在《罗马规约》的起草过程中，包括德国在内的一部分国家极力主张，应当规定国际刑事法院具有普遍管辖权，理由是，据称受国际刑事法院管辖的犯罪在习惯国际法中是可以进行普遍管辖的。不过，德国的提案最终并没有得到采纳。[2]

4. 奉上级命令行事的责任

第 4 条是关于奉上级命令行事的责任。第 1 款规定，具有服从政府或上级命令的责任者，因不知命令中自身行为的非法性而实施了灭绝种族罪等时，只有当不知命令的非法性有正当理由时才不受处罚。奉上级命令行事的责任规定在《罗马规约》第 33 条中。第 1 款规定，某人奉政府命令或军职或文职上级命令行事而实施本法院管辖权内的犯罪的事实，并不免除该人的刑事责任，但下列情况除外：该人有服从有关政府或上级命令的法律义务；该人不知道命令为不法的；以及命令的不法性不明显。如果比较一下韩国立法第 4 条第 1 款与《罗马规约》第 33 条第 1 款，可以发现：两者都确立的原则是，下级奉上级命令行事而实施了受国际刑事法院管辖的犯罪的，必须承担刑事责任；两者都确立了不需要承担刑事责任的例外，而且都对构成例外的条件作出了规定。根据韩国的立法，这些例外条件实际上也是三项：该人具有服从政府或上级命令的责任；该人不知命令的非法性；该人不知命令的非法性具有正当理由。因此，比较韩国的立法和《罗马规约》，基本上是一致的，唯一一个不同之处在于：下级想要不承担责任，韩国的立法要求下级不知上级命令的不法性具有正当理由，而《罗马规约》则要求上级命令的不法性不明显。

韩国的立法第 4 条第 2 款进一步规定，奉上级命令行事的人员若犯有第 8

---

〔1〕 http：//www. un. org/en/ga/sixth/65/ScopeAppUniJuri_ StatesComments/RepublicofKorea. pdf.
〔2〕 参见第二章。

条（灭绝种族罪）、第9条（危害人类罪）的，则视为不法行为。换言之，若奉上级命令行事的人员犯有灭绝种族罪和危害人类罪的，则必须受到惩罚，不论其是否有正当理由知道命令的非法性。这一款与《罗马规约》第33条第2款是一致的，它也规定，实施灭绝种族罪或危害人类罪的命令是明显不法的，奉上级命令行事的下级必须对此承担责任。这实际上也说明，韩国的立法和《罗马规约》第33条实际上是针对战争罪的。[1]

5. 军事指挥官和其他上级的责任

第5条和第15条是关于军事指挥官和其他上级的责任的。其中，第5条规定了军事指挥官和其他上级在明知部下或下级人员正在实施或即将实施犯罪的责任，第15条规定了军事指挥官和其他上级应当知道部下或下级人员正在实施或即将实施犯罪的责任。

第5条规定，军事指挥官（"指挥官"包括指挥官权限的有效执行者）或团体、机关的上级（"上级"包括上级权限的有效执行者）有效指挥和控制的部下或下级人员犯灭绝种族罪等在明知其行为是犯罪行为的情况下而未采取防止其部下犯罪的必要的相应措施时，除对犯灭绝种族罪等的人员进行刑罚以外，对指挥官或上级也要依相应各条规定进行刑罚。按照这一规定，军事指挥官和其他上级的责任的构成要件有：①军事指挥官或上级包括任何有效执行指挥官或上级权限的人员；②部下或下级人员受其有效指挥和控制；③部下或下级人员实施了受国际刑事法院管辖的犯罪；④军事指挥官和其他上级明知部下或下级人员实施了受国际刑事法院管辖的犯罪；⑤军事指挥官和其他上级没有采取预防措施。可见，第5条规定的军事指挥官和其他上级的责任是以其明知部下或下级人员的犯罪行为为前提的。

第15条规定了军事指挥官和其他上级的渎职罪，即①军事指挥官或团体、组织的上级没有采取积极必要的措施防止或指示受其有效指挥或控制的下级人员实施灭绝种族罪等，应被判处7年以下有期徒刑；②因过失原因造成第①项所指行为者，应被判处5年以下有期徒刑；③军事指挥官或团体、组织机关上级没有把其下级人员实施的灭绝种族罪等告知调查机关的行为，应被判处5年以下有期徒刑。与第5条的规定不同，第15条规定的渎职罪是一种过失犯罪，而第5条规定的则是一种故意犯罪。韩国的立法之所以专门又在第15条中规定

---

〔1〕 在《罗马规约》的情况下，还可能针对侵略罪，参见 Otto Triffterer, Article 33, in Otto Triffterer ed. *Commentary on the Rome Statute of the International Criminal Court*: *Observers' Notes*, *Article by Article*, 2 nd ed., C. H. Beck, Hart, Nomos, 2008, p. 928.

渎职罪这样一种过失犯罪，是因为根据韩国刑法典的规定，过失犯罪只有刑法有规定的，才受处罚，[1] 而韩国的这部立法属于特别刑法，必须作出专门规定，否则无法追究刑事责任。

在《罗马规约》中，军事指挥官和其他上级的责任规定在第 28 条中。它规定：

"（一）军事指挥官或以军事指挥官身份有效行事的人，如果未对在其有效指挥和控制下的部队，或在其有效管辖和控制下的部队适当行使控制，在下列情况下，应对这些部队实施的本法院管辖权内的犯罪负刑事责任：

1. 该军事指挥官或该人知道，或者由于当时的情况理应知道，部队正在实施或即将实施这些犯罪；和

2. 该军事指挥官或该人未采取在其权力范围内的一切必要而合理的措施，防止或制止这些犯罪的实施，或报请主管当局就此事进行调查和起诉。

（二）对于第 1 款未述及的上下级关系，上级人员如果未对在其有效管辖或控制下的下级人员适当行使控制，在下列情况下，应对这些下级人员实施的本法院管辖权内的犯罪负刑事责任：

1. 该上级人员知道下级人员正在实施或即将实施这些犯罪，或故意不理会明确反映这一情况的情报。

2. 犯罪涉及该上级人员有效负责和控制的活动；和

3. 该上级人员未采取在其权力范围内的一切必要而合理的措施，防止或制止这些犯罪的实施，或报请主管当局就此事进行调查和起诉。"

与《罗马规约》第 28 条相比，韩国的立法并没有区别军事指挥官的责任和其他上级的责任。在《罗马规约》第 28 条中，军事指挥官的责任和其他上级的责任构成要件是存在差别的。要使其他上级承担责任，除了要求知道正在实施或即将实施犯罪和未采取在其权力范围内的一切必要而合理的措施，防止或制止犯罪的实施，或报请主管当局进行调查和起诉外，其他上级责任还必须要求该上级人员"故意不理会有关情报"，而且"犯罪涉及该上级人员有效负责和控制的活动"。之所以对军事指挥官的责任和其他上级责任作出了差别规定，是因为军事指挥官控制的是军队系统，其有更多的渠道了解其有效指挥和控制的部队的行为，并有更多的手段处罚部下。不过，韩国的立法显然并没有对军事

---

〔1〕　参见《韩国刑法典》第 14 条规定，［韩］金永哲译：《韩国刑法典及单行刑法》，中国人民大学出版社 1996 年版。

指挥官的责任和其他上级的责任作出区分。虽然韩国的立法也对军事指挥官和其他上级责任用两个条款作出了不同的规定，但这种区分不是按照军事指挥官和其他上级的责任进行的，而是按照他们的主观要件的不同进行的，分成了故意状态下的军事指挥官和其他上级责任以及过失状态下的军事指挥官和其他上级责任。

6. 追诉时效

在韩国，检察官追诉时效制度规定在《刑事诉讼法》第 249 条至第 253 条、《军事法院法》第 291 条至第 295 条以及《刑法》第 77 条至第 80 条。[1] 尽管韩国刑法及刑事诉讼法规定了追诉时效制度，但韩国《〈罗马规约〉实施法》并没有规定对种族灭绝罪、危害人类罪和战争罪的追诉时效制度。

第 6 条规定了种族灭绝罪等犯罪的追诉时效。它规定，灭绝种族罪等不适用《刑事诉讼法》第 249—253 条、《军事法院法》第 291—295 条以及《刑法》第 77—80 条中规定的刑事追诉时效的相关规定。因此，作为特别刑法，韩国司法机关在处理种族灭绝罪、危害人类罪和战争罪的案件时，《〈罗马规约〉实施法》要优于《刑法》《刑事诉讼法》和《军事法院法》中的相关规定。

在韩国国会的讨论过程中，有人提问，第 6 条的规定是适用于以前的犯罪还是只适用于将来的犯罪，大多数意见指出，由于第 6 条的规定并没有追溯力，因此这一规定只适用于将来的犯罪。此外，韩国还制定了《关于破坏宪政秩序罪的诉讼时效等的特别法》，其中规定，灭绝种族罪不适用诉讼时效。[2] 因此，在国会讨论过程中，对于这一特别法中的"种族灭绝罪"与 2007 年的《〈罗马规约〉实施法》中规定的"灭种种族罪"是否相同，各方没有得出一致的意见。

---

〔1〕　例如《韩国刑事诉讼法》第 249 条规定，1. 公诉时效，因下列期间的经过而完成：①对于应当处以死刑的犯罪是 15 年；②对于应当处以无期惩役或无期禁锢的犯罪是 10 年；③对于应当处以 10 年以上惩役或禁锢的犯罪是 7 年；④对于应当处以 10 年以下惩役或禁锢的犯罪是 5 年；⑤对于应当处以 5 年以下惩役或禁锢、10 年以上停止资格或 1 万韩元以上罚金的犯罪是 3 年；⑥对于应当处以 5 年以上停止资格的犯罪是 2 年；⑦对于应当处以 5 年以下停止资格、1 万韩元以下罚金、拘留、罚款或没收的犯罪是 1 年。2. 提起公诉的犯罪，未经判决确定，从提起公诉之日起经过 15 年的，视为公诉时效已经完成。马相哲译：《韩国刑事诉讼法》，中国政法大学出版社 2004 年版，第 73 页。

〔2〕　该法由韩国国会在 1995 年 12 月 19 日通过，当日通过的还有《关于"五一八"民主运动等的特别法》，为审判韩国前总统全斗焕、卢泰愚等人提供了法律基础。《关于破坏宪政秩序罪的诉讼时效等的特例法》第 3 条规定，对下列各项犯罪，不得适用《刑事诉讼法》第 249 条至第 253 条及《军事法院法》第 291 条至第 295 条所规定的公诉时效：（1）第 2 条之破坏宪政秩序的犯罪；（2）《刑法》第 250 条所指犯罪，即《防止及惩治灭绝种族罪公约》所规定的灭绝种族罪的行为。

《〈罗马规约〉实施法》的规定也与《罗马规约》第 29 条保持一致，该条款规定，"本法院管辖内的犯罪不适用任何时效"。值得注意的是，韩国并不是 1968 年联合国《战争罪及危害人类罪不适用法定时效公约》的缔约国。[1] 因此，此前韩国的刑事法一直都有追诉时效的规定。韩国成为《罗马规约》的缔约国后，迫使韩国的刑事法中出现了不适用法定时效方面的制度。

7. 一罪不二审

一罪不二审原则规定在该法的第 7 条，即关于灭绝种族罪等事件，在已被国际刑事法院明确宣布有罪或无罪时，被告应申告免于本法诉讼。在《罗马规约》中，一罪不二审原则规定在第 20 条。它规定："（一）除本规约规定的情况外，本法院不得就本法院已经据以判定某人有罪或无罪的行为审判该人。（二）对于第 5 条所述犯罪，已经被本法院判定有罪或无罪的人，不得因该犯罪再由另一法院审判。（三）对于第 6 条、第 7 条或第 8 条所列的行为，已经由另一法院审判的人，不得因同一行为受本法院审判，除非该另一法院的诉讼程序有下列情形之一：（1）是为了包庇有关的人，使其免负本法院管辖权内的犯罪的刑事责任；（2）没有依照国际法承认的正当程序原则，以独立或公正的方式进行，而且根据实际情况，采用的方式不符合将有关的人绳之以法的目的。"可见，《罗马规约》第 20 条第（一）款和第（三）款处理的是国际刑事法院本身与一罪不二审的关系，而第（二）款才处理的是国际刑事法院以外的其他法院，包括缔约国的法院，与一罪不二审的关系。虽然《罗马规约》本身规定，一罪不二审原则只适用于侵略罪、灭绝种族罪、危害人类罪和战争罪，但国际刑事法院《程序和证据规则》第 168 条规定，"对于第 70 条所述犯罪，本法院不得就本法院或另一法院已经据以判定某人有罪或无罪的行为审判该人。"[2]

可见，在国际刑事法院中，一罪不二审不仅适用于侵略罪、灭绝种族罪、危害人类罪和战争罪，还适用于妨碍司法罪。但是，在韩国的《〈罗马规约〉实施法》中，一罪不二审只适用于侵略罪、灭绝种族罪、危害人类罪和战争罪，并不包括妨碍司法罪，这不得不说是韩国《〈罗马规约〉实施法》与《罗马规约》的又一个差异。

---

〔1〕　754 UNTS 73，http：//treaties. un. org/Pages/ViewDetails. aspx？src = TREATY&mtdsg_ no = Ⅳ -6&chapter = 4&lang = en.

〔2〕　ICC - ASP/1/3（Part. Ⅱ - A），http：//www. icc - cpi. int/NR/rdonlyres/3C75EAD5 - 1D45 - 43F3 - AF95 - 16C5CAF0CD0A/0/Rules_ of_ procedure_ and_ Evidence_ Chinese. pdf.

　　(二) 国际刑事法院管辖的犯罪

　　1. 灭绝种族罪

　　第 8 条规定了灭绝种族罪及其刑罚。它规定：

　　"(一) 任何人蓄意全部或局部消灭某一民族、种族、族裔或宗教团体 (在本条中，下称"团体") 而杀害该团体的成员，应被判处死刑、无期徒刑或 7 年以上的有期徒刑；

　　(二) 在具备第 (一) 款所指意图的情况下实施下列行为之一的，应被判处无期徒刑或 5 年以上有期徒刑：

　　1. 致使该团体的成员在身体上或精神上遭受严重伤害。

　　2. 故意使该团体处于恶劣生活状况下，毁灭其生命。

　　3. 强制施行办法，意图防止该团体内的生育。

　　4. 强迫转移该团体的儿童至另一团体。

　　(三) 行为人实施第 (二) 款规定的行为造成人员死亡的，应适用第 (一) 款规定的刑罚。

　　(四) 第 (一) 款或第 (二) 款规定的犯罪煽动者，应被判处 5 年以上的有期徒刑。

　　(五) 企图实施第 (一) 款或第 (二) 款规定的未遂犯，也应受刑罚。"

　　如果比较韩国的规定和《罗马规约》第 6 条的规定，就会发现韩国的规定与《罗马规约》的规定基本上是相同的。其中，第 (一) 款和第 (二) 款规定的客观行为与《罗马规约》第 6 条的规定是一致的。唯一不同之处在于，《罗马规约》第 6 条规定的第三种客观行为中，规定的是"毁灭其全部或局部生命"，而韩国的《〈罗马规约〉实施法》第 8 条第 (二) 款第 3 项中，则只是规定"毁灭其生命"。不过，这种差别问题不大。重要的是，韩国《〈罗马规约〉实施法》第 8 条的规定依据客观行为的严重性不同而规定了不同的刑罚，作出了款项方面的不同规定。如果客观行为是杀害某一民族、种族、族裔或宗教团体成员的，应被判处死刑、无期徒刑或 7 年以上的有期徒刑。如果客观行为是其他四种之一的，则应被判处无期徒刑或 5 年以上有期徒刑。但是，如果实施上述四种客观行为之一造成人员死亡的，也应被判处死刑、无期徒刑或 7 年以上的有期徒刑。第 (四) 款还规定，煽动实施灭绝种族罪的，应被判处 5 年以上有期徒刑。第 (五) 款还规定，企图实施灭绝种族罪的未遂犯，也应受刑罚。不过，第 (五) 款并没有规定如何受刑罚。虽然《罗马规约》第 6 条并没有规定煽动种族灭绝罪和种族灭绝罪的未遂犯，但《罗马规约》第 25 条第 3 款第 5 项和第 6 项分别规定，直接公然煽动他人灭绝种族，以及已经以实际步骤着手采取行动，意图实施犯罪，但由于其意志以外的情况，犯罪没有发生的，也应在国际刑事法院负刑事责任。因此，韩国《〈罗马规约〉实施法》第 8 条关于灭绝种族罪的规定是与《罗马规约》相符的。

2. 危害人类罪

第 9 条规定了危害人类罪及其刑罚。它规定：

"（一）任何人，在广泛或有系统地针对任何平民人口进行的攻击中，根据国家或组织进行此种攻击的政策，或为了推行这种政策，作为攻击的一部分而杀人的，应被判处死刑、无期徒刑或 7 年以上的有期徒刑。

（二）任何人，在广泛或有系统地针对任何平民人口进行的攻击中，根据国家或组织进行此种攻击的政策，或为了推行这种政策，作为攻击的一部分而实施下列行为之一的，应被判处无期徒刑或 5 年以上有期徒刑：

1. 故意施加某种生活状况，如断绝粮食和药品来源，目的是毁灭部分的人口。

2. 奴役。

3. 违反国际法，将合法位于某一地区的人员驱逐至其他国家或强行迁移至其他地方。

4. 违反国际法，监禁或以其他方式严重剥夺人身自由。

5. 故意致使在行为人羁押或控制下的人的身体或精神遭受重大痛苦，对该人实施酷刑。

6. 强奸、性奴役、强迫卖淫、强迫怀孕、强迫绝育或严重程度相当的任何其他形式的性暴力。

7. 基于政治、种族、民族、族裔、文化、宗教、性别，或根据公认为国际法不容的其他理由，针对某一团体或集体的特性，剥夺或限制基本人权，对任何可以识别的团体或集体进行迫害。

8. 通过国家或政治组织同意、支持或默许下实施的任何下列行为而强迫人员失踪，目的是将其长期置于法律保护之外：

（1）逮捕、羁押或绑架（本项中下称"逮捕等"）人员，继而拒绝透露有关人员的逮捕等、身份、命运或下落的信息，或透露错误信息；

（2）违反法定职责拒绝透露第（1）项所指的信息或透露错误的信息。

9. 故意造成重大痛苦，或对身心健康造成严重伤害的其他性质相同的不人道行为。

（三）任何人意图维持一个种族团体对任何其他一个或多个种族团体有计划地实行压迫和统治的体制化制度而实施第（一）款和第（二）款规定的犯罪的，应判处第（一）款和第（二）款规定的刑罚。

（四）行为人因实施第（二）款或第（三）款的任一行为而造成人员死亡的，应被判处第（一）项规定的刑罚。

（五）任何人企图实施第（一）款或第（二）款规定的未遂罪，也应被判处刑罚。"

如果比较一下韩国的规定与《罗马规约》第7条，就会发现，与《罗马规约》第7条先在第（一）款中列出危害人类罪的客观行为，然后在第（二）款中列出客观行为中一些术语的含义不同，韩国的立法将《罗马规约》第7条第（二）款中的一些术语的定义都穿插在客观行为中了。例如，韩国的立法在第（一）款中，就把《罗马规约》第7条第（二）款第1项中的"针对任何平民人口进行的攻击"的含义穿插在危害人类罪的总括要件中了，变成了现在第9条第（一）款的样子。再比如，《罗马规约》第7条第（一）款第2项只是规定了"灭绝"，而关于"灭绝"的定义规定在第（二）款第2项中，而在韩国的立法中，在第9条第2款第1项中，直接就把"灭绝"的定义规定在了客观行为中。不过，韩国的立法也没有都采用这样一种做法。例如，在第9条第2款第2项中，它只是规定了"奴役"这种客观行为，并没有把《罗马规约》第7条第（二）款第2项中的"奴役"的定义纳入进来。不过，即便如此，问题也不大，因为《韩国宪法》第6条规定，韩国缔结的条约具有与国内法同等的效力，因此《罗马规约》第7条第（二）款第2项中的"奴役"的定义对韩国具有效力。另外，如同灭绝种族罪一样，《〈罗马规约〉实施法》第9条关于危害人类罪也同样按照客观行为的严重性程度的不同，在款项方面作出了不同的规定，并规定了不同的刑罚。根据第9条第（一）款和第（四）款的规定，在危害人类罪的总括要件得到满足的情况下，谋杀或致人死亡的其他客观行为，应被判处死刑、无期徒刑或7年以上的有期徒刑；而根据第9条第（二）款的规定，在危害人类罪的总括要件得到满足的情况下，实施其他客观行为的，应被判处无期徒刑或5年以上有期徒刑。

也许，更为重要的并不是立法体例的问题，而是立法的内容是否与《罗马规约》有不一致的地方。要说危害人类罪的立法内容的不同之处，下面两处值得关注：其一，在《罗马规约》中，种族隔离罪是作为危害人类罪的其中一个客观行为与其他客观行为并列规定在总括要件之下的，但在韩国的立法中，种族隔离罪是作为危害人类罪的一种单独规定的。韩国的立法第 9 条第（三）款规定，任何人意图维持一个种族团体对任何其他一个或多个种族团体有计划地实行压迫和统治的体制化制度而实施第（一）款和第（二）款规定的犯罪的，应判处第（一）款和第（二）款规定的刑罚。而第（一）款和第（二）款规定的犯罪包括谋杀、灭绝、奴役等。因此，从逻辑关系来说，韩国的立法将种族隔离与谋杀、灭绝、奴役等行为是作为一种包含与被包含关系，而在《罗马规约》中，则是一种并列关系。韩国为什么如此重视种族隔离罪有点令人不解，因为直到今天，韩国并未加入 1973 年的联合国《禁止并惩治种族隔离罪行国际公约》。[1] 其二，韩国的立法在客观行为的规定方面，与《罗马规约》在有些小地方有些许差别。比如，《罗马规约》第 7 条第（一）款第 5 项在规定非法监禁这种行为时，要求的是"违反国际法基本规则"的监禁，而韩国的立法则在第 9 条第（二）款第 4 项中规定的是"违反国际法"的监禁即可。在强迫人员失踪这种客观行为方面，《罗马规约》第 7 条第（二）款第 9 项规定的是"拒绝透露有关人员的命运或下落"，而韩国的立法则在第 9 条第（二）款第 8 项中则规定的是"拒绝透露有关人员的逮捕等、身份、命运或下落的信息"。在其他不人道行为方面，《罗马规约》第 7 条第（一）款第 11 项中规定的是，故意造成重大痛苦，或对人体或身心健康造成严重伤害的其他性质相同的不人道行为，而韩国的立法第 9 条第（二）款第 9 项中则规定的是，故意造成重大痛苦，或对身心健康造成严重伤害的其他性质相同的不人道行为，显然，韩国的立法少了一个"对人体"造成的伤害。不过，总体说来，韩国关于危害人类罪的立法，除了按照客观行为的严重性规定了不同的刑罚以及对种族隔离罪作了重点规定之外，关于危害人类罪的总括要件和客观行为，基本上是与《罗马规约》第 7 条的规定保持一致的。

3. 战争罪

在《罗马规约》中，战争罪规定在第 8 条第（二）款中。它对战争罪作了具体的分类，而分类的标准是武装冲突的性质，即根据国际性武装冲突和非国际性武装冲突的不同，《罗马规约》第 8 条第（二）款规定了四种不同类型的战争罪。前两种都是在国际性武装冲突的情况下实施的，后两种都是在非国际性武装冲突的情况下实施的。其中，在国际性武装冲突的情况下实施的战争罪

---

[1] 1015 UNTS 243, http://treaties.un.org/Pages/ViewDetails.aspx? src = TREATY&mtdsg_ no = IV - 7&chapter = 4&lang = en.

又有两种，第一种是 1949 年《日内瓦公约》中规定的严重破坏公约的行为，第二种是 1949 年《日内瓦公约》中规定的严重破坏公约的行为以外的其他行为；在非国际性武装冲突的情况下实施的战争罪也有两种，第一种是严重违反 1949 年《日内瓦公约》共同第 3 条的行为，第二种是在非国际性武装冲突中实施的其他行为。

与《罗马规约》第 8 条第（二）款的规定不同，韩国《〈罗马规约〉实施法》中规定的战争罪不是依据武装冲突的性质来分类规定的，而是按照战争罪所侵犯的对象作出了分类规定。《〈罗马规约〉实施法》分别用了五个条款规定了五种战争罪，分别是侵犯人身的战争罪（第 10 条）、侵犯财产和其他权利的战争罪（第 11 条）、破坏人道行动和标志的战争罪（第 12 条）、使用禁止的作战方法的战争罪（第 13 条）和使用禁止的作战手段的战争罪（第 14 条），具体规定如下：

"第 10 条（侵犯人身的战争罪）

（一）任何人，在与国际性武装冲突或非国际性武装冲突（不包括内部动乱和紧张局势，如暴动、孤立和零星的暴力行为或其他性质相同的行为，下同）的联系中，杀害国际人道法保护的人员的，应被判处死刑、无期徒刑或 7 年以上有期徒刑。

（二）任何人，在与国际性武装冲突或非国际性武装冲突的联系中，实施下列行为之一的，应被判处无期徒刑或 5 年以上有期徒刑：

1. 劫持国际人道法保护的人员作为人质。

2. 使人的身体或健康造成重大伤害或痛苦，特别是对其实施酷刑或残伤肢体。

3. 对国际人道法保护的人员实施强奸、性奴役、强迫卖淫、强迫怀孕、强迫绝育。

（三）任何人，在与国际性武装冲突或非国际性武装冲突的联系中，实施下列行为之一的，应被判处 3 年以上有期徒刑：

1. 违反国际法，将国际人道法保护的人员驱逐出境或强迫迁移至其他国家或地方。

2. 未经公正和正规审判对国际人道法保护的人员径行判罪和处决。

3. 未经国际人道法保护的人员自愿和明确同意，对其进行医学或科学实验，而这些实验既不具有医学的理由，也不是为了该人员的利益而进行的，并且导致这些人员死亡或严重危及其健康。

4. 敌方武装部队人员或敌方战斗员已无条件投降或丧失战斗力后，致其受伤；

5. 抓募不满15岁的儿童加入武装部队或武装团体，征召其加入武装部队或武装团体，或利用其积极参加敌对行动。

（四）任何人，在与国际性武装冲突或非国际性武装冲突的联系中，以严重侮辱性和有辱人格的方式对待国际人道法保护的人员，应被判处1年以上有期徒刑。

（五）任何人，在与国际性武装冲突的联系中，实施下列行为之一的，应被判处3年以上有期徒刑：

1. 将国际人道法保护的人员非法禁闭或持续禁闭在某个特定地方。

2. 作为占领国的一员将部分本国平民人口迁移到其占领的领土。

3. 强迫国际人道法保护的人员在敌国部队中服役。

4. 强迫敌方国民参加反对他们本国的作战行动。

（六）行为人因实施第（二）（三）或（五）款规定的行为致人死亡的，应被判处死刑、无期徒刑或7年以上有期徒刑。

（七）任何人企图实施第（一）款至第（五）款规定的任何犯罪的，也应被判处刑罚。

第11条（侵犯财产和其他权利的战争罪）

（一）任何人，在与国际性武装冲突或非国际性武装冲突的联系中，抢劫，或除非基于武装冲突的必要，违反国际法广泛摧毁、征用或没收敌方财产，应被判处无期徒刑或3年以上有期徒刑。

（二）任何人，在与国际性武装冲突的联系中，违反国际法，宣布取消、停止敌方全部或大部分国民的权利和诉讼权，或在法院中不予执行，应被判处3年以上有期徒刑。

（三）任何人企图实施第（一）款和第（二）款规定的犯罪之一的，也应被判处刑罚。

第12条（破坏人道行动和标志的战争罪）

（一）任何人，在与国际性武装冲突或非国际性武装冲突的联系中，实施下列行为之一的，应被判处3年以上有期徒刑：

1. 故意指令攻击依照《联合国宪章》执行的人道主义援助或维持和平行动的所涉人员、设施、物资、单位或车辆，如果这些人员和物体有权得到武装冲突国际法规给予平民或民用物体的保护。

2. 故意指令攻击人员、设施、物资、医疗单位、医疗单位运输，以及根据国际法使用《日内瓦公约》所订特殊标志的人员。

（二）任何人，在与国际性武装冲突或非国际性武装冲突的联系中，不当使用《日内瓦公约》所订特殊标志、休战旗、敌方或联合国旗帜或军事标志和制服，致使人员死亡或重伤，应被判处下列刑罚：

1. 行为人造成人员死亡的，应被判处死刑、无期徒刑或 7 年以上有期徒刑。

2. 行为人致人重伤的，应被判处无期徒刑或 5 年以上有期徒刑。

（三）任何人企图实施第（一）款至第（二）款规定的犯罪之一的，也应被判处刑罚。

第 13 条（使用禁止的作战方法的战争罪）

（一）任何人，在与国际性武装冲突或非国际性武装冲突的联系中，实施下列行为之一的，应被判处无期徒刑或 3 年以上有期徒刑：

1. 指令攻击平民人口本身或未直接参加敌对行动的个别平民。

2. 指令攻击民用物体，即专用于宗教、教育、艺术、科学或慈善事业的建筑物、历史纪念物、医院和伤病人员收容所，或不设防城镇、村庄、住所或建筑物，或诸如水坝等含有危险力量的工程和设施。

3. 发动攻击，明知这种攻击将造成平民伤亡或破坏民用物体，其程度与预期得到的具体和直接的整体军事利益相比显然是过分的。

4. 利用国际人道法保护的人员作为盾牌避免敌方对某些目标采取战争行动。

5. 以断绝平民粮食作为战争方法，使平民无法取得其生存所必需的物品，或阻碍根据国际人道法规定提供此类物品。

6. 作为指挥官威胁或下令决不纳降。

7. 违反国际法，以背信弃义的方式杀、伤属于敌国或敌军的人员。

（二）行为人因实施第（一）款第 1 项至第 6 项规定的行为致人死亡的，应根据下列情形判处刑罚：

1. 行为人致人死亡的，应被判处死刑、无期徒刑或 7 年以上有期徒刑。

2. 行为人致人重伤的，应被判处无期徒刑或 5 年以上有期徒刑。

（三）任何人，在与国际性武装冲突或非国际性武装冲突的联系中，发动攻击，明知这种攻击将致使自然环境遭受广泛、长期和严重的破坏，其程度与预期得到的具体和直接的整体军事利益相比显然是过分的，则应被判处 3 年以上有期徒刑。

（四）任何人企图实施第（一）款至第（三）款规定的行为之一的，也应被判处刑罚。

第14条（使用禁止的作战手段的战争罪）

（一）任何人，在与国际性武装冲突或非国际性武装冲突的联系中，使用下列任何一种作战手段的，应被判处无期徒刑或5年以上有期徒刑：

1. 毒物或有毒武器。

2. 生物或化学武器。

3. 在人体内易于膨胀或变扁的子弹。

（二）使用第（一）款规定的作战手段致人死亡或重伤、致财产损失的，行为人应被判处死刑、无期徒刑或7年以上有期徒刑；

（三）任何人企图实施第（一）款规定的行为之一的，也应被判处刑罚。"

从上面的规定来看，韩国的《〈罗马规约〉实施法》根据战争罪侵犯的对象的不同，规定了五种不同类型的战争罪，而且在每一种类型的战争罪下面根据严重程度从重到轻规定了不同的刑罚。而且，如上所述，韩国的《〈罗马规约〉实施法》基本上不是按照武装冲突的性质来分别规定的。也就是说，韩国的《〈罗马规约〉实施法》规定的战争罪的客观行为基本上都是可以在国际性和非国际性武装冲突的情况下实施的。不过，有两款除外，这两款分别是第10条第（五）款和第11条第（二）款。根据这两款的规定，这两款规定的客观行为只能在国际性武装冲突的情况下实施。从国别比较法的角度来看，韩国的《〈罗马规约〉实施法》关于战争罪的这种立法体例显然受到了德国2002年《违反国际法之罪行法典》的影响。在对《罗马规约》的国内实施方面，德国2002年的《违反国际法之罪行法典》关于战争罪的立法是第一个偏离《罗马规约》以武装冲突的类型为基础立法体例，转而采取以犯罪对象为基础的立法体例。德国2002年的《违反国际法之罪行法典》第8条至第12条分别规定了侵犯人身的战争罪、侵犯财产和其他权利的战争罪、破坏人道行动和标志的战争罪、使用禁止的作战方法的战争罪和使用禁止的作战手段的战争罪。[1]

不过，重要的仍然不是立法的体例问题，而是韩国的《〈罗马规约〉实施法》关于战争罪的上述规定大大突破了《罗马规约》第8条的规定。由于采取了按照犯罪对象分类的做法而不是按照武装冲突类型分类的做法，一些原本在

----

〔1〕　http：//www.bmj.de/files/-/408/Englische_ Fassung. pdf.

《罗马规约》第 8 条中并不构成战争罪的行为在韩国的《〈罗马规约〉实施法》中却成了战争罪。下面这个图表详细展示了《罗马规约》与韩国的《〈罗马规约〉实施法》关于战争罪规定的异同。

表格 18　《罗马规约》中的战争罪与韩国《〈罗马规约〉实施法》中的战争罪的比较

总括要件	具体要件	《罗马规约》	韩国《〈罗马规约〉实施法》
国际性武装冲突	故意杀害	是	是
	酷刑或不人道待遇，包括生物学实验	是	是
	故意使身体或健康遭受重大痛苦或严重伤害	是	是
	无军事上的必要，非法和恣意地广泛破坏和侵占财产	是	是
	强迫战俘或其他被保护人在敌国部队中服役	是	是
	故意剥夺战俘或其他被保护人应享的公允及合法审判的权利	是	是
	非法驱逐出境或迁移或非法禁闭	是	是
	劫持人质	是	是
	故意指令攻击平民人口本身或未直接参加敌对行动的个别平民	是	是
	故意指令攻击民用物体，即非军事目标的物体	是	是
	故意指令攻击人道主义援助或维持和平行动的所涉人员、设施、物资、单位或车辆	是	是
	故意发动攻击，明知这种攻击将附带造成平民伤亡或破坏民用物体或致使自然环境遭受广泛、长期和严重的破坏	是	是
	以任何手段攻击或轰击非军事目标的不设防城镇、村庄、住所或建筑物	是	是
	杀、伤已经放下武器或丧失自卫能力并已无条件投降的战斗员	是	是

续表

总括要件	具体要件	《罗马规约》	韩国《〈罗马规约〉实施法》
国际性武装冲突	不当使用休战旗、敌方或联合国旗帜或军事标志和制服，以及《日内瓦公约》所订特殊标志	是	是
	占领国将部分本国平民人口间接或直接迁移到其占领的领土，或将被占领领土的全部或部分人口驱逐或迁移到被占领领土内或外的地方	是	是
	故意指令攻击专用于宗教、教育、艺术、科学或慈善事业的建筑物、历史纪念物、医院和伤病人员收容所	是	是
	致使在敌方权力下的人员肢体遭受残伤，或对其进行任何种类的医学或科学实验	是	是
	以背信弃义的方式杀、伤属于敌国或敌军的人员	是	是
	宣告决不纳降	是	是
	摧毁或没收敌方财产	是	是
	宣布取消、停止敌方国民的权利和诉讼权，或在法院中不予执行	是	是
	强迫敌方国民参加反对他们本国的作战行动	是	是
	抢劫即使是突击攻下的城镇或地方	是	是
	使用毒物或有毒武器	是	是
	使用窒息性、有毒或其他气体，以及所有类似的液体、物质或器件	是	是，指明是生物或化学武器
	使用在人体内易于膨胀或变扁的子弹	是	是
	违反武装冲突国际法规，使用具有造成过分伤害或不必要痛苦的性质，或基本上为滥杀滥伤的武器、射弹、装备和作战方法	是	否
	损害个人尊严，特别是侮辱性和有辱人格的待遇	是	是

续表

总括要件	具体要件	《罗马规约》	韩国《〈罗马规约〉实施法》
国际性武装冲突	强奸、性奴役、强迫卖淫、强迫怀孕、强迫绝育或任何其他形式的性暴力	是	是
	将平民或其他被保护人置于某些地点、地区或军事部队，利用其存在使该地点、地区或军事部队免受军事攻击	是	是
	故意指令攻击特殊标志的建筑物、装备、医疗单位和运输工具及人员	是	是
	故意以断绝平民粮食作为战争方法，使平民无法取得其生存所必需的物品	是	是
	征募不满 15 岁的儿童加入国家武装部队，或利用他们积极参与敌对行动	是	是
非国际性武装冲突	对生命与人身施以暴力	是	是
	损害个人尊严	是	是
	劫持人质	是	是
	未经具有公认为必需的司法保障的正规组织的法庭宣判，径行判罪和处决	是	是
	故意指令攻击平民人口本身或未直接参加敌对行动的个别平民	是	是
	故意指令攻击特殊标志的建筑物、装备、医疗单位和运输工具及人员	是	是
	故意指令攻击人道主义援助或维持和平行动的所涉人员、设施、物资、单位或车辆	是	是
	故意指令攻击专用于宗教、教育、艺术、科学或慈善事业的建筑物、历史纪念物、医院和伤病人员收容所	是	是
	抢劫即使是突击攻下的城镇或地方	是	是

续表

总括要件	具体要件	《罗马规约》	韩国《〈罗马规约〉实施法》
非国际性武装冲突	强奸、性奴役、强迫卖淫、强迫怀孕、强迫绝育以及任何其他形式的性暴力	是	是
	征募不满 15 岁的儿童加入武装部队或集团，或利用他们积极参加敌对行动	是	是
	基于与冲突有关的理由下令平民人口迁移	是	是
	以背信弃义的方式杀、伤属敌对方战斗员	是	是
	宣告决不纳降	是	是
	致使在冲突另一方权力下的人员肢体遭受残伤，或对其进行任何种类的医学或科学实验	是	是
	摧毁或没收敌对方的财产	是	是
	伤害已经放下武器或丧失自卫能力并已无条件投降的敌方武装部队成员	是	是
	不当使用休战旗、敌方或联合国旗帜或军事标志和制服，以及《日内瓦公约》所订特殊标志	否	是
	以任何手段攻击或轰击非军事目标的不设防城镇、村庄、住所或建筑物	否	是
	故意发动攻击，明知这种攻击将附带造成平民伤亡或破坏民用物体或致使自然环境遭受广泛、长期和严重的破坏	否	是
	将平民或其他被保护人置于某些地点、地区或军事部队，利用其存在使该地点、地区或军事部队免受军事攻击	否	是
	故意以断绝平民粮食作为战争方法，使平民无法取得其生存所必需的物品	否	是
	使用毒物或有毒武器	否	是
	使用生物或化学武器	否	是
	使用在人体内易于膨胀或变扁的子弹	否	是

　　从这一表格可以看出，韩国《〈罗马规约〉实施法》中的战争罪规定并不是忠实体现《罗马规约》的规定，而是呈现出不少差别。其一，《罗马规约》规定的有的战争罪在韩国的《〈罗马规约〉实施法》中并没有得到体现。这最明显的是《罗马规约》第8条第（二）款第2项第20目，它规定，在国际性武装冲突情况下，违反武装冲突国际法规，使用具有造成过分伤害或不必要痛苦的性质，或基本上为滥杀滥伤的武器、射弹、装备和作战方法的行为构成战争罪，受国际刑事法院管辖。但是，在韩国的《〈罗马规约〉实施法》中，找不到这样的规定。不过，按照《罗马规约》该目的规定，这些武器、射弹、装备和作战方法应当已被全面禁止，并已依照第121条和第123条的有关规定以一项修正案的形式列入本规约的一项附件内。然而，直到今天，也没有出现这样一个修正案，因此也就不具有可操作性。也许，正是因为这个原因，韩国的《〈罗马规约〉实施法》关于战争罪的规定中并没有把这项战争罪纳入进来。其二，有些战争罪在两者适用的范围不同。这尤其体现在对武器的使用方面。例如，在《罗马规约》中，第8条第（二）款第2项第18目规定，在国际性武装冲突中，使用窒息性、有毒或其他气体，以及所有类似的液体、物质或器件的行为构成战争罪，受国际刑事法院管辖。但是，在韩国的《〈罗马规约〉实施法》中，并没有规定使用"窒息性、有毒或其他气体，以及所有类似的液体、物质或器件"，而是规定了在国际性或非国际性武装冲突中，使用生物或化学武器的，则构成战争罪。其三，也是两者之间最大的一个区别是，有不少行为按照《罗马规约》的规定不构成战争罪，但按照韩国《〈罗马规约〉实施法》的规定，则构成战争罪。如上面的表格显示，按照韩国《〈罗马规约〉实施法》的规定，在非国际性武装冲突，不当使用休战旗、敌方或联合国旗帜或军事标志和制服，以及《日内瓦公约》所订特殊标志的、以任何手段攻击或轰击非军事目标的不设防城镇、村庄、住所或建筑物的、故意发动攻击，明知这种攻击将附带造成平民伤亡或破坏民用物体或致使自然环境遭受广泛、长期和严重的破坏的、将平民或其他被保护人置于某些地点、地区或军事部队，利用其存在使该地点、地区或军事部队免受军事攻击的、故意以断绝平民粮食作为战争方法，使平民无法取得其生存所必需的物品的、使用毒物或有毒武器的、使用生物或化学武器的、使用在人体内易于膨胀或变扁的子弹的，均构成战争罪，但这些行为在《罗马规约》中均不构成战争罪。

　　在《罗马规约》的起草过程中，各国对于哪些行为应当规定为受国际刑事法院管辖的战争罪存在巨大争议。有的国家认为，《罗马规约》第8条规定的战争罪已经远远超出了当时的习惯国际法中关于战争罪的规定，有的国家则认为，《罗马规约》第8条规定的战争罪只是当时的习惯国际法中关于战争罪规定的一个部分而已。出现这种情况也是正常的，因为不同的国家对于习惯国际法中战争罪的范畴会有不同的认识。不过，如果缔约国在对《罗马规约》进行专门立法时规定的犯罪与《罗马规约》中规定的犯罪不一致，特别是超出了《罗马规约》中规定的犯罪范畴时，可能会面临违反法定原则以及侵犯别国主权的法律风险。[1]

值得注意的是，韩国的《〈罗马规约〉实施法》第14条第3款还规定了战争罪未遂的刑事责任，但是并没有规定战争罪中止的刑事责任。[2] 这和《韩国刑法典》的规定不一致。《韩国刑法典》第26条规定有犯罪中止。因此，就有可能出现《韩国刑法典》第26条规定的犯罪暂停是否适用于《〈罗马规约〉实施法》规定的犯罪问题。如果《韩国刑法第》第26条规定犯罪暂停适用于《〈罗马规约〉实施法》规定的犯罪，那么就会出现与《罗马规约》的协调问题，因为《罗马规约》第23条第3款第6项只规定了犯罪的未遂，没有规定犯罪暂停的问题。因此，如果韩国起诉并审判犯有国际刑事法院管辖的犯罪的暂停犯，有可能被免于处罚，也有可能得到减刑。但是，同样的情形在国际刑事法院审理时有可能根本不受到任何处罚。因此，即使犯罪嫌疑人从事的是相同的行为，也会随着接受审判的地点是韩国法院还是国际刑事法院而变得不一样。有韩国人认为，尽管韩国法院处罚国际刑事法院根本不会处罚的行为并不会违反《罗马规约》，但是这并不是很妥当的情形。如何解决这样的问题，需要进一步探讨。

4. 妨碍司法罪

除了规定了灭绝种族罪、危害人类罪和战争罪之外，韩国的《〈罗马规约〉实施法》还规定了妨碍司法罪。《〈罗马规约〉实施法》第16条规定：

"（一）在国际刑事法院的搜查或审判中，与事件有关的下列任一行为，应被判处5年以下有期徒刑或1500万（韩元）罚金或两者并罚：

1. 提出不实的证据。

2. 暴力或胁迫诉讼人、证人出庭陈述，或妨碍收集或提交证据。

---

〔1〕　J. Bacio Terracino, "National Implementation of ICC Crimes: Impact on National Jurisdictions and the ICC", *Journal of International Criminal Justice*, 5（2007）, 426.

〔2〕　同样的还有《〈罗马规约〉实施法》第8条第5款和第9条第5款，分别规定了灭绝种族罪和危害人类罪未遂的刑事责任，但均没有规定中止的情形。

3. 为阻碍诉讼人或证人出庭陈述或搜集证据，给其钱财或其他财政利益允诺、供给或供给的意思表示。

4. 接收、要求或答应接收第 3 项所指的证人提供的金钱或其他财政利益。

（二）第（一）款还适用于因国际刑事法院的请求或应要求在韩国国内进行的程序。

（三）与第（一）款相关的事件应根据《刑法》第 152、154 条或第 155 条第 1 款至第 3 款或《特征犯罪加重处罚等相关法律》第 5 条第 9 款所规定的各种相应条款规定判处刑罚。这种情况不适用《刑法》第 155 条第 4 款。

（四）与第（一）款相关的事件对于国际刑事法院的职员应根据《刑法》第 136、137 或第 144 条相应条款规定判处刑罚。这种情况下，国际刑事法院职员视为相应规定下的公务员。

（五）与第（一）款相关的事件中，符合国际刑事法院的职员根据《刑法》第 133 条者，应根据该条的规定判处刑罚。这种情况下，国际刑事法院职员视为该条中的公务员。

（六）本条中所指的'国际刑事法院职员'是指根据《国际刑事法院规约》担当国际刑事法院事务的人，包括法官、检察官、副检察官、书记官长以及副书记官长。"

如前所述，韩国之所以专门就《罗马规约》进行立法的其中一个原因是，《罗马规约》的有些条款要求缔约国进行立法，比如《罗马规约》第 70 条第 4 款第 1 项规定，"对于本条所述的妨害司法罪，如果犯罪在一缔约国境内发生或为其国民所实施，该缔约国应将本国处罚破坏国内调查或司法程序完整性的不法行为的刑事法规扩展适用于这些犯罪"。妨碍司法罪详细规定在《罗马规约》在第 70 条第（一）款中，即本法院对故意实施的下列妨害司法罪具有管辖权：

"1. 在依照第 69 条第 1 款承担说明真相的义务时提供伪证。

2. 提出自己明知是不实的或伪造的证据。

3. 不当影响证人，阻碍或干扰证人出庭或作证，对作证的证人进行报复，或毁灭、伪造证据或干扰证据的收集。

4. 妨碍、恐吓或不当影响本法院官员，以强迫或诱使该官员不执行或不正当地执行其职务。

5. 因本法院一名或另一名官员执行职务而对该名官员进行报复。

6. 作为本法院的官员，利用其职权索取或收受贿赂。"

如果比较一下两者的规定，就会发现，《罗马规约》第 70 条第（一）款规定的妨害司法罪前两项的犯罪主体是证人，第 3 项的犯罪主体是任何人（针对的是证人），第 4 项至第 6 项的犯罪主体也是任何人（针对的是国际刑事法院的官员），而韩国的《〈罗马规约〉实施法》第 16 条第（一）款规定的四种行为中只有第一种的犯罪主体是证人，其他三种的犯罪主体都是任何人（针对的是证人）。

5. 死刑问题

韩国的《〈罗马规约〉实施法》对某些犯罪规定了死刑的刑罚制度，对灭绝种族罪、危害人类罪和战争罪共规定了七处死刑。当初，韩国之所以决定就《罗马规约》专门进行立法，是因为考虑到《罗马规约》中虽然规定有应受国际刑事法院管辖的犯罪，但没有规定缔约国可以判处的具体刑罚，只是规定了国际刑事法院可以判处的刑罚。这规定在《罗马规约》第 77 条。该条款规定：

"（一）除第 110 条规定外，对于被判实施本规约第 5 条所述某项犯罪的人，本法院可以判处下列刑罚之一：

1. 有期徒刑，最高刑期不能超过 30 年；或

2. 无期徒刑，以犯罪极为严重和被定罪人的个人情况而证明有此必要的情形为限。

（二）除监禁外，本法院还可以命令：

1. 处以罚金，处罚标准由《程序和证据规则》规定。

2. 没收直接或间接通过该犯罪行为得到的收益、财产和资产，但不妨害善意第三方的权利。"

可见，《罗马规约》规定的国际刑事法院可以判处的最严重刑罚是无期徒刑。国际刑事法院没有权力剥夺任何人的生命，即使其实施了灭绝种族这样的严重国际犯罪。

韩国是世界上保留死刑的国家之一。[1]《韩国刑法典》以及其他的 21 部韩国法律中，大约共有 160 个条款规定有死刑。韩国在 1990 年批准《公民权利和政治权利国际公约》，但尚未批准该公约关于废除死刑的《第二议定书》。[2] 在

---

〔1〕　韩国的死刑问题一直受到国际社会的关注。在联合国人权理事会于 2012 年 10 月 25 日对韩国进行的第二次普遍定期审议中，许多国家建议韩国废除死刑，包括卢旺达、瑞士、斯洛文尼亚、乌拉圭、智利、德国、英国、比利时、乌兹别克斯坦、意大利、挪威、斯洛伐克、土耳其、西班牙等。A/HRC/22/10，第 124.35 段。

〔2〕　在联合国人权理事会于 2012 年 10 月 25 日对韩国进行的第二次普遍定期审议中，许多国家建议韩国批准《〈公民权利和政治权利国际公约〉第二议定书》，包括阿根廷、卢旺达、瑞士、斯洛文尼亚、乌拉圭、澳大利亚等。A/HRC/22/10，第 124.1、124.35 段。

2007 年 12 月联大举行的关于暂停施行死刑的决议投票中，韩国投了弃权票。就司法实践而言，1997 年 12 月，有 23 名罪犯被执行死刑。这是韩国最近的一次执行死刑。自从 1998 年 2 月，金大中担任韩国总统以来，尚未有人被执行死刑。2006 年，又有 2 名因犯谋杀罪被判处死刑。这是韩国最近的一次判处死刑。2007 年 12 月 31 日，在新年来临之际，韩国总统赦免了 6 名被判处死刑的罪犯，改为了无期徒刑。到 2008 年 1 月 1 日，仍然有 58 名被判处了死刑的人关押在监狱中。[1] 据英国广播公司报道，2007 年，一名 72 岁的老人在海上杀死了 4 名游客，被判处死刑。这名老人向韩国宪法法院提起了诉讼，认为判处死刑侵犯宪法保障他的尊严权。但是，2010 年 2 月 25 日，宪法法院以 5 票对 4 票判决认为，死刑是一项合法的刑罚，可以保护公众，并威慑犯罪。宪法法院在判决中还说，死刑这种刑罚是韩国宪法所期盼的，不能说超出了宪法关于生命权的规定。不过，宪法法院同时指出，死刑只能适用于非常例外的情形，并应确保不被滥用。[2]

在这样一种背景下，韩国的《〈罗马规约〉实施法》中对灭绝种族罪等规定死刑也是容易理解的。不过，这样一来，韩国就成了已经制定《罗马规约》国内立法的缔约国中唯一一个适用死刑的国家。这一立法因此反而遭到了人权团体的抗议。[3] 在将来的司法实践中，就有可能出现被告要求把案件交由国际刑事法院审理，而不是韩国法院审理的情况。在这种情况下，国际刑事法院是否会以韩国违反补充性原则为由主张管辖，人们将拭目以待。

6. 排斥自诉犯罪

韩国的《〈罗马规约〉实施法》第 17 条规定，"即使没有正式指控或被害人明确表示反对起诉，仍然可根据本法起诉灭绝种族罪等。"之所以专门这样规定，是因为在《韩国刑法典》中，有些犯罪是需要由被害人提起或征得被害人同意的，否则检察官就无法提起诉讼。比如，《韩国刑法典》第 306 条规定，如果强奸罪的被害人没有提出指控，检察官就无法提起诉讼。由于在灭绝种族罪等的案件中，大多数情况都存在被害人的问题。如果被害人不提起请求或明确表示反对请求，将无法展开对这些犯罪的调查、起诉和审判。因此，韩国《〈罗马规约〉实施法》专门作出了这一规定。

在《罗马规约》中，被害人具有广泛的权利，这是国际法历史中第一次直

---

〔1〕 "Death Penalty in South Korea", www. worldcoalition. org/modules/wfdown.

〔2〕 http：//news. bbc. co. uk/2/hi/8536355. stm.

〔3〕 http：//www. humanrights. asia/news/ahrc – news/AHRC – OLT –002 –2010.

接把权利赋予国际犯罪的被害人，也是个人在国际法中取得主体地位的又一个例证。不过，虽然《罗马规约》规定了被害人广泛的权利，但并没有赋予被害人具有否决国际刑事法院检察官启动和进行调查的权利，因此，韩国《〈罗马规约〉实施法》第 17 条排斥自诉犯罪的规定是一个为了消除国内法中的障碍、履行国际法义务的韩国国内法的条款。

（三）　与国际刑事法院的合作

与国际刑事法院的合作规定在《罗马规约》第九编（"国际合作和司法协助"）中，从第 86 条直到第 102 条，条款众多，十分复杂。从《罗马规约》的各个缔约国的立法实践来看，为了开展与国际刑事法院的合作。缔约国基本上采取了三种立法方案：第一种是在专门制定的《罗马规约》实施法之外，再制定专门的与国际刑事法院合作的法律，前者负责《罗马规约》中的实体法内容，后者负责程序法内容，例如德国、澳大利亚、英国等。这些国家通常制定两部实施《罗马规约》的专门法律。第二种是在缔约国现有的《引渡法》和《司法协助法》中规定专门的与国际刑事法院合作的内容，或者对相应的条款作出相应的调整，例如日本。这就需要修改现有的《引渡法》和《司法协助法》。这种做法的好处是，查阅起来比较方便，可以直接查阅与国际刑事法院合作的法律或引渡法和司法协助法，就可以知道差不多全部内容。第三种方案是在专门制定的《罗马规约》的实施法中将与国际刑事法院的合作事项一并规定，即专门制定的《罗马规约》实施法是集实体法与程序法合一的单行法。这种做法的好处是无须专门就与国际刑事法院合作问题制定专门的单行法或修改《引渡法》和《司法协助法》，但其弊端是，需要结合参阅《引渡法》和《司法协助法》，才能了解与国际刑事法院合作的全部内容，参阅起来比较复杂，不方便。韩国采取的是第三种方案。

韩国的《〈罗马规约〉实施法》中，涉及与国际刑事法院合作的条款只有两个，分别是该法的第 19 条和第 20 条。这两个条款分别涉及向国际刑事法院引渡犯罪嫌疑人和与国际刑事法院进行国际刑事司法合作。

1. 向国际刑事法院移交犯罪嫌疑人

当初，韩国之所以决定专门就《罗马规约》在国内进行立法的其中一个原因是，如果不进行专门立法，就无法实现向国际刑事法院移交犯罪嫌疑人，因为韩国的《犯罪人引渡法》[1] 规定的是向外国引渡或要求引渡犯罪嫌疑人，而

---

〔1〕　韩国的《犯罪人引渡法》于 1988 年 8 月由韩国国会通过，于 2005 年和 2013 年两次得到修改。

不是针对某个国际刑事司法机构。在韩国国会关于这一法律制定过程的讨论中，大多数意见认为，韩国没有必要专门就向国际刑事法院移交犯罪嫌疑人制定一部专门的法律，而是可以在本法中规定，向国际刑事法院移交犯罪嫌疑人原则上可以适用韩国的《犯罪人引渡法》。

为了实现向国际刑事法院移交犯罪嫌疑人，韩国的《〈罗马规约〉实施法》第 19 条作了如下规定：

"（一）《犯罪人引渡法》适用于韩国与国际刑事法院间关于犯罪人的移交，仅当《犯罪人引渡法》的有关规定与《国际刑事法院规约》发生抵触时，后者优先。

（二）当根据第（一）项适用《犯罪人引渡法》时，《犯罪人引渡法》中所指的'请求国'和'引渡条约'分别是指'国际刑事法院'和'《国际刑事法院规约》'。"

可见，韩国的《〈罗马规约〉实施法》第 19 条实际上是对《犯罪人引渡法》的调整，将该法中的引渡"请求国"调整成"国际刑事法院"，将该法中的"引渡条约"调整成"《国际刑事法院规约》"，而且还进一步规定，遇有《犯罪人引渡法》与《罗马规约》抵触时，《罗马规约》优先。例如，韩国《犯罪人引渡法》第 9 条规定，"当具有下列任何一项情形时，可以拒绝引渡罪犯：1. 罪犯是韩国公民；……"[1] 这就是本国公民不引渡原则在韩国引渡法中的体现。由于《罗马规约》并没有规定缔约国国民可以不移交，因此按照《〈罗马规约〉实施法》第 19 条的规定，《罗马规约》要优于《犯罪人引渡法》，韩国就可以把自己的公民移交给国际刑事法院。同样，韩国《犯罪人引渡法》第 8 条第 1 款规定，"被请求引渡的罪犯如果是具有政治性质的犯罪或是属于与之相关联的犯罪，则可以拒绝引渡。但如果属于下列三种情况之一，就不属于政治犯罪，不应成为拒绝引渡的事由：（1）侵害或威胁国家元首、政府首脑及其家属生命、人身的犯罪；（2）根据多边公约，大韩民国有义务引渡或起诉的犯罪行为；（3）侵害、威胁多数人的生命、人身的犯罪。"这就是政治

---

〔1〕 关于韩国《犯罪人引渡法》的英文版，可访问 http：//www.oecd.org/dataoecd/4/59/39361 750.pdf.

犯不引渡原则在韩国引渡法中的体现。[1] 罗马外交大会上作为讨论基础的《罗马规约》草案第 87 条第 3 款选项二中有规定政治犯不引渡原则,[2] 但在外交大会中被删除,因此可得知,政治犯不引渡原则不适用于国际刑事法院和缔约国之间移交犯罪嫌疑人的事项。由于《罗马规约》并没有规定政治犯不引渡原则,因此按照《〈罗马规约〉实施法》第 19 条的规定,《罗马规约》要优于《犯罪人引渡法》,韩国就不能基于政治犯不引渡拒绝向国际刑事法院移交犯罪嫌疑人。不过,在具体的实践中,韩国的司法和行政部门是否会这样认为,这点值得关注,可能引发不同的意见。

2. 与国际刑事法院进行国际刑事司法协助

同样,韩国在制定《〈罗马规约〉实施法》的过程的讨论中,也认为没有必要专门就韩国与国际刑事法院的刑事司法合作方面制定专门的法律,而是可以在这一法律中规定这一问题一并作出规定,因为韩国已经制定了《国际刑事司法合作法》。[3] 不过,韩国的《国际刑事司法合作法》第 6 条规定了较为广泛的限制国际刑事司法合作的理由,不仅把韩国的主权和国家安全等列为限制国际刑事司法合作的理由,而且还把公共秩序、公序良俗、人种、国籍、性别、宗教和社会身份等列为限制国际刑事司法合作的理由,而《罗马规约》第 93 条第 4 款只规定了国家安全才可以作为限制与国际刑事法院进行司法合作的理由。

---

〔1〕 截至目前,韩国法院关于适用政治犯不引渡原则的判例只有 3 个,即 1983 年涉及中国的"卓长仁劫机案"、2008 年涉及越南的"阮有政案"和 2013 年涉及日本的"刘强案"(刘强是中国公民)。在"卓长仁劫机案"中,韩国最高法院以政治犯不引渡为由拒绝向中国引渡卓长仁,但是没有对何谓"政治犯"作出解释(中国和韩国之间当时也没有引渡条约)。在"阮有政案"中,韩国首尔高等法院对何谓"政治犯"作出了细致解释。这是韩国《犯罪人引渡法》1988 年颁布以来最高法院第一次解释"政治犯"。阮有政是一位越南人,长期从事反对越南政府的政治活动,并在美国成立"自由越南政府",企图颠覆越南社会主义共和国政府,在逃往韩国首尔时遭到韩国逮捕,越南以越南和韩国之间签订的引渡条约为依据请求韩国引渡阮有政到越南受审。在"刘强案"中,首尔高等法院借鉴了"阮有政案"的审判经验,并根据社会环境和历史因素等与案件有关的主客观要素,综合判定刘强对日本东京靖国神社纵火的行为构成政治犯不引渡原则中的政治犯罪,韩国据此拒绝了日本的引渡请求。韩国法院通过对"阮有政"和"刘强案"的审判,总结出认定政治犯罪的几项判断标准:(1)犯罪行为人的动机;(2)犯罪行为人的目的;(3)犯罪侵害对象的性质;(4)犯罪人所追求的政治目的和犯罪行为间具有有效关联性;(5)犯罪行为在法律上的性质;(6)犯罪行为的危害程度,即被侵法益所遭受侵害的程度与政治目的之间是否可以保持平衡。所以,要判断是否构成政治犯罪,法院需要充分考虑对犯罪人有利或不利的因素以及犯罪人的主客观要素,并将这些因素综合起来判断,然后据此对罪犯进行量刑。参见杜雪:《韩国法院对政治犯不引渡原则的适用研究》,吉林大学 2015 年硕士学位论文。

〔2〕 该草案第 87 条第 3 项有着两个选项,第一个选项不承认引渡拒绝事由,第二个选项包含引渡拒绝事由。

〔3〕 韩国的《国际刑事司法合作法》于 1991 年 3 月由韩国国会通过。

因此，在韩国《〈罗马规约〉实施法》关于与国际刑事法院进行国际刑事司法合作的制定过程中，有意见指出，韩国的《〈罗马规约〉实施法》应当明确规定韩国拒绝与国际刑事法院进行司法合作的理由。对此，韩国司法部部长答复说，关于这一问题，可以基于新法优于旧法的原则，优先适用《〈罗马规约〉实施法》。

最终，《〈罗马规约〉实施法》第 20 条规定：

"（一）在实施与国际刑事法院的调查、起诉或审判有关而根据国际刑事法院的请求或向国际刑事法院提出请求方面的国际合作时，应适当适用《国际刑事司法合作法》。当《国际刑事司法合作法》的有关规定与《国际刑事法院规约》发生抵触时，后者优先。

（二）当根据第（一）项适用《国际刑事司法合作法》时，《国际刑事司法合作法》中所指的'外国'和'合作条约'分别是指'国际刑事法院'和'《国际刑事法院规约》'。"

因此，就与国际刑事法院进行国际刑事合作而言，韩国的《国际刑事司法合作法》进行了相应的调整，将该法中的"外国"都包括国际刑事法院，将该法中的"合作条约"都包括《罗马规约》。而且，当出现《国际刑事司法合作法》中的规定与《罗马规约》发生抵触时，《罗马规约》的规定优先适用。比如，韩国的《国际刑事司法合作法》第 6 条规定，如请求合作与韩国的公共秩序发生抵触，则可以拒绝提供协助。由于《罗马规约》中并没有规定缔约国的公共秩序可以作为拒绝协助的理由，因此韩国就不得以公共秩序为由拒绝依据《罗马规约》第 93 条提出的协助请求。

第三节　国际刑事法院有关韩国的实践

一、韩朝在黄海的海上分界线争端

众所周知，韩国地处朝鲜半岛南部，北与朝鲜隔"三八线"相邻，隔海可遥望俄罗斯、日本和中国等大国。1950 年 6 月 25 日，朝鲜半岛爆发战争，引发以美国为首的"联合国军"和中国人民志愿军的武装介入。这场热战最终于1953 年 7 月 27 日以中国代表、朝鲜代表和"联合国军"的美国代表之间签订《朝鲜停战协定》的形式停止。1958 年年底，中国人民志愿军全部撤离朝鲜，但是美军并未撤走，自 1954 年开始依据与韩国之间签订的条约驻扎在韩国，最多时曾经超过 30 万人，目前约为 3 万人。总之，《朝鲜停战协定》签订以来，韩国与朝鲜之间长期处于政治对立、军事对峙和经济隔绝的冷战状态。朝鲜半岛的局势时常成为国际关注的焦点。如前所述，韩国之所以批准《罗马规约》，其中的一个原因是认为，《罗马规约》有抑制战争的潜在效能，希望这一条约能给朝鲜半岛增添维持和平状态的力量。

1953 年 7 月 27 日的《朝鲜停战协定》确立了朝鲜和韩国在朝鲜半岛陆地上的军事分界线和非军事区（第 1 条）。但是，在朝鲜半岛东部的日本海和西部的黄海上，《朝鲜停战协定》并未划定海上的界限。《朝鲜停战协定》第 2 条（"停火与停战的具体安排"）（甲）款（丑）项规定：

"在本停战协定生效后 10 天内自对方在朝鲜的后方与沿海岛屿及海面撤出其一切军事力量、供应与装备。如此等军事力量逾期不撤，又无双方同意的和有效的延期撤出的理由，则对方为维持治安，有权采取任何其所认为必要的行动。上述'沿海岛屿'一词系指在本停战协定生效时虽为一方所占领，而在 1950 年 6 月 24 日则为对方所控制的岛屿；但在黄海道与京畿道道界以北及以西的一切岛屿，则除白翎岛（北纬 37 度 58 分，东经 124 度 40 分）、大青岛（北纬 37 度 50 分，东经 124 度 42 分）、小青岛（北纬 37 度 46 分，东经 124 度 46 分）、延坪岛（北纬 37 度 38 分，东经 125 度 40 分）及隅岛（北纬 37 度 36 分，东经 125 度 58 分）诸岛群留置联合国军总司令的军事控制下以外，均置于朝鲜人民军最高司令官与中国人民志愿军司令员的军事控制之下。朝鲜西岸位于上述界线以南的一切岛屿均留置联合国军总司令的军事控制之下。"

这就是韩国所称的"西海五岛"［白翎岛（参见附图中标记为 2 的岛屿）、大青岛（参见附图中标记为 3 的岛屿）、小青岛、延坪岛（参见附图中标记为 1 的岛屿）以及隅岛］，[1] 处在韩国的控制下。但是，《朝鲜停战协定》并未就朝鲜和韩国在黄海的海上界限作出规定。

韩国政府认为，由于在《朝鲜停战协定》谈判过程中，中国和朝鲜作为一方和"联合国军"作为另一方之间因为意见的分歧，无法就朝鲜和韩国在黄海的海上分界线达成一致意见。因此，1953 年 8 月 30 日，当时的"联合国军"总司令克拉克就单方面划定了一条"北方分界线"，目的是为了限制韩国的海军和空军在黄海和日本海的巡逻活动，同时减少和防止朝鲜和韩国在临近朝鲜

---

[1]　韩国将黄海称为"西海"，将日本海称为"东海"。

半岛的两侧海域发生意外武装冲突的可能性。由于朝鲜当时仅仅具有一支力量十分薄弱的海军，因此"联合国军"只需要大约控制自己的海军的活动就行。在西海，"联合国军"所建立的"北方分界线"由朝鲜和韩国"西海五岛"之间的 12 个中间点连接而成，采取的标准是当时领海的三海里宽度（参见附图中的海上分界线 A）。自从"北方分界线"划定以来，朝鲜并没有对这一海上分界线提出抗议，直到 1973 年 10 月和 11 月朝鲜 43 次故意侵入这一海上分界线韩国一侧挑起"西部岛屿危机"事件。1973 年 12 月，在军事停战委员会第 346 和 347 次会议上讨论"西部岛屿危机"有关的问题时，朝鲜首次主张，黄海道和京畿道陆地界限海上延伸线南侧的海域是朝鲜的领海，并要求抵达和离开"西海五岛"的所有船只必须经过朝鲜的批准。"联合国军"拒绝了朝鲜的主张，认为这一主张背离了《朝鲜停战协定》的精神和条款，而且谴责朝鲜的主张是无法接受的诡辩。1977 年 7 月 1 日，朝鲜宣布 200 海里专属经济区，8 月 1 日单方面宣布划设"海上分界线"，从朝鲜在东海（即"日本海"）和西海（即"黄海"）的领海基线量起 50 海里。作为回应，韩国政府宣布，不承认朝鲜的主张。韩国政府还认为，1992 年韩国和朝鲜签订的《南北基本协定》和《不侵犯议定书》已经解决了"海上分界线"引起的争端。《南北基本协定》第 11 条规定："南北分界线和不侵犯区域和 1953 年 7 月 27 日的《朝鲜停战协定》规定的军事分界线相同，也和到目前为止处在双方管辖之下的区域相同。"而且，《不侵犯议定书》第 10 条规定，"南北海上不侵犯分界线应当继续在将来进行讨论。在解决海上不侵犯分界线问题之前，海上不侵犯区域和到目前为止处在双方管辖之下的区域相同。"[1]

　　1999 年 6 月 15 日，朝鲜舰艇越过"北方分界线"，与韩国舰艇在延坪岛附近海域发生交火，即"第一次延坪海战"。这是继朝鲜战争停战以来韩国与朝鲜之间最大规模的军事冲突。据估计，朝鲜方面至少死亡 30 人，70 人受伤，1 艘鱼雷艇被击沉，5 艘舰艇重伤，4 艘舰艇轻伤；韩国有 11 名士兵受伤，2 艘舰艇破损。关于这一事件，在韩国和朝鲜举行的第九次将军级官员的对话中，朝鲜表示不承认"北方分界线"，并提交了一条用详细的点连接而成的新的海上边界线。1999 年 9 月 2 日，朝鲜宣布划设"朝鲜海军事分界线"，并作为其海上分界线（参见附图中的海上分界线 B）。朝鲜认为，"北方分界线"是非法

〔1〕　Ministry of National Defense, "The Republic of Korea Position Regarding the Northern Limit Line", August 2002, http：//www. military. co. kr/english/NLL/NLL. htm.

的，并表示将对其划设的海域行使自卫权。2000 年 3 月 23 日，朝鲜公布《往来西海五岛船只的航行令》，将西海五岛划分为三个区域，对每一个区域指定了两条通道，所有美国海军舰船和商船只能通过第一和第二水道航行，否则朝鲜将在不进行任何警告的情况下采取行动。

附图 韩国和朝鲜在黄海的海上分界线争端图[1]

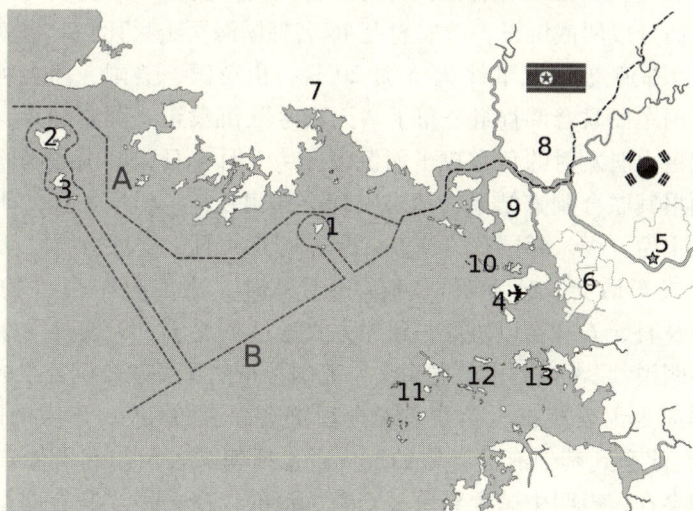

由于这一争端的存在，韩国和朝鲜两国的海军舰船和渔船在这块海域时常发生冲突。2002 年 6 月 29 日，韩国和朝鲜海军舰艇在延坪岛附近海域再次发生交火事件，即"第二次延坪海战"，造成韩国方面 4 人死亡（有报道称 6 人）、1 人失踪、20 人受伤（有报道称 18 人），1 艘高速艇沉没；朝鲜方面有 1 艘警备艇被击中起火，朝鲜据估计约有 13 人死亡，25 人受伤，朝鲜警备艇重伤，但还是撤回了朝鲜。尤其是，2003 年 2 月 1 日《罗马规约》对韩国生效以来，也发生了多次朝鲜巡逻船穿越"北方分界线"韩国一侧海域的事件。2004 年 11 月 1 日，三艘朝鲜巡逻船穿越"北方分界线"进入韩国一侧海域，在遭到韩国巡逻船的拦截并开火后，撤回到朝鲜一侧海域，事件并未造成人员伤亡。2009 年，一艘朝鲜巡逻船再次穿越"北方分界线"进入韩国一侧海域，遭到韩国船只的回击，造成该艘朝鲜巡逻船的严重损坏，一名朝鲜人死亡。2010 年 1 月 27

---

〔1〕 Moo Bong Ryoo, *The Korean Amistice and the Islands*, 2009, p. 21.

日，朝鲜向"北方分界线"韩国一侧的白翎岛附近海域开火，韩国巡逻船予以了回击，事件没有造成人员伤亡或财产损失。

二、"天安舰被击沉事件"和"炮击延坪岛事件"

2010 年 3 月 26 日晚 9 点 22 分，韩国海军第二舰队司令部一艘浦项级 1200 吨级的护卫舰"天安号"在韩国西部海域白翎岛西南方 1.8 公里处因发生不明原因的爆炸而分成两截沉没，造成舰上 46 名韩国海军士兵死亡。这就是当时震惊世界的"天安舰被击沉事件"。5 月 20 日，由英国、美国、澳大利亚、瑞典和加拿大五国军民联合调查组公布了"天安号"沉没正式调查结果，认定是遭到朝鲜小型潜水艇发射的鱼雷攻击而沉没。[1] 6 月 4 日，韩国致函联合国安理会主席，通报其联合调查结果，请求安理会作出反应。6 月 8 日，朝鲜致函联合国安理会主席，否认韩国有关调查结论。6 月 14 日，安理会就"天安号"事件举行非正式对话会，分别听取韩国和朝鲜对"天安号"事件的看法和立场。[2] 7 月 9 日，安理会以协商一致的方式通过了关于"天安号"事件的主席声明。该声明说："考虑到由韩国牵头、五国参与的军民联合调查组的结论，其中认为朝鲜应为天安舰沉没负责，安全理事会深表关切"。该声明同时又说："安全理事会注意到其他有关各方的反应，包括朝鲜表示与此事件毫无关系"。总之，安理会在该声明中谴责导致天安舰沉没的攻击。[3] "联合国军军事停战委员会"建立的特别调查小组认为，是朝鲜的小型潜水艇发射的鱼雷击中韩国的"天安舰"导致其沉没，而且证据"十分充分，完全符合排除合理怀疑的标准"。[4] 9 月 13 日，韩国国防部公布了由韩国、美国、英国、澳大利亚和加拿大代表组成的"多国联合情报专责小组"（Multinational Combined Intelligence Task Force（MCITF））的调查结果，再次确认"天安号"是被朝鲜鱼雷击中而沉没的。[5]

此外，自 1974 年以来，韩国驻扎在"西海五岛"之一的延坪岛上的海军陆战队每年都会进行年度军事演习，包括炮兵的射击演习。2010 年，在年度演习

---

〔1〕　http：//www. cb. com. cn/1634427/20100522/131024. html.

〔2〕　http：//news. 163. com/10/0709/22/6B6CIMRS000146BD. html.

〔3〕　联合国安理会主席声明："韩国海军天安舰沉没事件"，S/PRST/2010/13，2010 年 7 月 9 日，http：//www. un. org/chinese/aboutun/prinorgs/sc/sdoc/2010/sprst13. html.

〔4〕　2010 年 7 月 23 日美国常驻联合国代表致安理会主席的函，U. N. Doc. S/2010/398，第 7 页。

〔5〕　http：//news. sina. com. cn/w/2010 - 09 - 13/121421092115. shtml.

之前，韩国事先通知了朝鲜。2010 年 11 月 23 日下午，朝鲜向延坪岛发动了两波炮击。第一波炮击发生在下午 2 点 33 分至 46 分，第二波炮击发生在下午 3 点 11 分至 29 分。两波炮击造成延坪岛上 4 人死亡（2 人为平民，2 人为军人）、66 人受伤（50 人为平民，16 人为军人）、并严重破坏了岛上的军事和民用设施，估计价值 430 万美元。这两波炮击除了击中该岛西南角的军事基地和其他海军阵地外，还击中了几处平民设施，包括一处历史博物馆、临近警察局、海上警卫队驻所和市政厅的几处地方、一家宾馆、一处健康中心以及该岛一个小镇上的其他一些民用建筑。[1]

关于朝鲜发射的炮弹和火箭弹的总数，驻扎在韩国的"联合国军"的报告显示，朝鲜总共向延坪岛发射了 170 发炮弹和火箭弹，90% 的炮弹和火箭弹落在了该岛四周的海域。[2] 根据韩国政府的统计，朝鲜共发射了 230 发炮弹和火箭弹，50% 落在了该岛四周的海域。"联合国军"和韩国政府的统计之所以出现差别，是因为"联合国军"的报告是在炮击事件结束之后不久就迅速做出的，而韩国政府的统计则是在仔细分析了朝鲜炮弹和火箭弹的坠落区域、找到的火箭弹的零部件和摄像头的覆盖面后得出的。朝鲜随后公开宣布对此次炮击事件负责。[3]

三、国际刑事法院检察官的回应

2010 年 12 月 6 日，国际刑事法院检察官奥坎波（Luis Moreno - Ocamp）宣布，他已经收到了多份来文。这些来文声称朝鲜军队在韩国领土上实施了战争罪。奥坎波说，检察官办公室已经启动了初步审查，以便评估上述行为是否构成国际刑事法院有权审理的战争罪。韩国是 2002 年 11 月 13 日开始成为《罗马规约》的缔约国的。该规约于 2003 年 2 月 1 日开始对韩国生效。因此，国际刑事法院对可能发生在韩国领土上或由韩国公民实施的种族灭绝罪、危害人类罪和战争罪具有管辖权。[4]

另据韩国媒体 2010 年 12 月 7 日报道，不愿透明姓名的几位韩国政府官员

〔1〕　ICC, Article 5 Report, 2014，第 33 段。

〔2〕　《对 2010 年 11 月 23 日朝鲜人民军攻击延坪岛和韩国海军陆战队回击的特别调查》，U. N. Doc. S/2010/648 , 2010 年 12 月 19 日。

〔3〕　第 34 段。

〔4〕　"ICC Prosecutor: alleged war crimes in the territory of the Republic of Korea under preliminary examination," 6 December 2010, at http://www. icc - cpi. int/NR/rdonlyres/40BB19F9 - 3193 - 4A76 - 9E70 - EB8BE39363B3/282744/KoreaEng1. pdf .

对国际刑事法院检察官的决定表示支持，认为韩国政府的基本立场是向国际刑事法院提供积极的合作，包括提供情报，因为作为《罗马规约》的缔约国，韩国有义务与国际刑事法院合作。[1]

根据《罗马规约》第15条的规定，[2] 国际刑事法院检察官办公室就这两起事件向多种渠道寻求获得补充情报。作为对检察官办公室请求的回应，韩国政府分别在2011年1月7日和7月13日向检察官办公室提供了信息。检察官办公室最近收到的一次来自韩国政府的信息是2014年3月19日。2012年4月25日，检察官办公室还向朝鲜政府请求提供信息，但是朝鲜政府没有任何回复。2014年6月，检察官办公室就2010年发生的这两起事件（"天安舰被击沉事件"和"炮击延坪岛事件"）作出了不启动初步调查的决定。检察官办公室对这两起事件作出了如下的法律分析（本节下面的内容就是对检察官这份报告内容的简单介绍，脚注省略）。[3]

（一）检察官办公室关于国际刑事法院对这两起事件的初步管辖权

检察官办公室首先回顾了初步的管辖权，包括国际刑事法院的属地管辖权、属时管辖权和属人管辖权。

关于对这两起事件的属地和属时管辖权，检察官办公室认为，韩国从2002年11月13日起成为《罗马规约》的缔约国，因此国际刑事法院可以对2003年2月1日之后发生在韩国领土上的行为或者发生在在韩国登记的船只和航空器上的行为行使管辖权。而且，"天安舰"是韩国的海军军舰，因此是在韩国登记的。延坪岛是韩国的领土。这两点是不存在争议的。因此，如果"天安舰"是因为受到鱼雷攻击而沉没的，那么这种行为就是发生在《罗马规约》缔约国登记的船只上的行为，而炮击延坪岛的行为则是发生在《罗马规约》缔约国领土上的行为。把炮击行为［发生在朝鲜（《罗马规约》的非缔约国）］与击中目标区域的行为［发生在韩国（《罗马规约》的缔约国）］进行区分是不可能的；

---

〔1〕　http://www.koreatimes.co.kr/www/news/nation/2011/01/113_77605.html.

〔2〕《罗马规约》第15条规定：（一）检察官可以自行根据有关本法院管辖权内的犯罪的资料开始调查。（二）检察官应分析所收到的资料的严肃性。为此目的，检察官可以要求国家、联合国机构、政府间组织或非政府组织，或检察官认为适当的其他可靠来源提供进一步资料，并可以在本法院所在地接受书面或口头证言。（三）检察官如果认为有合理根据进行调查，应请求预审分庭授权调查，并附上收集到的任何辅助材料。被害人可以依照《程序和证据规则》向预审分庭作出陈述。……（六）检察官在进行了第1款和第2款所述的初步审查后，如果认为所提供的资料不构成进行调查的合理根据，即应通知提供资料的人。这并不排除检察官审查根据新的事实或证据，就同一情势提交的进一步资料。

〔3〕　ICC, The Office of the Prosecutor, Situation in the Republic of Korea, Article 5 Report, June 2014.

如果只有一个行为，而且是同一个行为，那么进行这种区分就完全是人为的。因此，《罗马规约》第 12 条第 2 款第 1 项所规定的领土要件得到了满足。

关于对这两起事件的属人管辖权，检察官办公室认为，对延坪岛的炮击是从朝鲜一侧发起的，因此行为人极有可能是朝鲜公民。虽然，朝鲜并不是《罗马规约》的缔约国，但是由于这两起事件的属地管辖权已经得到了满足，因此国际刑事法院可以对行为人行使管辖权。同样，即便是《罗马规约》的非缔约国的公民发起了对"天安舰"的攻击，国际刑事法院也可以对这些非缔约国的公民行使管辖权。

（二）检察官办公室关于国际刑事法院对这两起事件的属事管辖权的审查结论

检察官办公室随后对国际刑事法院对这两起事件是否具有属事管辖权进行了法律分析。

检察官办公室首先指出，国际人道法和《罗马规约》允许交战各方针对军事目标采取军事行动，即便明知会造成一些平民伤亡。如果故意攻击平民或民用物体（《罗马规约》第 8 条第 2 款第 2 项第 1 目或第 2 目），或者明知附带造成的平民伤亡与预期取得的军事利益相比明显过分而对军事目标发动的攻击（《罗马规约》第 8 条第 2 款第 2 项第 4 目），则是战争罪。

1. 检察官办公室关于韩国和朝鲜当时是否存在武装冲突的审查结论

关于在这两起事件发生时韩国与朝鲜之间是否存在武装冲突，检察官办公室指出：要使战争罪成立，一项基本的共同要件是，必须存在武装冲突。要使韩国和朝鲜之间存在国际性武装冲突，有两个可能性。第一个可能性是，这两个国家从技术的角度来说仍然存在战争状态，1953 年的《停战协定》仅仅只是停火协定，战争各方仍然需要达成一项和平协定，以便正式结束 1950 年至 1953 年之间的战争。第二个可能性是，用鱼雷袭击"天安舰"或者炮击延坪岛是"国家之间诉诸武装力量"的具体表现，因此，依据习惯国际法，两国之间形成了国际性武装冲突。

检察官办公室注意到，《罗马规约》和《国际刑事法院犯罪要件》对于何谓"武装冲突"没有作出规定，因此需要进行司法解释。目前，国际刑事法院采取了联合国前南斯拉夫问题国际刑事法庭（ICTY）上诉分庭在"塔迪奇案"中阐释的武装冲突的定义，即"当国家之间诉诸武装力量时，或者一国之内政府当局和有组织的武装团体或者此种团体之间存在长期的武装暴力时，就存在武装冲突。国际人道法从这种武装冲突开始时适用，一直适用到敌对行为结束之后达成一项全面的和平条约为止。在国内冲突的情况下，则一直适用到达成一项和平协定为止。在之前，国际人道法继续适用于交战国的全部领土。在国内冲突的情况下，则适用于受到一方控制的全部领土，不论是否发生实际的战斗行为"。

检察官办公室还注意到，许多权威的学者和机构，包括红十字国际委员会在内，所采取的经典立场是：就国际性武装冲突的定义来说，只要国家之间诉诸了武装力量就行，没有必要存在度的要求。让·皮克泰（Jean Pictet）写道："两国之间引起的任何分歧如果最终导致武装力量的介入，就是《日内瓦公约》意义上的武装冲突。至于冲突持续的时间多长或者死了多少人，都是在所不问的。"同样，在"塔迪奇案"中，联合国前南斯拉夫问题国际刑事法庭上诉分庭认为："如果武装冲突发生在两个或两个以上的国家之间，就是国际性的武装冲突，这是不存在争议的"。《罗马规约》通过之后一些学者写的条款评注中也指出，《日内瓦公约》"适用于国家之间的冲突，不论冲突的激烈程度为何"。

根据这一经典的立场，要使《罗马规约》第8条第2款第1项和第8条第2款第2项规定的战争罪得以成立，就必须要有共同的要件，而这一共同的要件在这一情势中已经得到了满足，因为用鱼雷攻击"天安舰"和炮击延坪岛就构成了国际性武装冲突。而朝鲜和韩国之间的这种技术层面上的战争状态是否足以确立国际性武装冲突，将对朝鲜的行为是否构成侵略行为以及是否违反《联合国宪章》第2条第4款产生影响。但是，由于诉诸武装力量就已经构成国际性武装冲突，因此就本报告而言，没有必要对上述问题作出判断。

2. 检察官办公室关于"天安舰被击沉事件"的审查结论

关于"天安舰"被击沉事件，检察官办公室指出："天安舰"是一艘海军军舰，该舰被击沉后所有溺水死亡的人员均是军事人员。一般说来，攻击包括军舰在内的军事目标或者杀死包括军舰水兵在内的敌方军事人员并不是战争罪。如果这一事件是由军事攻击导致的，那么就不违反《罗马规约》第8条所规定的任何一项战争罪。但是，如果击沉"天安舰"行为本身导致两国之间存在国际性武装冲突，而且如果说，"天安舰"真的是由朝鲜击沉的，那么就会产生是否实施了《罗马规约》第8条第2款第2项第11目规定的战争罪的问题。

检察官办公室指出：《罗马规约》第8条第2款第2目第11项规定，"以背信弃义的方式杀、伤属于敌国或敌军的人员"是战争罪。背信弃义杀人最早规定在1907年《海牙第四公约》所附的《陆战法规和惯例章程》第23条第2款中。无论在《罗马规约》中还是在《海牙章程》中，背信弃义杀人的范围均没有明确规定，但是，习惯国际法就如何认定背信弃义杀人有一些指导性的规定。红十字国际委员会在习惯国际人道法的研究中提到的背信弃义的行为有：假装因伤而无能力、假装有在休战期下投降或谈判的意图、使用得到国际承认的标志（联合国或红十字国际委员会的标志等）假装享有受保护的地位、假装具有平民的身份、使用非冲突各方的国家的旗帜或军队制服假装受保护的地位。背信弃义的行为并不一定限于造成死亡的事件。戈德斯通的报告指出，当不被允许进入时，其中一位战斗员假装说他们当中有红十字国际委员会的人员而试图诱骗敌方军队放弃，这也是一种背信弃义的行为。值得注意的是，背信弃义的行为不包括"战争诈术"。在德国联邦行政法院审理的一起涉及难民地位的诉讼中，审理案件的德国法院指出："并不是所有误导敌人的行为都是禁止的，只有那些利用通过违反国际法的特定行为的借口来获取信任的行为才是禁止的。"国际刑事法院的《犯罪要件》在界定背信弃义的行为时遵循了习惯国际法，它列出了这一犯罪的两项核心要件。其一，行为必须是"客观上具有造成或者至少诱使敌方信任的性质"。其二，在引诱信任时，行为人必须意图误导另一方。关于背信弃义行为的定义，《适用于海上武装冲突的国际法》（圣雷莫海战法手册）规定了几乎相同的定义；该手册的评注明确指出："军舰或军事航空器在假装具有受保护的身份时，必须准备或实施敌对行为。"

检察官办公室注意到，为了对敌方发动突然袭击而达成暂停战斗的协定行为本身就是一种违反习惯国际人道法的行为。红十字国际委员会对习惯国际法的研究明确指出："违反暂停战斗协定的行为是对信任的一种破坏行为，是违反善意原则的行为。"它还进一步指出，这一规则规定在许多国家的军事手册中，而且有些国家的军事手册认为，假装停火是一种"背信弃义的行为"。

检察官办公室随后考察了一些国家的军事手册。《美国军队战地手册》在提到有关停战协定的法律时，指出："任何一方在没有警告的情况下在停战期间恢复敌对行为，无论是否正式退出停战协定，都是公然的背信弃义行为，除非出现紧急情况，并且存在能提供对方故意和严重违反停战协定的令人信服的证据。"比利时的《战争法手册》中写道："为了向敌人发动突然袭击，在没有给敌人时间准备的情况下，基于令人怀疑的动机而退出停战协定，可以被视为一种背信弃义的行为。"澳大利亚、俄罗斯和英国的军事手册也有类似的规定。在红十字国际委员会的调研中，作为国家实践而引用的其他国家的军事手册也都确认，当停火协定仍然有效的情况下，国际法禁止对敌人开火、杀害或伤害敌人，不过并未把违反这种禁止性规定的行为定为背信弃义的行为。

检察官办公室认为，如果将这些要素适用到击沉"天安舰"事件，可以说是一种"背信弃义的杀害或伤害"的行为。如果1953年的《停战协定》仍然有效，那么韩国军队可以说因此相信他们是有权得到保护的，符合背信弃义行为的第一个要件。如果朝鲜故意背叛韩国认为《停战协定》仍然有效的这种信任，那么第二项构成要件也得到了满足。因此，击沉"天安舰"的行为就是"背信弃义地杀害或伤害"的行为。

但是，检察官办公室注意到，目前，存在一些有限的例子，证明当停战协定仍有效的情况下国际法禁止袭击、杀害或伤害敌人的行为是一种战争罪。《罗马规约》第8条并未将所有违反武装冲突法的行为规定为战争罪。在《罗马规约》中，只有有限的一些严重违反国际人道法的行为才被规定为战争罪。根据第8条第2款第1项和第2项的规定，严重破坏四个《日内瓦公约》的行为，以及"严重违反国际法既定范围内适用于国际武装冲突的法规和惯例的其他行为"，才被规定为战争罪。在《罗马规约》中，为了对信赖停战协定的敌方发动突然袭击而缔结停战协定的行为并没有规定为是战争罪。红十字国际委员会对习惯国际人道法的研究已经清楚表明，这种禁止和禁止背信弃义的行为是两种不同的行为，分别规定在习惯国际人道法规则第64项和第65项中。虽然一些国家的军事手册认为，前者是后者的一个例子而已，但是就像红十字国际委员会的研究中显示的一样，现有的国家实践和法律确信不足以说明可以把两者等同。只有背信弃义的行为才是一种犯罪，即第8条第2款第2项第11目。把背信弃义行为的定义扩大到违反具有几十年历史的停战协定的攻击行为，而不是"假装有在休战期下投降或谈判的意图"的字面理解，会因为《罗马规约》第22条的存在而变得十分困难。

检察官办公室最后认为，即便根据《罗马规约》，违反停战协定可以作为背信弃义的一种形式而构成战争罪，仍然需要证明缔结停战协定的目的是为了对信赖此种协定的敌人发动突然袭击。那些认为朝鲜在1953年缔结停战协定，并在1991年重申遵守这一协定具有发动向2010年"天安舰事件"一样突然袭击的特定意图的说法，是不符合"合理根据"这一标准的。因此，基于现有的国际认可的第8条第2款第2项第11目规定的背信弃义地杀害或伤害这一战争罪的定义，以及击沉"天安舰"事件的具体情况，检察官办公室认为，击沉"天安舰"事件不符合这一战争罪的定义。

3. 检察官办公室对"炮击延坪岛事件"的审查结论

在审查完"天安舰被击沉事件"并得出上述结论之后，检察官办公室随后开始审查"炮击延坪岛事件"。关于这一事件，检察官办公室指出：炮击延坪岛过程中，炮弹既击中了军事目标，也击中了民用物体。击中军事基地、杀死两名韩国海军陆战队士兵以及造成许多韩国海军陆战队士兵受伤的行为并不构成战争罪，因为这些物体和人员都是合法的军事打击对象。但是，就对平民造成的影响来说，检察官办公室认为，有必要审查一下是否存在对平民的故意攻击（《罗马规约》第8条第2款第2项第1目或第2目），或者对平民造成过分的附带死亡、伤害或损害（《罗马规约》第8条第2款第2项第4目）。

（1）故意攻击平民或民用物体的战争罪。（《罗马规约》第8条第2款第2项第1目或第2目）

由于炮击延坪岛造成了平民的死亡和非军事目标的损坏，这就引起了是否构成《罗马规约》第8条第2款第2项第1目或第2目规定的战争罪的问题。关于这项战争罪，检察官办公室首先考察了这项战争罪的犯罪要件及相关的司法判例。检察官办公室指出，这两目禁止：①故意指令攻击平民人口本身或未直接参加敌对行动的个别平民；②故意指令攻击民用物体，即非军事目标的物体。要使第8条第2款第2项第1目或第2目规定的战争罪成立，必须符合两个具体的标准：①平民人口或民用物体必须是"攻击的对象"；②行为人必须"故意使平民人口或民用物体成为攻击的对象。"

为了判断平民人口是否是攻击的"首要对象"，联合国前南斯拉夫问题国际刑事法庭上诉分庭采用了下列标准："在攻击过程中采取的手段和方法、被害人的身份、数量、攻击的区分性、在此过程中实施的犯罪的性质、对攻击者当时进行的抵抗以及攻击方可以说遵守或试图遵守战争法中的预防措施要求的程度。"检察官办公室指出，要证明平民以及平民人口是第8条意义上的故意攻击的对象可能是很困难的。除了两个案件已经作出判决外，国际刑事法院审理的案件中尚未有一个涉及炮击事件。但是，联合国前南斯拉夫问题国际刑事法庭已经在一些类似的案件中作出了判决，并且为了证明攻击是故意针对平民的，设置了很高的证明标准："攻击必须是在知道或者说不可能不知道在没有军事必要的情况下，平民或民用物体正在受到攻击的情况下，故意进行的"。因此，平民可能成为攻击的被害人的可能性极有可能不符合联合国前南斯拉夫问题国际刑事法庭所要求的主观标准，也不符合国际刑事法院的要求，理由如下：

检察官办公室注意到，《罗马规约》第30条第2款除了规定"除另有规定外"，对故意是如下规定的："（1）就行为而言，该人有意从事该行为；（2）就结果而言，该人有意造成该结果，或者意识到事态的一般发展会产生该结果。"

检察官办公室还注意到，有关第 30 条第 2 款的司法判例仍然不是非常清楚。现有的判例认为，第 30 条第 2 款的标准是，要求不能仅仅"只是偶然性或可能性"。在"刚博案"（Gombo）中，第二预审分庭认为，该标准应当比通常所指的"偶然的犯意"（dolus eventualis）（或者普通法律师所称的"放任"）要高，而且，实际上，它还意味着，这一标准必须是："几乎就是不可避免或实际上就是确定的"。在近期的"卡汤加案"（Katanga）中，审判分庭也赞同这一标准说。另一方面，虽然在"鲁班加案"中，审判分庭明确排除"偶然的犯意"，而且认为发生犯罪的低风险不足以构成第 30 条第 2 款第 2 项所指的故意，但是它的推理似乎允许把第 30 条第 2 款第 2 项中的故意解释为包含明知发生犯罪的高风险这一情形。这一解释与检察官办公室的立场是一致的，即应依据字面的通常含义来解释第 30 条第 2 款第 2 项中的"事态的一般发展"这一表述。

检察官办公室认为，对平民生命和财产的漠视和放任，应当符合第 30 条和第 8 条第 2 款第 2 项第 1 目和第 2 目所指的故意。如果平民的死亡、伤害和财产损坏是因为无所谓、装备很差或打击的情报错误造成的，而且朝鲜军队在知道已经造成平民死亡和伤害的情况下继续用这样的装备和情报发动攻击，那么在这种明知面前继续采取那样的行为，就当然上升到了第 30 条第 2 款第 2 目和第 8 条第 2 款第 2 项第 1 目和第 2 目所要求的故意的标准水平了。

在分析了上述有关条款后，检察官办公室随后将上述条款的理解适用于"炮击延坪岛事件"。检察官办公室指出，尽管攻击造成平民伤害以及民用物体的损坏，但是他们是否就是攻击的对象并不清楚。除了故意打击外，还有多种可能的解释来解释打击平民和民用物体。在本案中，包括延坪岛西南的军事基地在内的军事目标受到了攻击，这至少无法让人有合理根据相信，本次攻击唯一目标就是平民或民用物体。现有的资料显示，朝鲜使用了两种类型的大炮。主要使用的是武器 122 毫米多管火箭发射器，在攻击中使用的少部分炮弹来自 76.2 毫米的岸基大炮。但是，关于朝鲜发射的炮弹和火箭弹的总数，有不同的说法。根据联合国军的报告和其他公开的资料，朝鲜总共发射了 170 发炮弹和火箭弹，其中有 90 发坠落在延坪岛四周的海域，有 80 发击中了延坪岛上的军事和民用区域。根据韩国政府随后提供的资料，朝鲜发射了 230 发炮弹和火箭炮，有 180 发击中了延坪岛，50 发坠落在周围的海域。在这 180 发中，大约有 150 发坠落在岛上不同区域的八个不同军事区域及其附近，有 30 发坠落在紧邻军事区域的民用区域。这两个资料来源均认为，有大量的炮弹实际上击中了延坪岛周围海域（按照联合国军的说法，是大多数炮弹），这说明，朝鲜在炮击时遇到了困难。而且，只有一小部分的炮弹（根据韩国的估计，是230发中大约30发）落在了平民居民区，而且刚好是位于军事目标附近的平民居民区。在这样的情况下，除非朝鲜还故意攻击延坪岛周围的海域，否则，认为朝鲜明知攻击的是平民，而且还故意攻击平民的说法，在没有更多信息的情况下，只能说是一种猜测或怀疑，并没有合理的根据。

检察官办公室指出，有人也许会说，使用不精确的攻击技术说明朝鲜的攻击是不分皂白的。各国有义务选择那些对平民造成的附带影响最小化的作战手段和方法；违反这一义务可能表明，攻击实际上针对的是平民。在本情势中，据称朝鲜本来可以使用其所拥有的更加精确类型的大炮。不过，朝鲜本来可以提高的精确打击的度有多少并不清楚。更重要的是，使用某一种大炮，而不是使用另一种大炮，对于确定是否有估计攻击平民的意图来说，仅仅具有优先的证明价值。基于现有的信息，朝鲜使用122毫米的多管火箭炮，而不是其他类型的大炮，对于确定有合理根据相信，朝鲜的攻击是故意针对平民来说，是不够的。

经过权衡之后，检察官办公室认为，现有的信息没有达到有合理根据相信，朝鲜故意攻击平民人口或民用物体。民用物体在有些情况下会遭到损坏，在没有更多信息的情况下，这无法使人相信有合理根据认为，有损害民用物体的故意。不过，在本情势中，攻击显然主要针对的是军事目标；而产生的主要影响也显然是对军事目标产生的，因此对于平民造成的影响还可以有其他的解释（大炮的打击精确度）。

（2）过分造成平民附带死亡、伤害或损害的战争罪。（第8条第2款第2项第4目）

检察官办公室注意到，《罗马规约》第8条第2款第2项第4目规定，"故意发动攻击，明知这种攻击将附带造成平民伤亡或破坏民用物体或致使自然环境遭受广泛、长期和严重的破坏，其程度与预期得到的具体和直接的整体军事利益相比显然是过分的。"因此，要使第8条第2款第2项第4目的战争罪成立，必须要求存在：①预期的平民伤亡或民用物体损毁；②预期取得的军事利益；以及①与②相比，①是否"显然是过分的"。如何计算预期的平民损失和预期的军事价值是很困难的，而且也不存在一套如何对两者进行比较的共同的计算单位，因此进行评估是很困难的，无论是在军事决策过程，还是在对军事行动的合法性事后进行的评估中。因此，《罗马规约》只把那些"显然"是过分的攻击才规定为战争罪。从通常含义、上下文以及起草者们的意图中，都可以清楚展示，也得到了相关评注的确认。（增加规定"显然"这一措辞，是为了强调在合理的裁量余地的范围内进行价值评价不应当是犯罪，法院事后也不应当进行猜测）联合国前南斯拉夫问题国际刑事法庭在北约轰炸南联盟事件的分析中认为："《国际刑事法院罗马规约》是这个方面正在演进中的习惯国际法的权威表述，它承认军事行动的现实。……根据该规约第 8 条第 2 款第 2 项第 4 目的规定，增加'显然'这一措辞，是为了确保只有那些显然是过分的案件才会被追究刑事责任。"《国际刑事法院犯罪要件》明确指出："具体和直接的整体军事利益"是指行为人在相关时间预见到的军事利益。这种军事利益从时间或空间的角度来说可以与攻击的对象有关，也可以无关。在"加利奇案"中，联合国前南斯拉夫问题国际刑事法庭认为，"在判断攻击是否是成比例时，有必要审查，作为一个已经被合理告知的人，在实际行为人合理地利用了其所掌握的信息的情况下，是否预见到了攻击会造成过分的平民伤亡"。

检察官办公室注意到，在评估"预见的"平民伤亡或损害时，存在许多相关的因素。朝鲜掌握了延坪岛的地图，因此应该知道该岛军事目标附近有平民区域。据称，朝鲜在 2010 年 1 月就在"北方分界线"附近进行了射击训练。如果朝鲜的装备的确精确度不高，导致附带的平民伤亡，就可以推定朝鲜在 1 月的炮击训练后知道这一情况，而且知道其对平民可能造成的后续影响。不过，延坪岛只有 7.3 平方公里，而且在炮击时，岛上的平民人口是 1361 人。因此，虽然朝鲜应当预见其炮击可能对平民造成影响，但是并不意味着，作为一个被合理告知的人，在实际行为人所处的情况下，其本来应当预见对平民造成的影响是很高的。岛上的平民人口数量（1361 人）都集中居住在该岛主要港口的一个区域内，基于上一段中给出的理由，这些人口看上去并不是攻击所故意针对的对象。这个岛屿和平民人口居住区域的大小说明，没有击中军事目标的许多炮弹都坠落在该岛屿的无人居住区或者周围海域（而不是平民居住区）。实际上，在发射的 230 枚炮弹中，有 50 枚坠落在周围的海域，只有大约 30 枚坠落在平民物体上。在评估预期的军事利益与预期的平民伤亡或损毁相比是否"显然是过分"时，就像前面提到的，缺乏一个可以对两者进行比较的共同的计算单位，这使得适用起来非常困难。最后，炮击造成 2 位军人死亡，16 位军人受伤，也造成 2 位平民死亡，52 位平民受伤。从对财产造成的损毁和对军事目标和民用物体造成的损害来看，联合国军的报告说明，"军事设施和老百姓的房子有相当数量造成了损毁。"炮击造成该岛西南处的一处军事基地、三处海军直升机起落场以及为了同一天此前的炮击训练而在加固的阵地外围部署的多门 K−9

榴弹炮被毁或受损。根据韩国的说法，炮击还造成大约 159 处平民房子、15 处仓库、10 处公共设施以及 6 家商店和服务设施被毁或受损。炮击总共造成的财产损毁或破坏估价在 430 万美元，但是这一数字没有对民用物体和军事目标之间做出区分。

最后，检察官办公室认为，尽管作为一个被合理告知的人，在实际行为人所处的情况下，由于军事目标和民用物体离得很近，本来应当预见到了炮击对平民和民用物体造成某种程度的伤害或损坏，但是考虑到该岛的面积以及岛上人口的规模，以及军事打击看来是此次炮击的首要目标，现有的信息不足以成为合理的根据相信对平民造成的预期的影响与炮击预期产生的军事利益相比，"显然是过分的"。不过，炮击造成的人员死亡不得不说是非常遗憾的。

（三）最终的审查结论

检察官办公室因此认为，基于现有的资料，他现在没有合理根据相信，这两次事件构成了法官管辖权之下的战争罪。因此，检察官办公室没有合理的根据开展调查。不过，无论如何，不应把这一结论解释为为朝鲜诉诸武力的行为开脱，因为检察官办公室适用的法律是战时法，而不是开战法。如果在将来检察官办公室获取了更多的资料，检察官办公室有可能根据新的事实或证据重新审查这一结论，有可能重新启动对这两个事件的初步审查工作。而且，检察官注意到了朝鲜对其邻居重新发出的威胁，强调指出，如果朝鲜半岛将来再次发生属于本法院管辖范围内的行为，她将仍然准备对这些行为启动初步审查。

第四节　韩国对国际法院的其他支持

一、批准《国际刑事法院特权和豁免协定》

韩国在 2004 年 6 月 28 日签署了《国际刑事法院特权和豁免协定》，并在 2006 年 10 月 18 日批准了该协定，成为批准该协定的唯一一个亚洲国家。

二、不签署"第 98 条协议"

目前，大约有将近 28 500 名美军驻扎在韩国。虽然韩国已批准了《罗马规约》，但韩国并未与美国签订第 98 条协议。

三、政策声明

　　韩国政府多次声明对国际刑事法院的全力支持。2009 年 5 月 23 日，在首尔举行的第四届韩国和欧盟领导人峰会上，韩欧领导人重申全力支持国际刑事法院，并支持法院在惩治最严重国际犯罪方面发挥的作用。[1] 在 2010 年 3 月的"天安号"事件以及 11 月的延坪岛炮击事件发生之后，12 月 6 日，国际刑事法院检察官奥坎波宣布，他已经收到了多份来文。这些来文声称朝鲜军队在韩国领土上实施了战争罪。奥坎波检察官说，检察官办公室已经启动了初步审查，以便评估上述行为是否构成国际刑事法院有权审理的战争罪。[2] 据韩国媒体 12 月 7 日报道，不愿透明姓名的几位韩国政府官员对国际刑事法院检察官的决定表示支持，认为韩国政府的基本立场是向国际刑事法院提供积极的合作，包括提供情报，因为作为《罗马规约》的缔约国，韩国有义务与国际刑事法院合作。[3]

四、提名法官

　　国际刑事法院成立之后，韩国积极提名法官人选。韩国首尔大学的宋相现教授在 2003 年被选为国际刑事法院的第一批 18 位法官之一，任期从 2003 年 3 月 11 日开始，为期 3 年。在 2006 年，他获得连任，任期 9 年。2009 年 3 月 11 日开始，他开始担任国际刑事法院院长，成为该法院成立以来的第二任院长，2012 年 3 月 11 日再次被选为院长。他曾经在国际刑事法院的上诉分庭担任法官。宋相现生于 1941 年，自 1972 年开始在韩国国立首尔大学法学院执教，主要研究刑法、诉讼法等，他曾经担任韩国最高法院和司法部的法律顾问委员会的委员。他的任期于 2015 年 3 月 11 日结束。

　　2014 年 12 月 8 日，国际刑事法院缔约国大会第 13 届会议上举行了法官选举。来自韩国的郑彰镐在第一轮投票中获得 73 票，成功当选为国际刑事法院法

---

　　〔1〕"Joint Press Statement of the Fourth Summit Meeting Between the Republic of Korea and the European Union", Seoul, 23 May 2009, para. 14, http：//www. iccnow. org/documents/Joint_ Statement_ EU_ Korea_ Summit_ 23_ May_ 2009. pdf.

　　〔2〕ICC – CPI – 20101206 – PR608, http：//www. icc – cpi. int/NR/exeres/204FAB0A – 28AC – 4310 – A933 – DB4F4215C9DA. htm.

　　〔3〕http：//www. koreatimes. co. kr/www/news/nation/2011/01/113_ 77605. html.

官，是唯一一个在第一轮选举中就被选上法官的候选人。[1] 他的任期从 2015 年 3 月 11 日开始，为期 9 年。郑彰镐毕业于韩国首尔大学法律系，1990 年通过韩国司法考试，开始法官生涯。他曾任韩国光州地方法院法官等职务，自 2011 年 8 月开始担任柬埔寨审判"红色高棉"领导人的柬埔寨法院特别法庭（EC-CC）预审分庭的法官。[2] 郑彰镐现在是国际刑事法院第二预审分庭的法官，负责中非共和国、苏丹达尔富尔、肯尼亚和乌干达的情势。[3]

五、财政和物资援助

韩国还从财政方面积极支持国际刑事法院。韩国是向国际刑事法院交纳缔约国会费第九大国家，从 2009 年开始，韩国加入资助国际刑事法院实习生项目的国家行列，使来自世界各国的大学生和研究生得以有机会在国际刑事法院实习。为了推动亚洲国家对国际刑事法院的了解，韩国还向国际刑事法院交纳专门用于在亚洲国家宣传国际刑事法院的资金。

2014 年 12 月，在国际刑事法院缔约国大会第 14 届会议的一般性辩论中，韩国驻荷兰大使在发言中宣布，韩国将向国际刑事法院实习生项目和被害人信托基金捐款，而且将向国际刑事法院新启动的办公大楼捐赠一面"登闻鼓"，即古代中国和朝鲜等衙门口设置的供申冤的百姓敲击的大鼓，寓意国际刑事法院是所有受其管辖的国际犯罪的被害人伸张正义的场所。[4]

六、传播推广

为了推动亚洲国家对国际刑事法院的了解，韩国还多次举行亚洲国家与国际刑事法院的学术研讨会。[5]

---

〔1〕 在第一轮投票中，119 个缔约国的投票中，无效的 15 票。在有效的 104 票中，2/3 多数票即为 70 票。郑彰镐获得 73 票，成功当选。https：//www. icc - cpi. int/en_ menus/asp/elections/judges/2014/ Nominations/Pages/2014 - JE - results. aspx.

〔2〕 https：//www. icc - cpi. int/en_ menus/icc/structure% 20of% 20the% 20court/chambers/the% 20judges/Pages/judgeChung. aspx.

〔3〕 https：//www. icc - cpi. int/en_ menus/icc/structure% 20of% 20the% 20court/chambers/pre% 20trial% 20division/Pages/pre% 20trial% 20division. aspx.

〔4〕 https：//www. icc - cpi. int/iccdocs/asp_ docs/ASP14/GenDeb/ASP14 - GenDeb - Korea - ENG. pdf.

〔5〕 Statement by Mr. Hwang, Seung – Hyun, "Head of Delegation of the Republic of Korea to the Eighth Session of the Assembly of States Parties to the ICC", 19 November 2009, The Hague, http：//www. iccnow. org/ documents/ICC - ASP - ASP8 - GenDeba - Korea - ENG. pdf.

第五章　日本与国际刑事法院

第一节　日本加入《罗马规约》

为了纪念《罗马规约》在 1998 年 7 月 17 日通过这个日子，联合国大会将每年的 7 月 17 日定为"国际正义日"（Day of International Justice）。就在 2007 年 7 月 17 日，日本向联合国秘书长交存了《罗马规约》加入书。同年 10 月 1 日，该条约对日本生效，使日本成为《罗马规约》第 105 个缔约国。[1] 日本在提交加入书时宣称，这是日本"以价值为导向"的外交政策的一个重要组成部分。[2] 日本的这一举措被一些日本学者认为是有史以来日本对国际人道法作出的最大贡献。[3] 这也使日本成为国际刑事法院在亚洲的最大成员国和全世界最大的捐助国。下面将叙述日本加入《罗马规约》的加入过程和政策考虑。

一、加入过程

尽管日本没有在《罗马规约》上签字，但是从基本立场上看，是认可《罗马规约》的。自国际刑事法院成立后，日本一直派代表作为观察员参加国际刑事法院缔约国大会。关于批准或加入国际条约，日本的做法一直是，只有当日本国内具备了执行需要批准或加入的条约的配套法律或者已经修改了现有的国内法律时，日本才会批准或加入国际条约。这一做法同样适用于《罗马规约》。

---

〔1〕 Press Release, ICC – PR – 20070717 – 231.

〔2〕 http：//www. mofa. go. jp/announce/announce/2007/7/1174502_ 830. html.

〔3〕 Yasushi Masaki, "Japan's Entry to the International Criminal Court and the Legal Challenges it Faced", *Japanese Yearbook of International Law*, 51（2008）, 409.

日本政府认为，在加入《罗马规约》之前，需要审查日本的国内法，看看是否需要制定新的有关法律或者修改现有的法律。因此，当被问及日本何时加入《罗马规约》时，日本政府总是宣称，其正在为加入《罗马规约》审查本国的国内法。例如，在 2001 年 10 月 1 日的国会众议院全体会议上，日本首相小泉纯一郎说："政府正在仔细审查（《罗马规约》的）规定，并对其余国内法的一致性进行必要的检验。"2002 年 6 月 21 日，日本律师协会发表一项决议，希望日本政府积极参与即将成立的国际刑事法院。2002 年 7 月 1 日，《罗马规约》生效。时任日本外相的川口顺子发表了一项声明，表示日本欢迎《规约》的生效。她还说："我们的国家正在认真查看《规约》的规定和其他国家是如何准备各自的国内法，并检查《规约》与国内法的一致性。考虑到《规约》已经生效，我希望能加速我国的审查进程。"[1] 在这项声明中，日本政府最终表示了想要成为《规约》缔约国的意向。从另一方面看，在 2002 年 11 月的国会辩论中，川口外相也表示，"政府依然在仔细审阅当下是否有可能加入《规约》，以及现存国内立法是否能够充分履行《规约》。"在这次发言中，她避免作出关于日本加入时间的任何确定声明，并保持审慎的态度。2003 年 6 月 6 日，日本国会参议院通过了《应对武力攻击事态法》《自卫队法修改案》和《安全保障会议设置法修改案》等"有事"三法或紧急立法。2004 年 6 月 14 日，日本国会参议院又通过了七项与"有事"法制相关的法律，包括《国民保护法》《自卫队法修改案》《限制外国军用品等海上运输法》《支援美军行动实施措施法》《特定公共设施利用法》《俘虏等处理法》和《对严重破坏国际人道法行为的处罚法》。这些法律与 2003 在国会通过的《应对武力攻击事态法》《自卫队法修改案》和《安全保障会议设置法修改案》等"有事"三法一道，构成日本完整的"有事"法制体系或紧急立法体系。尤其是，《对严重破坏国际人道法行为的处罚法》[2] 是日本为加入 1977 年的《日内瓦公约》的两个附加议定书而制

---

〔1〕　Statement by Foreign Minister Yuriko Kawaguchi, "On the Entry into Force of the Statute of the International Criminal Court"（July 1, 2002），可访问日本外务省的网站：http：//www. mofa. go. jp/mofaj/press/danwa/14/dkw_ 0701. html. 还可以参见：Reply by Foreign Minister Kawaguchi, Minutes of the Committee on Foreign Affairs and Defense, House of Councillors, the 154th session, No. 23（July 4, 2002），p. 13.

〔2〕　关于该法的中文版，可访问 http：//www. rcicl. org/list_ more. asp? infoid = 468&classid = 40.

定的，[1] 这一法律的通过被日本政府和学界广泛认为是日本朝着加入《罗马规约》迈出的重要一步。2004 年 8 月，日本外相在回答议员提问时指出，日本加入《罗马规约》的最大障碍就是国内法与《罗马规约》的协调问题。[2] 此后，日本政府开始提出，为加入《罗马规约》进行必要国内立法已经开展。例如，法务大臣南野知惠子在众议院法务委员会 2005 年 10 月的发言中表示，"就我国加入《规约》的必要国内立法问题，法务省正与外务省进行密切的咨询和合作。" 2005 年 11 月，日本大使在联合国大会上就国际刑事法院问题发言时声明，"日本正在严肃地考虑加入《罗马规约》的问题，正在评估其对国内刑事制度可能产生的影响。"[3] 2006 年 1 月，时任首相小泉在参议院全体会议上声明，"我们希望准备工作稳定地进行，以便尽早成为（《规约》的）缔约国。"关于日本分担国际刑事法院预算的重要问题，他表示"政府有必要作为整体，通过获取最广泛的有力支持来尝试解决这个问题。"

　　2006 年春，日本国会的一个议员团体鼓励政府加入国际刑事法院，其核心成员是来自外务省和法务省的前部长级官员。议会反对党一方也有支持日本加入的强烈呼声，这在日本国家的政治领域刮起了强烈的风潮，大量的媒体舆论也朝向相同的方向。最终在 2006 年 10 月 13 日，在参议院财政事务委员会的一次会议中，时任首相安倍晋三说，"我们将在 2007 年继续稳步进行加入《规约》的必要工作"，这明示了日本将加入《规约》的时间。[4] 在考虑的过程中，日本政府的许多部门参与了加入的过程，包括外务省、内阁秘书处、法务省、财务省和防卫省。最终，经过考虑之后，日本政府决定采取程序立法的方式。在考虑的过程中，日本各个部门经常提到德国批准《罗马规约》的例子，并经常作为日本的一个榜样，而德国采取的是一个实体立法的方式，德国不仅修改了刑事诉讼法，而且专门制定了一个实施《罗马规约》的单行刑事立法。但是最后，日本并没有遵循德国的做法，理由是，德国的做法对于日本来说野

---

　　〔1〕　日本在 1953 年 4 月 21 日加入四个《日内瓦公约》，http：//www. icrc. org/ihl. nsf/WebSign? ReadForm&id = 375&ps = P；并在该法通过后的 2004 年 8 月 31 日加入《第一附加议定书》和《第二附加议定书》，http：//www. icrc. org/ihl. nsf/WebSign? ReadForm&id = 470&ps = P；http：//www. icrc. org/ihl. nsf/WebSign? ReadForm&id =475&ps =P.

　　〔2〕　http：//www. iccnow. org/? mod = newsdetail&news = 163.

　　〔3〕　Oshiro Ozawa, "Statement to the United Nations on the Report of the ICC", at http：//www. mofa. go. jp/announce/speech/un2005/un0511 - 9. html .

　　〔4〕　"Japan's Prime Minister Expresses Intention to Join International Criminal Court", at http：//www. hurights. or. jp/news/0611/bole. html.

心太大了，已经来不及快速完成了。2006 年年末，国际刑事法院院长基尔希（Kirsh）访问日本，这是使日本公众了解法院工作的一个很好契机。2007 年 1 月 27 日，（日本）内阁决定加入《规约》，确定了《国际刑事法院相关合作事宜法》（《国际刑事裁判所に対する協力等に関する法律》）草案，并与《罗马规约》一起提交给日本国会审议。3 月 20 日，在日本国会众议院大会上，开始对加入《罗马规约》和《国际刑事法院相关合作事宜法》草案进行讨论。3 月 23 日和 28 日，众议院外交委员会上分别通过了加入《罗马规约》的决定草案和《国际刑事法院相关合作事宜法》草案。3 月 29 日，在众议院大会的投票上，一致通过了这两份草案。4 月 13 日，参议院大会审议这两份草案。4 月 24 日和 26 日，参议院外交和防卫委员会分别通过了这两份草案。4 月 27 日，参议院大会一致通过了这两份草案。在通过这两份法案的同时，日本国会参众两院还一致通过了一个附加决议，承认日本此时加入国际刑事法院具有十分重大的意义，并鼓励日本政府更积极地参与国际刑事法院的管理。该附加决议还呼吁其他亚洲国家也加入国际刑事法院，并请求日本政府在移交有关人员时确保人权的保护。这样，日本就完成了加入《罗马规约》的国内法程序。7 月 17 日，日本向联合国秘书长提交了《罗马规约》加入书。[1] 根据《罗马规约》第 126 条第 2 款的规定，《罗马规约》于 2007 年 10 月 1 日对日本生效。

　　从日本加入《罗马规约》的过程来看，日本各政党均理解日本加入国际刑事法院的重要性，并予以积极支持。也就是说，日本加入国际刑事法院在政治上获得了一致支持。而且，在加入问题上，也得到了日本公众舆论的广泛支持。可以说，日本成为国际刑事法院的会员国与日本社会各界的广泛支持是分不开的。

二、加入原因

　　本书前面已述，日本积极参加了 1998 年的罗马全权外交代表会议，并对《罗马规约》的制定作出了一定的贡献，尤其是在一罪不二审原则的表述上。[2] 日本代表团团长是当时日本常驻纽约联合国代表团团长的小和田恒（2003 年起成为国际法院法官，并在 2009—2012 年期间还担任国际法院的院长）。在对《罗马规约》的投票上，当时的日本代表团投了支持票。在 1998 年 7 月 17 日下

---

〔1〕　Jens Meierhenrich and Keiko Ko, "How Do State Join the International Criminal Court? The Implementation of the Rome Statute in Japan", *Journal of International Criminal Justice*, 7（2009），244.

〔2〕　参见本书第二章。

午举行的第 9 次全体会议上，日本代表小和田恒发表了日本的最后意见。以下是会议记录的相应部分内容：

"81. 小和田恒（Owada）先生（日本）说，《规约》通过以后，目标必须是，在国际社会完全信任的基础上，建立并促进一个能够有效行使职能的法院。本次会议的任务是，对建立一个客观的国际司法制度的需要与建设一项使各国能够在自愿的契约基础上建立一项灵活制度的需要进行调和。

82. 因此，日本力图根据《规约》提出一项可供该法院管辖权在初始阶段实施的过渡性制度，这样可以通过经验建立起各国对该法院公正和适当行使职能的信任。他高兴地得知这一想法已经纳入《规约》第 111 条之二。他的代表团还对本次会议成功地为该法院筹集资金作出了贡献。

83. 成功的真正的考验最终取决于国际社会在促使该法院切实有效运作方面的合作。本次会议过程中所表示的坚定的政治承诺必须进一步加强，以确保该法院的前景。"[1]

但是，日本代表团并没有在该条约上签字，而且在供开放签字的日子截止之前，日本也没有在该条约上签字。日本律师协会的律师东泽靖作为民间代表参加了整个罗马会议。他对日本代表团颇有微词。他说，日本当时对国际刑事法院其实一点都不热心。

回到国内后，日本也迟迟没有加入《罗马规约》。从 1997 年到 2007 年 4 月 27 日最终决定加入《罗马规约》，日本用了将近十年时间。正如前面关于日本加入《罗马规约》的过程介绍，日本迟迟不加入《罗马规约》的表面理由是，日本为加入该条约需要做大量的国内法审查和立法准备工作，但实际上，有不少观察家都认为，日本迟迟不加入《罗马规约》更多的是政治方面的考虑。[2]

根据东泽靖律师的说法，至少有三个因素影响了日本加入该条约。其一，自从第二次世界大战以来，在日本国内，总是有一部分人，其中不乏政府高官，不遗余力地反对远东国际军事法庭的判决，认为是日本的耻辱，是"战争胜利者的正义"，被政治化了，因此他们总是反对任何类似的国际法庭。二战结束后，在 20 世纪 90 年代，有关日本在二战期间的战争责任的话题再次在日本社会引起争论，包括慰安妇的问题。尽管联合国人权委员会的特别报告员多次要求日本进行调查和起诉，但是这部分人总是强烈反对进行刑事追诉的做法。其

---

〔1〕 A/CONF. 183/SR. 9，第 81 ~ 83 段。

〔2〕 Kanako Takayama, "Participation of the ICC and the National Criminal Law of Japan", *Japanese Yearbook of International Law*, 51（2008），385.

二，即使那些对日本在二战期间的责任持有自由、和平看法的人也对日本加入国际刑事法院持有怀疑和谨慎的态度。他们认为，远东国际军事法庭的审判在政治上是有偏见的，以至于许多严重的战争罪犯嫌疑人，包括日本天皇，都成功地逃脱了起诉，他们对类似的国际法庭不抱多大希望。而且，他们还对这样的法庭是否能够保障公平审判也持怀疑的态度。其三，二战结束以后，日本几乎没有与外国发生过武装冲突，而且国内也是如此，另外，海牙离日本如此遥远，再加上语言方面的障碍，日本社会对该法院并没有多大的了解和兴趣。[1]

根据本杰明·古尔德教授（Benjamin Goold）的观点，日本当时没有加入《罗马规约》，主要是因为以下两个原因：一是日本右翼担心如果日本加入《罗马规约》，可能会使得一些日本人因二战时期犯下的罪行受到指控；二是在"9·11事件"之后，日美同盟关系日趋紧密，日本紧随美国之后，积极参与了美国在海外的军事行动。许多人权组织已经指出，美国的许多军事行动已经违反《罗马规约》的规定，构成战争罪，并向某些国家的国内法院以及国际刑事法院提出了起诉，例如"国际人权联盟"等国际人权团体2006年11月就向德国的法院提出控诉，要求对美国许多高层官员犯下的战争罪行进行刑事调查，理由是他们授权美军在伊拉克虐待囚犯。而日本国内的法律并无关于战犯的起诉与审判问题的规定，日本政府担心如果加入了《罗马规约》，在日本公民被指控犯下此类罪行时，日本就必须将该人移交至国际刑事法院进行审判。因此，对外宣布就战犯待遇与自卫队的法律地位等问题国内立法进行修改完善之前，日本不会加入《罗马规约》。[2]

还有日本学者指出，在国际刑事法院正式成立后不久，美国便颁布了《美国公务人员保护法案》（ASPA），依据该法案，美国将限制对国际刑事法院缔约国的军事援助。同时，美国通过与100余个国家签订所谓的"第98条"协议，阻止这些国家将美国士兵移交至国际刑事法院，来明确地表达其对于国际刑事法院的反对。由于日本在国防方面的很大程度上需要依赖美国的军事援助，这使得日本是否加入国际刑事法院成为一个十分困难的问题。[3]

---

〔1〕　Yasushi Higashizawa, "Experiences in Japan for the Coming Accession to the Rome Statute", paper submitted to the symposium on the International Criminal Court in Beijing on 3–4 February 2007, http://www.icclr.law.ubc.ca/Site%20Map/ICC/JapanExperience.pdf.

〔2〕　Benjamin Goold, "Ratifying the Rome Statute: Japan and the International Criminal Court", http://www.hurights.or.jp/asiapacific/no29/05japanandicc.html.

〔3〕　Kanako Takayama, "Participation of the ICC and the National Criminal Law of Japan", *Japanese Yearbook of International Law*, 51 (2008), 385.

但是，在日本国内，要求政府加入《罗马规约》的呼声一直在持续发酵。有学者认为，日本加入《罗马规约》对日本的意义重大。也许，正是因为基于这些重大意义，日本政府才决定要加入该条约。这些重要意义包括：

第一，加入该条约是日本政府向国际社会表明要结束有罪不罚文化的一种决心。日本学者认为，对于日本这样一个已经放弃在国际关系中诉诸武力解决争端的爱好和平的国家，成为全世界首个常设的、独立的国际刑事法院是很自然的事情，因为该法院要把那些实施了暴行的人绳之以法。该法院旨在对维护国际和平与安全作出贡献，并且确保对国际正义的忠诚。这些都和日本的国家政策相符。

第二，加入该条约还可以使日本对建设和发展有效的国际刑事司法制度和实践产生积极的影响。日本的刑事司法制度受到大陆法和普通法制度的影响，因此，日本可以在把两者结合起来的法院中发挥自己的作用。可以说，在发展国际刑法方面，该法院将成为一个标准的制定者，而不仅仅只是一个标准的维护者。如果参加了法院制度的建设，日本还可以缩小其本国的刑事司法制度与国际标准之间的差距。通过各种行为，例如建设机构、建章立制、积累判例、选举法官以及雇佣工作人员等，法院将逐渐决定其基本的发展方向。接下来几年对于法院和想要对法院施加积极影响的缔约国来说，都是关键的时间。

第三，加入该条约还可以显示日本作为国际社会的一个重要成员承担适当责任的决心，它可以与法院开展合作，包括收集证据等。如果缔约国不合作，包括在逮捕犯罪嫌疑人以及执行刑罚方面，法院就无法有效开展工作。因此，缔约国与法院的合作对于法院的工作来说，是最重要的前提条件，因为证据有可能存在于犯罪行为地以外的国家，犯罪嫌疑人有可能逃到犯罪行为地国家以外的国家。尽管法院可以调查的情势发生在日本的可能性微乎其微，但法院有可能要求日本提供证据。日本的金融、通讯或交通系统有可能被犯罪嫌疑人利用。还有，法院有可能要求日本逮捕或移交潜逃到日本的犯罪嫌疑人。[1]

第二节　日本宪法与《罗马规约》

日本在 2007 年 4 月 27 日决定加入《罗马规约》之前，政府以及学界就开

---

〔1〕　Motoo Noguchi, "Criminal Justice in Asia and Japan and the International Criminal Court", *International Criminal Law Review*, 6（2006）, 603.

始对日本国内法与《罗马规约》之间的关系进行了不少研究，探讨日本国内法中是否存在与《罗马规约》不一致的地方，以便为加入该条约作准备。与韩国的情况一样，日本也对《日本宪法》中可能存在的与《罗马规约》有潜在冲突的条款进行了梳理和研究，主要针对以下三个问题：

第一，官方身份无关性问题。《罗马规约》第27条的规定，即"（一）本规约对任何人一律平等适用，不得因官方身份而差别适用。特别是作为国家元首或政府首脑、政府成员或议会议员、选任代表或政府官员的官方身份，在任何情况下都不得免除个人根据本规约所负的刑事责任，其本身也不得构成减轻刑罚的理由。（二）根据国内法或国际法可能赋予某人官方身份的豁免或特别程序规则，不妨碍本法院对该人行使管辖权。"在现行的《日本宪法》即1947年5月3日开始施行的宪法中，与《罗马规约》第27条有关的条款是涉及天皇、国会议员的权力条款。关于天皇的权力，《日本宪法》第1条规定："天皇是日本国的象征，是日本国民整体的象征，其地位以主权所在的全体日本国民的意志为依据。"第4条第1款规定，"天皇只能行使本宪法所规定的有关国事行为，并无关于国政的权能。"第7条具体规定了天皇的国事行为，即"天皇根据内阁的建议与承认，为国民行使下列有关国事的行为：一、公布宪法修正案、法律、政令及条约。二、召集国会。三、解散众议院。四、公告举行国会议员的选举。五、认证国务大臣和法律规定其他官吏的任免、全权证书以及大使、公使的国书。六、认证大赦、特赦、减刑、免除执行刑罚以及恢复权利。七、授予荣誉称号。八、认证批准书以及法律规定的其他外交文书。九、接受外国大使及公使。十、举行仪式。"而且，第3条规定，"天皇有关国事的一切行为，必须有内阁的建议和承认，由内阁负其责任。"由于日本天皇仅仅具有象征性和非政治性的权力，不是实质性的责任，而且很多还需要由内阁建议并得到内阁承认，因此一些日本人认为，他不太可能卷入受国际刑事法院管辖的犯罪，[1]也就不太可能与第27条的规定发生冲突。[2]换言之，《日本宪法》中涉及天皇的条款不会成为执行《罗马规约》的国内法障碍，日本无须修改宪法中的上述条款。与《罗马规约》第27条有关的《日本宪法》中的条款还有第50条和第

---

〔1〕　Yasushi Masaki, "Japan's Entry to the International Criminal Court and the Legal Challenges it Faced", *Japanese Yearbook of International Law*, 51（2008），414.

〔2〕　Naoko Saiki, "Japan's View on the International Criminal Court and Some of its Issues of Implementation", in Roy S. Lee（ed）, *States' Responses to Issues Arising From the ICC Statute：Constitutional, Sovereignty, Judicial Cooperation and Criminal Law*, Transnational Publishers, 2005, p. 270.

51 条。《日本宪法》第 50 条规定了国会议员不受逮捕的特权，即"除法律规定外，两议院议员在国会开会期间不受逮捕。开会期前被逮捕的议员，如其所属议院提出要求，必须在开会期间予以释放。"因此，国会议员在国会开会期间原则上不受逮捕，但是有法律规定的除外。日本的《国会法》（Diet Law）第四章就做了例外的规定。《国会法》第 33 条和第 34 条规定，只要得到国会议员所属的议会的承认，就可逮捕国会议员。因此，如果国会议员涉嫌实施了国际刑事法院管辖的犯罪，即便是在国会开会期间，也有可能受到逮捕。换言之，《日本宪法》第 50 条与《罗马规约》第 27 条不一定会发生冲突。不过，《日本宪法》第 51 条还规定了国会议员发言和表决的不受追究权，即"两议院议员在议院中所作之演说、讨论或表决，在院外不得追究其责任。"也就是说，国会议员在国会的发言和表决享有不受法律追究的特权。这一权力是绝对的。日本没有法律明确规定这一权力的例外。因此，如果国会议员在国会的发言和表决涉及受国际刑事法院管辖的犯罪，例如煽动灭绝种族罪，则依据《日本宪法》将无法追究责任，换言之，《日本宪法》的这一规定有可能与《罗马规约》第 27 条的规定发生冲突。不过，有日本人解释说，关于国会议员，《日本宪法》第 99 条规定了国会议员负有尊重和拥护宪法的义务。[1] 而且，《日本宪法》序言明确了对包括条约在内的国际法的遵守是国家的一项基本原则。[2] 因此，难以想象国会议员们会无视这些宪法条款而犯下国际刑事法院管辖的犯罪。[3] 言外之意是，日本国会议员卷入国际刑事法院管辖的犯罪的可能性微乎其微。

第二，言论自由问题。《罗马规约》第 25 条第 3 款第 5 项规定了煽动灭绝种族罪的刑事责任，即"有下列情形之一的人，应依照本规约的规定，对一项本法院管辖权内的犯罪负刑事责任，并受到处罚：……5. 就灭绝种族罪而言，直接公然煽动他人灭绝种族。"有日本人认为，这可能与《日本宪法》第 21 条第 1 款规定的言论自由权发生冲突。《日本宪法》第 21 条第 1 款规定，"保障集会、结社、言论、出版及其他一切表现的自由。"不过，言论自由在任何国家显然都不是一项绝对的人权，而禁止煽动灭绝种族的行为言论在国际法中是得到

---

〔1〕　第 99 条规定："天皇或摄政以及国务大臣、国会议员、法官以及其他公务员均负有尊重和拥护本宪法的义务。"

〔2〕　序言第三段写道：我们相信，任何国家都不得只顾本国而不顾他国，政治道德的法则是普遍的法则，遵守这一法则是维持本国主权并欲同他国建立对等关系的各国的责任。

〔3〕　Yasushi Masaki, "Japan's Entry to the International Criminal Court and the Legal Challenges it Faced", *Japanese Yearbook of International Law*, 51（2008）, 414.

承认的。因此两者之间并不存在冲突。虽然日本迄今尚未加入规定有禁止煽动种族灭绝言论的《灭种罪公约》，但日本是《公民权利和政治权利国际公约》的缔约国。[1]《公民权利和政治权利国际公约》第20条第2款规定，"任何鼓吹民族、种族或宗教仇恨的主张，构成煽动歧视、敌视或强暴者，应以法律加以禁止"。既然鼓吹种族仇恨的言论都应当加以禁止，那么煽动种族灭绝的言论就更应当加以禁止。而且，1993年的《联合国前南斯拉夫问题国际刑事法庭规约》和1994年的《联合国卢旺达问题国际刑事法庭规约》都明确规定，煽动种族灭绝的行为是一种国际犯罪，应当承担个人刑事责任。[2] 因此，在这一点上，日本宪法并不与《罗马规约》冲突，完全可以通过解释宪法的方法将两者调和。

第三，接受法院裁判的权利。《日本宪法》第32条规定了受裁判的权利，即"不得剥夺任何人在法院接受裁判的权利。"但是，该条款所指的"法院"是日本的法院，而非国际刑事法院。因此，如果日本将犯罪嫌疑人移交给国际刑事法院审理，这是否违反第32条的规定？日本认为，《罗马规约》规定的大多数犯罪能够由日本法院通过国内刑法加以惩治。即使日本因为国内刑法没有规定某一个国际刑事法院管辖的犯罪从而将犯罪嫌疑人移交给国际刑事法院，根据《罗马规约》的规定，诸如罪刑法定原则等所有刑法上的重要原则都将得到严格遵守，因此，犯罪嫌疑人被移交给国际刑事法院之后，其权利也会得到充分尊重。[3] 因此，日本认为，《日本宪法》第32条规定的在法院接受裁判的权利在国际刑事法院也得到了实质保证。

总之，日本认为，现行的《日本宪法》中没有条款与《罗马规约》发生冲突，没有必要修改《日本宪法》，完全可以通过宪法解释的方法对两者进行调和。

---

〔1〕　日本在1978年5月30日签署该公约，并在1979年6月21日批准该公约。http：//trea-ties. un. org/Pages/ViewDetails. aspx？src＝TREATY&mtdsg_ no＝Ⅳ－4&chapter＝4&lang＝en#EndDec.

〔2〕　《联合国前南斯拉夫问题国际刑事法庭规约》第4条第3款第3项；《联合国卢旺达问题国际刑事法庭规约》第2条第3款第3项。

〔3〕　《罗马规约》中的相关条款包括第20条（一罪不二审）、第22条（法无明文不为罪）、第23条（法无明文者不罚）、第24条（对人不溯及既往）、第60条（在法院提起的初步程序）、第61条（审判前确认指控）等。

第三节　日本对《罗马规约》的实施

与韩国先批准《罗马规约》并在 5 年后公布实施《罗马规约》的法律不同，日本就加入《罗马规约》和实施《罗马规约》的法律是同时通过的。那么，在日本 2007 年 4 月 27 日决定加入《罗马规约》之前，日本政府和学界早已对日本实施《罗马规约》的方法和内容进行了研究和讨论。具体说来，可以分为两个方面：

一、日本刑法与《罗马规约》的关系

日本刑法与《罗马规约》之间的关系，主要探讨日本刑法中是否存在与《罗马规约》不一致的地方，包括普遍管辖权、国际犯罪、个人刑事责任、指挥官责任、刑事追诉时效，以及如果没有，日本是否应当制定专门的法律或者修改日本刑法等。这主要是从刑事实体法上进行的研究。

1. 普遍管辖权

关于第一个问题，即日本刑法中的刑事管辖权条款是否足以应付所有国际刑事法院管辖的犯罪，尤其是域外刑事管辖权。受到特别关注的是日本向海外派出的自卫队的刑事管辖权问题，假如他们涉嫌在日本境外实施了国际刑事法院管辖的犯罪，日本是否对他们具有刑事管辖权。或者，当在日本境外涉嫌犯下国际刑事法院管辖的犯罪的外国嫌疑人进入日本领土时，日本是否有权行使管辖权。关于这个问题，《日本刑法》第 3 条规定，本条规定的发生在境外的犯罪，诸如谋杀，将适用本法的相关条款进行惩治。该条还规定，外国人实施的针对日本公民的境外的犯罪，也将适用本法相关条款进行惩治。第 4 条第 2 款规定，基于条约的要求，本法适用于发生在本国领土之外的犯罪。这将第 4 条第 2 款的适用限制在仅当条约强制该国自己来惩治犯罪的情形之下。不过，《规约》使得缔约国可以选择将嫌疑人移交国际刑事法院以便惩治，所以，这并不是第 4 条第 2 款的适用问题。所以，如果日本打算惩治发生在其领土之外的《罗马规约》罪行，它无法通过适用本国刑法来达到这个目的，而必须新增一个条款以便能够惩治这样的行为。也就是说，现在的日本刑法是无法管辖那些

在日本境外涉嫌实施了灭绝种族罪的人员来到日本的情形的。[1] 但是，大多数发生在境外的《罗马规约》犯罪能够通过刑法第 3 条得以惩治，余下的少数罪行如果发生在境外，虽然日本刑法不能对其加以惩治，但是在必要的情况下，日本可以根据《规约》程序和新的法律将嫌疑人移交国际刑事法院以便惩治。将以上所有因素考虑进去之后，日本认为，没有必要专门为了《罗马规约》创制一项针对境外犯罪的新条款。

2. 国际犯罪

在日本的刑法中，直到今天，并不存在灭绝种族罪、危害人类罪这样的概念，而且也不存在《罗马规约》规定的大部分战争罪。

首先，在日本的刑法中，并不存在灭绝种族罪。日本直到今天尚未加入《防止及惩治灭绝种族罪公约》，而该公约目前已有 140 多个缔约国了。[2] 2010年 2 月 25 日，在审议日本向消除种族歧视委员会（CERD）提交的第 3—6 份合并定期报告时，有委员询问日本为何尚未加入《灭种罪公约》时，日本代表说日本有足够的立法来对付这种犯罪，但又说日本应修改某些法律以便将该公约的规定纳入国内法。[3] 有委员进一步询问那日本为何又加入了含有灭绝种族罪的《罗马规约》，[4] 这是否会对《罗马规约》中的补充性原则产生影响时，日本代表说他无法回答这个问题，他只回答有关《消除一切形式种族歧视公约》的问题。[5] 消除种族歧视委员会在 3 月 9 日通过的最后结论中认为，鉴于人权之间的相互关联性，建议日本加入《灭种罪公约》。[6] 有日本学者认为，从日本政府对这一《公约》的有关讨论记录来看，日本至今没有加入 1948 年《公约》的理由之一是，该《公约》规定的一些犯罪要件比较模糊，而且可能与日本国内法不一致。[7] 但是，也有日本学者指出，真正的原因在于日本对国内少

---

〔1〕　Kanako Takayama, "Participation of the ICC and the National Criminal Law of Japan", *Japanese Yearbook of International Law*, 51 (2008), 399.

〔2〕　截至 2011 年 7 月 8 日，《灭种罪公约》共有 141 个缔约国，包括安理会五大常任理事国和德国、巴西、印度。http://treaties.un.org/pages/ViewDetails.aspx? src = TREATY&mtdsg _ no = IV - 1&chapter = 4&lang = en.

〔3〕　CERD/C/SR. 1988, para. 22.

〔4〕　日本于 2007 年 7 月 17 日加入《罗马规约》，成为第 105 个缔约国。

〔5〕　http://unog.ch/80256EDD006B9C2E/ (httpNewsByYear _ en)/2FA47473BC5A6427C12576D500422390? Open Document.

〔6〕　CERD/C/JPN/CO/3 - 6, para. 27.

〔7〕　Motoo Noguchi, "Criminal Justice in Asia and Japan and the International Criminal Court", *International Criminal Law Review*, 6 (2006), 601.

数族裔的生存有着政治和历史上的巨大争议，因此日本是不可能轻易加入《灭种罪公约》的。[1]

其次，关于危害人类罪，由于国际法中并不存在专门惩治危害人类罪的国际公约，因此日本刑法中更是没有规定危害人类罪了。日本迄今为止并不是1926年《废除奴隶制及奴隶贩卖之国际公约》和联合国1956年《废止奴隶制、奴隶贩卖及类似奴隶制的制度与习俗补充公约》的缔约国，也不是1973年《禁止并惩治种族隔离罪行国际公约》的缔约国。不过，在日本加入《罗马规约》的过程中，有人询问日本政府如何回应据称的朝鲜绑架日本人的事件，要求日本政府回答这种行为是否构成《罗马规约》第7条第1款中所规定的危害人类罪（强迫失踪）以及日本政府打算怎么做。日本政府在2004年4月表示，日本政府没有任何意向将由朝鲜实施的绑架案件提交给国际刑事法院，因为此类案件基本上应当由朝鲜和日本之间的双边磋商解决，同时朝鲜也不是《罗马规约》的缔约国。日本政府还说："《罗马规约》第11条第1款规定国际刑事法院只有对那些发生在其生效之后实施的犯罪。……我们认为，如果一个行为发生在《罗马规约》生效之前，并持续到生效之后，那么根据第11条第1款，这个行为可以被视为国际刑事法院可以管辖的犯罪，国际刑事法院可以对其行使管辖权。……但是，在任何情况下……国际刑事法院根据其规约，有权自行决定一个行为是否应当被视为在规约生效之后的犯罪。因此，对这个问题很难给出确切答案。"在2007年3月众议院的全体会议上，外相麻生太郎同样给出了一个消极的立场，声明国际刑事法院如果要惩治犯罪，"这个犯罪必须发生在2002年7月1日之后"，即《规约》生效日期之后，"犯罪发生地的国家或者犯罪行为人的国籍国必须是缔约国。但是朝鲜并不是缔约国。"[2] 日本外务省的官员也认为，"日本加入《规约》有利于解决朝鲜绑架日本公民的问题，因为绑架行为在《罗马规约》中被认为属于危害人类罪，日本加入《罗马规约》，显示其对该罪行以及朝鲜的坚定的反对态度。但是，从法律层面上说，《罗马规约》仅适用于2002年7月《规约》生效之后所发生的犯罪，而且朝鲜也没有加入《罗马规约》，因此不能想当然地认为，日本加入国际刑事法院后，绑架问题就能立即得到解决。"

---

〔1〕　Kanako Takayama, "Participation of the ICC and the National Criminal Law of Japan", *Japanese Yearbook of International Law*, 51（2008）, 400.

〔2〕　Kyo Arai, Akira Mayama, Osamu Yoshida, "Japan's Accession to the ICC Statute and the ICC Cooperation Law", *Japanese Yearbook of International Law*, 51（2008）, 369.

最后，关于战争罪，虽然日本早在 1953 年就加入了四个《日内瓦公约》，但日本刑法中一直没有规定四个《日内瓦公约》所规定的严重破坏公约的行为（战争罪）。而且，直到 2004 年之前一直没有加入 1977 年的两个附加议定书。2004 年 6 月 18 日，为了加入 1977 年的两个附加议定书，[1] 日本国会通过了《对严重破坏国际人道法行为的处罚法》。[2] 该法共规定了破坏重要文化遗产罪（第 3 条），[3] 迟延遣返战俘罪（第 4 条），[4] 向被占领土迁移人口罪（第 5 条），[5] 以及妨碍平民离境罪（第 6 条）。[6] 而且，这些犯罪只能在国际性武装冲突中实施（第 1 条）。[7] 从该法的规定来看，它只是部分地规定了《罗马规约》第 8 条中的战争罪，因为它没有规定非国际性武装冲突中的战争罪，也没有规定《罗马规约》第 8 条第 2 款规定的国际性武装冲突中的所有战争罪。

因此，在这种情况下，日本是否有必要修改刑法或者像德国那样制定专门的单行刑法把《罗马规约》第 6 条至第 8 条以及第 70 条规定的三种犯罪规定到日本刑法中，一直是妨碍日本更早加入该条约的一个重大原因。在加入《罗马

〔1〕　日本在 1953 年 4 月 21 日加入四个《日内瓦公约》，http：//www. icrc. org/ihl. nsf/WebSign? ReadForm&id = 375&ps = P；并在该法通过后的 2004 年 8 月 31 日加入《第一附加议定书》和《第二附加议定书》，http：//www. icrc. org/ihl. nsf/WebSign? ReadForm&id = 470&ps = P；http：//www. icrc. org/ihl. nsf/WebSign? ReadForm&id = 475&ps = P.

〔2〕　关于该法的中文版，可访问 http：//www. rcicl. org/list_ more. asp? infoid = 468&classid = 40.

〔3〕　第 3 条规定："在下面所指的事态或武装冲突中，无正当理由，在战斗行为中破坏历史纪念物、艺术品或礼拜场所、政令所确定的重要文化遗产的，处 7 年以下有期徒刑。1.《第一附加议定书》第 1 条第 3 段所规定的事态，即下面（1）或（2）所指的情况：（1）在《第一附加议定书》的缔约国之间；（2）《第一附加议定书》第 96 条第 2 款规定的承诺接受《第一附加议定书》、并且适用《第一附加议定书》的非缔约国与《第一附加议定书》的缔约国之间。2.《第一附加议定书》第 1 条第 4 款规定的武装冲突（《第一附加议定书》第 96 条第 3 款的规定限于委托者的声明被接受之后）。"

〔4〕　第 4 条规定："拘留战俘的战争原因已不存在的，无正当理由，迟延向武装冲突敌对国（包含符合武装冲突当事国间协定所指的地面，相当于次项所指之"送还地"）遣返战俘的，对有义务遣返俘虏的人处 5 年以下有期徒刑。前项所规定的人，无正当理由，迟延遣返适合遣返的伤病战俘于送还地的，与上项同样处理。"

〔5〕　第 5 条规定："对于第 3 条第 1 款中所指之事态，作为占领措施的一部分，以向该国占领之地（以下称"被占领土"）迁入为目的，将有该国国籍的人或在该国领域内有住所或居所的人转移到被占领土的，处 5 年以下有期徒刑。"

〔6〕　第 6 条规定："管理离境权限的人，无正当理由，妨碍平民离境的，处 3 年以下有期徒刑。有管理从被占领土离境（指从被占国离境或向不越过被占领国国境的被占领土外移动，下同）权限的人，无正当理由，妨碍平民（有被占国国籍者除外）从被占领土离境的，处与前项同样之处罚。"

〔7〕　第 1 条规定："本法的目的是处罚严重破坏适用于国际性武装冲突的国际人道法的行为以及违反（明治 40 年第 45 号法律）制定的《刑法》的行为，以便确保实施国际人道法。"

规约》的过程中，日本国内对这一问题有过较为深入的讨论，基本上有两种意见。

一种意见认为，日本刑法应当纳入《罗马规约》第 5 条至第 8 条以及第 70 条规定的犯罪，可以修改刑法或者制定一部单行刑法，即采取最大限度的做法。这种意见认为，考虑到国际刑事法院管辖的犯罪是全体国际社会关注的问题，缔约国应当积极主动地确保其国内法能够制裁这些犯罪，因此也可以避免所谓国际刑事法院的滥用，从而使国际刑事法院更有效率。因此，这种意见呼吁日本对国际刑事法院管辖的犯罪通过一个全面的国内立法。[1] 此外，虽然《罗马规约》并没有明确要求缔约国采取立法行动，把《罗马规约》第 6 条至第 8 条规定的受国际刑事法院管辖的犯罪规定在缔约国的刑法中，但由于国际刑事法院审理案件是建立在补充性原则的基础之上的，因此补充性原则实际上要求缔约国对《罗马规约》第 6 条至第 8 条规定的犯罪采取立法行动，把它们规定在缔约国的刑法中。[2] 也就是说，依据《罗马规约》的补充性原则，全面的国内立法还可以避免任何一位日本国民可能在国际刑事法院受审。而且，在日本国会辩论的时候，日本政府针对加入《罗马规约》过程中的立场问题进行回应时曾经表示，政府正在检验通过一部新法来惩罚国际刑事法院管辖的犯罪，并在这部法律中同时考虑与国际刑事法院合作的程序法。比如说，2002 年 10 月外相川口顺子在参议院一个委员会中指出：虽然日本可以通过新的紧急立法来惩治战争罪，"但还有其他罪行，如煽动他人实施灭绝种族罪。关键在于，我们的国内法如何处理这些犯罪。我们将不得不考虑这些问题"。2004 年 7 月，在参议院的一个委员会讨论中，外务省条法司司长进一步回答说，"日本是否真的能够惩罚国际刑事法院管辖的不同类型的犯罪。我们将制定一部新法惩罚那些日本现有国内法无法惩治的犯罪。如果当前的刑法典或其他的法律已经足够，那当然没问题。但是我们现在并不能下定论"。

但是，日本在加入《罗马规约》的过程中，日本国内还有一种意见认为，应当采取最小限度的做法，不修改日本刑法或制定专门的单行刑法。这种意见

---

〔1〕　Tomoaki Ishigaki, "ICC Kitei Teiketsu nimuketa Nihon no Kadai〔Agenda for Japan Regarding the Conclusion of the Rome Statute〕", Jurisuto〔Jurist〕, No. 1285（2005）, p. 114.

〔2〕　J. Bacio Terracino, "National Implementation of ICC Crimes: Impact on National Jurisdictions and the ICC", Journal of International Criminal Justice, 5（2007）, 439; J. K. Kleffner, "The Impact of Complementarity on National Legislation of Substantive International Criminal Law", Journal of International Criminal Justice, 1（2003）, 92.

认为：

第一，《罗马规约》中没有任何条款要求缔约国必须把国际刑事法院管辖的犯罪规定在缔约国的刑法中，这不是缔约国的法律义务，最多只是道德方面的义务而已。[1]

第二，《罗马规约》规定的几乎所有的犯罪都能被日本现有的国内法所覆盖。日本政府认为，虽然日本刑法没有规定上述核心犯罪，但日本刑法足以惩治它们，因此没有必要专门规定上述核心犯罪。[2] 日本外务省条法司司长指出，日本现有的刑事司法制度几乎涵盖了《罗马规约》中的所有犯罪。[3] 例如，即使发生大规模实施的核心犯罪，例如危害人类罪中的灭绝行为或灭绝种族罪，日本刑法可以用"多重杀人罪"来进行惩治。可见，日本打算用刑法中的普通犯罪，例如《刑法》第199[4]、204条[5]等条款中的杀人罪、抢劫罪、强奸罪、伤害罪等来处理《罗马规约》规定的核心犯罪。[6] 例如，《罗马规约》第8条第2款第2项第24目规定的国际性武装冲突中的战争罪（故意攻击特殊标志），[7] 日本认为可以用《刑法》第261条规定的破坏物品罪进行惩罚。[8] 同样，针对一些人非常关注的日本执行联合国安理会决议而向海外派遣的自卫队士兵是否会出现有罪不罚的局面时，日本认为，"尽管不大可能会发生

---

〔1〕　Naoko Saiki, "Japan's View on the International Criminal Court and Some of its Issues of Implementation", in Roy S. Lee（ed）, *States' Responses to Issues Arising From the ICC Statute：Constitutional, Sovereignty, Judicial Cooperation and Criminal Law*, Transnational Publishers, 2005, p. 260; Kyo Arai, Akira Mayama, Osamu Yoshida, "Japan's Accession to the ICC Statute and the ICC Cooperation Law", *Japanese Yearbook of International Law*, 51（2008）, 365.

〔2〕　http：//www. mofa. go. jp/policy/i_ crime/icc/seminar0903 – a2. html.

〔3〕　Naoko Saiki, "Japan's View on the International Criminal Court and Some of its Issues of Implementation", in Roy S. Lee（ed）, *States' Responses to Issues Arising From the ICC Statute：Constitutional, Sovereignty, Judicial Cooperation and Criminal Law*, Transnational Publishers, 2005, p. 266.

〔4〕　《日本刑法典》第199条规定："杀人的，处死刑、无期或者5年以上惩役。"参见张明楷译：《日本刑法典》，法律出版社2006年版，第75页。

〔5〕　《日本刑法典》第204条规定："杀人的，处死刑、无期或者5年以上惩役。"

〔6〕　Naoko Saiki, "Japan's View on the International Criminal Court and Some of its Issues of Implementation", in Roy S. Lee（ed）, *States' Responses to Issues Arising From the ICC Statute：Constitutional, Sovereignty, Judicial Cooperation and Criminal Law*, Transnational Publishers, 2005, p. 246.

〔7〕　该目规定："故意指令攻击依照国际法使用《日内瓦公约》所订特殊标志的建筑物、装备、医疗单位和运输工具及人员是战争罪。"

〔8〕　《日本刑法典》第261条规定："除前3条规定外，损坏或者伤害他人之物的，处3年以下惩役或者30万元以下罚金或者科料。"

严重的犯罪，如果确实发生了，大多数情况下也可以通过现行刑法加以惩治"。[1]

第三，只有一些犯罪日本现在还不能惩罚，这些犯罪在日本领土上实施的可能性微乎其微，而就此制定一部全面的法律是浪费时间。日本已经没有时间在 2007 年之前修改刑法或制定一部单行的刑法了。

第四，日本还注意到，不同的缔约国对《罗马规约》的国内实施采取了不同的做法。有的国家进行了专门的刑事立法，例如德国、英国、加拿大、新西兰、南非等，但是也有一些国家则没有进行专门的刑事立法，而只是制定了与国际刑事法院的合作法，例如瑞典、丹麦和意大利等。

第五，还应当考虑被称为"刑法谦抑性"的法律原则，这表示当使用刑罚作为社会控制工具时必须施加限制。日本刑法学界非常看重日本刑法典的逻辑结构完整性，不同意轻易修改和调整日本刑法典的逻辑结构，而且日本刑法学界一致存在不得轻易动用刑罚的传统（轻刑）。[2] 日本认为，轻易修改刑法将对日本国民的权利和义务产生重大影响。因此，除非万不得已，刑法是不能轻易改变的。因此，他们认为，没有必要修改刑法或制定专门的单行刑法，只需要通过一部与国际刑事法院合作的程序法就足够了。

经过反复考虑之后，日本政府最终接受了最小限度的方法。在 2007 年 3 月的国会众议院全体会议上，外相麻生太郎支持这一方法，并声明说："日本国内法可以惩罚几乎所有的国际刑事法院管辖下的犯罪。尽管我个人认为，理论上说对于一些犯罪的预谋可能是不可罚的，但是我们不需要考虑这种可能性，因为国际刑事法院只对最严重的犯罪行为行使管辖权。"这就是说，日本不打算修改刑法或制定专门的单行刑法，打算用现有刑法中的一些罪名来惩治《罗马规约》规定的犯罪。如果实在没有任何罪名可以惩治，日本决定依据补充性原则，放弃对这些案件的审理，把案件移交国际刑事法院审理。

尽管如此，日本政府的这一做法仍然遭到了不少批评，导致了国会两院通过了一项附加决议，要求政府致力于确保国内法能为惩治犯罪提供合适的机制。在回应这一请求时，日本法务部副部长水野贤一在 2007 年 4 月国会通过加入《罗马规约》的法律之后立即表示，"鉴于不能完全断言国际刑事法院规定的犯

---

〔1〕　Yasushi Masaki，"Japan's Entry to the International Criminal Court and the Legal Challenges It Faced"，*Japanese Yearbook of International Law*，51（2008），421.

〔2〕　Jens Meierhenrich and Keiko Ko，"How Do State Join the International Criminal Court? The Implementation of the Rome Statute in Japan"，*Journal of International Criminal Justice*，7（2009），245.

罪在理论上完全不可能发生在我国领土，而这些罪名通过现有的国内法并不能完全惩治，因此我们将努力审查什么是我国法律在未来应有的模样，考虑到这些犯罪的性质、严重程度和社会影响力。"

3. 个人刑事责任

虽然《罗马规约》第三编规定的刑法的一般原则中大多数都能在日本刑法中找到，但是有些原则在日本刑法中是找不到的，例如《罗马规约》第25条规定的个人刑事责任。[1]《罗马规约》第25条第3款第5项规定，就灭绝种族罪而言，直接公然煽动他人灭绝种族需要承担个人刑事责任。但是，根据日本刑法学者的观点，在日本刑法中，如果煽动别人进行种族灭绝，但如果犯罪没有发生，或仅是尝试进行煽动，并不构成犯罪。[2]

4. 指挥官和上级责任

关于《罗马规约》第28条规定的指挥官和上级责任问题，日本刑法并不存在这样的概念。那么，日本将如何执行《罗马规约》第28条的规定呢？是修改日本的刑法还是采取其他办法？2007年4月26日，在日本参议院外务和防卫委员会的一次听证中，民主党议员犬塚直史向政府提出了这个问题。日本政府的回答是，按照日本刑法，军事指挥官和文职上级可以根据帮助犯得到惩罚，因此没有必要专门作出规定。[3] 外务省条法司司长也认为，日本刑法第二章中有共谋、教唆和从犯的概念，因此可以通过这些概念来惩治《罗马规约》第28条所指的军事指挥官或文职上级因过失监督下级而承担的责任。[4]

5. 刑事追诉时效

关于刑罚的消灭时效，《日本刑法典》第六章第32条规定："刑罚的宣告确定后，在下列期间内没有执行的，时效即完成：一、死刑，30年；二、无期惩役或者监禁，20年；三、10年以上的有期惩役或者监禁，15年；四、3年以上不满10年的惩役或者监禁，10年；五、不满3年的惩役或者监禁，5年；

---

〔1〕　Motoo Noguchi, "Criminal Justice in Asia and Japan and the International Criminal Court", *International Criminal Law Review*, 6 (2006), 600–601.

〔2〕　Kanako Takayama, "Participation of the ICC and the National Criminal Law of Japan", *Japanese Yearbook of International Law*, 51 (2008), 393.

〔3〕　转引自 Jens Meierhenrich and Keiko Ko, "How Do State Join the International Criminal Court? The Implementation of the Rome Statute in Japan", *Journal of International Criminal Justice*, 7 (2009), 249.

〔4〕　Naoko Saiki, "Japan's View on the International Criminal Court and Some of its Issues of Implementation", in Roy S. Lee (ed), *States' Responses to Issues Arising From the ICC Statute: Constitutional, Sovereignty, Judicial Cooperation and Criminal Law*, Transnational Publishers, 2005, p. 269.

六、罚金，3 年；七、拘留、科料和没收，1 年。关于刑事追诉时效，《日本刑事诉讼法》第 250 条规定了追诉时效制度：（公诉时效）时效完成：一、死刑，15 年；二、无期惩役或者监禁，10 年；三、10 年以上的有期惩役或者监禁，7 年；四、5 年以上不满 10 年的惩役或者监禁，5 年；五、不满 5 年的惩役或者监禁、罚金，3 年；六、拘留、科料，1 年。"根据 2005 年的修改，对于谋杀罪，追诉时效从 15 年延长到了 25 年。值得注意的是，日本迄今尚未加入 1968 年的联合国《战争罪和危害人类罪不适用法定时效公约》。

日本外务省条法司司长认为，《罗马规约》中并没有任何条款要求缔约国必须取消对国际刑事法院管辖的犯罪的追诉时效制度，尽管在《罗马规约》的起草过程中，一些国家强调指出，对于国际刑事法院管辖的犯罪，刑法中的追诉时效制度不应当适用，但是该司长认为，这只是一些国家的看法，日本有不同的看法。他认为，依据《罗马规约》的补充性原则，缔约国肯定会对国际刑事法院管辖的犯罪进行积极调查，其国内法中存在的追诉时效制度并不能成为其进行积极调查的一个法律障碍。在追诉时效范围内，缔约国肯定会全力以赴调查案件。应当把这种做法视为缔约国愿意以及能够进行调查和起诉的明显证据。缔约国刑法中的追诉时效条款不应被看作是对犯罪行为的容忍，它只是设置了一个明显的期限范围去进行调查。如果缔约国因为超出追诉时效的规定而不进行调查，只能说明缔约国当局在调查中没有成功，但不能说它没有进行调查。他说，国内法中有关诉讼时效的规定本身不是国家不能够或不愿意对案件调查或起诉的一个证据。[1]

6. 评论

总之，日本最后采取了不修改刑法等国内刑事法律，也不制定专门的法律的方式，来应对加入《罗马规约》可能面临的法律冲击。

但是，日本的这一做法以及日本的刑事实体法是否真的如日本政府所称的没有问题，或者自信满满，值得商榷。实际上，日本在 2007 年在通过加入《罗马规约》的决定时自己也承认，《罗马规约》第 6 条至第 8 条规定的受国际刑事法院管辖的犯罪中有少数一些行为无法根据日本刑法得到惩治。例如，《罗马规约》第 6 条第 4 款规定的灭绝种族罪——强制施行办法，意图防止该团体内的生育，第 8 条第 2 款第 2 项第 2 目规定的国际性武装冲突中的战争罪——意

〔1〕　Naoko Saiki, "Japan's View on the International Criminal Court and Some of its Issues of Implementa-tion", in Roy S. Lee（ed）, *States' Responses to Issues Arising From the ICC Statute: Constitutional, Sovereignty, Judicial Cooperation and Criminal Law*, Transnational Publishers, 2005, p. 269.

图故意指令攻击民用物体、第 4 目规定的战争罪——故意发动攻击，明知这种攻击将附带造成平民伤亡或破坏民用物体或致使自然环境遭受广泛、长期和严重的破坏，其程度与预期得到的具体和直接的整体军事利益相比显然是过分的、第 23 目规定的战争罪——将平民或其他被保护人置于某些地点、地区或军事部队，利用其存在使该地点、地区或军事部队免受军事攻击；等等。日本外务省的官员宣称，"从理论上说，有少部分《罗马规约》罪行确实没法通过国内法惩治，但是，考虑到国际刑事法院管辖的都是严重的犯罪，所以，发生有罪不罚情形的可能性微乎其微。"[1] 这实际上说明，日本的法律是无法足以应付《罗马规约》的要求的。而且，日本在接受联合国人权理事会普遍定期审议机制的审查时，日本国内法与《罗马规约》的不一致问题受到了国际社会的关注。2008 年 5 月 9 日，日本在第一次接受联合国人权理事会普遍定期审议时，日本代表团团长向人权理事会介绍了日本加入《罗马规约》的情况。荷兰代表赞赏日本加入《罗马规约》，但是询问日本将如何应对国际社会关注的二战期间日本军队实施的随军慰安妇的问题。[2] 2012 年 10 月 31 日，在日本第二次接受联合国人权理事会普遍定期审议时，斯洛伐克建议日本务必确保其法律与《罗马规约》下的义务条款保持一致。[3] 如果真的发生日本法律中没有规定的受国际刑事法院管辖的犯罪，按照一位日本外务省的官员的话说，"这些假想的罪行只有在极少数十分极端的情形下才会发生，即使这样的行为确实发生了，日本可以根据相关的程序，选择将嫌疑人移交国际刑事法院，以便履行对《规约》所承担的义务"。[4]

二、与国际刑事法院的合作

除了上述刑事实体法上的对策外，日本在加入《罗马规约》之前还对刑事程序法上研究了对策，尤其是与国际刑事法院的合作问题。

---

〔1〕 Yasushi Masaki, "Japan's Entry to the International Criminal Court and the Legal Challenges it Faced", *Japanese Yearbook of International Law*, 51 (2008), 421.

〔2〕 A/HRC/8/44, para. 32.

〔3〕 A/HRC/22/14, para. 147. 15.

〔4〕 Yasushi Masaki, "Japan's Entry to the International Criminal Court and the Legal Challenges it Faced", *Japanese Yearbook of International Law*, 51 (2008), 412.

日本《逃亡犯罪人引渡法》[1] 和《与外国法院的刑事司法协助法》《国际协助法》都只规定了与外国的引渡和刑事司法互助问题，并不涉及与国际刑事法院之间的国际刑事司法机构之间移交人员以及提供证据等问题。而且，当1993 年和1994 年，联合国安理会分别设立前南斯拉夫问题国际刑事法庭和卢旺达问题国际刑事法庭时，日本也没有通过专门的国内立法来处理与这两个法庭在可能的人员或证据移交方面的司法协助问题。

《罗马规约》第九编"国际合作与司法协助"第 89 条规定了向法院移交有关的人，[2] 第 88 条要求缔约国确保其国内法中已有可供采用的程序，以执行本编规定的各种形式的合作。作为大陆法系国家，日本的《引渡法》也禁止向外国引渡日本国民，即本国公民不引渡原则。[3] 有些缔约国的宪法中规定有不引渡本国公民的条款，例如《德国基本法》。[4] 为了批准《罗马规约》《德国基本法》的这一条款在 2000 年得到了修改。[5] 关于日本是否也应当修改《逃亡引渡法》，以便向国际刑事法院移交犯罪嫌疑人，日本外务省条法司司长认为，日本的《逃往犯罪人引渡法》规定的禁止引渡日本国民只是一项原则，并非绝对，而是有例外的，即"引渡条约作出相反规定的除外"。[6] 尽管该法规定"引渡条约"是指日本与外国关于移交逃亡犯罪人之间签订的条约，[7] 而国际刑事法院并非"外国"，但是他认为，《罗马规约》可以说是一个"引渡条

---

〔1〕 日本的《逃亡犯罪人引渡法》于 1953 年第 68 号法律的形式公布，在 1964、1978、1993、2004 年得到多次修改。英文版全文可访问 http：//www. oecd. org/site/adboecdanti - corruptioninitiative/39360681. pdf.

〔2〕 第 89 条第 1 款规定："本法院可以将逮捕和移交某人的请求书，连同第 91 条所列的请求书辅助材料，递交给该人可能在其境内的任何国家，请求该国合作，逮捕并移交该人。缔约国应依照本编规定及其国内法所定程序，执行逮捕并移交的请求。"

〔3〕《逃亡犯罪人引渡法》第 2 条规定了禁止引渡的理由，其中第九种理由是，"当逃犯是日本国民时"。

〔4〕 2000 年 12 月 4 日之前的《德国基本法》第 16 条第 2 款规定："禁止向外国引渡德国人。"英文全文可访问 http：//www. gesetze - im - internet. de/englisch_ gg/.

〔5〕 2000 年 12 月 4 日，德国修改了《基本法》第 16 条第 2 款，规定："禁止向外国引渡德国人。为了向欧盟成员国或国际性的法院进行引渡，法律可以做出相反规定，但是必须遵守法治。"2000 年 12 月 11 日，德国向联合国秘书长提交了《罗马规约》的批准书。详细参见德国外交部网站上的资料：http：//www. auswaertiges - amt. de/EN/Aussenpolitik/InternatRecht/IStGH/Hintergrund_ node. html.

〔6〕《逃亡犯罪人引渡法》第 2 条。Kanako Takayama, "Participation of the ICC and the National Criminal Law of Japan", *Japanese Yearbook of International Law*, 51 (2008), 390.

〔7〕《逃亡犯罪人引渡法》第 1 条第 1 款。

约",因此日本没有必要为执行《罗马规约》而修改《逃亡犯罪人引渡法》。[1]
不过,他指出,《罗马规约》第九编中有一个独特的条款,即第99条第4款第
1项,它规定了国际刑事法院检察官可以在被请求国当局不在场的情况下直接
进行调查。[2] 这一检察官直接调查的权力在任何其他以条约为基础的国际法中
是找不到的。日本现有的法律中也没有这样的规定,因此为了执行这一条款,
有必要立法。[3] 因此,日本学者认为,日本加入《罗马规约》后,就有必要制
定新的法律或者修改旧的法律来处理与国际刑事法院之间移交人员以及司法协
助的问题。[4] 如上所述,日本最后是在2007年4月27日通过了《国际刑事法
院相关合作事宜法》(《国際刑事裁判所に対する協力等に関する法律》),[5]
作为日本与国际刑事法院进行合作的国内对接手续。该法于2007年5月11日
开始实施。

《国际刑事法院相关合作事宜法》有四章65条以及一个附件。

第一章第1条规定了本法的目的,即"通过为国际刑事法院有关全体国际
社会关切的最严重罪行,如危害人类罪的调查、审判、执行及其他活动提供必
要合作手段,以及惩治针对国际刑事法院行政人员的犯罪,来确保规约的适当
履行。"关于这一条和这部法的其他条文所用的"合作"一词的含义,第2条
第11款给出了定义,即"提供证据、检验证据、传送文件、移送已判刑的被告
和证人、移交罪犯、临时关押和执行合作。"这项定义明确表示,这部法律主要
是为了确保与国际刑事法院自调查到执行过程中的各项活动的合作。值得注意

〔1〕 Naoko Saiki, "Japan's View on the International Criminal Court and Some of its Issues of Implementation", in Roy S. Lee (ed), *States' Responses to Issues Arising From the ICC Statute*: *Constitutional*, *Sovereignty*, *Judicial Cooperation and Criminal Law*, Transnational Publishers, 2005, p. 273.

〔2〕 该项规定:"在不妨碍本编其他条款的情况下,为了顺利执行一项无须采取任何强制性措施即可以执行的请求,尤其是在自愿基础上与某人面谈或向该人取证,包括为执行请求而确有必要时,在被请求缔约国当局不在场的情况下进行上述活动,以及为了在未经变动的条件下检查公共现场或其他公共场所,检察官在必要时可以依照下列规定直接在一国境内执行这种请求:1. 如果被请求缔约国是被控告的犯罪在其境内发生的国家,而且已有根据第18条或第19条作出的可予受理断定,检察官可以在与被请求缔约国进行了一切可能的协商后直接执行这种请求;……"

〔3〕 Naoko Saiki, "Japan's View on the International Criminal Court and Some of its Issues of Implementation", in Roy S. Lee (ed), *States' Responses to Issues Arising From the ICC Statute*: *Constitutional*, *Sovereignty*, *Judicial Cooperation and Criminal Law*, Transnational Publishers, 2005, p. 270.

〔4〕 Motoo Noguchi, "Criminal Justice in Asia and Japan and the International Criminal Court", *International Criminal Law Review*, 6 (2006), 602.

〔5〕 平成十九年五月十一日法律第37号,日文版可访问 http://law.e-gov.go.jp/announce/H19HO037.html. 英文版可访问 http://www.iccnow.org/documents/Japanese_ICC_Cooperation_Act.pdf.

的是，这部法律虽然惩罚那些针对国际刑事法院行政人员的犯罪，却不要求日本惩罚《规约》第 5 条规定的犯罪（即国际刑事法院具有管辖权的犯罪）。在这个意义上，这部法律本身并没有改变日本刑法典的实体内容。[1]

《国际刑事法院相关合作事宜法》第二章题为"与国际刑事法院合作"（第 3 条至第 51 条）。这章规定了如何履行《罗马规约》第九编项下的义务，特别是第 86 条"一般合作义务"和第 88 条"国内法中可供采用的程序"，以及《罗马规约》第十编的"执行"。外务大臣负责处理与国际刑事法院相关的事务，如接收请求、协商、提供证据等。来自国际刑事法院的请求应传递至法务大臣处（第 3 条至第 5 条）。第二部分是与国际刑事法院合作的具体程序，包括：（1）为国际刑事法院的侦查和审判提供必要的证据等（第 6 条至第 16 条），移交在押犯人作为证人（第 17 条至第 18 条）；（2）移交相关人员、决定移交的相关程序、临时羁押（第 19 条至第 36 条）；（3）根据国际刑事法院的命令执行罚款和没收财产（第 38 条至第 48 条）。（4）运送人员的飞机非计划降落时采取的措施、与国际刑警组织（ICPO）的合作（第 49 条至第 52 条）。第三部分是针对司法管理的犯罪，包括：（1）将国际刑事法院管辖范围内的案件中隐藏证据、威胁、收买证人等行为规定为犯罪（第 53 条至第 56 条）；（2）惩治伪证罪（第 57 条）；（3）惩治向国际刑事法院公职人员行贿的行为（第 58 条至第 63 条）；（4）惩治阻碍或强迫国际刑事法院职责的行使（第 64 条）；（5）日本公民实施上述行为应当被惩治，即使该行为是在境外实施的（第 65 条）。按照该法的规定，与国际刑事法院进行合作的大致程序是：如果日本外务省收到国际刑事法院的合作请求，外务省将把该请求移交给法务省。法务省随后会要求有关机关对请求作出回应。如果请求的是移交人员，法务省会请求东京高等法院审查该请求。法务省随后会把所有材料和决定转交给外务省，由外务省把结果转交给国际刑事法院。由于国际刑事法院不是一个国家，因此按照该法第 19 条第 1 款的规定，东京高等法院不得以不符合双重犯罪原则为由拒绝移交人员。该法之所以规定得较为具体，条款较多，一方面是仔细比较现有的相关法律的结果，同时也是因为，这一法律涉及日本国民的基本权利，必须十分谨慎。[2]

---

〔1〕 Kyo Arai, Akira Mayama, Osamu Yoshida, "Japan's Accession to the ICC Statute and the ICC Cooperation Law", *Japanese Yearbook of International Law*, 51（2008），364.

〔2〕 Yasushi Masaki, "Japan's Entry to the International Criminal Court and the Legal Challenges it Faced", *Japanese Yearbook of International Law*, 51（2008），420.

关于申请的时间范围，该法规定与国际刑事法院的合作适用于那些在该法生效日期之后发生的罪行。但是，在如下情况中，根据该法附件第 2 条的规定，日本政府有权与国际刑事法院就国际刑事法院所管辖的犯罪进行合作，即使这些犯罪是先于该法生效之前实施的：第一种情况是国际刑事法院根据《罗马规约》第 13 条第 2 款[1]行使管辖权；第二种情况是犯罪实施地为缔约国领土或由缔约国国民实施；第三种情况是一国根据《规约》第 12 条第 3 款[2]接受国际刑事法院行使管辖权，犯罪在该国领土上实施或由该国国民实施。

总之，从该法的内容来看，外务省负责与国际刑事法院的联系，法务省负责与外务省的国内对接手续。在日本国内的手续中，法务省的权力是很大的，它可以决定是否交由日本司法机关对国际刑事法院的请求作出决定，即便日本司法机关认为可以执行国际刑事法院的合作请求的，法务省仍然可以以各种理由拒绝合作请求，甚至包括被移交的人是日本国民的情形。日本的表面理由是为了保护日本国民的人身和财产利益，但是不可否认的是，作为国际刑事法院的缔约国，日本的这一与国际刑事法院的合作法被设置了太多的拒绝合作的理由，这不得不让人怀疑日本是否真的是在善意履行《罗马规约》第十编的规定。从执行《罗马规约》第十编的义务和保护日本国民的权利两个利益来看，日本试图在这两者之间达成某种平衡，但是从结果来看，日本的这一与国际刑事法院的合作法显然是将天平的砝码更多地移向了保护日本国民的利益这一边。日本的这一与国际刑事法院的合作法已经受到了其他一些缔约国的关注，例如2012 年 10 月 31 日，在日本第二次接受联合国人权理事会普遍定期审议时，斯洛伐克建议日本务必确保其法律与《罗马规约》下的义务条款保持一致。[3] 如果日本继续保持这一法律，那么在将来，如果真的发生日本执行国际刑事法院请求的案件，必将在日本与国际刑事法院之间产生争端，日本政府将如何应对，人们将拭目以待。

---

〔1〕《罗马规约》第 13 条第 2 款规定，在下列情况下，本法院可以依照本规约的规定，就第 5 条所述犯罪行使管辖权：……2. 安全理事会根据《联合国宪章》第七章行事，向检察官提交显示一项或多项犯罪已经发生的情势；……

〔2〕《罗马规约》第 12 条第 3 款规定，如果根据第 2 款的规定，需要得到一个非本规约缔约国的国家接受本法院的管辖权，该国可以向书记官长提交声明，接受本法院对有关犯罪行使管辖权。该接受国应依照本规约第九编规定，不拖延并无例外地与本法院合作。

〔3〕 A/HRC/22/14, para. 147. 15.

第三节　日本对国际刑事法院的其他支持

一、政策声明

二战之后，日本认为国际人道法在避免再次发生类似的战争悲剧方面起着重要的作用。这也是为什么日本在批准《旧金山和约》的同时也批准了《日内瓦公约》。在国际社会中促进国际人道法的发展，也成为日本外交中的一项优先事项。在这样的背景下，建立一个常设的刑事法院已经成为一个重要的目标。并且一旦法院成立，日本自然而然地认为它应当对该法院给予有力的支持。这是大多数涉及国际人道法领域的日本人所持的普遍观点。这样的观点根基于日本的历史，包括远东国际军事法庭这段过往经历。[1]

国际刑事法院成立后，日本一直作为观察员国参加国际刑事法院缔约国大会。成为《罗马规约》的缔约国之后，日本更是明确表示对国际刑事法院的支持。例如，2010 年 12 月 6 日，日本常驻联合国代表团副团长儿玉和夫（Kazuo Kodama）在《罗马会议》第九届缔约国会议上发言，表示日本将继续加强对国际刑事法院的贡献，以便在国际社会建立法治。[2] 2014 年，日本代表在国际刑事法院缔约国大会第 13 届会议上就实现《规约》普遍性和充分执行《规约》的行动计划议题的发言指出，“日本之所以决心成为国际刑事法院的成员国，是因为日本相信，国际刑事法院将促进国际社会的‘法治’，而日本自己也将促进国际社会的‘法治’，这是日本的外交政策支柱之一”。[3]

二、不签署“第 98 条协议”

如同韩国一样，在日本领土上也有美军的驻扎。目前，大约有 5 万多美军

---

〔1〕　Yasushi Masaki, "Japan's Entry to the International Criminal Court and the Legal Challenges it Faced", *Japanese Yearbook of International Law*, 51（2008），410.

〔2〕　Statement of H. E. H. E. Mr. Kazuo Kodama, Japanese Ambassador, At the Ninth Session of the Assembly of States Parties to theRome Statute of the International Criminal Court（ICC），6 December 2010, New York, http：//www. mofa. go. jp/policy/i_ crime/icc/pdfs/state_ 101206. pdf.

〔3〕　Japan's View and Information, Plan of action of the Assembly of States Parties for achieving universality and full implementation of the Rome Statute of the International Criminal Court, https：//www. icc – cpi. int/iccdocs/asp_ docs/ASP13/ICC – ASP13 – POA – 2014 – JPN – ENG. pdf#search = Japan.

驻扎在日本，其中有50%多部署在冲绳。如果日本加入国际刑事法院，美国就担心驻扎在日本的美军有可能会受到国际刑事法院的审判。因此，当美国得知日本准备加入国际刑事法院时，美国表示出了关切。日本政府自2002年开始多次与美国政府就此问题进行了谈判。

《罗马规约》第98条第2款规定，"如果被请求国执行本法院的一项移交请求，该国将违背依国际协定承担的义务，而根据这些义务，向本法院移交人员须得到该人派遣国的同意，则本法院不得提出该项移交请求"。与《罗马规约》第98条第2款有关的日美协定主要涉及1960年签订的《在日美国武装力量的设施、区域和地位的协定》。它规定，当美国对驻日美军行使刑事管辖权时，对于把美军士兵移交美方军事当局，日本有义务提供相关便利。[1] 可见，结合《罗马规约》第98条第2款的规定，日本根据《日美协定》的规定，是可以将刑事管辖权移交给美军的。在2004年8月举行的日本国会众议院关于为伊拉克提供人道和重建援助行动和应对武装冲突境况的特殊委员会的会议上，川口顺子外相说，在日本加入《罗马规约》之前，日本没有立场决定是否与美国签订一个新的有关协议，因为日本还不是《罗马规约》的缔约国。除此之外，川口顺子外相还表示，所谓的"第98条规定协议"并不会与国际刑事法院的职能发生抵触。她说："认为国际刑事法院会因为双边协议的增加而失去其效力是不对的。从本质上讲，一个缔约国可以在其领土上起诉，而国际刑事法院是对此进行补充的。因此，通过缔结双边协定，美国并不会援引新的内容，因此也只能依赖原有协议的形式。我认为，这不会必然改变国际刑事法院的功能或是效果。"

总之，不管是否存在《日美间关于驻日美军地位的协定》，美国已经要求日本就其以国际刑事法院新成员国身份加入国际刑事法院一事，与其缔结一个独立的双边协定。但是，这是一个涉及原则性的问题，日本认为，很难接受美

---

〔1〕 依据1960年1月19日的《日美相互合作和安全条约》第6条签订的《在日美国武装力量的设施、区域和地位的协定》第17条第5款规定："（1）日本当局和美国军事当局应当在逮捕位于日本领土的美军人员、其中的民事人员以及他们的家属以及将他们移交给依据前款规定行使管辖权的当局方面相互提供协助。（2）日本当局逮捕位于日本领土的美军人员、其中的民事人员以及他们的家属时，应立即通知美国军事当局。（3）属于日本行使管辖权的美军嫌疑人员或其中的民事人员，如其处在美国手中，在其被日本指控之前，仍然应由美国羁押。"http：//www. mofa. go. jp/mofaj/area/usa/sfa/pdfs/full-text. pdf.

方的请求。[1] 就在日本国会通过加入《罗马规约》决定的前夕，麻生太郎外相表示，考虑到国际刑事法院的目的，在国内起诉方面"我们不能造成任何瑕疵"，"必须维持这种坚定的态度"。

三、财政支持

按照《罗马规约》第 115 条的规定，法院和缔约国经费的来源主要有缔约国的摊款和联合国大会针对安理会提交情势所核准提供的经费。第 117 条规定，缔约国的摊款应依照议定的分摊比额表摊派缔约国的缴款。该比额表应以联合国为其经常预算制定的比额表为基础，并依照该比额表所采用的原则予以调整。这就意味着，日本加入国际刑事法院后，已经超过德国成为该法院最大的经费来源国。[2] 在联合国经常预算指定的比额表中，日本是仅次于美国的第二大经费交纳国。根据 2006 年 12 月 22 日第 61 届联合国大会通过的联合国会员国经费分摊比额表，日本 2007—2009 年度需要向联合国缴纳 16.624% 的经费，仅次于美国的 22% 的分摊比例。[3] 尽管日本预计今后其向联合国缴纳的经费分摊比例将下降，但仍然可能在较长时间内维持在仅次于美国排名第二的水平。[4] 由于美国尚未加入该法院，因此日本有可能需要向法院交纳比这个比例还要高的摊款。在罗马全权外交代表会议上，日本代表团曾要求法院的预算不按照联合国经费分摊比额表，但是最后没有被采纳。[5]

因此，日本加入国际刑事法院还存在一个财政缴款的负担问题。这不仅是一个预算问题，同时也是个关于缴款摊派的法律问题。在正式加入国际刑事法

---

〔1〕　Yasushi Masaki, "Japan's Entry to the International Criminal Court and the Legal Challenges it Faced", *Japanese Yearbook of International Law*, 51 (2008), 419.

〔2〕　Statement of H. E. Mr. Ichiro Komatsu, Japanese Ambassor, at the Review Conference of the Rome Statute of the International Criminal Court, 31 May 2010, Kampala, Uganda. http://www.mofa.go.jp/policy/i_crime/icc/pdfs/after_adoption_1006.pdf.

〔3〕　A/RES/61/237, 2007 年 2 月 13 日。

〔4〕　2009 年第 64 届联大第 248 号决议通过的 2010—2012 年度联合国经费分摊比额表，日本需要向联合国交纳的经费比例有所下降，为 12.53% 的经费，但仍然是仅次于美国 22% 分摊比例，排在第二位。A/RES/64/248, 2010 年 2 月 5 日。2012 年第 67 届联大第 238 号决议通过的 2013—2015 年度联合国经费分摊比额表，日本需要向联合国交纳的经费比例继续下降，为 10.833% 的经费，但仍然是仅次于美国 22% 分摊比例，排在第二位。A/RES/67/238, 2013 年 2 月 11 日。2015 年第 70 届联大第 245 号决议通过的 2016—2018 年度联合国经费分摊比额表，日本需要向联合国交纳的经费比例再次下降，首次跌破 10 个百分点，为 9.68% 的经费，但仍然是仅次于美国 22% 分摊比例，排在第二位。A/RES/70/245, 2015 年 12 月 23 日。

〔5〕　参见第二章。

院之前，日本曾经尝试通过国际刑事法院的摊款规则计算了日本应当负担的财政缴款，2006 年的缴款高达 30 亿日元，大约占国际刑事法院所有预算的 28%，而德国作为该年度最大的缴款国，则要承担 17.2% 的比例。日本政府认为 28% 的摊款比率过高，要求国际刑事法院仿照联合国的摊款比例，设置一个摊款"上限"。按照联合国的摊款规则，对于主要的财政缴款国，可以适用缴款上限原则。如果经计算得出的缴款数额超过了上限，该国仅在上限规定的范围内承担付款义务。而这个上限在 2006 年被固定在所有预算的 22%。所以，如果在日本加入国际刑事法院之后该上限能够适用于日本，日本的缴款负担将少于上述的 28%。这将影响日本今后的财政负担，因此上限原则的适用成为日本加入国际刑事法院的最低限度条件。

日本认为，从法律的角度来说，《罗马规约》第 117 条在是否承认摊款上限问题上应当承认联合国的相关原则。例如，国际海洋法法庭（ITLOS）对日本的缴款适用上限原则。又如，类似于国际刑事法院的"欧洲能源宪章"（European Energy Charter），它也不是联合国的一个机关，但联合国的上限原则仍然适用于其成员国的缴款。

日本的这一主张得到了国际刑事法院大多数成员国的同意，除了欧盟。在 2006 年联合国对重新审查联合国会费缴纳进行的一般性辩论中，欧盟认为，应当重新审查摊款的上限问题。针对欧盟的观点，日本认为，修改现行的上限规则的可能性很小，不过，如果联合国会员国之间达成协议，采用一项新的没有上限的规则，日本也将会接受。日本呼吁的仅仅是成员国对适用联合国预算原则的肯定，将来如果该规则排除了上限的适用，那么国际刑事法院也将应当适用一项没有上限的新规则。在 2006 年 11 月召开的国际刑事法院缔约国大会上，日本主张缔约国大会通过一项决议，确立上限原则适用于国际刑事法院的主要缴款国，正如该原则适用于联合国重要缴款国一样。日本表示，其愿意在 2007 年加入国际刑事法院，但如果不能对此形成肯定意见，将会对其国内批准程序造成一系列严重问题。日本也表示，如果日本因此而不能加入国际刑事法院，法院和其成员国将无法从中获得财政利益。因此，这等于成了日本加入国际刑事法院的对价。最终，各缔约国支持了日本的立场，并最终通过了一项满足日本要求的决议。该决议在加拿大、澳大利亚和新西兰的努力下达成，这些国家也乐意看到日本尽早加入国际刑事法院。[1]

四、提名法官和其他工作人员

就在日本向联合国秘书长提交《罗马规约》加入书的同时，日本就直言不讳地指出，一旦日本成为国际刑事法院的成员国，将积极支持国际刑事法院的活动，不仅在财政方面，而且在人力方面，包括提名法官。这也是日本各界舆论强烈要求政府向国际刑事法院推荐法官人选。

作为其中的一项贡献，日本决定提名外务省负责人权事务的大使以及担任联合国消除对妇女一切形式歧视委员会委员的斋贺富美子（Fumiko Saiga）为国际刑事法院的法官。[2] 由于国际刑事法院法官候选人的提名应根据有关国家最高司法职位候选人的提名程序，或者根据《国际法院规约》规定的国际法院法官候选人的提名程序，因此日本政府为提名斋贺富美子女士作为国际刑事法院的法官候选人，采取了相似的措施，即根据日本最高法院（最高裁判所）法官提名程序和国际法院法官候选人提名程序来提名。2007 年，国际刑事法院的 3名法官辞职，补选于 2007 年 11 月和 12 月国际刑事法院第六届缔约国大会举行。这是日本第一次作为缔约国参加缔约国大会。有 5 名候选人竞选 3 个法官职位，他们分别来自法国、特立尼达和多巴哥、巴拿马、乌干达和日本。斋贺富美子女士是上述名单 B 的候选人，她在第一轮选举中就已经胜出，分配在第二审判分庭和第二预审分庭工作，负责审理刚果民主共和国的案件。在这之后，法国和乌干达的候选人也被选为法官。斋贺富美子女士将完成其前任的剩余任期直至 2009 年 3 月，并可以连选连任一次。2009 年 1 月 20 日，她再次被选为法官。不过，令人遗憾的是，2009 年 4 月 24 日，她因心脏病在荷兰一家医院去世。[3] 2009 年 11 月 18 日，日本提名外务省特别助理、政策研究大学院大学（GRIPS）的尾崎国子（Kuniko Ozaki）教授担任国际刑事法院法官。她在国际刑事法院第八届缔约国会议上被选为法官，[4] 于 2010 年 1 月 20 日上任，任期

〔1〕　Assembly of State Parties, Resolution ICC - ASP/5/Res 4, adopted at the 7 th plenary meeting December 1, 2006, p. 384.

〔2〕　http：//www. mofa. go. jp/announce/announce/2007/7/1174502_ 830. html.

〔3〕　http：//www. icc - cpi. int/Menus/ICC/Press + and + Media/Press + Releases/Press + Releases + % 282009%29/Passing + of + Judge + Fumiko + Saiga. htm.

〔4〕　http：//www. mofa. go. jp/announce/announce/2009/11/1197505_ 1146. html.

8 年 2 个月，目前在审判分庭工作。[1]

而且，在 2009 年 1 月举行的国际刑事法院预算和财务委员会委员（ICC Committee on Budget and Finance，CBF）的选举中，日本人饭田被选为委员，他于 2009 年 4 月上任。截至 2009 年 3 月，在国际刑事法院工作的日本人共有 5 名。日本政府的目标是让国际刑事法院具有更多的日本籍的工作人员。[2]

五、举办国际会议

为了分享日本加入《罗马规约》的经验以及吸引更多的亚洲国家加入该条约，日本政府在亚洲一些国家举办了多次国际会议。2009 年 3 月，日本政府与亚洲和非洲法律协商组织（"亚非法协"）在印度新德里举行了题为"国际刑事法院：新兴问题和未来挑战"的研讨会，日本在国际刑事法院的第一任法官斋贺富美子参加了此次研讨会。[3] 2010 年 3 月，日本政府与亚非法协以及马来西亚政府在马来西亚举办了一次圆桌会议，主要讨论即将举行的《罗马规约》审议会议。[4]

六、没加入《国际刑事法院特权与豁免协定》

关于《国际刑事法院特权与豁免协定》，日本认为，没有特别紧急的必要去缔结该协定。日本不希望看到在较近的将来，国际刑事法院的某个办事处会设立在日本，也不愿意国际刑事法院的工作人员长期留在日本。既然《罗马规约》第 48 条已经给予法官、检察官等特权与豁免，日本就没有必要着急去缔结此协定。[5] 因此，日本尚未加入《国际刑事法院特权与豁免协定》。

---

〔1〕 http：//www. icc – cpi. int/Menus/ICC/Structure + of + the + Court/Chambers/The + Judges/The + Judges/Judge + Kuniko + OZAKI/Judge + Kuniko + OZAKI + _ Japan_ . htm.

〔2〕 http：//www. mofa. go. jp/policy/i_ crime/icc/seminar0903 – a2. html.

〔3〕 http：//www. mofa. go. jp/policy/i_ crime/icc/seminar0903. html.

〔4〕 http：//www. mofa. go. jp/policy/inter_ law/law/round_ table1004. html.

〔5〕 "Statement of Mr. Aso, Minister of foreign affairs, 166 th Session of the House of Councilors, *Record of Proceedings of Plenary Session of the House of Councilors*, No. 16（April 13, 2007）, p. 4.

第六章　中国与国际刑事法院

第一节　中国对《罗马规约》的反对

虽然中国积极参与了建立国际刑事法院的筹备会议，并且在会议上陈述意见，提出议案，但是在 1998 年 7 月 17 日罗马外交大会对《罗马规约》的最终表决时，中国还是投下了反对票，也是当时投反对票的七个国家之一。中国投反对票的理由有五个。

7 月 17 日下午，在第 9 次全体会议上，中国代表刘大群解释了中国投反对票的理由。以下是会议记录的相关部分：

"36. 刘大群先生（中国）说，他的代表团始终认为，国际刑事法院在司法上应当是独立的，但同时必须注意确保调查不会影响各国司法制度的正当利益和主权。《规约》没有完全消除他在这方面的忧虑。

37. 补充性和国家同意应当是该法院管辖权的法律基础。然而，《规约》在三种主要罪行上授予法院普遍管辖权，尽管第 12 条规定，在行使其管辖权时，该法院应当得到犯罪行为发生地国家或被指控者是其国民的国家的同意。不过，这并不意味着征得国家的同意是该法院行使管辖权的一项必要条件。这种做法是把义务强加于非缔约国，构成了对国家司法独立或主权的干预，对此他不能接受。

38. 战争罪和危害人类罪的定义已经超出了通常理解和公认的习惯法。他反对将非国际性武装冲突列入该法院的管辖范围，并反对危害人类罪的提法。

39. 检察官进行调查或未经对无意义诉讼进行充分核对和平衡便自行提起诉讼的权利等于是对国家行为作出判定和裁决的权利。预审法庭必须同意检察官的调查的规定并不是一项充分遏制的办法。

40. 《规约》的拟定和通过是基于平等、民主和透明度，它应当在一致同意的基础上获得通过，而不是通过投票通过。议定国际条约的历史证明，通过投票方式通过的公约没有一项能保证普遍参加的。出于上述理由，他不得不对《规约》投反对票。"[1]

7月29日，中国参加罗马会议代表团团长王光亚在《法制日报》上发文，更加详细阐述了中国投票反对《罗马规约》的理由，即

"（一）质疑法院的管辖权。中国认为，国际刑事法院的普遍管辖权不是以国家自愿接受法院管辖为基础，而是在不经国家同意的情况下对非缔约国的义务作出规定的。这违背了国家主权原则，不符合《维也纳条约法公约》的规定。

（二）质疑法院管辖的战争罪。将国内武装冲突中的战争罪纳入法院的普遍管辖违反了已有的国际法规定。首先，中国代表团认为，法制健全的国家有能力惩处国内武装冲突中的战争罪，在惩治这类犯罪方面比国际刑事法院占有明显的优势；其次，目前规约有关国内武装冲突中的战争罪的定义，超出了国际习惯法，甚至超出了日内瓦公约第二附加议定书的规定。鉴于此，中国一贯主张，国家应有权选择接受国际刑事法院对这一罪行的管辖。目前规约的有关规定虽对选择接受管辖做出了临时安排，但却从原则上否定这一接受管辖的方式，许多国家因而对国际刑事法院望而却步。

（三）质疑侵略罪的处理。侵略罪是一种国家行为，且无法律上的定义，为防止政治上的滥诉，在具体追究个人刑事责任之前由安理会首先判定是否存在侵略行为是必要的，也是《联合国宪章》第39条的规定。但规约没有对此作出明确规定。

（四）质疑检察官的职权。检察官的自行调查权不仅赋予个人、非政府组织、各种机构指控国家公务员和军人的权利，同时也使检察官或法院因权力过大而可能成为干涉国家内政的工具。此外，检察官的自行调查权不仅会使法院面临来自个人或非政府组织过多的指控，无法使其集中人力或物力来对付国际上最严重的犯罪，同时也会使检察官面对大量指控而需不断作出是否调查与起诉的政治决策，不得不置身于政治的旋涡，从而根本无法做到真正的独立与公正。

---

〔1〕　A/CONF.183/SR.9，第36—40段。

（五）质疑法院管辖的危害人类罪。根据国际习惯法，危害人类罪应发生在战时或与战时有关的非常时期。从目前已有的成文法来看，纽伦堡宪章、前南国际法庭规约均明确规定，此罪适用于战时。但罗马规约在危害人类罪定义中删去了战时这一重要标准。此外，在危害人类罪具体犯罪行为的列举上，远远超过了国际习惯法和现有的成文法。许多列举的行为实际是人权法的内容，背离了建立国际刑事法院的真正目的。"[1]

那么，中国的这五个理由在国际法中是否能够站得住脚呢？

关于第一个理由，即"中国认为，国际刑事法院的普遍管辖权不是以国家自愿接受法院管辖为基础，而是在不经国家同意的情况下对非缔约国的义务作出规定的。这违背了国家主权原则，不符合《维也纳条约法公约》的规定"。首先，国际刑事法院并不具有普遍管辖权，而是有限制的。通常理解的普遍管辖权是指一国具有的对某些特定犯罪即便不发生在该国领土、也不是由该国国民实施、该国国民也不是犯罪被害人而实施的管辖权。这种权利是国家的一项刑事管辖权，是国家在习惯国际法上的一项权利，其实施时无须征得犯罪嫌疑人国籍国的同意。[2] 正如本书第二章中所述的，在《罗马规约》行使管辖权的先决条件的条款的起草过程中，德国代表的普遍管辖权提案是被否定了的。最终的《罗马规约》规定了四种情形的管辖权。第一种情形是基于缔约国的领土管辖权，即第 12 条第 2 款规定，如果《罗马规约》的缔约国领土上发生了核心国际犯罪，国际刑事法院就自动具有管辖权，无论犯罪嫌疑人的国籍国是否是《罗马规约》的缔约国，也无须犯罪嫌疑人的国籍国是否同意；换句话说，如果缔约国领土上发生了核心犯罪，即便犯罪嫌疑人是非缔约国国民，即便犯罪嫌疑人的国籍国不同意，法院就对该犯罪具有管辖权。第二种情形是基于犯罪嫌疑人国籍管辖权，即如果缔约国的国民实施了犯罪，即便犯罪是在非缔约国的领土上实施的，法院也自动具有管辖权，即便非缔约国不同意法院行使管辖权。无论如何，这两种情形都不是普遍管辖权，因为它们都需要在犯罪与缔约国之间存在领土或嫌疑人国籍的联系。即便是犯罪的被害人是缔约国的国民，如果该犯罪不是在缔约国领土上实施的，法院是没有管辖权的，更不用说普遍

〔1〕 王光亚："王光亚谈国际刑事法院"，载《法制日报》1998 年 7 月 29 日，第 4 版；"中国政府代表王光亚在罗马外交大会上的讲话"，载《法制日报》1998 年 6 月 18 日，第 4 版；黄芳："评中国对《国际刑事法院规约》投反对票的五点理由"，载 〔加〕威廉·A. 沙巴斯：《国际刑事法院导论》译者前言，中国人民公安大学出版社 2006 年版。

〔2〕 朱利江：《对国内战争罪的普遍管辖与国际法》，法律出版社 2007 年版。

管辖权了。当然，有人也许会说，依据第 12 条第 3 款规定，领土上发生了核心国际犯罪或者国民实施了核心国际犯罪的非缔约国可以发表单方面声明就某一特定情势宣布接受国际刑事法院管辖权。这就是第三种情形。这看上去像是普遍管辖权。但是，非缔约国通过发表声明的方式接受国际刑事法院管辖权显然是非缔约国自愿接受的结果，与普遍管辖权通常具有的一国法院行使管辖权不需要取得犯罪嫌疑人国籍国的同意是不同的。当然，有人也许还会说，依据第 13 条第 2 款的规定，联合国安理会可以通过决议向法院提交情势。这就是第四种情形。这看上去也有点像 "普遍" 管辖权，[1] 因为安理会从理论上说可能把除了五个常任理事国之外的任何国家领土上发生的犯罪都提交国际刑事法院。但是，国际刑事法院基于安理会决议获得的管辖权仍然不是普遍管辖权，因为首先，不太可能是普遍的（五个常任理事国因为有否决权，因此把自己国家领土上发生的犯罪通过安理会提交国际刑事法院的可能性几乎为零）；其次，普遍管辖权的国际法依据通常是习惯国际法（当然，国际条约可以要求缔约国对某些犯罪进行普遍管辖），而安理会决议显然不是习惯国际法；还有，一国在行使普遍管辖权时是不需要征得包括犯罪嫌疑人国籍国在内的任何其他机构的同意，但是在国际刑事法院依据安理会决议获得的管辖权显然是需要获得安理会决议的授权的。总之，普遍管辖权这一概念只是主权国家具有的一种权利，与国际刑事法院具有的建立在条约基础之上的管辖权从性质上说不是同一个概念，不能等同。其次，即便国际刑事法院的管辖权是一种所谓的 "普遍管辖权"，而且，的确，在第四种管辖权情形下，的确存在 "不经国家同意的情况下对非缔约国的义务作出规定" 的情形，因为安理会可能提交非缔约国的情势。但是，在安理会提交非缔约国情势的情况下，国际刑事法院管辖权来自安理会的决议，由于几乎所有国家都是联合国的会员国，有义务遵守安理会通过的有拘束力的决议，因此很难说是 "违背了国家主权原则，不符合《维也纳条约法公约》的规定"。关于第一种和第二种情形，国际刑事法院的管辖权的确可以 "不经国家同意"，即如果非缔约国国民在缔约国领土上行使管辖权，法院自动具有管辖权，不需要征得该非缔约国的同意。但是，在这种情况下，并不存在 "对非缔约国的义务作出规定" 的情形，因为这两种情形的管辖权影响的是非缔约国国

---

〔1〕 朱文奇教授认为，这种情形可以被认为是国际法意义上的普遍管辖权，而且，国际刑事法院的 "普遍管辖权" 仅仅是指安理会提交这一种情形。参见朱文奇："中国是否应加入国际刑事法院（上）"，载《湖北社会科学》2007 年第 10 期，第 143 页。

民，而不是非缔约国国家。[1] 换句话说，在这种情况下，国际刑事法院是对非缔约国的国民行使管辖权，并非对非缔约国国家行使管辖权。而且，之所以对非缔约国的国民行使管辖权，是因为其在缔约国的领土内实施了犯罪。如果其不在缔约国领土内实施犯罪，法院就不具有管辖权。至于第三种情形，更加不属于"不经国家同意的情况下对非缔约国的义务作出规定"的情形，因为第三种情形是非缔约国自愿提交的，因此不存在对非缔约国的义务作出规定的情形。

关于第二个理由，即"将国内武装冲突中的战争罪纳入法院的普遍管辖违反了已有的国际法规定""目前规约有关国内武装冲突中的战争罪的定义，超出了国际习惯法，甚至超出了日内瓦公约第二附加议定书的规定"。首先需要指出的是，正如前述，国际刑事法院并不具有普遍管辖权，而且即便具有普遍管辖权，也只是针对安理会提交这种情形，而《罗马规约》第8条第2款第3项和第5项关于国内武装冲突中的战争罪的规定中，没有任何一处地方规定或者暗示《罗马规约》将"国内武装冲突中的战争罪"纳入了法院的"普遍管辖权"（所谓的安理会提交的情形）。《罗马规约》第8条第2款第3项和第5项规定的国内武装冲突中的战争罪适用于国际刑事法院的任何一种管辖权情形，而不仅仅是安理会提交这种情形。而且，《日内瓦公约第二附加议定书》本身并没有规定国内武装冲突中的战争罪。[2] 因此，中国的这一立场实际上是想说，在1998年《罗马规约》通过时，国际法中并没有国内武装冲突中的战争罪，换句话说，战争罪只能发生在国际性武装冲突。从世界范围的角度来看，的确有少数国家，尤其是少数亚洲国家，直到今天还在认为，战争罪的概念只能存在于国际性武装冲突。[3] 的确，在1998年《罗马规约》通过前，并没有专门的国际条约规定了非国际性武装冲突中的战争罪。实际上，在1994年《联合国卢旺达问题国际刑事法庭规约》之前以及在1995年联合国前南斯拉夫问题国际刑事法庭上诉分庭的"塔蒂奇案"（管辖权问题）判决之前，国际法学界

---

〔1〕《维也纳条约法公约》第34条，条约非经"第三国"同意，不为"该国"创设义务或权利。因此，它涉及的是"第三国"或者"非缔约国"的权利和义务问题，而国际刑事法院只是有可能涉及"第三国国民"或"非缔约国国民"的权利和义务。

〔2〕 在该公约第五部"最后规定"中甚至都没有要求缔约国将严重违反该公约的行为作为犯罪来处理。

〔3〕 Zhu Lijiang, "Some Asian States' Opposition to the Concept of War Crimes in Non - International Armed Conflicts and Its Legal Implications", Asian Yearbook of International Law, 14 (2010), 71-99.

的多数意见的确认为，战争犯罪只能出现在国际性武装冲突的情形中，[1] 只有少数学者认为非国际性武装冲突中也是可以产生战争犯罪的。[2] 但是，安理会在 1994 年 11 月 8 日第 3453 次会议上通过的第 955 号决议中的《卢旺达问题国际刑事法庭规约》已经规定有非国际性武装冲突中的战争罪。该《规约》第 4

---

〔1〕 例如参见 Denise Plattner，"The Penal Repression of Violations of International Humanitarian Law Applicable in Non – International Armed Conflicts"，*International Review of Red Cross*，278（1990），414；Eric Davidehousse，"Le Tribunal international pénal pour l' ex – Yougoslavie"，*Revue belge de droit international*，25（1992），574 – 575；Claus Kress，"War Crimes Committed in Non – International Armed Conflict and the Emerging System of International Criminal Justice"，*Israel Yearbook on Human Rights*，30（2000），104 – 105. 也可以参见 Steven R. Ratner，Jason S. Abrams，*Accountability for Human Rights Atrocities in International Law：Beyond the Nuremberg Legacy*（2 nd ed.），Oxford：University Press，2001，p. 106，认为"直到 20 世纪 80 年代中后期之前，违反 1949 年日内瓦四公约共同第 3 条的行为也不是习惯国际法上的战争犯罪"。还可以参见根据联合国大会第 52/135 号决议设立的联合国柬埔寨问题专家小组在 1999 年 3 月 16 日提交的报告，称"在 1975 年之前，违反（日内瓦四公约）共同第 3 条的行为不能被视为习惯国际法中的战争犯罪行为"，UN Doc. S/1999/231，16 March 1999，pp. 20—21. 国际法委员会 1954 年的《危害人类和平与安全的罪行的法典草案》在对战争犯罪进行定义时明确指出只能适用于两个或两个以上的国家之间经过宣战或任何其他形式的武装冲突，参见 *Report of the International Law Commission*（1954）UN Doc. A/1858，reprinted in 2 *Yearbook of International Law Commission*，1951，p. 126. 红十字国际委员会于 1993 年 3 月 25 日在关于设立前南法庭的序言中指出，"根据今天的人道法，战争犯罪这个概念只限于国际性的武装冲突的场合。"参见 DDM/JUR/442 b，25 March 1993，para. 4. 1995 年 4 月 30 日，红十字国际委员会还在开罗召开的"第九届联合国预防犯罪和罪犯待遇大会"上表示："根据日内瓦公约和第一附加议定书的规定，某些违反人道法的国际刑事责任，以及相关义务，只有发生在国际性的武装冲突的场合"，参见 UN Doc. A/CONF. 169/NGO/ICRC/1，Ninth United Nations Congress on the Prevention of Crime and the Treatment of Offenders，Cairo，Egypt，Statement of the International Committee of the Red Cross，30 April 1995（Topic IV），p. 4.

〔2〕 认为非国际性武装冲突中也存在战争犯罪的主要根据是认为日内瓦四公约规定的"严重破坏"行为适用于共同第 3 条，因此，内战中也存在战争犯罪，例如，Jordan Paust，"Applicability of International Criminal Laws to the Events in the former Yugoslavia"，*American University Journal of International Law and Policy*，9（1994），511；See also Jordan Paust，"War Crimes Jurisdiction and Due Process：The Bangladesh Experience"，*Vanderbilt Journal of Transnational Law*，11（1978），28；也可以参见 Michael Bothe，"War Crimes in Non – International Armed Conflicts"，*Israel Yearbook on Human Rights*，24（1994），241 – 251；Theodor Meron，"International Criminalization of Internal Atrocities"，*American Journal of International Law*，89（1995），554 – 577.

条规定了"违反《日内瓦公约》的共同第 3 条和《第二附加议定书》的行为"[1]将受到该法庭的审理，而《日内瓦公约》的共同第 3 条和《第二附加议定书》是仅适用于非国际性武装冲突，因此该条等于宣布非国际性武装冲突中也将有战争罪。这是第一份规定非国际性武装冲突中的战争罪的国际法文件，尽管不是国际条约，而是安理会决议。而且，在 1995 年 10 月 2 日联合国前南斯拉夫问题国际刑事法庭上诉分庭审理的"塔迪奇案"的管辖权问题的中间裁决中，上诉分庭的多数意见判决认为，习惯国际法中已经存在非国际性武装冲突中的战争罪。[2]不过，中国法官李浩培并不认为根据习惯国际法，在非国际性武装冲突中，个人实施了违反该法庭规约第 3 条的行为就能引起个人刑事责任。他认为上诉庭对第 3 条的解释是在造法，而不是在适用法律。[3]总之，1994 年《联合国卢旺达问题国际刑事法庭规约》和 1995 年联合国前南斯拉夫问题国际刑事法庭的"塔迪奇案"判决是对国际法中的战争罪概念的巨大突破，甚至被一些学者形容为是国际人道法和国际刑法发生的一场"小小的革命"。[4]受到它们的影响，西方国际法学界在此后占多数的观点转变成认为非国际性武装冲突中也可以出现战争犯罪，几乎没有学者持否定的观点。[5]的确，由于这两个国际刑庭是由安理会根据第七章设立的，因此其作出的司法判例具有很大的权威性。但是，这两个法庭毕竟都只是特别法庭，它们作出的司法判例并不具有国际法中的先例性质，只能对发生在前南斯拉夫或卢旺达中的

---

　　〔1〕 第 4 条规定：卢旺达问题国际法庭有权起诉犯下或命令他人犯下严重违反 1949 年 8 月 12 日各项《关于保护战争受害者的日内瓦公约》的共同第 3 条和 1977 年 6 月 8 日公约的《第二附加议定书》的行为的人。违反行为包括但不限于：（一）强暴对待人的生命、健康以及身体或精神福祉，特别是谋杀以及诸如拷打、截肢或任何形式的体罚等酷刑；（二）集体处罚；（三）劫持人质；（四）恐怖主义行为；（五）残害人性尊严，特别是羞辱和贬损、强奸、逼良为娼以及任何形式的粗鄙攻击；（六）劫掠；（七）事先未经正规组成的提供文明人所承认且不可或缺的司法保证的法院审判而径行宣判和执刑；（八）威胁要犯下上述的任何行为。S/RES/955 (1994), 8 November 1994, 中文版的第五页。

　　〔2〕 *Prosecutor v. Dušco Tadić*, Case No. IT-94-1-AR72, Decision on the Defence Motion for Interlocutory Appeal on Jurisdiction, 2 October 1995, para. 84.

　　〔3〕 Separate Opinion of Judge Li on the Defence Motion for Interlocutory Appeal on Jurisdiction。

　　〔4〕 Claus Kress, "War Crimes Committed in Non-International Armed Conflict and the Emerging System of International Criminal Justice", *Israel Yearbook on Human Rights*, 30 (2000), 103.

　　〔5〕 例如参见 Christa Meindersma, "Violations of Common Article 3 of the Geneva Conventions as Violations of the Laws or Customs of War under Article 3 of the Statute of the International Criminal Tribunal for the Former Yugoslavia", *Netherlands International Law Review*, 42 (1995), 375–397；Thomas Graditzky, "Individual Criminal Responsibility for Violations of International Humanitarian Law Committed in Non-International Armed Conflicts", *International Review of Red Cross*, 332 (1998), 29–56.

案件具有拘束力。[1] 因此，在 1998 年《罗马规约》通过时说习惯国际法或者一般国际法中没有非国际性武装冲突中的战争罪也是情有可原的，中国的第二个立场是可以被理解的。

关于第三个理由，即质疑侵略罪理由："侵略罪是一种国家行为，且无法律上的定义，为防止政治上的滥诉，在具体追究个人刑事责任之前由安理会首先判定是否存在侵略行为是必要的，也是《联合国宪章》第 39 条的规定。但规约没有对此作出明确规定。"中国的理由看来希望在 1998 年的《罗马规约》中对侵略罪作出定义，而且在其中明确规定在国际刑事法院审理侵略罪之前应由安理会作出是否存在侵略行为。应当说，《罗马规约》只是规定法院对侵略罪有管辖权，它并没有规定侵略罪的定义。也就是说，虽然它没有规定法院对侵略罪行使管辖权之前需要由安理会首先断定是否存在侵略行为，但是它也没有规定不需要由安理会首先断定是否存在侵略行为。换言之，这个问题是留待以后《罗马规约》审查会议上解决的事情。因此，中国的第三个立场有点不太容易让人理解。如果中国坚持要求把必须由安理会事先断定是否存在侵略行为规定在定义中，就不应当反对《罗马规约》，而是应当积极参加《罗马规约》，争取在《罗马规约》的审议中让其他国家理解和接受自己的立场。正如朱文奇教授所说的，"如果考虑到中国是联合国安理会五个常任理事国之一，如果考虑到中国曾经是侵略的受害者，《罗马规约》缔约国要定义'侵略罪'的问题应该恰恰是中国应加入《罗马规约》的理由之一，因为只有加入《罗马规约》、只有成为国际刑事法院的缔约国，才能最后决定侵略罪的定义。"[2]

关于第四个立场，即"质疑检察官的职权。检察官的自行调查权不仅赋予个人、非政府组织、各种机构指控国家公务员和军人的权利，同时也使检察官或法院因权力过大而可能成为干涉国家内政的工具。此外，检察官的自行调查权不仅会使法院面临来自于个人或非政府组织过多的指控，无法使其集中人力或物力来对付国际上最严重的犯罪，同时也会使检察官面对大量指控而需不断作出是否调查与起诉的政治决策，不得不置身于政治的旋涡，从而根本无法做

---

〔1〕　Roberta Arnold, "The Development of the Notion of War Crimes in Non - International Conflicts through the Jurisprudence of the UN *ad hoc* Tribunals", *Humanitäres Vökerrecht - Informationsschriften*, 3 (2002), 139, note 56；王秀梅："论国际刑事法院管辖的犯罪"，载《中国社会科学院法学博士后论丛（第一卷）》，中国政法大学出版社 2004 年版，第 393 页。

〔2〕　朱文奇："中国是否应加入国际刑事法院（上）"，载《湖北社会科学》2007 年第 10 期，第 146 页。

到真正的独立与公正。"国际刑事法院的检察官的确有自行提起调查的权力，但是该权力不是不受控制的，而是受到诸多方面的制约的，包括必须在启动程序前取得预审分庭的授权等，以防止滥诉出现。但是，如果对现有的制约机制仍然不满意，那就没有什么可说的了，因为法律总是和政治紧密相随的，与政治脱离任何干系的法律似乎是找不到的。因此，这个立场基本上是属于政治或政策方面的考量，不好从法律角度进行分析，甚至可以成为任何一个国家反对《罗马规约》的理由。

最后一个立场是质疑《罗马规约》中的危害人类罪的定义，尤其是认为"根据国际习惯法，危害人类罪应发生在战时或与战时有关的非常时期。从目前已有的成文法来看，纽伦堡宪章、前南国际法庭规约均明确规定，此罪适用于战时。但罗马规约在危害人类罪定义中删去了战时这一重要标准。"的确，《纽伦堡宪章》中关于危害人类罪的定义要求此罪适用于战时。而且，1946 年联大决议《纽伦堡原则宣言》中也要求适用于战时。但是，1954 年国际法委员会《危害人类和平与安全的法典草案》关于危害人类罪的定义中删除了适用于战时这一要求。[1] 而且，此后的其他国际法文件中也不再要求只能适用于战时。1993 年安理会决议通过的《联合国前南斯拉夫问题国际刑事法庭宪章》第 5 条关于危害人类罪的定义中的确出现了"在武装冲突中实施，无论是国际性质还是国内性质"这一表述。但是，这一表述按照 1995 年该法庭上诉分庭"塔迪奇案"的判决，只是安理会仅仅适用于前南斯拉夫地区的情形而已，它并不是习惯国际法中关于危害人类罪的一个构成要件，并认为要求适用于战时这一要件仅仅存在于《纽伦堡宪章》中，早就被抛弃了。[2] 而且，1994 年的《联合国卢旺达问题国际刑事法庭规约》第 3 条中关于危害人类罪的定义中也没有要求适用于战时。可见，与质疑非国际性武装冲突中的战争罪（中国的第二个立场）不同的是，这一立场（质疑危害人类罪的定义）显得相对牵强，毕竟即便在 1998 年，有相当多的国际文件和司法实践是支持习惯国际法中已经不要求危害人类罪适用于战时的了。

---

〔1〕 *Report of the International Law Commission to the General Assembly*, U. N. GAOR, Supp. No. 9, at 9, U. N. Doc. A/2693 (1954).

〔2〕 ICTY, *Prosecutor v. Dušco Tadić*, Case No. IT‑94‑1‑AR72, Decision on the Defence Motion for Interlocutory Appeal on Jurisdiction, 2 October 1995, p. 140. 还可以参见 ICTY, *Prosecutor v. Nikolić*, Case No. IT‑94‑2, Review of Indictment Pursuant to Rule 61 of Rules of Procedure and Evidence, 20 October 1995, p. 26.

总之，中国的反对立场有些是可以理解的，有些不太让人理解，有些是万能的，而有些的性质实际上是动态的，尤其是涉及战争罪和危害人类罪的习惯国际法定义。从 1998 年到现在，时间已经过去将近 20 年了，那么在过去的 20 年时间里，这两个罪的习惯国际法的定义是否已经发展变化了呢？换句话说，如何从现在的眼光去看待 1998 年《罗马规约》中的战争罪和危害人类罪的定义呢？值得注意的是，2015 年 11 月 6 日，中国外交部条法司司长徐宏在第 70 届联大六委关于"国际法委员会第 67 届会议工作报告"议题的发言时，针对国际法委员会危害人类罪问题特别报告员墨菲先生提交的首次报告，他说："特别报告员的报告和委员会通过的条款评注较多关注国际司法机构的实践，比较而言，对各国的普遍实践和法律确信较少提及。例如，草案第 2 条将危害人类罪与'战时'这一传统条件脱钩，主要依据来自于国际司法机构的实践，而未考察各国实践是否一致认为国际法规范的危害人类罪已不再限于战时。再如，草案第 3 条危害人类罪定义完全照搬《国际刑事法院罗马规约》的规定，直接将后者视为国际社会普遍接受的定义。实际上，《规约》的犯罪定义要结合规约缔约国大会通过的《犯罪要件》作整体理解。且《规约》谈判过程中，各方对包括危害人类罪等各种罪行的定义和构成要件存在分歧，这是造成一些国家至今仍未参加《规约》的原因之一。委员会有必要更加全面地考察各国立场和实践，夯实危害人类罪定义的基础。"[1] 从这个发言中可以知道，中国对《罗马规约》中危害人类罪的定义的立场仍然保持不变。

第二节　中国与国际刑事法院的关系

尽管如此，中国并没有远离国际刑事法院，仍然通过多种形式关注国际刑事法院的发展。国际刑事法院检察官奥坎波说，中国政府已经把自己形容为"法院的非缔约国伙伴"。[2]

一、发表声明

在国际刑事法院成立之后，中国多次声明"支持一个独立、公正、有效、

---

〔1〕　http：//www.china－un.org/chn/hyyfy/t1327113.htm.

〔2〕　Luis Moreno－Ocampo, "The International Criminal Court－Some Reflections", *Yearbook of International Humanitarian Law*, 12（2009），11.

能够审判最严重国际犯罪的国际刑事法院"。2002 年 7 月 10 日，中国常驻联合国代表王英凡在安理会发言，指出"中国虽然尚不是 ICC 缔约国，但中国支持建立一个独立、公正、有效和具有普遍性的国际刑事法院。中国政府积极参加了建立 ICC 的全过程并将密切关注它的运作"。[1] 2002 年 10 月 15 日，中国代表关键在第 57 届联大第六委员会关于"设立国际刑事法院"议题的发言中也指出，"中国政府积极参加了建立国际刑事法院的全过程，并愿意看到法院能够发挥预期作用。虽然中国尚不是国际刑事法院规约的缔约国，但中国政府将继续本着认真和负责任的态度，关注国际刑事法院的进展和运作情况，并愿为国际社会的法治化做出进一步的贡献"。[2]

2003 年 10 月 28 日，外交部在其官方网站上发表了《中国与国际刑事法院》的立场文件。该文件说，"中国政府一直理解和支持建立一个独立、公正、有效和普遍的国际刑事法院。如果法院的运作能够真正使实施了最严重犯罪的个人得到应有的惩罚，这不仅将有助于人们对国际社会建立信心，而且从长远来看也有助于国际和平和安全。正是基于这一立场和理解，中国政府才积极参加了《罗马规约》的谈判过程。令人遗憾的是，由于罗马会议达成的规约中有一些条款无法满足中国政府的合理关心，当通过该条约时，中国代表团投了反对票。这也是中国为什么不能签署《罗马规约》的原因。"该文件还说："关于加入《罗马规约》的问题，中国政府采取开放的态度，而法院的实际行为毫无疑问将是考虑的一个重要因素。我们并不排除在适当的时候加入该规约的可能性。将来，中国政府将作为一个观察员继续采取严肃和负责任的态度，仔细跟踪国际刑事法院的进展和运作。中国愿意为国际社会实现法治做出适当贡献。"[3]

在 2005 年 6 月 7 日外交部发表的《关于联合国改革问题的立场文件》中指出："中国支持建立一个独立、公正、有效和具有普遍性的国际刑事法院，以惩治最严重的国际罪行。由于《国际刑事法院罗马规约》尚存的一些不足可能影响法院公正、有效地行使职能，因此中国尚未参加，但仍希望法院能以其实际

---

〔1〕 中国常驻联合国代表王英凡大使在安理会公开会议上关于国际刑事法院问题的发言，http://www.china-un.org/chn/fyywj/2002/t40102.htm.

〔2〕 中国代表关键先生在第 57 届联大第六委员会关于"设立国际刑事法院"议题的发言，2002 年 10 月 15 日，http://www.china-un.org/chn/zgylhg/flyty/gjft/t40103.htm.

〔3〕 China and the International Criminal Court, http://www.mfa.gov.cn/eng/wjb/zzjg/tyfls/tyfl/2626/2627/t15473.htm.

工作赢得非缔约国的信心，赢得国际社会普遍接受。对是否将有关局势提交国际刑事法院，安理会应谨慎行事。"[1]

2006年10月17日，中国代表段洁龙在第61届联大六委关于"国家和国际两级法治"议题的发言中指出，中国"支持建立一个独立、公正、有效和具有普遍性的国际刑事司法机构，并全程积极参与了《国际刑事法院规约》的谈判，发挥了应有作用。"[2]

2010年，外交部发表的《第65届联合国大会中国立场文件》中，继续重申了上述立场，指出："中国支持建立一个独立、公正、有效和具有普遍性的国际刑事司法机构，以惩治最严重的国际罪行。国际刑事法院的工作应秉承促进国际和平与安全、维护全人类福祉的宗旨，与其他国际机制协调合作，避免干扰有关和平进程。中国会继续关注国际刑事法院的工作。"[3]

二、参加会议

国际刑事法院成立之后，中国一直密切关注法院的发展，自2002年起作为观察员列席了每年一届的国际刑事法院缔约国大会及绝大部分的非正式磋商，并发表意见，以负责任的态度积极参与相关问题的探讨，继续为法院的发展作出贡献。中国还派出代表作为观察员列席了于2010年5月31日至6月11日在乌干达首都坎帕拉举行的《罗马规约》第一次缔约国审查会议，并在6月1日的审查会议的一般性辩论中发言，阐明中国的立场和关切。[4]

三、提交情势方面

1. 苏丹达尔富尔情势

根据《罗马规约》第13条第2款的规定，如果"安全理事会根据《联合国宪章》第七章行事，向检察官提交显示一项或多项犯罪已经发生的情势"，则国际刑事法院可以对该情势行使管辖权，即使该情势发生在《罗马规约》的非缔约国领土上。2005年3月31日，联合国安理会通过第1593号决议，"决定

---

〔1〕　http：//www.mfa.gov.cn/chn/gxh/zlb/zcwj/t199083.htm.

〔2〕　中国代表段洁龙在第61届联大六委关于"国家和国际两级法治"议题的发言，2006年10月17日，http：//www.china-un.org/chn/zgylhg/flyty/ldlwjh/t348870.htm.

〔3〕　http：//www.mfa.gov.cn/chn/gxh/zlb/smgg/t751978.htm.

〔4〕　中国代表团在罗马规约审查会议一般性辩论中的发言，2010年6月1日，坎帕拉，http：//www.icc-cpi.int/iccdocs/asp_docs/RC2010/Statements/ICC-RC-gendeba-China-CHN.pdf.

将自 2002 年 7 月 1 日以来达尔富尔局势问题移交国际刑事法院检察官"。[1]这是自国际刑事法院成立以来安理会提交的第一个情势，引起各方关注。[2]作为安理会常任理事国之一的中国，对 1593 号决议投了弃权票。中国常驻联合国代表团团长王光亚大使在表决后的解释性发言中指出："我们不赞成在未经苏丹政府同意的情况下，把达尔富尔问题提交国际刑事法院审理，因为我们担心这不仅将徒增早日政治解决达尔富尔问题的复杂性，而且有可能对苏丹南北和平进程造成难以预料的后果。还需要指出的是，中国不是《罗马规约》的缔约国，对该规约的一些规定有重大保留。我们不能接受国际刑事法院在违背非缔约国家意愿的情况下行使其司法管辖权，也难以赞同由安理会授权国际刑事法院使用这种权力。综上所述，中方不得不对英国提出的决议草案投弃权票。"[3]这就为国际刑事法院管辖达尔富尔情势扫除了法律障碍。

2. 利比亚局势

2011 年 2 月 27 日，联合国安理会通过第 1970 号决议，"决定把 2011 年 2 月 15 日以来的阿拉伯利比亚民众国局势问题移交国际刑事法院检察官"。[4]这是安理会第二次把一个《罗马规约》非缔约国的情势提交给国际刑事法院。中国对第 1970 号决议投了赞成票，按照中国常驻联合国代表李保东大使的解释，中国投赞成票的原因是，"考虑到利比亚当前极为特殊的情况和阿拉伯及非洲国家的关切和主张"。[5]

3. 叙利亚局势

2014 年 5 月 22 日，安理会第 7180 次会议对阿尔巴尼亚等 65 个国家提交的将叙利亚情势提交给国际刑事法院的决议草案进行了表决，有 13 个国家支持决议草案，俄罗斯和中国投了否决票。中国代表王民在投否决票后作了解释性发言。他说：

"第一，中方认为，由国际刑事法院追究严重违法行为人的责任，应当以尊重国家司法主权为前提，遵守补充性原则。中国不是《罗马规约》的缔约国，

---

〔1〕 S/Res/1593（2005）.

〔2〕 杨力军："安理会向国际刑事法院移交达尔富尔情势的法律问题"，载《环球法律评论》2006年第 4 期。

〔3〕 王光亚大使在安理会表决有关苏丹侵犯人权责任者审判机制问题决议草案后的解释性发言，2005 年 3 月 31 日，http：//www. china－un. org/chn/lhghywj/fyywj/wn/fy2005/t189774. htm.

〔4〕 S/Res/1970（2011）.

〔5〕 中国常驻联合国代表李保东大使在安理会表决通过第 1970 号决议后的解释性发言，2011 年 2月 27 日，http：//www. china－un. org/chn/hyyfy/t802751. htm.

一贯对安理会将一国局势提交国际刑事法院持保留态度，这是我们的原则立场。

第二，当前叙利亚问题政治解决正面临困难，国际社会必须坚定信心，保持耐心，坚持政治解决大方向不动摇。当务之急是推动叙利亚政府和反对派尽快停火止暴，重启第三轮日内瓦谈判，推进政治进程，启动政治过渡。在当前形势下强行将叙利亚局势提交国际刑事法院，不利于叙利亚有关各方增进互信，无助于日内瓦谈判的尽快重启，将损害国际社会推动政治解决的努力。

第三，一段时间以来，安理会在叙利亚问题上保持了团结与协作。这是包括中方在内安理会成员相互照顾彼此重大关切所取得的成果。我们认为，在各方对决议草案尚存重大分歧的情况下，安理会应继续磋商，不应强行表决，以免损害安理会的团结，干扰安理会在叙利亚问题及其他重大问题上的协调与合作。令人遗憾的是，中方上述建议未得到采纳。

基于上述，中方在表决中投了反对票。"[1]

4. 朝鲜局势

2014 年 2 月 17 日，联合国人权理事会朝鲜人权问题国际调查委员会发布调查报告，认为朝鲜境内存在危害人类罪，建议将朝鲜人权问题提交国际刑事法院。针对这一建议，2 月 17 日，外交部发言人华春莹指出，"中方一贯主张在平等和相互尊重基础上，通过建设性对话与合作处理人权领域的分歧。将人权问题提交国际刑事法院无助于改善一国人权状况。"[2] 2014 年 12 月 18 日，第69 届联合国大会通过第 188 号决议，这是联合国大会就朝鲜人权状况连续通过的第 10 份决议。与以往的联合国大会关于朝鲜人权的决议不同，第 69 届联合国大会第 188 号决议增加了新的内容，它确认朝鲜人权调查委员会的调查结果，即根据收集到的证词和资料以及几十年来在国家最高级别制定的政策，有合理理由认定朝鲜境内犯有危害人类罪行；决定将调查委员会的报告提交安全理事会，并鼓励安理会审议该委员会的相关结论和建议，采取适当行动确保追究责任，包括为此考虑将朝鲜局势移交国际刑事法院，以及考虑对该委员会表示可能构成危害人类罪的行为明显负有最大责任的人实施有效定向制裁的范围。[3]

〔1〕 S/PV.7180，2014 年 5 月 22 日，第 14 页。

〔2〕 "2014 年 2 月 17 日外交部发言人华春莹主持例行记者会"，http：//www.fmprc.gov.cn/web/fyrbt_673021/jzhsl_673025/t1129221.shtml. 还可以参见外交部发言人华春莹在 2014 年 10 月 23 日主持的例行记者会上的发言，"2014 年 10 月 23 日外交部发言人华春莹主持例行记者会"，http：//www.fmprc.gov.cn/web/fyrbt_673021/jzhsl_673025/t1203320.shtml.

〔3〕 A/RES/69/188，2014 年 12 月 18 日，第 7、8 段。

这是联合国大会第一次作出这种建议。该决议得到 116 个国家的赞成，20 个国家的反对，53 个国家投了弃权票。中国对这一决议投了反对票。[1] 12 月 19 日，外交部发言人秦刚在例行记者会上发言，再次表达了中国政府对把朝鲜人权问题提交国际刑事法院审理的建议的立场，指出："中方一贯主张国与国之间通过建设性对话与合作处理人权领域的分歧，我们反对将人权问题政治化，或者借人权问题向别国施压。安理会不是讨论人权问题的合适场所，将人权问题提交国际刑事法院也无助于解决问题。"[2] 2014 年 12 月 22 日，安理会第 7353 次会议讨论关于澳大利亚、韩国、美国、英国和法国等 10 个国家提交的将朝鲜人权情势列入安理会议程的决议草案时，中国代表刘结一说："中方反对以朝鲜存在大规模侵犯人权为由将朝鲜局势列入安理会议程。《联合国宪章》明确规定，安理会的首要责任是维护国际和平与安全。联合国各机构有各自的职能和分工，安理会不是介入人权问题的场所，更不应将人权问题政治化。当前形势下，国际和平与安全面临诸多严峻挑战。安理会应恪守职责，集中精力处理真正事关国际和平与安全的问题。"[3] 该临时议程最终以 11 票赞成、2 票反对（俄罗斯和中国）、2 票弃权的表决结果得到通过，朝鲜人权局势第一次被列入安理会议程中。

2015 年 12 月 10 日，安理会第 7575 次会议再次讨论朝鲜人权局势，中国代表王民再次指出："中方一贯反对安理会介入国别人权问题。《联合国宪章》明确规定了联合国各主要机构的职能和分工，各主要机构应各司其职，避免侵蚀其他机构的职能。安理会肩负着维护国际和平与安全的首要责任，应致力于处理国际和平与安全面临的威胁。安理会不是处理人权问题的场所，朝鲜人权局势不构成对国际和平与安全的威胁，中方反对安理会审议朝鲜人权局势。中方要求对本次会议临时议程进行表决。"[4] 最终，表决的结果是，9 票赞成、4 票反对（俄罗斯、中国、委内瑞拉、安哥拉）、2 票弃权，临时议程得到通过。目前，朝鲜人权局势正在安理会审议。

---

〔1〕　A/69/PV.73，第 25 页。

〔2〕　"2014 年 12 月 19 日外交部发言人秦刚主持例行记者会"，http：//www.fmprc.gov.cn/web/fyrbt_673021/jzhsl_673025/t1220992.shtml.

〔3〕　S/PV.7353，2014 年 12 月 22 日，第 2 页。还可以参见"2014 年 12 月 23 日外交部发言人华春莹主持例行记者会"，http：//www.fmprc.gov.cn/web/fyrbt_673021/jzhsl_673025/t1222026.shtml.

〔4〕　S/PV.7575，2015 年 12 月 10 日，第 2 页。

第三节　中国加入《罗马规约》的展望

一、中国具有维护国际刑事司法的优良传统

中国具有维护国际刑事司法的优良传统。从国际刑事法院成立以来中国的行为来看，中国并不是反对在国际社会建立一个惩治最严重国际犯罪的国际刑事法院，而是认为现在的《罗马规约》无法成为一个独立、公正、有效和具有普遍性的国际刑事法院，这种立场造就了中国对国际刑事法院上述若即若离的状况。近现代以来，中国饱受战争之苦，逐渐形成了追求国际刑事司法的优良法律传统，积累了一定的立法和司法经验。

1. 组织对日本罪犯的审判

二战结束之后，中华民国政府就积极支持和参与远东国际军事法庭对甲级日本罪犯的审判，中国法官梅汝璈成为远东国际军事法庭的 11 位法官之一，参与了对包括日本前首相东条英机在内的 28 名日本甲级战犯的审判。[1] 在国内，据不完全统计，中华民国政府从 1945 年 8 月到 1947 年 5 月，全国共逮捕日本战犯 2357 名。经南京、上海、北平（现北京）、汉口、广州、沈阳、徐州、济南、太原、台北等 10 处军事法庭的分别审讯，至 1949 年 1 月，全国各地受理案件共计 2200 余案，判处死刑者 145 人，判处有期或无期徒刑的约有 400 人。[2] 中华人民共和国政府成立后，1956 年 4 月 25 日，第一届全国人民代表大会常务委员会第 34 次会议通过了《关于处理在押日本侵略中国战争中犯罪分子的决定》，最高人民法院组织特别军事法庭分别在沈阳和太原两地对 45 名日本罪犯进行了公开审判。[3]

2. 缔结国际刑法公约

就参与打击核心国际犯罪的国际立法而言，中华民国政府早在 1949 年 7 月 20 日就签署了 1948 年的《防止及惩治灭绝种族罪公约》，中华人民共和国政府则在 1983 年 4 月 18 日加入该公约。在惩治战争罪方面，中华人民共和国政府在 1949 年 12 月 10 日签署日内瓦四公约，并在 1956 年 12 月 18 日批准该四公

---

〔1〕　梅汝璈：《远东国际军事法庭》，法律出版社 1988 年版。

〔2〕　李东朗："国民党政府对日本战犯的审判"，载《百年潮》2005 年第 6 期。

〔3〕　楚序平、刘剑：《对日本和伪满战犯的改造和审判》，华龄出版社 1993 年版。

约，这是中华人民共和国政府成立后批准的第一个多边国际公约。1983 年 9 月 14 日，中华人民共和国政府又加入 1977 年日内瓦四公约的两个附加议定书。[1] 在联合国安理会五个常任理事国中，中国是第一个接受两个附加议定书约束的国家，直到 1989 年苏联加入这两个附加议定书之前，中国还是唯一一个接受其约束的联合国安理会常任理事国。[2] 此外，中国还批准了其他许多与国际人道法有关的公约，这些公约主要集中在人权、环境保护、武器以及裁军和军控领域，它们大多规定，严重违反这种条款将引起个人刑事责任。[3]

3. 对联合国安理会设立国际刑事法庭尚未投否决票

在联合国安理会，对于作为恢复国际和平与安全的一种措施，中国有时投票支持在安理会下面设立特设国际刑事法庭，有时对这类决议草案投弃权票。迄今为止，中国在安理会尚未对此类决议草案投过否决票。

1993 年 2 月 22 日，在安理会第 3175 次会议关于通过设立一个国际刑事法庭审理在前南斯拉夫地区犯有严重违反国际人道主义法罪行负有责任的人的第 808 号决议前，中国代表陈健作了发言，他专门指出："中国代表团赞成我们面前的决议草案的主要精神。因此，我们将对该决议草案投赞成票。在此我想重申一点，以便记录在案。基于我们对这一决议草案性质的理解，该决议草案的通过和中国的参加并不预示着中国对今后安理会就此可能采取的行动将持什么立场。"[4] 1993 年 5 月 25 日，在安理会第 3217 次会议关于通过设立一个国际刑事法庭审理在前南斯拉夫地区犯有严重违反国际人道主义法罪行负有责任的人的第 827 号决议后，中国代表李肇星进行了发言，他说：

"中国一贯反对违反国际人道主义法的罪行，主张对犯有上述罪行的人绳之以法。考虑到前南斯拉夫境内的局势的特殊性以及恢复及维持国际和平的紧迫性，中国代表团对刚刚通过的决议投了赞成票。

---

〔1〕《改善战地武装部队伤者病者境遇之日内瓦公约》（第一公约）第 49 条第 2 款，75 UNTS 31；《改善海上武装部队伤者病者及遇船难者境遇之日内瓦公约》（第二公约）第 50 条第 2 款，75 UNTS 85；《关于战俘待遇之日内瓦公约》（第三公约）第 129 条第 2 款，75 UNTS 135；《关于战时保护平民之日内瓦公约》（第四公约）第 146 条第 2 款，75 UNTS 287。另外，根据 1977 年《关于保护国际性武装冲突受难者的附加议定书》（第一附加议定书）第 85 条第 1 款的规定，该条款同样适用于第一附加议定书，16 ILM 1391。

〔2〕 陈钢："新中国对国际人道法的贡献"，载《西安政治学院学报》2003 年第 4 期。

〔3〕 Zhu Lijiang, "Implementation of International Humanitarian Law in China: Achievements and Problems", paper submitted to the 29th Seminar on International Humanitarian Law, The Korean Society for the Red Cross, Seoul, 18 October 2010.

〔4〕 S/PV. 3175, 1993 年 2 月 22 日，第 5 页。

　　但我们采取的这一政治态度并不表示我们赞同现在这种法律安排。我们历来认为，在援引联合国宪章第七章、以安理会决议的方式成立国际法庭的问题上应持谨慎态度，以防止出现滥用第七章的先例。中国代表团一贯主张以缔约方式成立国际法庭，从而使其建立在牢固的法律基础之上，有效地行使其职能。

　　刚刚通过的《国际法庭规约》是一个具有国际条约性质的法律文件，涉及复杂的法律和财政问题，理应由主权国家谈判缔结、由其立法机构依照本国法律程序批准后才能对其生效。现以决议方式通过《国际法庭规约》，规定给予国际法庭优先管辖权乃至专属管辖权，这是有损于国家司法主权的原则的。安全理事会援引第七章以决议方式通过《国际法庭规约》，使联合国会员国必须遵照联合国宪章的条约义务予以执行，这在理论和实践上都将会带来很多问题和困难。对此，中国一直是持保留立场的。

　　总之，中国代表团愿强调指出，以目前方式建立的国际法庭只能是针对前南斯拉夫情况而特设的、临时性质的，不构成先例。"[1]

　　1994 年 11 月 8 日，在安理会第 3454 次会议投票表决设立卢旺达问题国际刑事法庭时，中国代表对第 955 号决议投了弃权票，使卢旺达问题国际刑事法庭得以设立。当时中国常驻联合国代表李肇星在该决议表决前发言，指出：

　　"中国一直十分关注卢旺达局势的发展，对卢旺达人民所遭受的苦难深表同情。我们反对并强烈谴责包括种族灭绝罪在内的一切违反国际人道主义法的罪行，主张对罪犯绳之以法。

　　设立国际法庭、起诉和审判犯有严重违反国际人道主义法罪行的人，是国际社会为处理某种特殊情况所采取的特殊手段，这只是对各国国内刑事司法管辖制度和现行普遍管辖制度的补充。

　　目前，对安理会根据《联合国宪章》第七章通过决议成立特设国际刑庭的问题，人们尚有疑虑，并在继续进行慎重研究。我们原则上不赞成动辄援引宪章第七章，由安理会通过决议成立特设国际刑庭。去年安理会审议成立前南特设国际刑庭时，我们阐述过上述立场。这一立场没有改变。

　　为了尽快将犯有严重违反国际人道主义法罪行的罪犯绳之以法、伸张正义，特别是考虑到卢旺达政府要求成立国际刑庭的迫切欲望，卢旺达目前的特殊情况以及非洲国家和国际社会的强烈呼声，中国代表团愿准备积极考虑安理会关于成立卢旺达国际刑庭的决议和规约草案。

---

　　〔1〕　S/PV. 3127，1993 年 5 月 25 日，第 17—18 页。

　　基于特设国际刑庭的目的与宗旨，卢旺达政府对设立卢旺达国际刑庭的态度和立场是至关重要的。为保证卢旺达国际刑庭能够有效地惩治罪犯，刑庭成立后需要得到卢旺达政府的通力合作。如果得不到卢旺达政府的支持与合作，刑庭将难以有效地履行其职能。我们注意到，虽然安理会已为解决卢旺达政府在设立刑庭方面所存在的关切作了一定的努力，但卢旺达政府目前仍认为在决议和规约草案中存在着很多困难，使其无法保证很好地配合国际社会惩罚严重违反国际人道主义法的罪犯。卢旺达政府提出还需要就此进一步磋商，这一要求应得到理解。

　　对这一个极为重要、敏感、涉及许多复杂因素的问题，安理会需要持谨慎态度。在目前情况下，安理会将卢旺达政府尚难以接受的决议及法庭规约草案仓促付诸表决，是不够慎重的，对今后有关工作可能产生的影响也难以预料，中国代表团不能不对此表示遗憾，并投弃权票。"[1]

　　2007 年 5 月 30 日，在安理会第 5685 次会议投票表决联合国与黎巴嫩签订的关于设立黎巴嫩问题特别法庭的协议的第 1757 号决议时，中国代表投了弃权票，使黎巴嫩问题特别法庭得以设立。中国代表王光亚说：

　　"……中方对黎巴嫩前总理哈里里的不幸遇害深表痛惜，始终主张并支持国际独立调查委员会对该案进行公正、独立的调查，理解并支持黎巴嫩各方关于设置特别法庭的要求。我们希望，通过上述举措能够尽早查明事情真相，将凶手绳之以法，还受害人以公道。

　　中方注意到，黎巴嫩各派就建立特别法庭问题持有政治共识，目前在程序性问题上尚存分歧。因此，我们希望继续通过政治和外交努力，协助黎巴嫩各派尽快就此达成共识。只有得到黎巴嫩各派支持的特别法庭，才可能真正发挥作用，才可能真正有助于实现司法公正，才可能有助于维护黎巴嫩的和平与稳定。安理会提供帮助的出发点和立足点应是协助解决实际问题，避免使本已复杂的问题更加复杂。

　　设立特别法庭本质上是黎巴嫩内部事务，其运作的法律基础是黎巴嫩国内法，因此理应由黎巴嫩按其宪法程序，完成使协定生效所需的国内法律程序。这也是联合国与黎巴嫩关于设庭协定中的明确规定。由于黎巴嫩国内目前的特殊情况，这一进程遇到重大困难，我们深表关切。但中方认为，决议草案援引《联合国宪章》第七章，越过黎巴嫩立法机构强行决定规约草案生效，将引发

---

〔1〕　S/PV. 3453, 1994 年 11 月 8 日，第 16—17 页。

一系列政治和法律问题，可能对本已动荡的黎巴嫩政治和安全局势造成更多不稳定因素，将开创安理会干预一个主权国家内政和立法独立的先例。这些对安理会的权威都可能造成损害，不符合任何一方的长远利益。在决议草案磋商过程中，中方与一些安理会成员希望提案国能够充分听取上述关切，并对草案做进一步修改，使草案更加平衡、稳妥。但遗憾的是，我们的建议未予采纳，中方只能投弃权票。……"[1]

2015 年 7 月 29 日，在安理会第 7498 次会议关于乌克兰、马来西亚、荷兰、澳大利亚、印尼、法国、德国等 19 国提交的设立国际法庭调查和起诉马航 MH17 航班 2014 年被击落事件的决议草案付诸表决前，中国代表刘结一说：

"……我们支持根据安理会第 2166（2014）号决议要求，对该事件进行客观、公正和独立的国际调查，将肇事者绳之以法。当前的重点是查明事件真相，还遇难者以公道。

中方理解有关决议草案提案国，特别是 MH17 航班坠毁遇难者亲属的感受和希望惩处肇事者的迫切心情。中方参与了决议草案磋商，一直呼吁安理会成员保持团结，相向而行，兼顾各方关切，避免政治对抗。安理会如就 MH17 航班坠毁事件的下一步行动达成共识，将对外发出国际社会在该问题上保持一致的积极信号，也有利于尽早查明事件真相。在部分安理会成员对草案仍存重大关切的情况下，强行推动表决，只能造成安理会成员的分裂。这无助于抚慰 MH17 航班坠毁遇难者亲属的悲痛，对真相调查和惩处肇事者工作也无助益。

基于上述，中方对决议草案投了弃权票。"[2]

4. 存在相关的一些国内刑事立法

在国内立法方面，虽然现行《刑法》没有规定核心国际犯罪，但有一些条款仍然与核心国际犯罪有关。与煽动灭绝种族罪有关的是第 249 条。该条规定，煽动民族仇恨、民族歧视，情节严重的，处 3 年以下有期徒刑、拘役、管制或者剥夺政治权利；情况特别严重的，处 3 年以上 10 年以下有期徒刑。与战争罪有关的是第 446 条和第 448 条。第 446 条规定，战时在军事行动地区，残害无辜居民或者掠夺无辜居民财物的，处 5 年以下有期徒刑；情节严重的，处 5 年以上 10 年以下有期徒刑；情节特别严重的，处 10 年以上有期徒刑、无期徒刑或者死刑。第 448 条规定，虐待俘虏，情节恶劣的，处 3 年以下有期徒刑。值

---

〔1〕　S/PV. 5685，2007 年 5 月 30 日，第 3—4 页。
〔2〕　S/PV. 7498，2015 年 7 月 29 日，第 9 页。

得关注的是，虽然刑法没有专门规定核心国际犯罪，但司法实践显示，中国有可能以故意杀人罪、强奸罪、抢劫罪等普通犯罪起诉犯罪嫌疑人。[1] 此外，《刑法》第9条还明确规定，对于中华人民共和国缔结或者参加的国际条约所规定的罪行，中华人民共和国在所承担条约义务的范围内行使刑事管辖权的，适用本法。[2]

因此，从中国法律的传统来看，中国没有理由反对在全世界范围内建立一个常设的国际刑事法院，这完全符合中国的法律传统。

二、中国对国际刑事法院的担忧和关注

即便中国具有维护国际刑事司法的优良传统，但是中国仍然没有加入《罗马规约》。这是因为，中国对国际刑事法院的工作存在诸多担忧和关注。

1. 担忧国际刑事法院可能沦为某些国家或国家集团的政治工具

这可以从中国对前南斯拉夫问题国际刑事法庭的态度中体现出来。在前南斯拉夫问题国际刑事法庭上，中国代表多次表示，国际法庭是否独立和不偏不倚是至关重要的。2000年6月21日，中国常驻联合国代表团副团长沈国放在安理会关于前南斯拉夫问题国际刑事法庭的工作的发言中指出，前南斯拉夫问题国际刑事法庭的独立和不偏不倚是非常重要的，该法庭不应当受到国际政治因素和其他因素的影响，然而该法庭已经沦为了一种政治工具。[3] 2000年11月21日，针对前南斯拉夫问题国际刑事法庭检察官对北约空袭南斯拉夫联盟共和国期间的暴行不起诉的决定，中国常驻联合国代表团团长王英凡在安理会发言，批评检察官的决定，认为独立和不偏不倚是前南斯拉夫问题国际刑事法庭最重要的原则。[4]

同样，对于国际刑事法院，中国也表达了类似的担忧。2012年10月17日，

---

〔1〕　Shantou Municipal Intermediate People's Court, Guangdong Province, *The Prosecutor* v. *Atan Naim and others*, Shan Zhong Fa Xing Yi Chu Zi No 22, 15 January 2003, ILDC 1161 (CN2003).

〔2〕　Zhu Lijiang, "The Chinese Universal Jurisdiction Clause: How Far Can it Go?", *Netherlands International Law Review*, 52 (2005), 85 – 107.

〔3〕　Statement by H. E. Ambassador Shen Guofang, Deputy Permanent Representative of China to the United Nations, On the Work of the International Tribunal for the Former Yugoslavia, At the 4161th Meeting of the Security Council on 20 June 2000, http: //www. china – un. org/eng/lhghyywj/smhwj/wangnian/fy00/t29017. htm.

〔4〕　Statement by H. E. Ambassador Wang Yingfan, Permanent Representative of China to the United Nations, On the Work of the International Tribunal for the Former Yugoslavia And the International Tribunal for Rwanda, At the 4229th Meeting of the Security Council on 21 November 2000, http: //www. china – un. org/eng/lhghyywj/smhwj/wangnian/fy00/t29018. htm.

中国代表李保东在"和平与正义—国际刑事法院作用"公开辩论会上发言时再次强调："作为国际法治体系的组成部分，国际刑事法院应遵守《宪章》及其宗旨和原则，在维护国际和平与安全方面发挥积极作用，不能沦为某些国家或集团谋求政治私利的工具。《宪章》将维护国际和平与安全的主要责任赋予安理会。我们希望法院谨慎行使职能，不要妨碍安理会政治解决国际或地区冲突的努力。"[1]

2. 担忧国际刑事法院干扰某些国家的政治或和平进程

2008 年 7 月 31 日，在安理会第 5947 次会议关于联合国秘书长提交的《非洲联盟—联合国达尔富尔混合行动部署情况的报告》第 1828 号决议表决后，中国代表王光亚对国际刑事法院检察官公开起诉苏丹领导人表示十分不满，并支持依据《罗马规约》第 16 条[2]中止检察官的起诉行为。王光亚说：

"国际刑事法院（ICC）检察官此时公开起诉苏丹领导人，是在一个不恰当的时间做出了一个不恰当的决定，将严重损害联合国与苏丹政府之间的政治互信与合作氛围，助长不愿加入政治进程的叛军组织气焰，损及达区脆弱、动荡的安全局势，自然遭到了非盟、阿盟、伊斯兰会议组织、不结盟运动等重要国际组织所代表的众多国家的广泛批评。对此，联合国安理会应予高度重视和充分尊重。中方认为，通过 ICC 起诉苏丹领导人来解决"有罪不罚"问题，只会使达区问题的解决脱离正确轨道，甚至使迄今各方为妥善解决达区问题作出的努力付诸东流。安理会对苏丹整体和平进程承担着政治责任，必须从政治上考虑问题，确保达区政治进程与维和部署大局不被破坏。连日来，在有关"混合行动"延期决议的案文磋商中，安理会许多成员就此发表了真知灼见，中方表示完全赞同。中方支持非盟等组织的合理诉求，要求安理会根据有关条款尽快采取措施，中止 ICC 对苏丹领导人的起诉。"[3]

2009 年 3 月 4 日，国际刑事法院第一预审审判分庭向苏丹总统巴希尔发出逮捕令，指控其应为达尔富尔地区的危害人类罪和战争罪承担个人刑事责任。[4] 3 月 5 日，外交部发言人秦刚就这一事件表态，发表评论指出："中方对

---

〔1〕　http：//www. china‑un. org/chn/hyyfy/t980059. htm.

〔2〕　《罗马规约》第 16 条规定，如果安全理事会根据《联合国宪章》第七章通过决议，向法院提出要求，在其后 12 个月内，法院不得根据本规约开始或进行调查或起诉；安全理事会可以根据同样条件延长该项请求。

〔3〕　S/PV. 5947，第 5 页。

〔4〕　*The Prosecutor* v. *Omar Hassan Ahmad Al Bashir*，ICC‑02/05‑01/09‑1，4 March 2009，http：//www. icc‑cpi. int/iccdocs/doc/doc639078. pdf.

国际刑事法院发出对苏丹总统的逮捕令表示遗憾和不安。当前国际社会的首要任务是维护达尔富尔地区局势稳定，继续推进政治进程和联合国/非盟混合行动部署。中方反对任何可能干扰达区和苏丹和平大局的举动。我们希望安理会尊重和听取非盟、阿盟和不结盟运动成员的呼声，根据《罗马规约》第16条采取必要行动，要求国际刑事法院暂停审理此案。"[1] 2010年7月12日，国际刑事法院第一预审分庭对巴希尔发出第二份逮捕令，指控其应当为在达尔富尔发生的灭绝种族罪承担个人刑事责任[2]。中国外交部发言人秦刚在7月14日的例行记者会上对此指出，希望国际刑事法院"多倾听非盟、阿盟及有关地区国家的意见，从大局出发、为苏丹及地区实现持久和平稳定发挥建设性作用"[3]。在2010年6月1日的《罗马规约》缔约国第一次审议会议的一般性辩论中，中国代表发言指出："法院在个别案件中的做法在国际社会引起了不安和广泛争议；法院迄今受理的案件仍存在一定的局限性；法院追求司法正义的理想与冲突地区人民渴望安定生活的现实存在一定距离"[4]。2011年6月27日，国际刑事法院第一预审分庭对包括利比亚领导人卡扎菲在内的三人发出三份逮捕令，指控其通过国家机器和安全部队在2011年2月15日至18日在利比亚实施了危害人类罪（谋杀和迫害）[5]。6月28日，中国外交部发言人洪磊说，"中方关注国际刑事法院签发逮捕令对利比亚局势可能产生的影响，希望国际刑事法院审慎、客观、公正地履行职责，使其工作真正有利于地区的和平与稳定。"[6] 2012年10月17日，中国代表李保东在"和平与正义—国际刑事法院作用"公开辩论会上发言时再次强调："法院应尊重有关国家和地区的司法传统和现实需要，包括其对正义实现的时间和方式的选择。"[7] 2013年11月15日，中国作为联合国当月轮值主席国主持对推迟国际刑事法院审判肯尼亚领导人的决议草案进行表决。结果，中国、俄罗斯、卢旺达、多哥、摩洛哥、巴基斯坦、阿塞

---

〔1〕　http：//www. mfa. gov. cn/chn/gxh/tyb/fyrbt/dhdw/t540383. htm.

〔2〕　*The Prosecutor v. Omar Hassan Ahmad Al Bashir*, ICC – 02/05 – 01/09, 12 July 2010, http：//www. icc – cpi. int/iccdocs/doc/doc917102. pdf.

〔3〕　http：//www. fmprc. gov. cn/chn/gxh/tyb/fyrbt/dhdw/t716836. htm.

〔4〕　中国代表团在罗马规约审查会议一般性辩论中的发言，2010年6月1日，坎帕拉，http：//www. icc – cpi. int/iccdocs/asp_ docs/RC2010/Statements/ICC – RC – gendeba – China – CHN. pdf.

〔5〕　ICC, Decision on the "Prosecutor's Application Pursuant to Article 58 as to Muammar Mohammed Abu Minyar GADDAFI, Saif Al – Islam GADDAFI and Abdullah ALSENUSSI", http：//www. icc – cpi. int/iccdocs/doc/doc1099314. pdf.

〔6〕　http：//www. fmprc. gov. cn/chn/gxh/tyb/fyrbt/jzhsl/t834597. htm.

〔7〕　http：//www. china – un. org/chn/hyyfy/t980059. htm.

拜疆 7 国对决议草案投了赞成票，美国、英国、法国、澳大利亚、卢森堡、阿根廷、危地马拉、韩国 8 国投了弃权票，决议草案因此未能通过。表决后，中国代表刘结一作了解释性发言。他说："近一段时间以来，安理会成员同非盟和肯尼亚就推迟国际刑事法院审判肯尼亚领导人问题进行了全面、深入的讨论。中方认为，非方的要求合情合理，有据可依。他们的依据是《联合国宪章》的宗旨和原则，他们的目标是维护地区和平、安全与稳定，有效打击恐怖主义，他们的要求是给予肯尼亚人民选举产生的国家领导人最基本的尊重。"[1] 2013年 12 月，在国际刑事法院第 13 届缔约国大会上，中国代表马新民作为观察员在发言中强调并阐释了和平与正义的关系。他说："坚持和平与正义并重。和平与正义是国际刑事法院的两大价值目标，二者相辅相成，不可偏废。国家刑事法院特别是检察官应站在维护和平和正义共同价值的高度选择情势以及调查和起诉案件。法院应成为推动司法争议、促进和平稳定的有效工具，片面追求正义或将正义等同于刑事处罚而忽视甚至牺牲地区和平稳定及民族和解进程，都有悖于罗马规约的宗旨和原则。同时，在处理和平与正义关系时，特别当两者存在冲突时，机械地坚持绝对的和平优先或正义优先都是不可取的，必须从有关国家的现实需要出发，以追求和平和正义利益的最大化为目标，确定和平或正义的优先方向。只有将追求正义与维护和平有机的、合理的统一起来，才能最终实现法院服务于人类福祉的根本目的。"[2] 2014 年 12 月在国际刑事法院第14 届缔约国大会上，中国代表马新民作为观察员在发言时再次对法院的工作可能危及一国的政治稳定、社会和谐与民族和解表示担忧。[3] 此外，中国关于联大的立场文件中，多次强调国际刑事法院应"避免干扰有关和平进程"。[4]

3. 认为国际刑事法院某些做法存在选择性和双重标准

2009 年 2 月 9 日，在接受第一轮普遍定期审议的互动对话阶段，有两个国

---

〔1〕 http：//www. china – un. org/chn/gdxw/t1099719. htm.

〔2〕 https：//www. icc – cpi. int/iccdocs/asp_ docs/ASP12/GenDeba/ICC – ASP12 – GenDeba – China – CHN. pdf.

〔3〕 马新民说，"试想当国际司法机构的审判工作被很多成员国指责存在选择性司法的时候，当国际司法机构的行动可能危及一国的政治稳定、社会和谐与民族和解的时候，当国际司法机构受到很多国家和人民的质疑的时候，我们是否应该深刻反思我们的工作符不符合这个机构建立的宗旨与原则？……希望法院充分考虑非洲国家的正当诉求，谋求通过实现司法正义促进一国的政治稳定、社会和谐与民族和解进程，避免对国家领导人履行职责造成不当妨碍。" https：//www. icc – cpi. int/iccdocs/asp_ docs/ASP13/GenDeba/ICC – ASP13 – GenDeba – China – CHN. pdf.

〔4〕 《中国关于第 66 届联大的立场文件》，http：//www. china – un. org/chn/hyyfy/t858554. htm；《中国关于第 69 届联大的立场文件》，http：//www. fmprc. gov. cn/ce/ceun/chn/zgylhg/t1188820. htm.

家建议中国批准《罗马规约》，即法国的第四项建议[1]和巴西的第二项建议[2]。但是，这一建议没有得到中国政府的支持。[3] 在作出这一答复的同时，中国政府并没有给出具体的理由。2013 年 10 月 22 日，在接受第二轮普遍定期审议的互动对话阶段，有四个国家建议中国加入《罗马规约》：突尼斯建议中国批准《罗马规约》[4]；爱沙尼亚建议中国批准《罗马规约》以及《国际刑事法院特权和豁免协定》[5]；拉脱维亚建议中国加入《罗马规约》[6]；乌拉圭建议中国加入《罗马规约》以及《法院特权和豁免协定》[7]。这四个国家中，一个是位于北非的"中国的传统友好国家"[8]、两个是波罗的海的欧洲国家，还有一个是拉美国家，可以说分布全球。关于这一建议，中国政府答复称，中国不接受上述国家对中国提出的这一建议，理由是："中国一贯重视国际刑事司法机构在维护国际和平、促进国际法治和惩治最严重国际犯罪等方面发挥的作用，并始终以建设性态度积极参与国际刑事司法制度建设。中方支持建立一个独立、公正、有效且具有普遍性的国际刑事法院，但法院的某些做法在国际社会引起不少质疑，不少国家要求法院管辖有关罪行时避免选择性和双重标准。中方将持续关注国际刑事法院工作，并希望法院通过实践赢得更广泛信任和支持"[9]。2013 年 12 月和 2014 年 12 月在国际刑事法院第 13 届和第 14 届缔约国大会上，中国代表马新民作为观察员在发言时也对法院的选择性司法和双重标准颇有微词。[10]

---

〔1〕 A/HRC/11/25＊，第 56 段。

〔2〕 A/HRC/11/25＊，第 95 段。

〔3〕 A/HRC/11/25＊，第 117 段。

〔4〕 A/HRC/25/5，第 186. 16 段。

〔5〕 A/HRC/25/5，第 186. 20 段。

〔6〕 A/HRC/25/5，第 186. 27 段。

〔7〕 A/HRC/25/5，第 186. 30 段。

〔8〕 外交部西亚北非司："中国同突尼斯的关系"，http：//wcm. fmprc. gov. cn/preview/xybfs/sbgxd-sj/t6353. html.

〔9〕 A/HRC/25/5/Add. 1，第 3 页。

〔10〕 在第 13 届缔约国大会上，马新民说："的调查、审判、赔偿等各个阶段，不因对象不同而有所区别。任何'双重标准'和'选择性执法和司法'都有悖于司法正义原则。"https：//www. icc - cpi. int/iccdocs/asp_ docs/ASP12/GenDeba/ICC - ASP12 - GenDeba - China - CHN. pdf. 在第 14 届缔约国大会上，马新民说，"试想当国际司法机构的审判工作被很多成员国指责存在选择性司法的时候，当国际司法机构的行动可能危及一国的政治稳定、社会和谐与民族和解的时候，当国际司法机构受到很多国家和人民的质疑的时候，我们是否应该深刻反思我们的工作符不符合这个机构建立的宗旨与原则？"https：//www. icc - cpi. int/iccdocs/asp_ docs/ASP13/GenDeba/ICC - ASP13 - GenDeba - China - CHN. pdf.

4. 担忧国际刑事法院侵犯司法主权

2013 年 11 月 15 日，中国代表刘结一对安理会未能通过推迟国际刑事法院审判肯尼亚领导人的决议草案后发表的解释性声明中说："国际司法机构在行使管辖权时，应遵守国际关系准则，遵循补充性原则，尊重有关国家的司法主权、司法传统和现实需要"。[1] 2013 年 12 月，中国代表马新民作为观察员在国际刑事法院第 13 届缔约国大会的发言中指出："尊重国内司法机构与国际刑事法院的主从关系，切实执行补充性管辖原则。国家负有惩治国际犯罪，消除有罪不罚，实现司法正义的首要责任。国际刑事法院不是国家司法机构的'替代品'而是其补充。国际刑事法院应充分尊重国际司法机构在起诉和审判国际犯罪方面的优先管辖权，同时，法院应积极鼓励和帮助国家对国际犯罪行使管辖权，特别是在尊重国家司法主权的前提下协助国家加强其司法能力建设。这是消除有罪不罚、惩治国际犯罪最有效、最经济的办法。"[2] 此外，中国在关于联大的立场文件中，多次强调国际刑事法院应当尊重"补充性原则""切实尊重国家司法主权"。[3]

5. 关注非缔约国的权利

2015 年 11 月 18 日至 26 日，中国代表郭晓梅作为观察员在第 14 届国际刑事法院缔约国大会上发言指出，"对于非缔约国来说，它们在国际法中的合法权利应当得到法院的尊重。对于缔约国来说，我们认为它们依据《罗马规约》承担合作的条约义务。同时，我们认为，法院需要把《罗马规约》作为一个整体来适用。《罗马规约》中对合作请求施加限制的有些条款例如第 98 条，不应当得到忽视。"[4]

6. 关注国家元首的管辖豁免权

2015 年 11 月 18 日至 26 日，中国代表郭晓梅作为观察员在第 14 届国际刑事法院缔约国大会上发言指出，"安理会向国际刑事法院提交情势并不自动剥夺

---

〔1〕　http：//www. china－un. org/chn/gdxw/t1099719. htm.

〔2〕　https：//www. icc－cpi. int/iccdocs/asp_ docs/ASP12/GenDeba/ICC－ASP12－GenDeba－China－CHN. pdf.

〔3〕　《中国关于第 68 届联大的立场文件》，http：//www. fmprc. gov. cn/ce/cgvienna/chn/zgbd/t1076125. htm；《中国关于第 69 届联大的立场文件》，http：//www. fmprc. gov. cn/ce/ceun/chn/zgylhg/t1188820. htm.

〔4〕　https：//www. icc－cpi. int/iccdocs/asp_ docs/ASP14/GenDeb/ASP14－GenDeb－－OS－China－ENG. pdf

一国国家元首依据一般国际法规则享有的豁免权"。[1]

　　7. 关注侵略罪定义

　　2014 年 12 月，中国代表马新民作为观察员在第 13 届国际刑事法院缔约国大会上发言指出："侵略罪问题牵涉国际和平与安全，修正案必须在《联合国宪章》确立的国际法框架下有序实施。《宪章》的最高权威必须得到维护，任何其他国际立法都要符合《宪章》的规定。"[2] 2015 年 11 月 18 日至 26 日，中国代表郭晓梅作为观察员在第 14 届国际刑事法院缔约国大会上发言指出，"由于侵略罪涉及国际和平与安全以及安理会的职权，中国认为，应当在《联合国宪章》确立的国际法框架内审查修正案，不应当对安理会的职权产生负面影响。这不仅是《联合国宪章》的要求，也是《罗马规约》自己的要求。尽管如此，我们相信，修正案的内容以及生效的程序应当严格遵守《罗马规约》的相关规定，而且应当建立在最大的合意的基础之上，以便实现最大可能的协议。"[3]

三、小结

　　尽管中国有着维护国际刑事司法的良好传统，但是鉴于上述担忧和关注，以及《罗马规约》与中国的立场之间仍然存在无法调和的矛盾（尤其是法院的管辖权和非国际性武装冲突中的战争罪）[4] 以及危害人类罪的定义，因此中国在不久的将来是不可能加入《罗马规约》的。

---

〔1〕　https：//www. icc – cpi. int/iccdocs/asp_ docs/ASP14/GenDeb/ASP14 – GenDeb – – OS – China – ENG. pdf.

〔2〕　https：//www. icc – cpi. int/iccdocs/asp_ docs/ASP13/GenDeba/ICC – ASP13 – GenDeba – China – CHN. pdf.

〔3〕　https：//www. icc – cpi. int/iccdocs/asp_ docs/ASP14/GenDeb/ASP14 – GenDeb – – OS – China – ENG. pdf.

〔4〕　Bing Bing Jia, "China and the International Criminal Court", *Singapore Yearbook of International Law*, 10（2006），87 – 97.

结　语

　　国际刑事法院的设立是现代国际法发展进程中的一件大事，它是第一个全球性的、常设的国际刑事法庭，实现了国际社会的百年梦想，填补了国际法，尤其是国际人权法和国际人道法的实施漏洞，是实现国际社会法治进程中的一个重要里程碑。它向国际社会传递着一个重要的信号，即侵略罪、灭绝种族罪、危害人类罪和战争罪是受到整个国际社会严重关注的犯罪，国际社会不会对此置之不理。生活在这个星球上的每一个人，尤其是那些掌握着国家和组织权力的人，在决策和行为时，应该注意国际刑事法院的存在。

　　与世界上其他区域相比，亚洲国家批准和实施《罗马规约》的情况相差悬殊。[1] 中日韩三国共处东亚，彼此隔海相望，历史文化相近，法律传统相似。中日韩三国所处的东亚还是现代国际刑法的摇篮之一。众所周知的远东国际军事法庭审判就发生在这一区域。这三个国家是世界上重要而有影响的国家，尤其是中国，是联合国安理会五个常任理事国之一。在《罗马规约》的起草过程中，这三个国家都作出了自己的贡献。尤其是在1998年的罗马外交会议上，这三个国家都派出了级别较高的代表团，全程参与了会议，并积极发表各自的立场和意见，积极提交提案，有些提案被最后通过的《罗马规约》采纳。在《罗马规约》通过之后，中日韩三国都依据各自的立场与国际刑事法院保持联系。其中，韩国的立场是最积极的。韩国不仅从资金、人力、政策等全方面支持国际刑事法院的运作，而且还专门为实施该规约通过了国内法。日本的立场是其次。虽然日本在《罗马规约》通过时没有在该规约上签字，而且日本对《罗马规约》当时也有不少保留，但是经过几番国内争论和准备之后，日本还是在

　　〔1〕　屈学武、周振杰："《罗马规约》在亚洲的批准与实施探究"，载《河北法学》2007年第8期，第27页。

2007 年加入了《罗马规约》。现在，日本也在多个方面支持国际刑事法院，尤其是在资金和人力两个方面。虽然日本没有专门为《罗马规约》的实体刑法制定或修改刑法，但在程序方面制定了专门的合作法。中国反对《罗马规约》中的若干条款，因此尚未加入《罗马规约》。但是，中国并不反对在国际社会建立一个国际刑事法院，而且从该法院成立后，中国也通过一些渠道与法院发生关系，包括向安理会提交情势以及作为观察员国参加每年的缔约国大会，密切跟踪国际刑事法院的最新进展。如果把中日韩三国与国际刑事法院的关系比作十字路口的交通信号灯，那么可以说这种关系有点类似于红黄绿三种颜色的交通信号灯。

　　步入 21 世纪，东亚三国之间的人员、货物、服务和金融往来十分频繁，合作日益密切。2010 年 5 月 9 日，中日韩三国领导人在韩国济州举行的第三次中日韩领导人会议上提出了《2020 年中日韩合作展望》。在这份指导未来十年中日韩三国关系的文件中，三国领导人决定机制化与提升三国伙伴关系、发展可持续经济合作，实现共同繁荣、开展环保合作、扩大人员和文化交流合作，增进友好关系，以及共同促进地区和国际的和平稳定。[1] 然而，在《合作展望》中，我们却看不到像欧盟一样关于国际刑事法院共同立场的阐述。[2] 显然，这三个国家的合作才刚刚起步，要让这三个国家形成针对国际刑事法院的共同立场是一件十分遥远的事情，而且也是一件几乎不可能的事情，因为即使在日本和韩国之间，也尚未形成这样的共同立场。而且，东亚三国仍然存在着诸多极易引发国际刑事法院关注的事情，尤其是因地缘政治、领土争端以及历史问题引发的不测事件。无论未来如何发展，包括东亚三国在内的人类追求国际刑事司法的脚步是不会停止的。

---

〔1〕 《2020 中日韩合作展望》，http：//www. mfa. gov. cn/chn/gxh/zlb/smgg/t705958. htm.

〔2〕 关于欧盟对国际刑事法院的共同立场，可访问 http：//consilium. europa. eu/uedocs/cmsUpload/l_15020030618en00670069. pdf.

附件一：韩国《〈罗马规约〉实施法》

国际刑事法院管辖的犯罪刑罚等相关法律 *

朱利江译、张婷婷校对

第一章　总　则

第1条（目的）

本法规定了韩国法律中对国际刑事法院管辖的犯罪的刑罚，以及韩国与国际刑事法院间合作的程序，以此实现尊重人类尊严和价值并履行国际正义的目的。

第2条（定义）

本法使用的术语含义如下：

1. "灭绝种族罪等"是指本法第8条至第14条中所指的罪。

2. "国际刑事法院"是指于1998年7月17日在意大利罗马外交全权代表会议中通过，并于2002年7月1日生效的《国际刑事法院罗马规约》（下称《国际刑事法院规约》）所建立的国际刑事法院。

3. "《日内瓦公约》"是指《1949年8月12日改善战地武装部队伤者病者境遇之日内瓦公约》（《日内瓦第一公约》）、《1949年8月12日改善海上武装部队伤者病者及遇船难者境遇之日内瓦公约》（《日内瓦第二公约》）、《1949年8月12日关于战俘待遇的日内瓦公约》（《日内瓦第三公约》）以及《1949年8月12日关于战时保护平民之日内瓦公约》（《日内瓦第四公约》）。

4. "外国人"是指不具有韩国国籍者。

5. "奴役"是指对一人行使附属于所有权的任何或一切权力，包括在贩卖人

---

* 本法律的中文刊发在孔庆江主编的《国际法评论（第3卷）》，清华大学出版社2012年版，第183—190页。

口，特别是贩卖妇女和儿童的过程中行使这种权力。

6. "强迫怀孕"是指以影响任何人口的族裔构成的目的，或以进行其他严重违反国际法的行为的目的，非法禁闭被强迫怀孕的妇女。

7. "国际人道法保护的人员"是指符合下列任一条件的人员：

（1）在国际性武装冲突中：受《日内瓦公约》和《1949年8月12日关于战时保护平民之日内瓦公约第一附加议定书》（《第一议定书》）所保护的：伤者、病者、遇船难者、战俘和平民。

（2）在非国际性武装冲突中：处于敌方权力之下的伤者、病者、遇船难者和不实际参加敌对行动的人员。

（3）在国际性武装冲突和非国际性武装冲突中：已经投降或丧失战斗能力的敌方武装部队人员和战斗员。

第3条（适用范围）

（一）本法适用于在韩国境内违反本法而犯罪的韩国人及外国人。

（二）本法适用于在韩国境外违反本法而犯罪的韩国人。

（三）本法适用于在韩国境外的韩国船舶或航空器内违反本法而犯罪的外国人。

（四）本法适用于在韩国境外对韩国或韩国国民违反本法而犯罪的外国人。

（五）本法适用于在韩国境外犯灭绝种族罪等罪的在韩国境内的外国人。

第4条（奉命行事）

（一）具有服从政府或上级命令的责任者，因不知命令中自身行为的非法性而实施了灭绝种族罪等罪行时，只有当不知命令的非法性有正当理由时才不受处罚。

（二）在以上（一）项中，犯第8条、第9条罪的情况被明确视为不法行为。

第5条（军事指挥官和其他上级的责任）

军事指挥官（"指挥官"包括指挥官权限的有效执行者）或团体、机关的上级（"上级"包括上级权限的有效执行者）有效指挥和统治的部下或下级人员犯灭绝种族罪等在明知其行为是犯罪行为的情况下而未采取防止其部下犯罪的必要的相应措施时，除对犯灭绝种族罪等的人员进行刑罚以外，对指挥官或上级也要依相应各条规定进行刑罚。

第6条（不适用时效）

灭绝种族罪等不适用《刑事诉讼法》第249条至第253条、《军事法院法》第291条至第295条以及《刑法》第77条至第80条中规定的刑的时效的相关规定。

第7条（一事不二审）

关于灭绝种族罪等事件，在已被国际刑事法院明确宣布有罪或无罪时，被告应申告免于本法诉讼。

第二章　国际刑事法院管辖的犯罪

第 8 条（灭绝种族罪）

（一）任何人蓄意全部或局部消灭某一民族、种族、族裔或宗教团体（在本条中，下称"团体"）而杀害该团体的成员，应被判处死刑、无期徒刑或 7 年以上的有期徒刑。

（二）在具备第（一）款所指意图的情况下实施下列行为之一的，应被判处无期徒刑或 5 年以上有期徒刑：

1. 致使该团体的成员在身体上或精神上遭受严重伤害。

2. 故意使该团体处于恶劣生活状况下，毁灭其生命。

3. 强制施行办法，意图防止该团体内的生育。

4. 强迫转移该团体的儿童至另一团体。

（三）行为人实施第（二）款规定的行为造成人员死亡的，应适用第（一）款规定的刑罚。

（四）第（一）款或第（二）款规定的犯罪煽动者，应被判处 5 年以上的有期徒刑。

（五）企图实施第（一）款或第（二）款规定的未遂犯，也应受刑罚。

第 9 条（危害人类罪）

（一）任何人，在广泛或有系统地针对任何平民人口进行的攻击中，根据国家或组织进行此种攻击的政策，或为了推行这种政策，作为攻击的一部分而杀人的，应被判处死刑、无期徒刑或 7 年以上的有期徒刑。

（二）任何人，在广泛或有系统地针对任何平民人口进行的攻击中，根据国家或组织进行此种攻击的政策，或为了推行这种政策，作为攻击的一部分而实施下列行为之一的，应被判处无期徒刑或 5 年以上有期徒刑：

1. 故意施加某种生活状况，如断绝粮食和药品来源，目的是毁灭部分的人口。

2. 奴役。

3. 违反国际法，将合法位于某一地区的人员驱逐至其他国家或强行迁移至其他地方。

4. 违反国际法，监禁或以其他方式严重剥夺人身自由。

5. 故意致使在行为人羁押或控制下的人的身体或精神遭受重大痛苦，对该人实施酷刑。

6. 强奸、性奴役、强迫卖淫、强迫怀孕、强迫绝育或严重程度相当的任何其他形式的性暴力。

7. 基于政治、种族、民族、族裔、文化、宗教、性别，或根据公认为国际法不容的其他理由，针对某一团体或集体的特性，剥夺或限制基本人权，对任何可以识别的团体或集体进行迫害。

8. 通过国家或政治组织同意、支持或默许下实施的任何下列行为而强迫人员失踪，目的是将其长期置于法律保护之外：

（1）逮捕、羁押或绑架（本项中下称"逮捕等"）人员，继而拒绝透露有关人员的逮捕等、身份、命运或下落的信息，或透露错误信息。

（2）违反法定职责拒绝透露第（1）项所指的信息或透露错误的信息。

9. 故意造成重大痛苦，或对身心健康造成严重伤害的其他性质相同的不人道行为。

（三）任何人意图维持一个种族团体对任何其他一个或多个种族团体有计划地实行压迫和统治的体制化制度而实施第（一）款和第（二）款规定的犯罪的，应判处第（一）款和第（二）款规定的刑罚。

（四）行为人因实施第（二）款或第（三）款的任一行为而造成人员死亡的，应被判处第（一）项规定的刑罚。

（五）任何人企图实施第（一）项或第（二）项规定的未遂罪，也应被判处刑罚。

第 10 条（侵犯人身的战争罪）

（一）任何人，在与国际性武装冲突或非国际性武装冲突（不包括内部动乱和紧张局势，如暴动、孤立和零星的暴力行为或其他性质相同的行为，下同）的联系中，杀害国际人道法保护的人员的，应被判处死刑、无期徒刑或 7 年以上有期徒刑。

（二）任何人，在与国际性武装冲突或非国际性武装冲突的联系中，实施下列行为之一的，应被判处无期徒刑或 5 年以上有期徒刑：

1. 劫持国际人道法保护的人员作为人质。

2. 使人的身体或健康造成重大伤害或痛苦，特别是对其实施酷刑或残伤肢体。

3. 对国际人道法保护的人员实施强奸、性奴役、强迫卖淫、强迫怀孕、强迫绝育。

（三）任何人，在与国际性武装冲突或非国际性武装冲突的联系中，实施下列行为之一的，应被判处 3 年以上有期徒刑：

1. 违反国际法，将国际人道法保护的人员驱逐出境或强迫迁移至其他国家或地方。

2. 未经公正和正规审判对国际人道法保护的人员径行判罪和处决。

3. 未经国际人道法保护的人员自愿和明确同意，对其进行医学或科学实验，而这些实验既不具有医学的理由，也不是为了该人员的利益而进行的，并且导致这些人员死亡或严重危及其健康。

4. 敌方武装部队人员或敌方战斗员已无条件投降或丧失战斗力后，致其受伤。

5. 抓募不满15岁的儿童加入武装部队或武装团体，征召其加入武装部队或武装团体，或利用其积极参加敌对行动。

（四）任何人，在与国际性武装冲突或非国际性武装冲突的联系中，以严重侮辱性和有辱人格的方式对待国际人道法保护的人员，应被判处1年以上有期徒刑。

（五）任何人，在与国际性武装冲突的联系中，实施下列行为之一的，应被判处3年以上有期徒刑：

1. 将国际人道法保护的人员非法禁闭或持续禁闭在某个特定地方。

2. 作为占领国的一员将部分本国平民人口迁移到其占领的领土。

3. 强迫国际人道法保护的人员在敌国部队中服役。

4. 强迫敌方国民参加反对他们本国的作战行动。

（六）行为人因实施第（二）（三）或（五）款规定的行为致人死亡的，应被判处死刑、无期徒刑或7年以上有期徒刑。

（七）任何人企图实施第（一）款至第（五）款规定的任何犯罪的，也应被判处刑罚。

第11条（侵犯财产和其他权利的战争罪）

（一）任何人，在与国际性武装冲突或非国际性武装冲突的联系中，抢劫，或除非基于武装冲突的必要，违反国际法广泛摧毁、征用或没收敌方财产，应被判处无期徒刑或3年以上有期徒刑。

（二）任何人，在与国际性武装冲突的联系中，违反国际法，宣布取消、停止敌方全部或大部分国民的权利和诉讼权，或在法院中不予执行，应被判处3年以上有期徒刑。

（三）任何人企图实施第（一）款和第（二）款规定的犯罪之一的，也应被判处刑罚。

第12条（破坏人道行动和标志的战争罪）

（一）任何人，在与国际性武装冲突或非国际性武装冲突的联系中，实施下列行为之一的，应被判处3年以上有期徒刑：

1. 故意指令攻击依照《联合国宪章》执行的人道主义援助或维持和平行动的所涉人员、设施、物资、单位或车辆，如果这些人员和物体有权得到武装冲突国际法规给予平民或民用物体的保护。

2. 故意指令攻击人员、设施、物资、医疗单位、医疗单位运输工具，以及根据国际法使用《日内瓦公约》所订特殊标志的人员。

（二）任何人，在与国际性武装冲突或非国际性武装冲突的联系中，不当使用《日内瓦公约》所订特殊标志、休战旗、敌方或联合国旗帜或军事标志和制服，致使人员死亡或重伤，应被判处下列刑罚：

1. 行为人造成人员死亡的，应被判处死刑、无期徒刑或 7 年以上有期徒刑。

2. 行为人致人重伤的，应被判处无期徒刑或 5 年以上有期徒刑。

（三）任何人企图实施第（一）款至第（二）款规定的犯罪之一的，也应被判处刑罚。

第 13 条（使用禁止的作战方法的战争罪）

（一）任何人，在与国际性武装冲突或非国际性武装冲突的联系中，实施下列行为之一的，应被判处无期徒刑或 3 年以上有期徒刑：

1. 指令攻击平民人口本身或未直接参加敌对行动的个别平民。

2. 指令攻击民用物体，即专用于宗教、教育、艺术、科学或慈善事业的建筑物、历史纪念物、医院和伤病人员收容所，或不设防城镇、村庄、住所或建筑物，或诸如水坝等含有危险力量的工程和设施。

3. 发动攻击，明知这种攻击将造成平民伤亡或破坏民用物体，其程度与预期得到的具体和直接的整体军事利益相比显然是过分的。

4. 利用国际人道法保护的人员作为盾牌避免敌方对某些目标采取战争行动。

5. 以断绝平民粮食作为战争方法，使平民无法取得其生存所必需的物品，或阻碍根据国际人道法规定提供此类物品。

6. 作为指挥官威胁或下令决不纳降。

7. 违反国际法，以背信弃义的方式杀、伤属于敌国或敌军的人员。

（二）行为人因实施第（一）款第 1 项至第 6 项规定的行为致人死亡的，应根据下列情形判处刑罚：

1. 行为人致人死亡的，应被判处死刑、无期徒刑或 7 年以上有期徒刑。

2. 行为人致人重伤的，应被判处无期徒刑或 5 年以上有期徒刑。

（三）任何人，在与国际性武装冲突或非国际性武装冲突的联系中，发动攻击，明知这种攻击将致使自然环境遭受广泛、长期和严重的破坏，其程度与预期得到的具体和直接的整体军事利益相比显然是过分的，则应被判处 3 年以上有期徒刑。

（四）任何人企图实施第（一）款至第（三）款规定的行为之一的，也应被判处刑罚。

第 14 条（使用禁止的作战手段的战争罪）

（一）任何人，在与国际性武装冲突或非国际性武装冲突的联系中，使用下列任何一种作战手段的，应被判处无期徒刑或 5 年以上有期徒刑：

1. 毒物或有毒武器。

2. 生物或化学武器。

3. 在人体内易于膨胀或变扁的子弹。

（二）使用第（一）款规定的作战手段致人死亡或重伤、致财产损失的，行为人应被判处死刑、无期徒刑或 7 年以上有期徒刑。

（三）任何人企图实施第（一）款规定的行为之一的，也应被判处刑罚。

第 15 条（指挥官的渎职罪）

（一）军事指挥官或团体、组织的上级没有采取积极必要的措施防止或指示受其有效指挥或控制的下级人员实施灭绝种族罪等行为，应被判处 7 年以下有期徒刑。

（二）因过失原因造成第（一）项所指行为者，应被判处 5 年以下有期徒刑。

（三）军事指挥官或团体、组织机关上级没有把其下级人员实施的灭绝种族罪等告知调查机关的行为，应被判处 5 年以下有期徒刑。

第 16 条（妨害司法罪）

（一）在国际刑事法院的搜查或审判中，与事件有关的下列任一行为，应被判处 5 年以下有期徒刑或 1500 万（韩元）罚金或两者并罚：

1. 提出不实的证据。

2. 暴力或胁迫诉讼人、证人出庭陈述，或妨碍收集或提交证据。

3. 为阻碍诉讼人或证人出庭陈述或搜集证据，给其钱财或其他财政利益允诺、供给或供给的意思表示。

4. 接收、要求或答应接收第 3 项所指的证人提供的金钱或其他财政利益。

（二）第（一）款还适用于因国际刑事法院的请求或应要求在韩国国内进行的程序。

（三）与第（一）款相关的事件应根据《刑法》第 152、154 条或第 155 条第 1 款至第 3 款或《特征犯罪加重处罚等相关法律》第 5 条第 9 款所规定的各种相应条款规定判处刑罚。这种情况不适用《刑法》第 155 条第 4 款。

（四）与第（一）款相关的事件对于国际刑事法院的职员应根据《刑法》第 136、137 条或第 144 条相应条款规定判处刑罚。这种情况下，国际刑事法院职员视为相应规定下的公务员。

（五）与第（一）款相关的事件中，符合国际刑事法院的职员根据《刑法》第

133 条者，应根据该条的规定判处刑罚。这种情况下，国际刑事法院职员视为该条中的公务员。

（六）本条中所指的"国际刑事法院职员"是指根据《国际刑事法院规约》担当国际刑事法院事务的人，包括法官、检察官、副检察官、书记官长以及副书记官长。

第 17 条（不适用禁止起诉的某些条项）

即使没有正式指控或被害人明确表示反对起诉，仍然可根据本法起诉灭绝种族罪等。

第 18 条（国际刑事法院规定中犯罪构成要件的参考）

在适用本法第 8 条至第 14 条的情况下，必要时可参考缔约国大会在 2002 年 9 月 9 日根据《国际刑事法院规约》第 9 条所通过的《犯罪构成要件》。

第三章　　与国际刑事法院的合作

第 19 条（《犯罪人引渡法》的适用）

（一）《犯罪人引渡法》适用于韩国与国际刑事法院间关于犯罪人的引渡，仅当《犯罪人引渡法》的有关规定与《国际刑事法院规约》发生抵触时，后者优先。

（二）当根据第（一）项适用《犯罪人引渡法》时，《犯罪人引渡法》中所指的"请求国"和"引渡条约"分别是指"国际刑事法院"和"《国际刑事法院规约》"。

第 20 条（《国际刑事司法合作法》的可适用）

（一）在实施与国际刑事法院的调查、起诉或审判有关的行为而根据国际刑事法院的请求或向国际刑事法院提出请求方面的国际合作时，应适当适用《国际刑事司法合作法》。当《国际刑事司法合作法》的有关规定与《国际刑事法院规约》发生抵触时，后者优先。

（二）当根据第（一）项适用《国际刑事司法合作法》时，《国际刑事司法合作法》中所指的"外国"和"合作条约"分别是指"国际刑事法院"和"《国际刑事法院规约》"。

附　　件

第 1 条（生效）
本法于公布当日生效。
第 2 条（对其他法律的修改）
（一）关于犯罪受益隐匿的规定及处罚等相关法律做部分修改，如下：

第 2 条第 2 项增加规定第 2 项，即

2.《国际刑事法院管辖的犯罪刑罚等相关法律》第 19 条第 2 项第 1 号（限定于已知性买卖斡旋中提供的性买卖事实同时提供资金土地或建筑物的行为），《暴力行为等处罚的相关法律》第 5 条第 2 项、第 6 条（限于第 5 条第 2 项的未遂犯），《国际活动中反对行贿外国公职人员法》第 3 条第 1 项，《特征经济犯罪加重处罚等相关法律》第 4 条，《国际刑事法院管辖的犯罪刑罚等相关法律》第 8 条至第 16 条中规定的与犯罪相关的资金或财产。

（二）《特定犯罪申告者等保护法》作部分修改，如下：

第 2 条第 1 项增加规定第 4 项，即

4.《国际刑事法院管辖的犯罪刑罚等相关法律》第 8 条至第 16 条的罪。

附件二：日本《国际刑事法院相关合作事宜法》

国际刑事法院相关合作事宜法[1]

（平成十九年五月十一日法律第 37 号）

朱利江译[2]

第一章 总 则

第 1 条（目的）

制定本法的目的，是为了向国际刑事法院调查、审判、执行灭绝种族罪和其他《国际刑事法院罗马规约》（下称《规约》）明确规定的受到国际社会关注的最严重的犯罪提供必要的合作程序以及对妨碍国际刑事法院的执法行为作出刑事规定，确保恰当执行《国际刑事法院罗马规约》。

第 2 条（定义）

在本法中，下列术语的含义由以下款项规定：

（一）"国际刑事法院"，是指《规约》第 1 条所规定的国际刑事法院。

（二）"国际刑事法院的刑事案件"，是指国际刑事法院依据《规约》第 5 条第 1 款以及第 70 条第 1 款的规定对具有管辖的犯罪行使管辖权的案件。

（三）"严重犯罪"，是指依据《规约》第 5 条第 1 款的规定国际刑事法院对受到整个国际社会关注的最严重的犯罪具有管辖权的那些犯罪。

（四）"提供证据"是指，以《规约》第 93 条第 1 款的规定为依据，向国际刑

---

〔1〕 本法的日语名称是《国際刑事裁判所に対する協力等に関する法律》，日语版本，可访问 http：//law. e – gov. go. jp/announce/H19HO037. html. 英语名称是：Act on Cooperation with the International Criminal Court。英文版本，可访问 http：//www. iccnow. org/documents/Japanese _ ICC _ Cooperation _ Act. pdf.

〔2〕 译者对本法律的翻译主要是从上述英文版本翻译过来的，同时参考了日语版本。

事法院提供其调查和审判有关的程序（下称"国际刑事法院的程序"）必要的证据。

（五）"对证据的司法审查"，是指日本法院以国际刑事法院依据《规约》第93条第1款为依据提出的请求对证据进行的审查，以此对上诉分庭和审判分庭以《规约》第39条第2款的规定对证据的审查提供协助。

（六）"送达文件"，是指日本法院以国际刑事法院依据《规约》第93条第1款为依据提出的请求对文件的送达，以此对上诉分庭、审判分庭和预审分庭以《规约》第39条第2款的规定对文件的送达提供协助。

（七）"为获取证词而移交被量刑的囚犯"，是指以国际刑事法院依《规约》第93条第1款和第7款之规定提出的请求为依据，将国内被量刑的囚犯〔是指《跨国移交被量刑人员法》（2002年第66号法律）第2条第2款所指的正在日本执行必须工作的徒刑、无须工作的徒刑、或执行协助刑罚而关押的人员〕移交，以便使其作为证人或与国际刑事法院程序有关的其他人员（不包括国际刑事法院正在调查或审判的人员）出庭。

（八）"移交寻求移交的罪犯"，是指以国际刑事法院依《规约》第89条第1款或第111条之规定提出的请求为依据，将国际刑事法院在请求书中寻求移交的人员进行的移交（下称"寻求移交的罪犯"）。

（九）"临时羁押"，是指以国际刑事法院依《规约》第92条第1款之规定提出的请求为依据，临时羁押国际刑事法院在请求书中寻求临时逮捕的人员（下称"寻求临时羁押的罪犯"）。

（十）"与执行的合作"，是指执行生效判决书中的罚款（国际刑事法院依据《规约》第70条第2款或第77条第2款第1项判决的罚款；下同）、没收（国际刑事法院依据《规约》第77条第2款第2项判决的没收；下同），或依据《规约》第75条第5款或第109条第1款作出的赔偿（国际刑事法院依据《规约》第75条第2款判决的赔偿；下同），或依据《规约》第75条第4款或第93条第1款作出的没收或赔偿保全。

（十一）"合作"，是指提供证据、对证据进行司法审查、送达文件、为取得证词移交被量刑的囚犯、移交寻求移交的囚犯、临时羁押以及与执行的合作。

（十二）"合作请求所涉的犯罪"，是指在合作请求数中提及的据称已经实施的犯罪（不包括移交寻求移交的囚犯和临时羁押）；

（十三）"移交请求所涉的犯罪"，是指依据通过移寻求移交的囚犯或临时羁押的合作请求而由寻求移交的囚犯或寻求临时羁押的囚犯据称实施的犯罪。

第二章 与国际刑事法院的合作

第一节 通 则

第 3 条（接受合作的请求等）

有关与国际刑事法院合作的下列行政事务由外务省实施：

（一）接受国际刑事法院的合作请求。

（二）与国际刑事法院协商，以及应当提交的报告。

（三）向国际刑事法院提交证据，以及向国际刑事法院提交关于实施生效判决书中的罚款、没收或赔偿判决的财产和通知送达文件的结果。

第 4 条（外务省应采取的措施）

一旦接受国际刑事法院的合作请求，外务大臣应当连同任何相关的文件以及外务大臣所附的意见向法务大臣送达国际刑事法院发出的书面合作请求或外务大臣准备的证明合作请求已经提出的文件，除非外务大臣认为相关的请求形式并不符合《规约》的规定。

第 5 条（与国际刑事法院协商）

（一）外务大臣在必要时应当就与国际刑事法院合作事宜与国际刑事法院协商。

（二）当法务大臣认为有必要就与国际刑事法院的合作与国际刑事法院协商时，其应当请求外务大臣依据欠款规定寻求协商。

第二节 提供证据等

第一小节 提供证据

第 6 条（法务大臣的措施）

（一）当案件不属于任何下列情形时，若法务大臣收到外务大臣依据第四条的规定提交的有关提供证据方面的请求文件，法务大臣应当采取下款或第三款所规定的措施：

1. 合作请求与《调查和其他相关事项国际协助法》（1980 年第 69 号法律）第 1 条第 1 款和第 39 条第 1 款第 2 项规定的协助请求（下称"调查协助"）发生竞合的情况下依据《规约》的规定有可能对这种协助请求提供优先协助，而且，法务大臣认为提供该协助调查是合理的。

2. 同意合作请求将导致违反《规约》第 98 条第 1 款规定的国际法义务的。

3. 同意合作请求将损害日本的国家安全的。

4. 合作请求所涉的犯罪是依据《规约》第 70 条第 1 款规定的犯罪，而且当构成合作请求所涉的犯罪的行为如果在日本实施，依据日本的法律和法规不构成犯罪的。

5. 同意合作请求所涉的犯罪与日本检察官、助理检察官或警察正在调查的或日本法院待审的案件有关，同意合作请求将妨碍对这样的案件的调查或审判，而且法务大臣认为立即同意这种请求是不合理的。

6. 其他合理的理由认为不应当立即同意合作请求的。

（二）法务大臣依据上一款规定采取的措施应当是依据以下项规定的措施，除非存在下一款规定的情形：

1. 将有关文件送交有关地区检察官办公室的首席检察官，下令收集通过提供证据进行合作而必要的证据。

2. 将有关通过提供证据进行合作请求的文件送交国家公安委员会。

3. 将有关通过提供证据进行合作请求的文件送交日本海上保安厅的指挥官或者《刑事诉讼法》（1948 年第 131 号法律）第 190 条规定的人员所属的行使司法警察官员职务的任何其他国家机构。

（三）当第一款规定的合作请求涉及与法律诉讼有关，而且正由法院、检察官或警察保管的文件的提供时，法务大臣应当将合作请求涉及的文件送交给保管有此种文件的人员。

（四）当法务大臣认为，为了采取上述两款规定措施，或者为了采取其他涉及通过提供证据而进行合作的措施有必要时，其可以对有关人员的下落和其他必要事项进行调查。

第 7 条（国家公安委员会的措施）

一旦收到依据上一条第 2 款第 2 项送交的文件，国家公安委员会应当将有关文件送交给相关的县警察局，并且应当指示警察局收集通过提供证据而进行合作必需的证据。

第 8 条（实施合作）

《调查和其他相关事项国际协助法》第 7、8、10、12 和 13 条的规定应当经调整后适用于第 6 条第 1 款规定的通过提供证据而进行的合作，即该法第 7 条第 1 款所规定的"第 5 条第 1 款第 1 项"应当改为"《国际刑事法院相关合作事宜法》（2007 年第 37 号法律）第 6 条第 2 款第 1 项"，该法第 7 条第 2 款所规定的"上一条"应当改为"《国际刑事法院相关合作事宜法》第 7 条"、该法第 7 条第 3 款所规定的"第 5 条第 1 款第 3 项"应当改为"《国际刑事法院相关合作事宜法》第 6 条第 2 款第 3 项"、该法第 13 条规定的"本法规定的"应当改为"《国际刑事法院相关合作事宜法》第 8、10 和 12 条规定的"。

第 9 条（关于提供虚假证件的规定）

（一）任何人经请求依据经上一条调整后的《调查和其他相关事项国际协助法》第 8 条第 3 款提交的证件是虚假的，应当被判处至少 1 年的有期徒刑或不少于 50 万元的罚款。

（二）如果该行为构成《刑法》（1907 年第 45 号法律）的犯罪或第四章的犯罪时，上一款不适用。

第 10 条（处分终结后的措施）

（一）检察官完成与通过提供证据而进行合作必需的证据的收集时，应当立即将收集的证据随同所附的意见送交法务大臣。当第 6 条第 2 款第 3 项所指的国家机构的负责人完成合作必需的证据的收集时，也应当如此。

（二）当都的警察部门负责人或县的警察部门负责人完成合作必需的证据的收集时，县的公安委员会应当立即将收集的证据随同所附的意见送交国家公安委员会。

（三）当国家公安委员会收到依据上一款送交的证据时，应当立即将证据随同所附意见送交法务大臣。

（四）与诉讼有关的文件的保管人员收到依第 6 条第 3 款的规定送交的证据有关的合作请求的文件时，应当立即将由其保管的相关文件或证明的副本随同所附意见送交法务大臣，其认为无法立即送交的除外，不过必须立即通知法务大臣。

第 11 条（提供证据的条件）

如果法务大臣将向国际刑事法院提供依据上一条第（一）、（三）或（四）款收到的证据，当其认为必要时，可以就使用或归还上述证据设定条件。

第 12 条（不合作的通知）

法务大臣依据本法第 6 条第 2 款第 2 项或第 3 项或第 2 款的规定采取措施后，当其认为案件属于上述条款第 1 款第 1 项至第 4 项所规定的情形，而且决定不通过提供证据进行合作，其应当毫不迟延地通知收到因通过提供证据而进行合作请求有关而送交文件的人。

第 13 条（与外务大臣等的协商）

（一）在下列任何一种情况下，法务大臣应当提前与外务大臣协商：

1. 因案件属于第 6 条第 1 款第 1 项至第 3 项的情形而决定不就提供证据问题进行合作的。

2. 因案件属于第 6 条第 1 款第 5 项或第 6 项的情形而决定就提供证据问题推迟合作的。

3. 依据第 11 条设定条件的。

（二）《调查和其他相关事项国际协助法》第 16 条的规定经调整后适用于法务

大臣就合作提供证据方面的合作决定采取第6条第2款规定的措施的。

第二小节　对证据和文件的送达进行司法审查

第14条（法务大臣的措施）

法务大臣收到外务大臣依据第四条的规定就通过对证据的司法审查或送达文件请求合作时，如果案件并不属于第6条第1款规定的任何一种情形，则应当将有关合作请求中的文件送交适当的地区法院。

第15条（法院的措施等）

（一）《外国法院请求协助法》（1905年第63号法律）第1条第2款、第1条至第2条第1款（第1、4、5项除外）以及第2条和第3条应当经调整后适用于通过对证据或文件送达进行司法审查方面的合作。

（二）上一条所指的地方法院完成对证据或送达文件的司法审查后，应当立即将通过对证据的司法审查获取的证据送交法务大臣或通知其送达文件的结果。

第16条（调整适用）

第12条和第13条第1款（第3项除外）的规定应当经调整后适用于法务大臣已经依据第14条就对证据或送达文件的司法审查进行合作方面采取的措施，即：第12条中的"该条款第1款第1项"应当改为"第6条第1款第1项"。

第三小节　为取得而证词移交被量刑的囚犯

第17条（关于就取得证词而移交被量刑的囚犯的决定）

（一）法务大臣收到外务大臣依据第4条就为取得证词而移交被量刑的囚犯进行合作的请求而送交的文件后，当案件既不属于第6条第1款第4项也不属于任何下列情形之一的，而且当法务大臣认为接受请求是合理时，应当为取得证词而移交被量刑的人，设定一段不超过30天的期限实现移交：

1. 国内被量刑的囚犯没有以书面表示同意的。

2. 国内被量刑的囚犯小于20岁的。

3. 有国内被量刑的囚犯有关的案件正在日本法院受审的。

（二）法务大臣依据上一款决定移交的，当认为必要时，应当就为取得证词而为被两项的囚犯的移交设定条件。

（三）法务大臣发现接受上一款的请求不合理而决定不移交被量刑的囚犯，或者设定上一款所指的移交条件的，应当提前与外务大臣协商。

（四）《调查和其他相关事项国际协助法》第19条第3款的规定经调整后应当适用于作出本条第一款决定的案件。

第18条（关于移交国内被量刑囚犯的措施等）

（一）法务大臣依据上一条第4款遵照经调整后的《调查和其他相关事项国际

协助法》第 19 条第 3 款的规定发布命令的，应当向外务大臣送交一份书面的羁押许可令。

（二）外务大臣依据上一款的规定收到许可令后，应当立即将其送交国际刑事法院。

（三）收到第一款规定的许可令的监禁机构的负责人或被该负责人任命的惩罚机构的官员，应当立即护卫国内被量刑的囚犯至国际刑事法院指定的地点，应当将上述国内被量刑的囚犯移交给国际刑事法院指定的并拥有许可令的人员。

（四）《调查和其他相关事项国际协助法》第 21 条和第 22 款应当经调整后就移交问题适用于国内被量刑的囚犯，并依据上一款的规定，适用于国际刑事法院指定的人员，即该法第 21 条中的"为取得证词而移交被量刑的囚犯"应当改为"《国际刑事法院合作相关事宜法》第 2 条第 7 款规定的为取得政策而移交被量刑的囚犯"。

第三节　移交寻求移交的罪犯等

第一小节　移交寻求移交的罪犯
第 19 条（移交寻求移交的罪犯的条件）

（一）移交请求所涉的犯罪构成严重犯罪的，除非出现下列任何一种情形，可以移交寻求移交的罪犯：

1. 与所涉移交请求所指的犯罪有关的案件正在日本法院受审的，但是，当国际刑事法院决定依据《规约》第 17 条第 1 款认为该案件可受理的，或者已经就该案件开始程序的除外。

2. 日本法院已经就移交请求所涉犯罪有关的案件作出最终的生效判决的，但是，国际刑事法院依据《规约》第 17 条第 1 款认为该案件可受理的，或者就该案件作出有罪判决的除外。

3. 移交请求所涉的罪犯明显没有犯移交请求所指的犯罪的，除非国际刑事法院已经就移交请求所涉的犯罪作出有罪判决的。

（二）移交请求所涉的犯罪是《规约》第 70 条第 1 款所规定的任何一种犯罪的，除非出现下列任何一种情形，可以为移交目的而移交罪犯：

1. 如果构成移交请求所涉犯罪的行为发生在日本，依据日本法律和法规不属于会导致死刑、无期徒刑或至少 3 年以上有期徒刑（无论是否带有惩役）的犯罪的。

2. 如果构成移交请求所涉犯罪的行为发生在日本，或者如果由日本法院审判移交请求所涉的犯罪，不可能依据日本法律和法规对移交请求所涉的罪犯进行惩罚的。

3. 没有任何合理理由怀疑移交请求所涉的罪犯实施了构成移交请求所涉的犯罪

的，除非国际刑事法院已经就移交请求所涉的犯罪作出了有罪判决。

4. 与移交请求所涉的犯罪有关的案件正由日本法院审理的，或者日本法院已经作出最终的生效判决的。

5. 移交请求所涉的罪犯事实的、移交请求所涉的犯罪以外的犯罪案件正由日本法院审理的，或者移交请求所涉的罪犯就这种案件已经被日本法院判处刑罚，而且其正在服刑或刑罚不会不得到实施。

6. 请求移交的罪犯是日本国民。

第 20 条（法务大臣的措施）

（一）法务大臣收到外务大臣依据第 4 条就移交罪犯进行合作的文件时，应当将有关文件送交东京高等检察院检察长，并请求东京高等法院就所涉罪犯是否应当移交进行审查，除非出现任何下列一种情形：

1. 案件显然属于上一条第 1 款或第 2 款规定的任何一种情形的。

2. 合作请求与《引渡法》（1953 年第 68 号法律）第 3 条规定的引渡逃犯的请求竞合的，或者与该法第 23 条第 1 款规定的临时羁押罪犯的请求竞合的，而且有可能依据《规约》相关条款的规定发现引渡逃犯或临时羁押逃犯是恰当而优先执行引渡或临时羁押请求的。

3. 接受合作请求将依据《规约》第 98 条规定违反日本承担的任何国际法或义务的。

4. 接受合作请求将妨碍日本检察官、助理检察官或警察对合作请求所涉的犯罪以外的犯罪有关的案件的调查，或者日本法院对正在审理的合作请求所涉犯罪以外的犯罪（限于移交请求以外的人员实施的犯罪）的审理的，而且立即接受合作请求不恰当。

5. 任何其他合理的理由要求不立即接受合作请求的。

（二）法务大臣认为有必要时，可以就移交请求所涉的罪犯的下落或其他必要的事项进行调查，以便依据上一款的规定发布命令或就移交请求所涉的罪犯的移交采取任何其他措施。

第 21 条（为移交而羁押罪犯）

（一）一旦依据上一条第 1 款的规定收到命令，东京高等检察院检察长应当依据东京高等法院法官事先发布的羁押许可令要求东京高等检察院的检察官为移交目的羁押罪犯，除非寻求移交的罪犯正依据临时羁押许可令得到羁押，或者依据临时羁押许可令已经暂停了对其的羁押。

（二）《引渡法》第 5 条第 2 款和第 3 款以及第 6 条和第 7 条的规定应当经调整后适用于依据上一款规定的羁押许可令而为移交目的羁押罪犯的情形，即：该法第

5 条第 3 款中的"请求国，许可的有效期限"应当修改为"许可的有效期限"。

第 22 条（申请审查）

（一）当依据第 20 条第 1 款发布命令后，东京高等检察院的检察官应当立即向东京高等法院申请对是否可以移交罪犯进行审查，除非不知道移交请求所涉的罪犯的下落。

（二）《引渡法》第 8 条第 1、2、3 款的规定应当经调整后适用于上一款关于移交罪犯的申请的审查。

第 23 条（东京高等法院的审查）

（一）东京高等法院依据审查的结果，应当依据下列任何一种情形作出裁定：

1. 上一条第 1 款规定的审查申请非法的：裁定驳回。

2. 案件属于移交请求所涉的罪犯可以移交的：裁定移交。

3. 案件并不属于移交请求所涉的罪犯可以移交的：裁定不移交。

（二）《引渡法》第 9 条的规定应当经调整后适用于东京高等法院对上一条第 1 款所指的申请申请的审查，该法第 10 条第 2 款和第 3 款的规定应当经调整后适用于上一款所指的命令，该法第 11 条的规定应当经调整后适用于第 20 条第 1 款对命令的撤销，该法第 12 条的规定应当经调整后适用于对寻求移交的罪犯的释放，该法第 13 条的规定应当经调整后适用于涉及审查的书面决定的庭审记录。具体说来，该法第 9 条第 3 款中的"下一条第 1 款第 1 项或第 2 项"应当修改为"《国际刑事法院合作相关事宜法》（2007 年第 37 号法律）第 23 条第 1 款第 1 项或第 2 项"、该法第 11 条第 1 款中的"第 3 条"以及"从请求国收到通知它会撤回引渡请求，或者当案件属于第 3 条第 2 款的情形"应当修改为"《国际刑事法院合作相关事宜法》第 4 条"以及"从国际刑事法院收到通知它会撤回移交申请"。该条第 2 款中的"第 4 条第 1 款""第 4 条第 1 款中的各项""第 8 条第 3 款"应当修改为"《国际刑事法院合作相关事宜法》第 20 条第 1 款""该条第 1 款中的各项""依据该法第 22 条第 2 款调整适用的第 8 条第 3 款"。该法第 12 条中的"第 10 条第 1 款第 1 项或第 2 项"应当修改为"《国际刑事法院相关合作事宜法》第 23 条第 1 款第 1 项或第 3 项"。

第 24 条（暂停审查程序）

（一）在依据上一条第 2 款经调整适用后的《引渡法》第 9 条的规定的审查中，如果寻求移交的罪犯提出质疑，认为不应当同意移交请求，理由是移交请求所涉的犯罪有关的案件正在由一个外国法院审理，或者就该案件外国法院已经作出了最终的生效判决，东京高等法院可以在国际刑事法院依据《规约》第 17 条第 1 款的规定就该案件的可受理性作出决定之前发布命令，暂停审查程序。

（二）当上一款所指的质疑提交后，东京高等检察院检察长应当立即向法务大臣报告。

（三）一旦收到上一款所指的报告，法务大臣应当立即就提交的质疑通知外务大臣。

（四）一旦收到上一款所指的通知，外务大臣应当通知国际刑事法院第一款所提出的质疑，并应当就依据《规约》第17条第1款的规定对案件的可受理行作出决定问题和国际刑事法院进行协商。

（五）当依据第一款的规定暂停审查程序后，东京高等检察院的检察官认为有必要时可以暂停对寻求移交的罪犯的羁押。在这种情况下，当其认为必要时，可以将寻求移交的罪犯委托给其亲属或其他人员，或对寻求移交的人员监视居住。

（六）当依据上一款的规定羁押得到暂停的，当国际刑事发端随后决定依据《规约》第17条第1款的规定受理案件的，东京高等检察院的检察官应当撤销对羁押的暂停。

（七）《引渡法》第22条第3款至第6款的规定经调整后应当适用于依据上一款作出的对羁押暂停的撤销。

（八）关于依据上一条第2款经调整后的《引渡法》第9条第1款规定的申请暂停程序问题，该法第9条第1款中的"两个月"应当修改为"两个月（依据《国际刑事法院相关合作事宜法》第24条第1款的规定暂停审查程序的期限除外）"。

第25条（法务大臣关于移交寻求移交的罪犯的命令等）

（一）当依据第23条第1款第2项作出决定后，法务大臣发现案件并不属于第20条第1款第2项至第4项规定的任何一种情形，应当命令东京高等检察办公室检察长移交罪犯，并且通知给罪犯。在这种情况下条，当罪犯正依据羁押许可令受到羁押时，移交令应当在依据第23条第1款第2项发出的命令之日起10天内发出。

（二）当东京高等法院作出上一款规定的决定后，法务大臣发现案件属于第20条第1款第2项或第3项规定的情形之一的，应当立即通知东京高等检察院检察长和寻求移交的罪犯，应当命令东京高等检察院检察长释放正受到羁押令羁押的罪犯。

（三）当法务大臣发布上一款所指的命令后，东京高等检察院检察长应当立即师范正受到羁押令羁押的罪犯。

（四）当东京高等法院依据第一款作出决定后，法务大臣发现案件属于第20条第1款第4项或第5项规定的情形之一的，应当通知东京高等检察院检察长，并且命令其暂停正受到羁押令羁押的罪犯。

（五）当法务大臣依据前一款发出暂停羁押的命令后，东京高等检察院检察长应当立即暂停对正受到羁押令羁押的罪犯的羁押。在这种情况下，上一条第 5 款第 2 句的规定应当经调整后适用。

（六）当依据第四款下令暂停羁押后，如果案件不再属于第 20 条第 1 款第 4 项或第 5 项的情形时，法务大臣应当依据第一款发出移交的命令。

（七）当前一款规定的移交令发出后，东京高等检察院的检察长应当依据第 5 款撤销暂停羁押令。

（八）当依据上一款撤销暂停羁押令后，《引渡法》第 22 条第 3 款第 3 项至第 6 项的规定应当经调整后适用。

第 26 条（推迟移交令）

（一）当出现前一条第一款规定的情形时（限于移交请求所涉的犯罪构成严重犯罪的情形），法务大臣发现案件属于下列任何一种情形，而且立即移交是不合理的，则可以推迟移交：

1. 移交请求所涉的罪犯事实的与移交请求所涉犯罪以外的犯罪有关的案件正由日本法院审理的。

2. 移交请求所涉的罪犯就前一项所指的犯罪已经由日本法院判刑，而且其正在服刑或刑罚不可能不得到实施。

（二）法务大臣依据前一款的规定推迟移交罪犯的，应当通知东京高等检察院检察长，应当命令其暂停正受到羁押令羁押的罪犯的羁押。

（三）当前一款规定的命令发布后，东京高等检察院的检察官应当立即暂停正受到羁押令羁押的罪犯的羁押。在这种情况下条，第 24 条第 5 款第 2 句的规定应当经调整后适用。

（四）依据第二款命令暂停羁押后，当案件不再属于第一款规定的任何一种情形或者认为不合理移交罪犯的理由不再存在时，法务大臣应当依据上一条第一款向东京高等检察院检察长发布移交令。

（五）当依照前一款的规定发布了移交令后，东京高等检察院的检察官应当依据第三款的规定撤销暂停移交令。

（六）《引渡法》第 22 条第 3 款至第 6 款的规定应当经调整后适用于依据上一款的规定对寻求移交的罪犯撤销暂停羁押的情形。

第 27 条（暂停和撤销有问题的羁押）

（一）东京高等检察院的检察官，在正在受羁押令羁押的罪犯的质疑的情况下，或者在其依职权主动进行的情况下，当认为寻求移交的罪犯的健康会因为羁押遭受重大损害，或者认为持续的羁押会有问题时，可以暂停对寻求移交的罪犯的羁押。

（二）当上一款规定的质疑提出后，或者东京高等检察院的检察官打算依职权主动暂停羁押后，东京高等检察院的检察长应当向法务大臣报告。

（三）法务大臣收到前一款的报告后，应当通知外务大臣。

（四）外务大臣得到前一款的通知后，应当就暂停寻求移交的罪犯的羁押寻求国际刑事法院的意见。

（五）在判断依据第一款的规定暂停羁押时，东京高等检察院的检察官应当尊重该款规定的意见，当情况紧急而且没有时间听取意见时，可以在没有该意见的情况下暂停羁押。

（六）第24条第5款第2句的规定经调整后应当适用于依据第一款暂停羁押的情形。

（七）当东京高等检察院的检察官认为有必要时，可以在任何时候依据第一款的规定撤销暂停羁押令。

（八）《引渡法》第22条第3款至第6款的规定应当经调整后适用于依据上一款的规定撤销暂停移交罪犯的情形。

第28条（暂停羁押期间羁押的失效）

依据第24条第5款、第25条第5款、第26条第3款以及上一条第1款暂停的羁押，当出现下列任何一种情形时，应当失去效力：

（一）第23条第1款第1项至第3项规定的决定中书面判决的记录已经向寻求移交的罪犯送达的。

（二）依据第23条第2款经调整适用后的《引渡法》第11条第2款的规定已经通知寻求移交的罪犯的。

（三）法务大臣依据第25条第2款已经通知寻求移交的罪犯，其案件属于第20条第1款第1项或第2项情形的。

第29条（移交罪犯的期限）

一、法务大臣依据第25条第1款的规定发布的移交罪犯的命令应当从该命令发布之日起30天内执行（当暂停羁押时，为罪犯因撤销暂停羁押而受到羁押之日起30天内）。

二、前一款的规定适用于法务大臣依据第25条第1款的规定发布的命令之后依据第27条第1款的规定暂停羁押的案件，暂停羁押的期限不应当包括在前一款规定的期限内。

第30条（与外务大臣协商）

如果案件属于任何下列一种情形，法务大臣应当提前与外务大臣协商：

1. 因为案件属于第20条第1款第1项的情形而依据第20条第1款维持命令的（限于第19条第1款有关的部分）。

2. 因为案件属于第 20 条第 1 款第 2 项或第 3 项的情形而决定不移交罪犯的。

3. 因为案件属于第 20 条第 1 款第 4 项或第 5 项的情形而依据第 20 条第 1 款维持命令的或依据第 25 条第 4 款采取措施的。

4. 依据第 26 条第 1 款推迟移交罪犯的。

第 31 条 （与移交罪犯有关的措施）

（一）《引渡法》第 16 条第 1 款至第 3 款、第 17 条第 1 款、第 18 条和第 19 条经调整后适用于法务大臣依据第 25 条第 1 款发布的与移交令有关的移交罪犯，即该法第 18 条中的"上一条或第 22 条第 6 款规定的东京高等检察院检察长的报告"应当修改为"依据经《国际刑事法院合作相关事宜法》第 25 条第 8 款、第 26 条第 6 款或第 27 条第 8 款修改后的第 22 条第 6 款规定提交的报告（当依据该法第 27 条第 8 款修改后的第 22 条第 6 款适用时，该报告仅限于法务大臣依据该法第 25 条第 1 款的规定发布移交令后撤销暂停移交的情形）"，该法第 19 条中的"请求国"应当修改为"国际刑事法院"。

（二）《渡法》第 16 条第 1 款规定的移交这个概念以及依据上一款调整适用后的该条第 3 款规定的书面羁押许可令都应当规定寻求移交的罪犯的姓名、移交请求所涉的犯罪、罪犯的地点、移交的期限、发布的日期，在执行国际刑事法院发布的羁押令期间逃跑的罪犯的移交时，还需要规定国际刑事法院指定的移交罪犯的国家名称，法务大臣还应当签名并盖章。

第 32 条

依据上一条第 1 款调整适用后的《引渡法》第 17 条第 1 款的规定收到命令的刑罚机构的看守或者被该看守任命的刑罚机构的官员，应当护卫罪犯至移交令陈述的移交地点，而且应当将罪犯移交至国际刑事法院指定的持有书面羁押许可令的人。

第 33 条

依据上一条的规定已经在日本移交罪犯的人员应当立即护卫罪犯至国际刑事法院或第 31 条第 2 款规定的其指定的移交罪犯的国家。

第二小节　临时羁押

第 34 条 （临时羁押令）

法务大臣收到外务大臣依据第 4 条的规定就寻求临时羁押方面的合作的文件后，应当命令东京高等检察院检察长临时羁押罪犯，除非案件属于第 20 条第 1 款所规定的情形（与第 19 条第 1 款第 3 项有关的第 1 项的规定除外）。

第 35 条 （有关临时羁押的措施）

（一）东京高等检察院检察长应当在接到依据前一条发出的命令后，要求东京高等检察院的检察官依据东京高等法院法官提前发布的羁押许可令临时羁押罪犯。

（二）《引渡法》第 5 条第 2 款和第 3 款以及第 6 条和第 7 条的规定应当经调整后适用于依据上一款规定发出的对罪犯的临时羁押许可令；该法第 26 条的规定应当经调整后适用于正在依据临时羁押许可令临时羁押的罪犯的释放；就已经发布临时羁押许可令的罪犯而言，寻求发布第 20 条第 1 款规定的命令，该法第 27 条的规定应当经调整后适用；该法第 28 条的规定已经经调整后适用于已经送交上一条规定的文件后，国际刑事法院通知有关人员它不会为临时羁押的目的寻求移交罪犯的情形；该法的 29 条的规定应当经调整后适用于正受到临时羁押许可令寻求临时羁押罪犯的情形。具体说来，即：该法第 5 条第 3 款中的“请求国，许可令的有效期限”应当修改为“许可令的有效期限”；该法第 26 条第 1 款中的“关于引渡依据第 3 条规定的临时羁押许可令而受到羁押的罪犯”以及“第 4 条第 1 款中的各项”应当修改为“《国际刑事法院合作相关事宜法》第 20 条第 1 款规定的”和“该款的各项”；该法第 27 条第 3 款中的“第 8 条第 1 款”应当修改为“依据《国际刑事法院合作相关事宜法》第 22 条第 2 款调整适用后的第 8 条第 2 款第 2 句”；该法第 29 条中的“从罪犯被羁押之日起两个月（或者如果引渡条约没有作出相应规定不到两个月的期限内）”应当修改为“从罪犯被羁押之日起 60 天”。

（三）东京高等检察院的检察官，在正在受临时羁押令羁押的罪犯的质疑的情况下，或者在其依职权主动进行的情况下，当认为寻求临时羁押的罪犯的健康会因为羁押遭受重大损害，或者认为持续的羁押会有问题时，可以暂停对寻求临时羁押的罪犯的羁押。

（四）本法第 27 条第 2 款第 7 项的规定和《引渡法》第 22 条第 3 款第 5 项的规定应当经调整后适用于依据上一款的规定暂停对寻求临时羁押的罪犯的羁押以及已经撤销对该羁押的暂停的情形。

（五）当依据第 3 款的规定暂停临时羁押的，如果寻求临时羁押的罪犯已经依据第 2 款经调整适用后的《引渡法》第 27 条第 1 款的规定得到通知的，暂停对其依据临时羁押许可令的羁押应当被认为是第 27 条第 1 款规定的暂停羁押。

（六）当出现下列任何一种情形，依据第 3 款的规定暂停临时羁押的，正在暂停的基于临时羁押令的羁押应当失效：

1. 依据经第 2 款调整适用后的《引渡法》第 26 条第 1 款或第 28 条第 2 款的规定，已经通知寻求临时羁押的罪犯的。

2. 依据经第 2 款调整适用后的《引渡法》第 27 条第 1 款的规定在寻求临时羁押的罪犯依据临时羁押令被羁押 60 天之内没有通知该罪犯的。

第三小节　杂项条款

第 36 条（排除《行政程序法》的适用等）

（一）《行政程序法》（1993 年第 88 号法律）第三章的规定不适用于基于前两小节的规定而做出的任何决定。

（二）《行政诉讼法》（1962 年第 139 号法律）第 12 条第 4 款和第 5 款的规定（包括依据该法第 38 条第 1 款调整适用后的案件）不适用于与基于前两个小节的规定的原来的行政行为（指的是该条第 2 款规定的原来的行政行为）或者上诉的行政行为（指的是该条第 3 款规定的行政行为）有关的、对行政行为提起司法审查的诉讼（指的是该法第 3 条第 1 款规定的对行政行为提起司法审查的诉讼）。

第 37 条（调整适用）

《引渡法》第 32 条的规定应当适用于东京高等法院或其法官或东京高等检察院的检察官依据前两个小节规定履行职责的情形。

第四节　执行合作

第 38 条（执行合作的要求）

（一）当移交请求所涉的犯罪构成严重犯罪时，可以进行执行合作，除非属于任何下列情形之一：

1. 没收刑有关的执行合作，而合作请求所涉犯罪的案件正由日本法院审理的，国际刑事法院已经依据《规约》第 17 条第 1 款的规定认为该案件是可以受理的，或者已经开始该案件的程序的除外。

2. 没收刑有关的执行合作，而日本法院已经就移交请求所涉犯罪有关的案件作出了最终的生效判决的，国际刑事法院已经依据《规约》第 17 条第 1 款的规定认为该案件是可以受理的，或者已经对该案件作出有罪判决的除外。

3. 没收刑有关的执行合作，而如果合作请求所涉犯罪的惩罚将在日本进行，与执行合作请求有关的财产依据日本的法律和法规不会被没收的（与该请求有关的财产由构成合作请求所涉的犯罪的行为的被害人获得的且有关财产不会因为属于该人或其法定继承人而被没收的除外）。

4. 从内容和性质来看相当于依据日本法律和法规没收刑的赔偿方面的执行合作，如果合作请求所涉犯罪的刑罚将在日本执行，执行合作请求有关的财产不应依据日本法律和法规被没收（与所涉请求有关的财产是由构成犯罪的行为的被害人获得、并且因为该财产属于该人而且不应当被没收、应当归还该人或依赔偿令应当归还其继承人的除外）。

5. 从内容和性质来看相当于依据日本法律和法规没收刑的赔偿方面的执行合

作，如果合作请求所涉犯罪的刑罚将在日本执行，与该合作请求有关的财产不应依据日本法律和规章由等值的财产追缴。

（二）当移交请求所涉的犯罪是《规约》第70条第1款规定的任何一种犯罪时，可以同意执行合作，除非存在下列任何一种情形：

1. 如果移交请求所涉的构成犯罪的行为是在日本实施的，其依据日本法律和法规是不可能被施加刑罚的。

2. 如果移交请求所涉的犯罪有关的案件正由日本法院受审，或者日本法院已经就此作出最终生效的判决的。

3. 对于没收刑有关的执行合作，如果合作请求所涉的犯罪是在日本被施加刑罚的，与该执行合作请求的财产依据日本法律和法规是不可能被没收的。

第39条（法务大臣的措施）

（一）当法务大臣收到外务大臣按照与执行合作请求有关的第4条送交的文件后，应当将相关文件送交适当的地区检察院检察长，并命令其采取必要措施进行执行合作，除非属于下列情况之一：

1. 案件属于上一条第1款各项或者上一条第2款各项规定的情形。

2. 执行合作请求与依据《惩罚有组织犯罪和控制犯罪收益法》（1999年第136号法律）第59条第1款的协助请求、依据《毒品和精神物质控制法》（1991年第94号法律）第21条的协助请求发生竞合，或者依据《规约》有可能给有关请求优先协助，而且法务大臣认为有理由对该请求采取措施。

3. 遵守执行合作请求将违反《规约》第98条第1款规定的国际法义务的。

4. 遵守执行合作请求有可能妨害日本检察官、助理检察官或警察正在对合作请求所涉犯罪以外的犯罪有关的案件的调查或审判，或这样的案件正由日本法院受审的，而且法务大臣认为立即执行请求是不合理的。

5. 存在任何不应当立即执行合作请求的不合理的理由的。

（二）在出现下列任何一种情形时，法务大臣应当和外务大臣协商：

1. 决定因为上一款第2项或第3项的情形不进行执行合作的。

2. 以案件属于上一款第1项（限于上一条第1款第1项或第2项的情形）、第4项或第5项为依据作出作出上一款所指的决定的。

第40条（检察长的措施和审查申请）

（一）依据上一条第1款接到命令的检察长应当命令其所载的检察院的检察官采取一切必要措施执行合作，而且扣留与执行合作有关的财产。

（二）当执行合作的请求涉及最终生效的罚款、没收或赔偿时，上一款所指的检察官应当向法院就该案件是否属于执行合作有关的案件向法院申请审查。在这种情况下，当请求涉及执行最终生效的赔偿时，检察官应当附上其认为的依据日本法律和法规是否相当于最终生效的财产或等值财产的没收的意见。

第41条（法院的审查等）

（一）法院在审查结果的基础上，依据下列情形作出决定：

1. 当上一条第2款所指的审查申请属于非法时：决定驳回。

2. 当案件属于与执行合作请求有关的最终判决书的全部或部分内容的执行合作时：作出该种决定。

3. 当案件不属于与执行合作请求有关的最终判决的任何内容的执行合作时：作出该种决定。

（二）当法院就执行最终判决书中的赔偿内容请求合作作出上一款第2项的决定时，应当表明该最终判决是否等于是没收财产的最终判决，或者从该赔偿内容的内容和性质来看依据日本法律和法规属于对等值财产的追缴。

（三）当法院就执行最终判决书中的没收内容请求合作作出上一款第2项的决定时，如果因为灭失、损害或任何其他原因无法执行最终判决时，应当同时表明没收的财产的日元价值，同样，当法院必须标明该最终判决书相当于依据上一款的没收内容时，法院就执行最终判决书中的赔偿内容的请求合作作出该项所指的决定时，也应当用日元标价。

（四）当法院就涉及赔偿内容的最终判决的执行合作请求作出第一款和第二款所指的决定时，如果该合作请求所涉的犯罪是在日本执行刑罚，与请求有关的财产就不应当依据日本法律和法规作出司法决定（除非与该请求有关的财产是由合作请求所涉的犯罪的被害人获得的，而且因为该财产属于该被害人或其继承人而不应当被没收）的，法院应当同时表明这种事实以及从最终判决书所指的人员追缴的以日元标价的金钱数。

（五）当法院就涉及赔偿内容的最终判决的合作请求作出第1款第2项所指的决定时（限于在合作请求所涉的犯罪是在日本处罚时，法院表明该最终判决相当于依据第2款规定的没收的最终判决，而且请求所涉的财产依据日本法院和法规不需要被没收的情形的（排除与请求有关的财产是由构成严重犯罪的行为被害人获得而且依据赔偿令因为该财产属于该人而不应当被没收、应担被归还给该人的情形）），法院应当同时表明此种事实，以及以日元计价的从该最终判决书所指的人员追缴的财产数额。

（六）当法院就涉及没收内容的最终判决的合作请求作出第1款第2项所指的决定时，而且当法院认为有合理理由相信最终判决书所指的财产、抵押或任何其他权利的持有人因为不属于其的原因没有能力参与涉及最终判决的诉讼时，法院应当同时表明此种事实以及以日元计价的需要追缴的财产金额。当法院就涉及赔偿内容的最终判决的合作请求作出第 1 款第 2 项所指的决定时（限于法院表明该最终判决依据第 2 款的规定相当于涉及没收财产的最终判决的情形），也应当如此。

（七）关于依据上一条第 2 款的审查，当合作请求涉及没收内容的最终判决时，如果有合理理由认为与该请求有关的财产或抵押或任何其他权利的持有人或者已经发布强制拍卖命令或者对这种财产已经执行强制性的临时扣押的情况下，对于债务人来说，执行扣押或者执行临时扣押等诉讼不允许参加审查时，就不应当作出第 1 条第 2 款所指的决定。当该款所指的涉及赔偿内容的最终判决有关的决定，而且该赔偿内容依据日本法院从其内容和性质来看相当于是没收内容的最终判决的，也是如此。

（八）《有组织犯罪惩治法》第 59 条第 3 款和第 62 条第 3 款的规定应当经调整后适用于第 1 款第 2 项与执行合作请求有关并涉及执行没收内容的最终判决而由法院做出决定的情形（包括涉及赔偿内容的最终判决的执行合作请求而由法院作出决定的情形，法院应担更表明该最终判决相当于是依据第 2 款作出的涉及没收内容的最终判决），该条第 5 款、第 7 款和第 9 款的规定应当经调整适用于依据上一条关于执行合作请求的审查，《有组织犯罪惩治法》第 63 条的规定应当经调整后适用于上一条第 2 款规定的审查申请的决定的上诉。

第 42 条（执行关于实施执行合作的决定等）

（一）当上一条第 1 款第 2 项所指的含有下列任何一项的执行最终判决的合作请求的决定是最终生效的决定时，就实施执行合作来说，该最终判决应当被视为日本法院就该项作出的最终判决：

1. 含有罚款的最终判决：含有罚款的最终判决。

2. 相当于依据上一条第 2 款的规定含有没收（下一项规定的除外）的最终判决以及含有赔偿的最终判决：含有没收的最终判决。

3. 相当于依据上一条第 2 款的规定、而且依据该条第 4 款至第 6 款的规定依日元计价的含有没收的最终判决和含有赔偿的最终判决：追缴相当价值金钱的最终判决。

4. 相当于依据上一条第 2 款的规定追缴相当价值金钱的最终判决的含有赔偿的最终判决：追缴相当价值金钱的最终判决。

（二）当实施关于上一款第 2 项所指的最终判决的执行合作时，如果因为灭失、损坏或任何其他的原因导致不可能对该需要没收或赔偿的财产执行该最终判决时，不论该款如何规定，该最终判决应被视为日本法院作出的最终判决，即依据上一条第 3 款的规定的金钱数额需要向该最终判决所针对的人员追缴。

（三）关于不适合向国际刑事法院移交的、与第 1 款第 2 项所指的最终判决的执行有关财产，检察官可以出售该财产。在这种情况下，由此取得的收益应当被认为是与通过执行该最终判决来执行合作有关的财产。

（四）当检察长完成了含有罚款、没收或赔偿内容的最终判决方面的合作时，应当立即将与执行合作有关的财产移交法务大臣。

（五）《有组织犯罪惩治法》第 65 条的规定应当经调整后适用于上一款第 1 条第 2 项所规定的与执行第一款的请求有关的决定，即：《有组织犯罪惩治法》第 65 条第 2 款中的"没收"应当修改为"罚款、没收"；该条第 3 款中的"第 63 条"应当修改为"依据《国际刑事法院合作相关事宜法》（2007 年第 37 号法律）第 41 条第 8 款调整适用后的第 63 条"。

第 43 条（没收保全的请求）

（一）当执行合作的请求是关于没收保全的请求或者当该请求从其内容和性质来看相当于依据日本法律和法规是属于没收保全的请求时，检察官应当请求法官在保全之前发布保护令，禁止对该执行合作的请求有关的财产进行处分。在这种情况下，当检察官认为有必要时，可以请求法官发布辅助的保护令，禁止处分该财产中存在的地上权、抵押权或任何其他权利。

（二）依据第 40 条第 2 款的审查请求提交后，收到该请求的法院应当依据上一款就是否对需要没收或赔偿的财产进行保全作出决定。

第 44 条（没收保全命令）

（一）当法院或法官收到依据上一条第 1 款第 1 局的规定提交的请求时，法院或法官发现，该案件不属于给条第 38 条第 1 款或第 2 款任何一项时，法院或法官应当依据本节的规定发布保全的保护令，禁止对有关该请求的财产进行处分。

（二）当法院或法官对存在地上权、抵押权或任何其他权利的财产发布或打算发布保全的保护令时，如果法院或法官发现，有合理理由认为这种权利将因为执行没收的判决而消灭，或者有必要执行，或者法院或法官认为，有合理理由相信，这些权利是虚假时，法院或法官可以经检察官的请求，单独发布一个辅助保护令，禁止对这些权利进行处分。

（三）《有组织犯罪惩治法》第 22 条第 3 款、第 4 款、第 6 款以及第 23 条第 6 款的规定应当经调整后适用于依据第一款发布的保全保护令或者依据上一款发布的辅助保护令，即《有组织犯罪惩治法》第 22 条第 3 款中的"被告"和"被控事实"应当修改为"《国际刑事法院合作相关事宜法》第 2 条第 10 项所规定的没收决定或赔偿决定所指的人员"和"该条第 12 项规定的合作请求所指的犯罪"，该条第 2 款中的"第 1 款或第 2 款"应当修改为"《国际刑事法院合作相关事宜法》第 44

条第 1 款或第 2 款"，《有组织犯罪惩治法》第 23 条第 6 款中的"第 1 款或第 4 款"应当修改为"《国际刑事法院合作相关事宜法》第 43 条第 1 款"。

（四）即使在国际刑事法院依据《规约》第 61 条第 1 款举行的审讯之前，也可以发布第 1 款规定的保全保护令和第 2 款规定的辅助保护令。

（五）《有组织犯罪惩治法》第 23 条第 7 款以及第 68 条的规定应当经调整后适用于上一款规定的保全保护令，即：《有组织犯罪惩治法》第 23 条第 7 款中的"追诉机构"和"被告"应当修改为"《规约》第 61 条第 1 款所规定的审讯的开始"和"被审讯的人员"；《有组织犯罪惩治法》第 68 条第 1 款中的"尚未起诉的案件中通过保全没收或追缴相同价值的金钱而提出的协助请求"、"请求国"、"提起的诉讼"应当修改为"在《规约》第 61 条第 1 款规定的审讯尚未开始的情况下提出的、《国际刑事法院合作相关事宜法》第 2 条第 10 项规定的、含有保全没收或保全赔偿的执行合作请求"、"国际刑事法院"、"已经开始的审讯"。该条第 2 款规定的"请求国"和"无法提起的诉讼"应当修改为"国际刑事法院"、"国际刑事法院依据第 61 条第 1 款规定无法举行的审讯"。

（六）依据上一款经调整适用后的《有组织犯罪惩治法》第 68 条第 2 款规定的更新决定应当在通知检察官后生效。

第 45 条　（追缴保全请求）

（一）当检察官认为，执行合作的请求涉及保全赔偿，而且从其内容和性质来看依据日本法律和法规相当于追缴相同价值的金钱的保全时，应当请求法官发布追缴保全令，禁止含有赔偿内容的司法决定针对的人员处分其财产。

（二）第 43 条第 2 款的规定经调整后应当适用于依据上一款对含有赔偿内容的保全的处分。

第 46 条　（追缴保全命令）

（一）法院或法官依据上一条第 1 款收到请求后，如果认为该案件并不属于第 38 条第 1 款或者该条第 2 款的任何一种情形时，应当发布追缴保全命令，禁止含有赔偿内容的司法决定所针对的人员处分其财产。

（二）《有组织犯罪惩治法》第 22 条第 4 款、第 23 条第 6 款以及第 42 条第 2 款至第 4 款的规定应当经调整后适用于上一款规定的追缴保护命令，即：《有组织犯罪惩治法》第 22 条第 4 款中的"第 1 款或第 2 款"应当修改为"《国际刑事法院合作相关事宜法》第 46 条第 1 款"；《有组织犯罪惩治法》第 23 条第 6 款中的"第 1 款或第 4 款"应当修改为"《国际刑事法院合作相关事宜法》第 45 条第 1 款"；《有组织犯罪惩治法》第 42 条第 3 款和第 4 款中的"被告"应当修改为"《国际刑事法院合作相关事宜法》第 2 条第 10 项规定的含有赔偿内容的司法决定所针对的人员”；该款中的“被控事实”应当修改为“该条第 12 项规定的合作请求所涉的犯罪”。

第 47 条（调整适用）

除了本节专门规定的内容外，《有组织犯罪惩治法》第三章、第四章（第 22、23、32、33、42、43、47、48 条除外）以及第 69 条至第 72 条、《刑事诉讼法典》（限于第一编中的第二章和第五章至第十三章、第二编中的第一章、第三编中的第一章和第四章以及第七编）、关于刑事诉讼成本的法律和法规、以及《没收第三方所有的物项的刑事诉讼紧急措施法》（1963 年第 138 号法律）应当经调整后适用于法院或法官的处分或命令、检察官或助理检察官的处分或者法院审查时利害关系方的参加，《引渡法》第 8 条第 2 款和第 11 条第 1 款和第 2 款的规定应当经调整后适用于已经接受执行合作请求后所采取的措施，除非与性质不符。

第 48 条（内阁命令的委托）

除了本节规定外，内阁命令应当明确规定与禁止依据没收保全令的处分和滞纳处分之间调整程序必需的滞纳处分的事项。

第五节（杂项规则）

第 49 条（同意通过日本领土的运输）

当国际刑事法院提出了同意运输的请求［指的是外国当局或国际刑事法院指定的人员（下称“外国当局”）护送依据《规约》第 89 条第 1 款寻求移交的人员（下称“寻求移交的人员”）通过日本领土的情形］，外务大臣应当同意该请求，除非其认为，该请求的形式不符合《规约》的规定。

第 50 条（护送中在日本着陆采取的措施）

（一）当外国当局运输的载有寻求移交的人员的飞机因为天气条件或任何其他不可避免的理由在日本着陆时（排除依据上一条的规定已经得到同意的运输），当警察或移民官发现了寻求移交的人员时，可以将该人羁押，以便将其带给外国当局。

（二）一旦依据上一款的规定将寻求移交的人员进行羁押，移民官应当立即将该人带到警察局。在这种情况下，警察可以继续关押该人员，以便移交。

（三）依据前两款的规定对寻求移交的人员的羁押期限从着陆时起算不可以超过 96 个小时。

（四）依据第 1 款将寻求移交的人员进行羁押的警察或者依据第 2 款接到寻求移交的人员的警察应当把情况通知外务大臣。

（五）外务大臣接到依据上一款的通知后，应当通知国际刑事法院该人已经被羁押。

（六）外务大臣收到来自国际刑事法院依据上一条的同意运输的请求后，应当通知第4款所指的警察。

（七）在第3款规定的期限内接受依据上一条提出的同意运输的请求的，不管该款如何规定，警察可以继续将该人羁押，直到将该人送交外国当局，但是，如果警察接到外务大臣的通知，不接受这种请求的，警察就不可以继续羁押该人。

（八）警察因为第3款的规定或上一款的规定无法继续羁押该人的，应当将该人移交移民官。

（九）除了前述各款规定外，警察所采取的有关羁押寻求移交的人员的程序的必要事项，都应当遵守《国家公安委员会规则》。

第51条（最高法院规则）

除了本章规定的条款外，法院关于发布命令、审讯证人、关于证据规定的上诉、关于审讯的程序等事项，以及关于移交寻求移交的人员和临时羁押的命令的发布、有关执行合作的任何必要程序，都应当遵守《最高法院规则》。

第三章 国际刑事警察组织采取的措施

第52条

（一）国家公安委员会在接到国际刑事法院通过国际刑事警察组织发来的有关调查国际刑事法院刑事案件的措施请求时，采取下列措施，除非该案件属于第6条第1款第4项规定的情形：

1. 下令适当的县警察局进行必要的调查。

2. 将有关请求措施的文件送往第6条第2款第3项规定的国家机构的负责人。

（二）《调查和其他相关事项国际协助法》第18条第3款至第8款的规定应当经调整后适用于上一款规定的对请求所采取的措施，即：该条第4款中的"该款第2项"和该条第7款中的"第1款第2项"应当修改为"《国际刑事法院合作相关事宜法》第52条第1款第2项"，该条第6款中的"第1款第1项"应当修改为"《国际刑事法院合作相关事宜法》第52条第1款第1项"。

第四章 妨碍国际刑事法院执法罪

第53条（毁坏证据等）

（一）任何人毁坏、伪造或变造与国际刑事法院审理的刑事案件有关的证据，或者使用伪造或变造的证据的，应当被判两年带惩役的徒刑，或20万日元以下的罚金。

（二）罪犯的亲属为了罪犯的利益实施了上一款规定的犯罪的，该亲属可以免除惩罚。

第 54 条（威胁证人等）

任何人，在与国际刑事法院审理的自己的案件或另一人的案件中，强制要求与任何知道调查或审判这种案件知识的人或没有合理理由与其亲属会面，或威胁任何这种人员的，应当被判处最高 1 年带惩役的徒刑，或 20 万日元以下的罚金。

第 55 条（向证人行贿等）

任何人，在与国际刑事法院审理的自己的案件或另一人的案件中，提供、许诺金钱或任何其他好处作为不提供证词、提供虚假的证词、毁灭、伪造或变造证据或使用伪造或变造的证据的，应当被判处最高 1 年带惩役的徒刑，或 20 万日元以下的罚金。

第 56 条（毁坏有组织犯罪的证据等）

（一）如果构成《规约》规定的犯罪的行为是作为团伙〔即多人有共同的目的而持续组成的组织，其行为符合一个组织全部或部分不断想要达成的目的或意图（依据指示或命令事先分配的分工的成员而结合的人群）〕工作的一部分实施的与国际刑事法院审理的犯罪有关的犯罪的，应当被判处最高 3 年带惩役的徒刑，或 20 万日元以下的罚金。

（二）如果实施《规约》规定的犯罪是为了造成团伙获取不法利益（即依据团伙的力量控制特定的地区或场所、促进该团伙或其成员持续通过犯罪或其他不法行为获得利益）或维持或扩大团伙的不法利益的，实施了属于前三条规定的任何一种犯罪的人员应当依据上一款的规定得到惩罚。

第 57 条（伪证等）

（一）当证人依据《规约》第 69 条第 1 款的规定做出的是虚假的陈述时，应当被判处 3 个月至 10 年带有惩役的徒刑。

（二）当实施了上一款犯罪的人在与国际刑事法院审理的刑事案件有关的司法决定最终生效之前供述的，可以减轻、免除刑罚。

（三）当依据国际刑事法院程序宣誓的专家证人、口译或书面翻译人员作出虚假的专家意见或翻译的，应当适用上述两个条款的规定。

第 58 条（受贿）

（一）国际刑事法院的法官、检察官或任何其他官员（下称"国际刑事法院的官员"）接受、要求或允诺接受与其职责有关的贿赂的，应当判处最高 5 年带惩役的徒刑。如果其在这个过程中接受了特定好处的请求的，应当被判处最高 7 年带惩役的徒刑。

（二）想要成为国际刑事法院官员的任何人接受、要求或允诺接受其将任职有关的贿赂，而且在这个过程中接受了特定好处的请求的，应当在其成为国际刑事法院官员时被判处最高 5 年的徒刑。

第 59 条（向第三方行贿）

国际刑事法院的官员造成向第三方行贿，或者向第三方要求或者允诺提供此种贿赂，而且在这个过程中接受了与其职责有关的特定好处的请求的，应当被判处最高 5 年带惩役的徒刑。

第 60 条（加重情节）

（一）国际刑事法院的官员实施上述两条规定的任何犯罪，而且行为不公平或者因此不恰当行为的，应当被判处至少 1 年带有惩役的徒刑。

（二）当国际刑事法院的官员在履行职责的过程中行为不公平或者不恰当行为，而且接受、要求或允诺接受贿赂、造成向第三方行贿或者要求或允诺向第三方提供贿赂的，也应当适用前一款的规定。

（三）当以前是国际刑事法院官员的人员在其任职期间接受了特定的好处的请求，而且在履行职责过程中，与其接受、要求或允许接受贿赂的有关的行为不公正或没有恰当行为的，应当被判处最高 5 年的带惩役的徒刑。

第 61 条（为施加影响而接受贿赂）

国际刑事法院的官员接受、要求或允诺接受贿赂作为使国际刑事法院官员在履行职责过程中不公正行为或不恰当行为的对价，而且在这门做的过程中接受特定好处的请求的，应当被判处最高 5 年的带惩役的徒刑。

第 62 条（没收或追缴等值的金钱）

应当没收罪犯或知情的第三方接受的贿赂。当贿赂的全部或部分无法被没收的，应当追缴等值的金钱。

第 63 条（提供贿赂）

提供或者允诺提供第 58 条至第 61 条规定的任何贿赂的，应当被判处最高 3 年带惩役的徒刑，或者 20 万日元以下的罚金。

第 64 条（妨碍或强迫执行职务）

（一）对国际刑事法院官员在履行职责过程中施加暴力或胁迫的，应当被判处最高 3 年徒刑，或者 50 万日元以下的罚金。

（二）用暴力或其他威胁强迫国际刑事法院官员作出特定的行为或不作出特定行为，或者造成其辞职的，适用上一款的规定。

第 65 条（日本国民在境外实施的犯罪）

本章规定的犯罪适用《刑法典》第 3 条的规定。

附　则

第一条（生效日期）

本法自《规约》对日本生效之日起生效，但是，关于第 55 条和第 56 条的规定的生效日期取决于《关于犯罪国际化和组织化以及推进信息处理的刑法典部分修改法》生效之日或本法生效之日的两者中后生效那个日期。

第二条（过渡措施）

（一）第二章的规定不适用于本法生效之前实施的与合作请求所涉的犯罪或移交请求所涉的犯罪有关的合作请求，除非出现下列情形：

1. 国际刑事法院依据《规约》第 13 条第 2 款行使管辖权的。

2. 合作请求所涉的犯罪或移交请求所涉的犯罪已经在《规约》对作为其缔约国的外国生效、并且在该外国领土上、该外国的船舶或飞机上或具有该国国籍的人实施的。

3. 合作请求所涉的犯罪或移交请求所涉的犯罪在依据《规约》第 12 条第 3 款已经接受国际刑事法院管辖权的国家的领土上、船舶或飞机上或其国民实施的。

（二）上一款的规定应当经调整后适用于第三章有关国际刑事法院通过国际刑事警察组织对刑事案件调查的规定。

主要参考文献

1. Benjamin B. Ferencz, "International Criminal Court", in R. Bernhardt (ed.), *Encyclopedia of Public International Law*, Vol. Ⅱ (1995).

2. Bing Bing Jia, "The Differing Concepts of War Crimes and Crimes against Humanity in International Criminal Law", in Guy S. Goodwin – Gill and Stefan Talmon (eds.), *The Reality of International Law: Essays in Honour of Ian Brownlie*, Oxford: Clarendon Press, 1999.

3. "China and the International Criminal Court", *Singapore Yearbook of International Law*, 10 (2006).

4. Fania Domb, "Treatment of War Crimes in Peace Settlements: Prosecution or Amnesty?", in Yoram Dinstein, Mala Tabory (eds.), *War Crimes in International Law*, Hague: Martinus Nijhoff Publishers, 1996.

5. Christopher Keith Hall, "The First Proposal for a Permanent International Criminal Court", *International Review of the Red Cross*, 322 (1998).

6. G. Schwarzenberger, *International Law as Applied by International Courts and Tribunals*, Toronto: University of Toronto Press, 1965.

7. Hans – Heinrich Jescheck, "International Crimes", in R. Bernhardt (ed.), *Encyclopedia of Public International Law*, Vol. Ⅱ (1995).

8. J. Bacio Terracino, "National Implementation of ICC Crimes: Impact on National Jurisdictions and the ICC", *Journal of International Criminal Justice*, 5 (2007).

9. Jens Meierhenrich and Keiko Ko, "How Do State Join the International Criminal Court? The Implementation of the Rome Statute in Japan", *Journal of International Criminal Justice*, 7 (2009).

10. Kanako Takayama, "Participation in the ICC and the National Criminal Law of Japan", *Japanese Yearbook of International Law*, 51 (2008).

11. Kevin Jon Heller and Gerry Simpson (eds.), *The Hidden Histories of War Crimes Trials*, Oxford: Oxford University Press, 2013.

12. Kyo Arai, Akira Mayama and Osamu Yoshida, "Japan's Accession to the ICC Statute and the ICC Cooperation Law", *Japanese Yearbook of International Law*, 51 (2008).

13. Leslie C. Green, *The Contemporary Law of Armed Conflict* (2 nd ed.), Manchester: Manchester University Press, 2000.

14. Leslie C. Green "International Regulation of Armed Conflicts", in M. Cherif Bassiouni (ed.), *International Criminal Law* (2 nd ed.) Ardsley: Transnational Publishers Inc., 1999.

15. "Criminal Responsibility of Individuals in Non – International Conflicts", *German Yearbook of International Law*, 45 (2002).

16. Luis Moreno – Ocampo, "The International Criminal Court – Some Reflections", *Yearbook of International Humanitarian Law*, 12 (2009).

17. M. C. Bassiouni & C. L. Blakesley, "The Need for an International Criminal Court in the New International World Order", 25 *Vanderbilt Journal of Transnational Law*, 1992.

18. M. H. Keen, *The Laws of War in the Late Middle Ages*, London: Routledge & K. Paul, 1965.

19. Morten Bergsmo *et al* ed., *Historical Origins of International Criminal Law*, Torkel Opsahl Academic Epublisher, 2015.

20. Motoo Noguchi, "Criminal Justice in Asia and Japan and the International Criminal Court", *International Criminal Law Review*, 6 (2006).

21. Naoko Saiki, "Japan's View on the International Criminal Court and Some of its Issues of Implementation", in Roy S. Lee (ed), *States' Responses to Issues Arising From the ICC Statute: Constitutional, Sovereignty, Judicial Cooperation and Criminal Law*, Transnational Publishers, 2005.

22. Oliver Barrat, "Ratification and Adaptation: The French Perspective", in Roy S. Lee ed., *States' Responses to Issues Arising From the ICC Statute: Constitutional, Sovereignty, Judicial Cooperation and Criminal Law*, Transnational Publishers, 2005.

23. Otto Triffterer, Article 33, in Otto Triffterer ed. *Commentary on the Rome Statute of the International Criminal Court: Observers' Notes, Article by Article*, 2 nd ed., C. H. Beck, Hart, Nomos, 2008.

24. Yasushi Higashizawa, "Experiences in Japan for the Coming Accession to the

Rome Statute", paper submitted to the symposium on the International Criminal Court in Beijing on 3 – 4 February 2007.

25. Yasushi Masaki, "Japan's Entry to the International Criminal Court and the Legal Challenges it Faced", *Japanese Yearbook of International Law*, 51 (2008).

26. Young Sok Kim, "The Cooperation of a State to Establish an Effective Permanent International Criminal Court", *Journal of International Law and Practice*, 6 (1997).

27. Young Sok Kim "The Preconditions to the Exercise of the Jurisdiction of the International Criminal Court: With Focus on Article 12 of the Rome Statute", *Michigan State University – DCL Journal of International Law*, 8 (1999).

28. Young Sok Kim, "The Korean Implementing Legislation on the ICC Statute", *Chinese Journal of International Law*, 10 (2011).

29. Zhu Lijiang, "Implementation of International Humanitarian Law in China: Achievements and Problems", paper submitted to the 29 th Seminar on International Humanitarian Law, The Korean Society for the Red Cross, Seoul, 18 October 2010.

30. Zhu Lijiang, "The Chinese Universal Jurisdiction Clause: How Far Can it Go?", *Netherlands International Law Review*, 52 (2005).